Kohlhammer

Godwin Lämmermann

Einleitung in die Praktische Theologie

Handlungstheorien und Handlungsfelder

Verlag W. Kohlhammer

In Erinnerung an Christof Bäumler (1927 – 1996)

Die Deutsche Bibliothek – CIP-Einheitsaufnahme

Lämmermann, Godwin:
Einleitung in die praktische Theologie : Handlungstheorien und Handlungsfelder / Godwin Lämmermann. – 1. Aufl.. – Stuttgart ; Berlin ; Köln : Kohlhammer, 2001
ISBN 3-17-015275-0

Alle Rechte vorbehalten
© 2001 W. Kohlhammer GmbH
Stuttgart Berlin Köln
Verlagsort: Stuttgart
Umschlag: Data Images GmbH
Gesamtherstellung:
W. Kohlhammer Druckerei GmbH + Co. Stuttgart
Printed in Germany

Inhalt

1. Handlungsfelder der Praktischen Theologie – ihre Funktionen, Handlungsträger und Strukturen 11

1.0 Szenen aus der Praxis 11
1.1 Institutionen und Handlungsträger 15
1.2 Grundfunktionen praktisch-theologischen Handelns 25
1.3 Zur Wissenschaftsgeschichte und -theorie der Praktischen Theologie 28
1.4 Praktische Theologie als kritisch-empirische Handlungswissenschaft 35
1.5 Praktische Theologie als empirische Forschungsdisziplin 37
1.6 Praktische Theologie als Ideologiekritik christlichen Handelns und Denkens 50
1.6.1 Zum Selbstverständnis einer kritischen Praktischen Theologie 50
1.6.2 Zum leitenden Verständnis von Ideologie 55
1.7 Sozio-kulturelle Bedingungen praktisch-theologischen Handelns .. 58
1.7.1 Aspekte empirischer Religionssoziologie 59
1.7.2 Religiöse Orientierung in der Bevölkerung 61
1.7.3 Die Religion der Postmoderne 66
1.7.4 Herausforderungen der postmodernen Gesellschaft 68

2. Bildung – eine praktisch-theologische Grundfunktion 74

2.1 Zur bildungstheologischen Grundlegung der Praktischen Theologie 74
2.2 Bildung, Erziehung, Lernen und Lehren 78
2.3 Zur genetischen Bestimmung des Bildungsbegriffs 83
2.3.1 Die christlich-abendländischen Wurzeln des Bildungsdenkens 84
2.3.2 Philosophisch-pädagogische Bildungsvorstellungen 90
2.4 Theologische Bildungsbegründung und -kritik 98
2.5 Ideologiekritik und Bildung 103
2.6 Bildungstheologische und -praktische Prinzipien 107
2.7 Grundfunktion „Bildung" am Beispiel des Religionsunterrichts .. 113
2.7.1 Zum Selbstverständnis gegenwärtiger evangelischer Religionsdidaktik 115
2.7.2 Zur Situation des evangelischen Religionsunterrichts in der BRD 117
2.7.3 Zum Primat der Didaktik in der evangelischen Religionsdidaktik . 119
2.7.4 Unterrichtsvorbereitung als religionsdidaktische Elementarisierung 122

3.	**Kommunikation in praktisch-theologischen Handlungsfeldern**	**127**
3.1	Bedingungen sprachlicher Kommunikation	130
3.2	Bestimmungen des Kommunikationsprozesses	137
3.3	Kirche und Amt unter Kommunikationsbedingungen	146
3.4	Der Gottesdienst als expressive Kommunikation	151
3.5	Der Kasualgottesdienst	155
3.5.1	Die Taufe als Kasualie	157
3.5.2	Die Kasualie Konfirmation	159
4.	**Die Funktion „Leitung/Organisation" in der „Volkskirche"**	**167**
4.1	Zur volkskirchlichen Situation	167
4.2	Freiheitsprinzip und Kirchenverfassung	172
4.3	Das Amt auf dem Weg zu einem gesellschaftlichen Beruf	188
4.4	Laienkompetenz und Gemeindeleitung	197
4.5	Gemeindekirche – regulatives Prinzip der Volkskirche	204
5.	**Die Grundfunktionen Hilfe und Beratung in Seelsorge und Diakonie**	**210**
5.1	Das Defizitmodell von Beratung und Hilfe und seine Überwindung	212
5.2	Zum kirchlichen Kontext und den gesellschaftlichen Bedingungen von Seelsorge und Diakonie	218
5.3	Religion in psychologischer Perspektive	228
5.4	Hilfe und Beratung im Trauerfall	245

6. Literaturverzeichnis 257

Sachregister 281

Vorwort

Da haben Sie nun ein Buch in der Hand, das Ihnen im Titel eine Einleitung in die Praktische Theologie verspricht. Was erwarten Sie sich davon? Etwa den Versuch, alle möglichen Gebiete der Praktischen Theologie übersichtlich und dennoch gründlich in kompakter Form vorgestellt zu bekommen? Das wird wohl kaum möglich sein, und dies nicht nur deshalb, weil die kirchlichen und religiösen Handlungsfelder, die die Praktische Theologie in den Blick nehmen muss, sehr heterogen und vielfältig sind, sondern auch, weil in der Praktischen Theologie höchst umstritten ist, auf welche Praxis sie sich beziehen soll: die engere kirchliche oder eine mehr oder weniger diffuse gesellschaftliche. Schon aus diesem äußerlichen Grund kann nicht alles geboten werden. Hinzu kommt ein anderer: Eine hier als „Einleitung in die Praktische Theologie" bezeichnete Ausführung unterscheidet sich sowohl von einer Gesamtdarstellung der Praktischen Theologie als auch von einem entsprechenden Kompendium. Eine Gesamtdarstellung ist in der Regel aus der speziellen konzeptionellen Perspektive eines/einer AutorIn verfasst und stellt insofern ein praktisch-theologisches Programm dar, das Schwerpunkte setzt und Prinzipien kontrovers benennt. Ein Kompendium hingegen stellt den im Grunde unmöglichen und deshalb nur annäherungshaften Versuch einer möglichst „neutralen" Übersicht über die Zentralthemen der Praktischen Theologie dar.

Vor allem H. Luther, mit dem mich nicht nur die Gleichzeitigkeit unserer Habilitationen und eine unabgeschlossene Diskussion über neue Formen für eine wechselseitige Besprechung unserer Arbeiten, sondern auch – bei erheblichen Unterschieden im Einzelnen – Grundüberzeugungen verbanden, hat nachdrücklich darauf verwiesen, dass Praktische Theologie wie Theologie überhaupt heute nur noch prinzipiell fragmentarisch sein kann. Die systematische Geschlossenheit der Theoriebildung, die den Vorfahren höchstes Kriterium für die Wissenschaftlichkeit des um wissenschaftliche Reputation ringenden Faches galt, steht – postmodern gelesen – unter dem Vorbehalt einer Großerzählung und – kritisch betrachtet – unter Ideologieverdacht. Offenheit jedoch darf nicht in Prinzipienlosigkeit und postmodernistische Beliebigkeit umschlagen; auch eine fragmentarische Praktische Theologie bedarf der systematischen Mitte. Im Vorliegenden wird diese in einem theologisch verifizierten Bildungsbegriff gesehen (Kap. 2). Fragmentarisches und Programmatisches, Exemplarisches und Fundamentales können nur in einer elementarisierenden Schilderung verkettet werden. Elementardarstellungen bilden so eine eigene literarische Gattung mit eigenen Regeln.

Wer einen derartigen elementaren Überblick verfassen will, der muss notwendigerweise exemplarisch verfahren, d.h. es muss ausgewählt werden. Das entspricht zwar dem landläufigen Verständnis von Elementarisierung als didaktischer Vereinfachung, wird dem genuinen Elementarisierungsprogramm im Grunde aber nur bedingt gerecht. Denn Elementarisierungen sind in der Regel nicht ohne den konstitutiven Bezug auf AdressatInnen möglich, für die und auf die hin elementarisiert werden soll; deshalb haben sie ihren primären Platz in interpersonalen Lern- und Interaktionsprozessen. Im Grunde können Bücher – im echt pädagogischen Sinne – nicht „elementar" sein. Beim Schreiben sind diese Bezüge auf aktiv mit-denkende und mit-schreibende LeserInnen bestenfalls im eigenen Denken antizipierbar. Dabei wird das exemplarische Vorgehen zur Möglichkeit einer Elementarisierung von Stoffen, die aus inhaltlichen Kontexten kommend weitgehend adressatInnenfern vorgenommen werden kann.

Gleichwohl ist das Exemplarische nicht objektiv: Wer aber exemplarisch auswählt, der bringt – bei allem Streben nach möglichst „objektiver" Darstellung (was immer das auch sein mag!) – notwendigerweise eben auch seinen eigenen Standpunkt mit ins Spiel, auch wenn ihm das als Positionalität vorgeworfen wird. Wer jedoch keine Position hat, der verliert sich nicht nur phänomenologisch im Meer der Beliebigkeit des Vielen, sondern er wird auch seiner kritischen Elementarisierungsaufgabe nicht gerecht. Denn das Elementare ergibt sich nicht von selbst, sondern erst durch Strukturierungsversuche. Insofern ist die vorliegende Darstellung – schon von ihrer Gliederung her, die ja zugleich auch eine Strukturierung des Gesamtgebiets der Praktischen Theologie beinhaltet – in notwendiger Weise „subjektiv". Die Verabreichung objektiver Informationen ist nicht nur eine Fiktion, sondern eine Gewalttat, die das eigene Denken und die theologische Kompetenz der Lesenden außer Vollzug setzen will. Gerade indem der Autor Mut zu einer durchschaubaren subjektiven Darstellung hat, provoziert er – in Widerspruch und Zustimmung, im Weiter- und Querdenken – die Subjektivität der Lesenden.

Keiner denkt allein vor sich hin – der Praktische Theologe am allerwenigsten; dass fremde Gedanken aufgenommen und verarbeitet wurden, dürfte selbstverständlich und den KennerInnen augenscheinlich sein, auch wenn Quellenbelege nicht selten fehlen. Ebenso verzichtet wurde auf einen aufgeblasenen Apparat „wissenschaftlicher" Zitationskunst, die insbesondere im Bereich der deutschsprachigen Geisteswissenschaft nahezu zum Fetisch erhoben wurde, um so „Objektivität" vorzugaukeln. Dort, wo der Inhalt nichts zählt und die Form regiert, ist das korrekte Zitat eines Zettelkastenakrobaten tausendmal mehr wert als ein produktiver Gedanke oder das offene Auge des Zeitgenossen und Gemeindeglieds. Gegenüber dem pedantischen Buchhalter mit oberlehrerhaften Allüren ist zu fragen, ob in der gegenwärtigen Informationsgesellschaft der aufgeblasene wissenschaftliche Apparat überhaupt noch eine sinnvolle Funktion haben kann, wenn der Zitationsfetischismus überhaupt je einen Sinn machte. Denn begabte Zitatoren sind entweder und im negativen Fall Kommanditisten fremder Gedanken, oder – im positiven – wie „Räuber am Weg, die bewaffnet hervorbrechen und dem Müßiggänger die Überzeugung abnehmen" (W. Benjamin). Zitatjongleure spielen mit dem autoritären Charakter ihrer LeserInnen. Gleichwohl gilt, dass Behauptungen belegt werden müssen. Doch hat dieser Grundsatz gelegentlich seine Grenzen und sei es nur die des Buchumfangs. Bezogen auf Anmerkungen gilt gleiches wie oben: sie bieten in der Regel kaum oder keinen elementaren Gewinn für die nach Grundinformationen suchenden LeserInnen, und die eigenen FachkollegInnen werden sich sowieso auskennen.

In elementarisierender Absicht möchte dieser Band so zwei Ansprüche verbinden, die sich zunächst auszuschließen scheinen, nämlich einmal konzeptionell-programmatisch die genannte bildungstheologische Fundierung der Praktischen Theologie und zum anderen eine elementarisierende Einleitung in Strukturen und Funktionen von explizit kirchlichen wie auch von einigen christlich geprägten sozialen Handlungsfeldern. Ich hoffe, dass diese fragmentarische Darstellung ihren LeserInnen dennoch einen verständlichen und elementaren Zugang zur Praktischen Theologie eröffnet und sie die Lust finden mögen, sich vertiefend mit weiterführender Literatur oder mit Gesamtdarstellungen zu beschäftigen. Solche gibt es zahlreich, gute und weniger gute. Diese sollen nicht ersetzt, sondern es soll auf sie hingeführt werden. Die Darstellung hat einen jahrelangen Entwicklungsprozess hinter sich. Grundlage bildete das Manuskript einer Einführungsvorlesung, die ich erstmals 1986 in Heidelberg abgehalten habe. Vieles dort nur Angedeutete wurde später weiter entwickelt und teilweise in Aufsatzform publiziert. Die exemplarische Auswahl geht insofern auch auf spezielle persönliche Erkenntnisinteressen zurück. Gewidmet sei der Band Chr. Bäumler, als dessen Mitarbeiter ich anfing, mit Studierenden die Fragen einer praktisch-theologischen Einleitung zu diskutieren; er hat manchen der folgenden Gedanken angeregt. Für Rat und Tat zu danken habe ich Frau A. Dennerle, Frau Dr. E. Naurath, Frau J. Röthig, Herrn Dr. D. Menzel und Herrn Dr. G. Welzel sowie meiner zuverlässigen Sekretärin H. Schuch.

1. Handlungsfelder der Praktischen Theologie – ihre Funktionen, Handlungsträger und Strukturen

1.0. Szenen aus der Praxis

1. Diakon C. hat zum Jugendausschuss eingeladen, dem Vertreter der einzelnen Jugendkreise, ehrenamtliche MitarbeiterInnen, eine Elternvertreterin, ein Pfarrer und ein Kirchenältester angehören. Auf der Tagesordnung steht die Frage, ob die Gemeinde mit einer Pfadfinderarbeit beginnen soll. Der Vertreter des Kirchenvorstandes ist dafür, weil er in seiner Jugend selbst lange Zeit Mitglied in einer entsprechenden Gruppe gewesen sei. Die Mitarbeiter hingegen sehen eine Konkurrenz zu ihrem Angebot von Offener Jugendarbeit und Gemeindegruppenarbeit. Sie stimmen gegen den Vorschlag. Diakon C. teilt mit, dass das letzte Wort allerdings der Kirchenvorstand zu sagen habe. In seiner nächsten Sitzung beschließt der Kirchenvorstand den Aufbau einer Pfadfindergruppe.

2. Pfarrer H. steht bei klirrender Kälte fast allein auf dem Friedhof. Zur Bestattung der 86jährigen Witwe S., die einsam im Krankenhaus gestorben ist, sind nur eine der Krankenschwestern und die Gemeindeschwester aus der örtlichen Pflegestation, die Frau S. längere Zeit betreute, erschienen. Über die Verstorbene konnte Pfarrer H. nur wenig Persönliches erfahren; er hält – obwohl er sich dabei äußerst unwohl fühlt – angesichts der zwei Teilnehmer eine Standardbegräbnisrede.

3. Vikar D. steht vor einer 4. Klasse Grundschule; er erteilt Religionsunterricht. Die SchülerInnen sind äußerst unaufmerksam, denn in der Stunde vorher haben sie eine Probearbeit geschrieben. Der Vikar gibt sich alle Mühe, irgendwie doch das im Lehrplan vorgeschriebene Lernziel dieser Stunde zu erreichen. Es lautet: „Über die eigene Kirchengemeinde Bescheid wissen." Als Inhalte sieht der Lehrplan dazu vor: „Wer zu unserer Gemeinde gehört; was man von unserer Gemeinde hört und sieht; was es in der Gemeinde zu tun gibt; Veranstaltungen der eigenen Gemeinde; Vergleich mit dem Leben der Urgemeinde." Vikar D. steht im Examensstress. Er konnte die Unterrichtsstunde deshalb kaum vorbereiten. Auf dem Weg zur Schule hat er aus dem Gemeindebüro den Prospekt der letzten KirchenvorsteherInnenwahl mit den Konterfeis der KandidatInnen sowie den neuesten Gemeindebrief mitgenommen. Auf seine Frage, wie denn die Kirche des Ortes und ihr erster Pfarrer heiße, erhält er keine Antworten. D. vermutet, dass die nachfolgende Freistunde und die vorangegangene Probearbeit die SchülerInnen mehr interessiert als dieser Unterrichtsstoff; er selbst denkt sowieso hauptsächlich an seine Examenskatechese.

4. Spät abends läutet bei Pfarrer A. das Telefon. A. möchte zunächst den offensichtlich angetrunkenen Anrufer wieder rasch loswerden. Doch der lässt sich nicht abweisen. Nach längerer, teilweise unverständlicher Rede, bittet er um Hilfe. Pfarrer A. verabredet sich mit dem Anrufer für den nächsten Tag. Zum verabredeten Zeitpunkt ist dieser allerdings nicht zu Hause anzutreffen. Pfarrer A. macht sich Gedanken, ob er vielleicht auf den gestrigen Anruf falsch reagiert habe. Nach mehreren Versuchen trifft er den Anrufer endlich in seiner Wohnung an. Dieser erzählt von Problemen mit seiner Arbeitslosigkeit und seiner sozialen Isolierung. A. hat jedoch die Vermutung, dass andere Ursachen für den Hilferuf vorliegen. Nach längerem und mühevollem Gespräch wird erkennbar, dass der Anrufer alkoholabhängig ist und – obwohl er wegen dieses Deliktes bereits rechtskräftig einmal verurteilt wurde – in den letzten Wochen mehrere Unterschlagungen vorgenommen hat. Diese seien nun entdeckt worden; die Gläubiger drohen mit Anzeige; seine „Freunde aus dem Milieu" – wie er sie nennt – würden ihn bereits erpressen. Gemeinsam mit dem Betroffenen besucht A. in den folgenden Tagen alle Gläubiger, um die Möglichkeiten einer außergerichtlichen Schadensregelung zu klären. Gleichzeitig überredet er den Anrufer zu einer Entziehungskur und regelt dessen Einweisung in ein Krankenhaus. Zudem bittet er einen Mitarbeiter des Diakonischen Werkes um Mithilfe. Dieser organisiert in einer Kurklinik, die dem Diakonischen Werk gehört, einen Therapieplatz. Während der medikamentösen Entziehung besucht Pfarrer A. den Anrufer regelmäßig; nach seiner Entlassung bringt er ihn zum Zug, damit dieser nicht in letzter Minute von der beabsichtigten Therapie zurücktritt. Zurück im Büro erfährt Pfarrer A. von seiner Pfarramtssekretärin, dass Frau Z., ein treues Gemeindemitglied, sich bei ihr beschwert habe, dass A. ihren 72. Geburtstag vergessen hätte; seinem Vorgänger hingegen wäre dies niemals passiert; Pfarrer A. nehme seine Aufgabe wohl nicht besonders ernst, meint sie.

5. Elke G., 16 Jahre, Schülerin, ist als Folge einer kurzen Faschingsbekanntschaft schwanger geworden. In ihrem Bekanntenkreis hat sie niemand, dem sie sich anvertrauen könnte. Sie wird aber mit ihrer Situation nicht fertig. Irgendwann kommt sie auf die Idee, bei der Telefonseelsorge in der benachbarten Großstadt anzurufen. Nach einem längeren Gespräch, in dem Elke ihre Situation und ihre Ängste schildert, bietet ihr die Telefonseelsorgerin an, die angeschlossene Schwangerschaftskonfliktberatung zu besuchen, um mit dem dort tätigen Psychologen zu sprechen. Elke tut dies. Sie ist sich noch nicht sicher, ob sie das Kind tatsächlich austragen will oder nicht. Sie weiß aber, dass nach den geltenden gesetzlichen Bestimmungen vor einem Abbruch eine Beratung stattfinden muss. Elke wird dazu – dank ihrer ersten guten Erfahrungen – eine kirchliche Beratungsstelle aufsuchen.

6. Unternehmer B., ein potenzieller Kirchensteuerzahler und freigiebiger Spender, hat sich heftig bei der Kirchenleitung über den – wie er meint – einseitigen politischen Kurs der Kirche beschwert. Er erinnert dabei besonders an die Äußerungen eines Industrie- und Sozialpfarrers und an den Stand einer kirchlichen Arbeitsloseninitiative in seiner Stadt. B. droht mit Kirchenaustritt. Oberkirchenrat S., seines Zeichens ein Kirchenjurist, schreibt an B., den er von einem gemeinsamen Treffen des Arbeitskreises „Kirche und Wirtschaft" kennt. Offensichtlich überzeugt er den Unternehmer, denn dieser tritt nicht aus der

Kirche aus. Vielmehr beschließt er, demnächst für den örtlichen Kirchenvorstand zu kandidieren, um auf diese Weise auf die Politik der Kirche Einfluss zu nehmen. Überdies wird er Mitglied im Verband Evangelischer Arbeitgeber.

7. Inge H. hat sich um eine Stelle in einem Mädchenheim beworben, das vom Diakonischen Werk getragen wird. Der Diakoniepfarrer führt mit ihr ein Einstellungsgespräch. Dabei fragt er nicht nur, ob sie evangelisch sei, sondern auch, ob sie einer politischen Partei angehöre. Während Inge H. ersteres bejaht, verneint sie letzteres; daraufhin wird sie eingestellt. Durch einen anonymen Anruf erfährt der Leiter dann allerdings, dass Inge H. sowohl gewerkschaftlich als auch politisch organisiert sei. Inge H. erhält die fristlose Kündigung, weil die Zustimmung zu den atheistischen Prinzipien ihrer Partei nicht mit den Grundsätzen der evangelischen Kirche zu vereinbaren sei. Inge H. beschwert sich beim Sekretär der Sektion „Kirchliche Mitarbeiter in der ÖTV"; die Gewerkschaft bietet ihr Rechtsschutz. Und Inge H. klagt vor dem Arbeitsgericht; sie unterliegt. Obwohl die Mädchen des Heimes für ihre Erzieherin demonstrieren, hält der Diakoniepfarrer an der fristlosen Kündigung fest. In einer Presseerklärung wendet sich die Gewerkschaft gegen die ihrer Meinung nach ausufernde Praxis der Gerichte, den sog. „Tendenzschutz der Kirche" zu exzessiv auszulegen. Zugleich weist der Sprecher darauf hin, dass die Kirche als der drittgrößte Arbeitgeber in Deutschland als einziger keine Tarifverträge mit seinen Beschäftigten abschließen würde.

8. Pfarrer L. wird mit sofortiger Wirkung von seinem Dienst suspendiert, weil sein außereheliches Verhältnis der Kirchenleitung zu Ohren gekommen ist. Obwohl der Kirchenvorstand sich einstimmig hinter seinen Pfarrer stellt, muss Pfarrer L. seine Gemeinde sofort verlassen. Ihm wird ein übergemeindliches Pfarramt angeboten.

9. Der Elternbeirat des evangelisch-lutherischen Kindergartens in Seligenstadt ist zusammengetreten. Frau M. stellt den Antrag, das morgendliche Gebet endlich abzuschaffen. Schließlich – so argumentiert sie – sei sie gezwungen, ihr Kind in diesen Kindergarten zu geben, weil es keinen konfessionsfreien Kindergarten in erreichbarer Nähe gäbe. Überdies würde die Mehrheit der Kosten, etwa 80 Prozent, sowieso aus öffentlichen Mitteln finanziert. Demgegenüber argumentiert Pfarrerin R., die die Sitzung leitet, dass das morgendliche Gebet ein wesentlicher Bestandteil des konfessionellen Charakters dieses Kindergartens sei. Kindergärtnerin B. berichtet, dass die türkischen Kinder größte Schwierigkeiten beim Morgengebet machen würden. Die Pfarrerin unterbricht die Diskussion mit dem Hinweis darauf, dass über diese Frage weder die Mitarbeiter noch der Elternbeirat zu befinden hätten.

10. Die Christvesper ist wieder einmal brechend voll, die Kinder des Kindergartens haben ein Krippenspiel eingeübt, der Dreigesang singt bäuerliche Weihnachtsweisen. Neben dem Altar strahlt der Christbaum. Vor der Kanzel ist die Krippe aus dem 19. Jahrhundert aufgebaut. Pfarrerin G. hält eine kurze Ansprache, damit die vielen Kinder, die den Gottesdienst besuchen, nicht zu unruhig

werden. Dabei denkt sie an den Gottesdienst am 2. Weihnachtsstag. Mehr als acht bis neun Gemeindeglieder werden wohl nicht kommen – lohnt es sich da überhaupt, extra eine Predigt zu entwerfen?

11. Auf dem Gelände der atomaren Wiederaufbereitungsanlage haben die Gegner dieses Projekts erneut ein Hüttendorf gebaut. Polizei rückt zur Räumung des Dorfes vor. Die BesetzerInnen des Bauplatzes bilden Ketten. Eine Gruppe unter ihnen ist anhand ihrer lila Halstücher deutlich als Mitglieder einer kirchlichen Gruppe erkennbar. Im Einsatzwagen der Polizeiführung sitzt Pfarrer T. Er ist von seiner Kirchenleitung für die Betreuung von jungen PolizistInnen abgestellt und möchte sich einen Eindruck von deren Tätigkeiten verschaffen.

12. Babette H. sitzt am Bett der sterbenden Frau W. Babette H. ist 69 Jahre alt, Diakonissin; sie versteht ihren Auftrag sowohl als einen medizinischen wie einen seelsorgerlichen. Früher war „ihr" Krankenhaus voll funktionsfähig, heute ist es eher eine Abschiebestation des naheliegenden Klinikums in der Kreisstadt. Dort gibt es eine teilzeitbeschäftigte Krankenhausseelsorgerin; der Ortspfarrer hat sich in dem kleinen Krankenhaus noch nie sehen lassen. Die schwer kranken PatientInnen haben Zutrauen zu Babette H.; sie wissen, dass diese immer für sie da ist. Babette H. kennt weder einen Achtstundentag noch eine Fünftagewoche. Wenn sie eines Tages den Dienst nicht mehr leisten kann, wird sie in das Diakonissenmutterhaus zurückkehren.

13. Pressekonferenz in B., großer Andrang. Der Ratsvorsitzende der EKD stellt die neueste Denkschrift vor; auch sie wird wieder viel Beachtung und Zustimmung von nahezu allen Seiten finden.

14. Mit ihrem Kleinwagen hält Schwester E. vor dem neunstöckigen Wohnblock. Wie jeden Tag wird sie gleich Heiner B. waschen und versorgen. Heiner B. ist seit seinem Schlaganfall auf Hilfe angewiesen. Da er keine nahestehenden Verwandten hat, kümmert sich die Schwester der zuständigen kirchlichen Sozialstation um ihn. Herr B. hat allerdings Angst, ob die neu eingerichtete Pflegeversicherung diese Betreuung weiterhin ermöglichen kann. Gegen Mittag liefert ein Zivildienstleistender Essen auf Rädern an.

15. In der Akademie T. eröffnet der Studienleiter eine Tagung unter dem Thema „Bilanz der Friedenspolitik". Hochkarätige PolitikerInnen sind angereist; das bundesweite Fernsehen hat ein Kamerateam entsandt; alle wichtigen Zeitungen berichten von dieser Tagung.

16. Im Keller des Gemeindezentrums der St. Johannes-Kirche trifft sich wie jeden Mittwoch eine Gruppe von Eltern, die ihre Kinder durch Tod verloren haben. Heute ist erstmals auch das Ehepaar Z. dabei, das von Gisela den anderen vorgestellt wird. Die zehnjährige Tochter der Familie war an den Folgen eines Unfalls vor einigen Wochen verstorben. Gisela hatte selbst vor mehreren Jahren ihre Tochter verloren; sie war an Leukämie erkrankt. Seither betreut sie in der nahegelegenen Kinderklinik ehrenamtlich Eltern kranker Kinder. Sie hat auch diese Gruppe ins Leben gerufen.

Die hier genannten Beispiele sind mehr oder weniger typisch; es hätten aber auch andere sein können aus der Unzahl möglicher Praxisfelder. Diese Vielheit zwingt dazu, nach Kriterien zu suchen, durch die die differenten Handlungsfelder in eine systematische Gesamttheorie der Praktischen Theologie gebracht werden können. Zunächst lassen sie sich in Bezug auf typische Institutionen und Handlungsträger unterscheiden und deren interne Begründungen erfassen; vor allem aber können so bedeutsame Grundfunktionen herausgearbeitet werden. Durch diesen Strukturierungsprozess lassen sich bereits Grundprobleme der Praktischen Theologie einleitend beobachten. Diese werden dann in den einzelnen Kapiteln hinsichtlich der jeweiligen Grundfunktionen diskutiert und an einem exemplarischen Handlungsfeld konkretisiert. Dazwischengeschaltet ist ein kurzer Exkurs zur Wissenschafts- und Problemgeschichte der Praktischen Theologie.

1.1 Institutionen und Handlungsträger

Die Pastoraltheologie des 18. und 19. Jahrhunderts (s. Kap. 2) verstand sich als eine primär theologisch geprägte Theorie für das pastorale Handeln der kirchlichen Amtsträger; in ihrer einseitigen Pfarrerzentriertheit konnte sie keine anderen Institutionen und Handlungsträger für kirchliche Praxis in den Blick nehmen. Unsere Praxisbeispiele zeigen aber bereits, dass nicht überall und ausschließlich PfarrerInnen agieren, sondern die kirchliche Praxis durch eine Vielzahl hauptamtlicher und ehrenamtlicher MitarbeiterInnen mit unterschiedlichen Professionen geprägt ist: Diakone/Diakonissen, PresbyterInnen, JugendleiterInnen, Kranken- und Gemeindeschwestern, MitarbeiterInnen des Diakonischen Werkes, SozialarbeiterInnen, PfarramtssekretärInnen, TelefonseelsorgerInnen, MitarbeiterInnen der Familien- und Eheberatung, KindergärtnerInnen, ElternbeirätInnen; hinzu kommen Sonderpfarrämter und übergemeindliche Institutionen wie Krankenhausseelsorge, Militärseelsorge, Industrie- und Sozialpfarrämter, Kirchenleitungen und Personen sowie Institutionen, die nicht unmittelbar auf die Ortsgemeinde als dem zentralen Handlungsort von PfarrerInnen zugeordnet werden können: Arbeitgeber- und Arbeitnehmerverbände, Arbeitskreise, Diakonisches Werk, Krankenhäuser und Sozialstationen, Akademien usw. Diese unterschiedlichen Agenten und Institutionen vertreten verschiedenartige, gelegentlich entgegengesetzte Interessen, die zu Konflikten führen können.

Beispiel 8 stellt uns die Arbeit eines Presbyteriums vor, das in der Spannung zwischen Pfarrer und einer Gruppe von Gemeindegliedern steht. Die Rechtsstellung der Kirchenvorstände ist in den einzelnen Kirchengemeindeordnungen der Landeskirchen unterschiedlich geregelt. Ursächlich dafür sind die jeweiligen besonderen kirchengeschichtlichen Begebenheiten und die Unterschiede zwischen einem lutherischen und einem calvinistischen Amts- und Gemeindeverständnis. Idealtypisch gesehen stellt der Kirchenvorstand als der Repräsentant der Gesamtgemeinde und damit der Laien ein konstitutives Gegenüber zum Pfarramt dar. Im Blick auf die klassische Vorstellung vom Priestertum aller

Getauften vertritt der Kirchenvorstand das Prinzip eines Selbstbestimmungsrechtes der Einzelgemeinde gegenüber dem Amts- und Lehrprinzip. Hier artikuliert sich die Gemeinde als ein eigenständiges Subjekt kirchlicher Praxis. Eine pastoraltheologische Reduktion der Praktischen Theologie würde hingegen unter der Hand einzig den Amtsträger zum Subjekt erklären und die konstitutive Subjektstellung der Gemeindeglieder außer Acht lassen; in ihr würde die Gemeinde nur als Objekt pastoralen Handelns erscheinen. Das Beispiel macht bereits deutlich, dass die pastoraltheologischen Konzeptionen unmittelbar auch Entscheidungen über das leitende Kirchen- und Gemeindeverständnis gesetzt haben. Durch eine Amtstheologie ist die Ekklesiologie von vornherein – sozusagen vortheoretisch – entschieden, ohne dass darüber eine eigenständige praktisch-theologische Reflexion stattgefunden hätte.

Die Tatsache, dass es eine ganze Reihe von Handlungsfeldern gibt, in denen PfarrerInnen überhaupt nicht als HandlungsträgerInnen auftreten, exemplifiziert Fall 5 (Schwangerschaft). Der hier erwähnte Psychologe in der kirchlichen Beratungsstelle ist ein Beispiel für die vielen professionalisierten, nichttheologischen MitarbeiterInnen, die in der Kirche nach einem eigenständigen Berufsbild und aufgrund einer selbstständigen, nichtkirchlichen Ausbildung arbeiten. Dieser Fall stellt für die traditionelle Pastoraltheologie insofern kein Problem dar, als es zu ihrer Zeit weder dieses Handlungsfeld noch ein nichttheologisches Berufsbild in der Kirche gab, denn alle sozialen Berufe, die mit dem Pfarrerberuf in Konkurrenz stehen können, entwickelten sich erst im Übergang vom 19. zum 20. Jahrhundert. Es sind dies Berufe, die teilweise die klassischen Handlungsfelder des Pastors im Bereich Beratung und Hilfe besetzen. Das Auftreten von PsychologInnen, SoziologInnen oder SozialarbeiterInnen ist die Folge eines Funktions- und Strukturwandels, dem die kirchliche Arbeit seit der Jahrhundertwende unterworfen ist. Die Legitimität derartiger professionalisierter Arbeit innerhalb der Kirche ist eine Frage, die die Praktische Theologie zu beantworten hat. Dies vor allen Dingen gerade in einer Zeit, wo die überkommene Volkskirche und ihre finanzielle Basis in Frage gestellt und die Frage der Konzentration kirchlicher Arbeit und Berufe aufgeworfen wird. Die Schwierigkeit, vor der die Praktische Theologie hier steht, liegt darin, dass das Selbstverständnis der jeweiligen Bezugswissenschaften dieser Berufe nicht unmittelbar mit theologischen Überlegungen konvergiert; eine Praktische Theologie, die das gesamte Handlungsfeld möglicher kirchlicher und religiöser Praxis abmessen möchte, ist so zur Auseinandersetzung mit den Human- und Sozialwissenschaften gezwungen.

Aus der Beschäftigung von Nichttheologen in der kirchlichen Arbeit ergeben sich neue Konfliktmöglichkeiten. So hat die Kirche in weiten Bereichen des Sozialwesens nahezu ein Beschäftigungsmonopol; deshalb stellt sich die Frage, ob sie von ihren MitarbeiterInnen verlangen kann, dass sie sich der kirchlichen Lebensordnung unterwerfen und die spezifischen Interessen der Kirche vertreten, oder ob sie das professionelle Selbstverständnis des jeweiligen Berufes akzeptieren. Fall 7 spielt auf eine derartige Konfliktsituation an. Auch aus Fall 5 könnte sich eine derartige Situation ergeben, dann nämlich, wenn die fachwissenschaftlichen Erkenntnisse der professionalisierten NichttheologInnen mit der kirchlichen „Lehrmeinung" kollidieren. Können und sollen die theologischen Vorgesetzten ihren MitarbeiterInnen Richtlinien vorschreiben, die im Gegensatz stehen zu deren eigenen professionellen Erkenntnissen und Prinzipien? Soll z.B. einer Psychologin in einer kirchlichen Schwangerschaftskonfliktberatung das Ziel dieser Beratung dogmatisch vorgegeben werden? Soll ein Sozialarbeiter in einem kirchlichen Jugendzentrum z.B. die sexuellen Bedürfnisse seiner Klienten ignorieren, nur weil der vorgesetzte Pfarrer ihm diesbezüglich einschlägige Auflagen gemacht hat?

Die möglichen Konflikte zwischen theologischen und sozial- sowie humanwissenschaftlichen Kriterien in der kirchlichen Arbeit stellen also ein praktisch-theologisches Problem dar. Ein weiteres liegt sicher auch in der Akzeptanz der nichttheologischen MitarbeiterInnen durch die Gemeindeglieder. In mehreren Landeskirchen wurden Versuche mit einem sog. Teampfarramt von TheologInnen und NichttheologInnen gemacht. Dabei konnte man fast durchgängig feststellen, dass die Mehrheit der Menschen nur die PfarrerInnen als RepräsentantInnen der Institution Kirche akzeptierten. Vor allen Dingen für die distanzierte Kirchlichkeit ist das kirchliche Amt und die kirchliche Institution deckungsgleich geworden, so dass kein Platz mehr für andere Professionen im kirchlichen Referenzrahmen bleibt. Die vermeintliche Ungleichwertigkeit gut ausgebildeter PsychologInnen, SozialarbeiterInnen usw. gegenüber den TheologInnen stellt ein strukturelles Konfliktpotential für die kirchliche Arbeit dar. Durch die allgemeine PfarrerInnenzentriertheit ergibt sich eine falsche Perspektive in der personalen Repräsentanz der Institution, denn die PfarrerInnen stellen nur einen verschwindend kleinen Teil der kirchlichen MitarbeiterInnen dar. Die Kirche ist bekanntlich nach dem Staat der zweitgrößte Arbeitgeber in Deutschland; sie beschäftigt ungefähr 1/2 Million ArbeiterInnen und Angestellte. Wie und wo kommen diese eigentlich im Selbstverständnis der Kirche und dementsprechend in der praktisch-theologischen Theorie vor? Welche Einstellungen haben PfarrerInnen zu diesen MitarbeiterInnen?

Diese Frage trifft auch für eine weitere Gruppe kirchlicher Handlungsträger zu: die ehrenamtlichen MitarbeiterInnen. Ohne sie würde in der kirchlichen Praxis fast nichts laufen, weder in den Gemeinden noch in den Beratungsstellen, in der Diakonie usw. Ihre Anzahl übertrifft die Hauptamtlichen noch einmal bei weitem. Welche Motive haben sie? Wie ist ihre Ausbildung? Welche Kompetenzen besitzen sie oder sollten sie besitzen? Wie werden sie geschult? Wie ist ihr Selbst- und Fremdbild? Wie belastet die ehrenamtliche Tätigkeit ihre Familien, ihre soziale Situation, ihr Berufsleben? Eine zureichende Theorie christlicher Praxis in unserer Gesellschaft muss auch derartige Fragen stellen und beantworten. Auch hier zeigt sich, dass Kirche mehr ist als das Amtshandeln von PastorInnen.

Fall 6 (auch 7 und 11) verweist exemplarisch auf übergemeindliche Aktivitäten. Der gesellschaftliche Strukturwandel insbesondere der Nachkriegszeit hat zur

Ausbildung von sog. Sonderpfarrämtern geführt. Denn es zeigte sich, dass das traditionelle parochale Prinzip obsolet geworden war, weil dadurch nicht mehr alle Gemeindeglieder erreicht werden konnten. Die parochale Orientierung der kirchlichen Arbeit ist die andere Seite ihrer pastoralen Grundorientierung. Die Mobilität der Gesellschaft zwang dazu, diese Orientierung zugunsten einer Zielgruppenorientierung aufzugeben. Nicht mehr die Zugehörigkeit zur Lokalgemeinde zählte, sondern die zu einer spezifischen sozialen Gruppe mit ihren eigenen verallgemeinerbaren Problemen und Anforderungen. Industrie- und Sozialpfarrämter, Gefängnis- und Krankenhausseelsorge, Studentenpfarrämter usw. wurden so zu neuen Formen kirchlicher Praxis. Gerade in diesen Handlungsfeldern siedelten sich dann zunehmend auch besonders qualifizierte nichttheologische MitarbeiterInnen an. Durch die Erweiterung des kirchlichen Horizontes über die Parochie hinaus wurde die Kirche aber zugleich auch in gesellschaftliche Interessenkonflikte einbezogen (z.B. Fall 11) und zur Stellungnahme herausgefordert. Damit wuchs der Praktischen Theologie eine Aufgabenstellung zu, die sie gemeinsam mit der theologischen Ethik und insbesondere mit der Sozialethik zu bewältigen hatte.

Neben den theologischen und nichttheologischen MitarbeiterInnen sowie den ehrenamtlichen und hauptamtlichen gibt es noch eine weitere Gruppe von Handlungsträgern, die die Praktische Theologie in den Blick nehmen muss. Im 6. Fallbeispiel begegnen wir etwa einer kirchlichen Arbeitsloseninitiative. Es gibt eine ganze Anzahl von Selbsthilfegruppen, die im kirchlichen Rahmen arbeiten und insofern doch als kirchliche Handlungsträger anzusehen sind. Wie wird deren Tätigkeit theologisch begründbar? Handelt es sich dabei tatsächlich um explizit kirchliche Arbeit? Derartige Rückfragen nach dem Proprium kirchlicher Praxis werden gerne mit der Unterscheidung von „eigentlich" und „uneigentlich" beantwortet: Die eigentliche kirchliche Arbeit zentriere sich auf die Gemeinde, ihr Mittelpunkt dabei sei die Wortverkündigung und die Sakramentsverwaltung gemäß der ekklesiologischen Vorgaben der Confessio Augustana (CA VII). Alle übrigen Aktivitäten seien – teilweise modernistisches – Beiwerk oder diakonisch zu verstehende „Randgruppenarbeit", die man zwar tun, aber genauso gut auch lassen könne; das Proprium, nämlich das Evangelium, käme dabei aber bestenfalls mittelbar zum Tragen; deshalb sei diese Arbeit nicht substantiell; demgemäß könnten diese Selbsthilfegruppen auch nicht als Handlungsträger einer genuinen kirchlichen Praxis gelten. Zu fragen wäre bei derartigen Argumentationen, welche Kriterien eigentlich für die vorgenommene Unterscheidung angeführt werden: etwa ein hypotropher Amtsbegriff, der nur dort das eigentliche gewährleistet sieht, wo auch ein ordinierter Amtsträger (möglichst nach klassischer Auffassung auch noch männlich) das Wort Gottes mehr oder weniger gekonnt verkündigt? Oder könnten Selbsthilfegruppen – theologisch gesehen – unter das Theorem vom allgemeinen Priestertum eingeordnet und legitimiert werden? Auch hier müsste eine Theorie der Praktischen Theologie sinnvolle Kriterien für die Beantwortung dieser Fragen reflektieren.

Der Fall kirchlicher Amtszucht (Beispiel 8) bringt weitere Handlungsträger ins Spiel: Das Landeskirchenamt und damit die KirchenjuristInnen. Deutlich wird hier, dass die Kirche nicht nur ein Gestaltungsfeld theologischer Prinzipien ist, sondern auch eine bindende rechtliche Verfassung hat. Mehr, als man gelegentlich denkt, wird in der Kirche nicht theologisch, sondern primär juristisch entschieden; oftmals auch bürokratisch, denn die Kirche ist nicht zuletzt auch eine bürokratische Großorganisation, die ihre Strukturen als Erbe des landesherrlichen Kirchenregimentes von den staatlichen Bürokratien ererbt hat. Die Legitimität derartiger kirchlicher Strukturen und Verfassungen ist praktisch-theologisch zu reflektieren.

Die genannte Selbsthilfegruppe (Beispiel 16) ist ein Exempel dafür, dass in der kirchlichen Praxis – zu Recht – eine einseitige, einlinige Subjekt-Objektzuordnung nicht möglich ist. Dies gilt auch für den Fall des kirchlichen Elternbeirats (Beispiel 9). Als Eltern nehmen die ElternbeirätInnen eine kirchliche Dienstleistung in Anspruch; zugleich zählen sie aber auch zu den ehrenamtlichen MitarbeiterInnen, denn sie bestimmen im Rahmen der staatlichen Kindergartengesetze über die Arbeit mit, sie organisieren Feste, kümmern sich um Spenden u.v.m. Zugleich sind sie InteressenvertreterInnen gegenüber der Kirche als Träger einer pädagogischen Einrichtung. In diesem Spannungsverhältnis stellen sie an die Kirche die Frage nach deren eigenem Selbstverständnis, und damit nach der Rolle, die ihnen selbst eingeräumt wird. Denn wenn sich die Kirche primär als Betreuungskirche versteht, dann bleiben diese Eltern Objekte kirchlichen Handelns; die Verantwortlichen werden dann die Einflussmöglichkeiten des Elternbeirates möglichst gering halten; versteht sich jedoch die Kirche als Beteiligungskirche, dann werden diese – wie alle Eltern – Subjekte im Prozess Gemeinde. Das setzt allerdings voraus, dass die PastorInnen als Dienstvorgesetzte der Kindergartenarbeit auf Amtsautorität verzichten. Wo dies nicht der Fall ist, kann es – wie das Beispiel zeigt – zu Konflikten kommen.

Die Frage, welche Personen zu Subjekten bzw. Objekten kirchlicher Handlung werden, ist – wie sich zeigt – die Folge einer gemeindetheologischen Grundentscheidung: Orientiert sich die Praktische Theologie am Denkmodell einer *Betreuungskirche,* die huldvoll „von oben herab" ihre segensreiche Hilfe anderen zukommen lässt, oder an der Zielvorgabe einer *Beteiligungskirche,* in der jede/jeder Subjekt und das Ziel kirchlicher Hilfe die Selbsthilfe der Betroffenen wäre? Hinter der Unterscheidung zweier Gemeindemodelle steht letztendlich das *Verhältnis von Institution und Subjekt*; die Frage nämlich, ob die kirchliche Institution primär einen Selbstzweck hat oder nur eine sekundäre Funktion von und für Subjektivitäten darstellt. Im Modell einer Betreuungskirche ist nur die Institution selbst durch die von ihr beauftragten AmtsträgerInnen handelndes Subjekt. Die protestantischerseits meist belächelte Auffassung von der Kirche als einer objektiven Heilsanstalt ist allerdings nur die Überspitzung einer Theologie, die den Vorrang der kirchlichen Institution betont bzw. dieser sogar selbst Subjektcharakter zuschreibt; insofern kommt sie auch im protestantischen Bereich vor, und zwar überall dort, wo aus theologischen Gründen das menschliche Subjekt ohne seine Beheimatung in Kirche und Gemeinde als grundlegend defizitär erklärt und der Institution als solcher ein unbedingtes Primat unterstellt wird.

Die falsche Frage nach den Objekten kirchlichen Handelns führt zu der richtigen nach den jeweils Betroffenen. Diese Perspektive wirkt einer Vereinnahmungs- und Vergleichgültigungsstrategie entgegen, die die spezifischen Situationen, die besonderen Interessen und Bedürfnisse der Betroffenen für eine zureichende praktisch-theologische Theoriebildung aus den Augen verliert. Denn allzu leicht werden die „Objekte" kirchlicher Praxis über den gleichen Kamm geschert, etwa mit der Behauptung, alle haben nur das einzige wahre Bedürfnis, nämlich das Evangelium verkündigt zu bekommen. Dann werden die unterschiedlichen Lebens- und Konfliktsituationen vereinheitlicht zu der einen großen theologisch interpretierbaren Situation der Anfechtung des Sünders. So kann dann behauptet werden, dass der Alkoholiker oder der psychisch Kranke im Grunde weniger der „Heilung" bedürfe als vielmehr des „Heils", da seine Situation der Abhängigkeit letztendlich nur ein Ausdruck der schuld- und sündhaften Verstrickung des natürlichen Menschen sei.

Gegenüber solchen dogmatisch-deduktiven Festlegungen von Betroffenen wäre es die Aufgabe der Praktischen Theologie, Kriterien und Instrumentarien für die Analyse der spezifischen Bedingungen in den jeweiligen Handlungsfeldern zu entwickeln, um die darin liegenden besonderen Herausforderungen kritisch zu analysieren, statt sie über einen theologisch vorgeformten Leisten zu schlagen. Indem sie nicht mehr nach einer fiktiven, sondern nach der konkreten Wirklichkeit der Betroffenen und nach den geschichtlich-gesellschaftlichen Bedingungen ihrer Existenz fragt, leistet sie einen genuinen Beitrag auch zur gesamttheologischen Diskussion. In diesem Sinn ist die Praktische Theologie eine empirische Wissenschaft, die Transferleistungen für die anderen theologischen Disziplinen zu erbringen hat: Durch sie kommen die Betroffenen und die unterschiedlichen Handlungsträger der kirchlichen Praxis innerhalb der Theologie zu Wort.

In ihrer Reflexion auf die spezifische Situation von Betroffenen hat die Praktische Theologie allerdings zwischen Schein und Sein, zwischen vermeintlichen Bedürfnissen und tatsächlichen Problemen zu unterscheiden. Dies sei am Exempel des Alkoholabhängigen kurz verdeutlicht. Vordergründig erscheint die Alkoholabhängigkeit das Hauptproblem des Ratsuchenden. Allerdings spielen in das Alkoholproblem mindestens fünf weitere Probleme hinein: erstens die Wohnungssituation des Betreffenden; er müsste in die Lage versetzt werden, eine angemessene Wohnung anmieten zu können. Zweitens die Arbeitslosigkeit; ohne deren Beseitigung droht ein erneuter Abfall in die Alkoholabhängigkeit. Angesichts der hohen, strukturell bedingten Sockelarbeitslosigkeit in Deutschland dürfte es nahezu unmöglich für einen ehemaligen Süchtigen sein, auf dem freien Arbeitsmarkt einen entsprechenden Arbeitsplatz zu finden; die Situation verschärft sich in strukturschwachen Gebieten. Drittens die Schulden: Durch einen Entzug werden die Schulden des Süchtigen nicht weniger. Auch wenn es gelingt, die Gläubiger von einer Anzeige abzuhalten, um die Bewährungsstrafe nicht zu gefährden, werden nach Ende der Therapie Ersatzansprüche auf den Betroffenen zukommen. Viertens das Umfeld: Der Betroffene lebt in einem ganz- bzw. halbkriminellen Milieu; es muss deshalb Sorge getragen werden, dass er weder in dieses Milieu zurückkehrt, noch seine ehemaligen Kumpanen Kontakt zu ihm aufnehmen können. Fünftens die soziale Isolierung: Das Eintauchen in das kriminelle Milieu ist eine Folge der Vereinsamung, in die der Süchtige bei seiner Flucht vor seinen Vorstrafen gefallen ist. Eine zureichende Hilfe müsste alle fünf Problemfelder gleichzeitig erfassen; hier wäre ein Pfarrer bzw. eine Pfarrerin als EinzelkämpferIn hoffnungslos überfordert; er/sie müsste deshalb Allmachtsphantasien aufgeben und sich der Hilfe ehrenamtlicher und professioneller MitarbeiterInnen bedienen: anderer Gemeindegruppen, Selbsthilfeorganisationen wie den Anonymen Alkoholikern, SozialarbeiterInnen usw. Die Überforderung der PfarrerInnen ist auch in Defiziten ihrer beruflichen Kompetenz begründet: Sie besitzen keine zureichende Ausbildung in sozialer Einzelfallhilfe und sind deshalb weder in der Lage, die Situation der Betroffenen sachgerecht zu analysieren, noch entsprechende Maßnahmen einzuleiten.

Praktisch-theologische Kompetenzbildung müsste derartige Defizite zu verringern suchen. Allerdings gilt es im Rahmen einer praktisch-theologischen Theoriebildung auch zu problematisieren, ob die Einzelfallhilfe als eine der gängigen Hilfen der Sozialarbeit in diesem Fall überhaupt ausreichend ist. Denn sowohl Alkoholismus als auch Arbeitslosigkeit sind gesellschaftliche Probleme, die auch politisch angegangen werden müssen. Insofern ist hier die Kirche als Institution und als öffentliche Meinungsbildnerin gefragt. Eine Randbedingung für die Situation des Süchtigen ist sicher auch die Ignoranz seiner Umwelt; Aufklärung täte hier Not, und insofern kann auch in Bezug auf diesen sozialen Einzelfall von einer generellen politischen Verkündigungsaufgabe der Kirche gesprochen werden. Das setzt allerdings voraus, dass die Praktische Theologie die Arbeit mit Suchtkranken, Arbeitslosen usw. als integralen und konstitutiven Bestandteil kirchlicher Praxis überhaupt begreift.

Zur notwendigen praktisch-theologischen Kompetenz kirchlicher Handlungsträger gehören nicht nur die Kenntnisse allgemeiner, struktureller und situativer Ursachen, sondern auch die Fähigkeit zur Diagnose persönlichkeitsbedingter Faktoren, also die therapeutisch seelsorgerliche Kompetenz. Im genannten Fall erbrachte das seelsorgerliche Gespräch zwei Aspekte: Der Mann war offensichtlich unfähig, langfristige Bindungen und Verpflichtungen einzugehen. Nach einer frühen Scheidung waren alle weiteren Beziehungen zu Frauen nur flüchtiger Natur. Ein rascher Wechsel von Arbeitsplätzen und Wohnorten signalisierte das Unvermögen, eingegangene Verpflichtungen zuverlässig zu erfüllen. Der Klient war von der Angst vor Überforderung ebenso getrieben wie von der vor menschlicher Nähe. Ein zweiter Gesichtspunkt lag in der deutlichen Ich-Schwäche des Süchtigen, die sich in Antriebslosigkeit und Hoffnungslosigkeit ausdrückte. Die Folge davon war ein fast symbiotischer Anklammerungsversuch an den Helfer.

Dabei traten stark regressive Züge eines dominanten Kinder-Ichs auf. Augenscheinlich war die Identitätsfindung dieses Mannes erheblich gestört. Neben dem medizinischen Entzug war deshalb eine langfristige therapeutische Betreuung angezeigt.

Der dargestellte Fall ist – obwohl es sich natürlich um ein individuelles Schicksal handelt – kein Einzelfall, sondern exemplarisch für ein ganzes Segment kirchlichen Handelns. Um die Situation richtig beurteilen zu können, brauchen die jeweiligen Handlungsträger nicht nur persönliche Empathie, sondern auch ein allgemeines Problem- und Strukturwissen über das spezifische Handlungsfeld. Aufgabe einer Praktischen Theologie ist es nicht, in erster Linie unmittelbar zum Handeln anzuleiten, sondern dieses notwendige Struktur- und Problemwissen zu vermitteln und dabei die notwendigen human- und sozialwissenschaftlichen Kenntnisse in die theologische Theoriebildung einzuarbeiten. Dieses Vermögen als *„pastorale Kompetenz"* zu kennzeichnen, steht in der Gefahr einer pastoraltheologischen Engführung der Praktischen Theologie; angemessen wäre von einer notwendigen *„praktisch-theologischen Bildung"* der Handlungsträger zu sprechen. Dazu zählt auch die Fähigkeit, Motive und interne Begründungen zu entschlüsseln und zu werten. Um dies zu erläutern, wenden wir uns dem Fall des Unternehmers B. (Beispiel 6) zu. Dieser erwartet von seiner Kirche offensichtlich eine Bestätigung seiner Einstellungen in den für ihn entscheidenden gesellschaftlichen und wirtschaftlichen Fragen. Die großen kirchensoziologischen Untersuchungen zeigen, dass eine Mehrheit der Deutschen im Grunde für einen Kirchenaustritt prädisponiert wäre, weil sie eine – in letzter Zeit abnehmende – eklatante Schere zwischen ihren eigenen Wert- und Zielvorstellungen auf der einen und der ihrer Meinung nach von der Kirche vertretenen Wert- und Zielvorstellungen auf der anderen Seite festzustellen meint. Nur in wenigen Fragen, vor allen Dingen im sozialdiakonischen Bereich, stimmt die Mehrheit der Deutschen mit den der Kirche unterstellten Werten überein. Die Dissonanz zwischen den eigenen Werten und den Orientierungen, die der Kirche zugeschrieben werden, führt erstaunlicherweise aber nicht zum Verlassen der Institution. Diese Ambivalenz deutet darauf hin, dass Kirchenaustritte anderen Motiven folgen als einer kognitiven Selbstunterscheidung von der kirchlichen Lehre oder einer Entfremdung von der kirchlichen Institution bzw. von den Gemeinden. Diese unbewussten latenten Prädispositionen werden immer dann virulent, wenn es zu einem konkreten Konflikt kommt. Falsch wäre es, diese Anlässe als tatsächliche Gründe misszuverstehen. Erst wenn geklärt ist, um was es den Betroffenen wirklich geht, kann tatsächlich auch eine sinnvolle Hilfe ansetzen.

Die Praktische Theologie muss die Bedürfnisse der Betroffenen ernst nehmen, ohne sie eodem actu zur norma normans ihres eigenen Handelns zu machen. Nicht ernst genommen werden sie dort, wo ihre Motive diskreditiert werden, wie im Beispiel der alle Jahre wiederkehrenden Festtagskirchengänger (Fall 10). Sind die Interessen und Bedürfnisse nach Feierlichkeiten an einem hohen Festtag praktisch-theologisch legitim oder illegitim? Pfarrerin G. scheint eher einer

Diskriminierung dieser Bedürfnisse zuzuneigen. Hinter der Frage, wie ernst die Motive der Festtagskirchgänger genommen werden müssen, steht die allgemeine nach der theologischen Faktizität einer Volkskirche: Wer die Volkskirche will, der muss auch die gesellschaftlichen Erwartungen an diese – zumindest tendenziell – erfüllen; wer sie als illegitim zurückweist, der wird auch das Konzept von Volkskirche aufgeben und in eines von Gemeindekirche überführen müssen. Das gilt auch für den Kasualfall (Beispiel 2). Was fordert die Situation? Ist hier die gesellschaftliche Funktion einer rituellen Begleitung angefragt, oder fordert sie eine individuelle seelsorgerliche Tröstung, oder ist sie Anlass zu einer missionarischen Verkündigung angesichts schwindender Kirchlichkeit? Um zwischen Bedürfnissen und theologischem Anspruch zu vermitteln, bedarf es einer kritischen Theorie kirchlichen Kasualhandelns.

Jedes menschliche Handeln ist – mehr oder weniger explizit – theoriegeleitet, jeder Praxis ist ein individueller oder allgemeiner Sinn unterstellt. Der jeweils gemeinte Sinn einer Handlung kann aus dieser in der Regel rückgeschlossen werden. Wer in seiner praktisch-theologischen Theoriebildung von Handlungsfeldern ausgeht, der muss auch die *impliziten Theorieannahmen der Betroffenen* zu rekonstruieren suchen. Bei einer kritischen Überprüfung der den spezifischen kirchlichen Handlungen unterstellten Sinnhaftigkeit könnte sich allerdings auch herausstellen, dass diese objektiv gesehen eher Unsinn als Sinn enthalten. Die Praktische Theologie bekommt damit eine kritische Reflexionsfunktion gegenüber der Praxis. Wenn das so sein soll, dann kann sie sich nicht unmittelbar als eine kirchliche Wissenschaft begreifen, denn die Kirche kann selbst ja nur als eine Handlungsträgerin begriffen werden, deren interne Motivation und Theoriebildung kritisch zu analysieren wäre. Aufgabe der Praktischen Theologie ist hingegen die Analyse und die kritische Überprüfung von Handlungsmotivationen hinsichtlich der in ihnen enthaltenen latenten Theorieannahmen; insofern hat die Praktische Theologie nicht nur eine empirische, sondern auch eine *ideologiekritische* Aufgabe. Am Fall der Jugendausschusssitzung (Beispiel 1) lässt sich exemplarisch die implizite Theoriegeleitetheit von Handlungen demonstrieren. Der Kirchenvorsteher beruft sich auf die eigene gute Erfahrung, die er in der christlichen Pfadfinderbewegung seiner Zeit gemacht hat. Seine Erzählung lässt sich nun mit der faktischen Jugendarbeit in seiner Gemeinde vergleichen. Dieser Vergleich ergibt, dass in der Pfadfinderarbeit des Kirchenvorstehers stärker verbindliche und explizit religiöse Elemente enthalten waren. Außerdem wurde mehr auf Ordnung und Verantwortungsbewusstsein sowie auf „Mannhaftigkeit" geachtet, Kriterien, die offensichtlich in der Gemeindejugendarbeit seiner Gemeinde nicht mehr vorzukommen scheinen. In seiner Erzählung von der Vergangenheit und ihrer positiven Würdigung artikuliert der Kirchenvorsteher zugleich sein eigenes Gemeindeverständnis und seine implizite Theorie von Jugendarbeit: Jugendarbeit habe verbindlich zu sein, Bibelarbeit und regelmäßiges Gebet sind ihre unverzichtbaren Bestandteile. Außerdem hat für ihn Jugendarbeit eine normativ erzieherische Funktion: Sie soll bestimmte Tugenden an die Jugendlichen weitervermitteln. Zugleich kommt der Jugendarbeit eine Rekrutierungsaufgabe für die im Zentrum stehende Erwachsenengemeinde zu.

Ganz anders sieht die implizite Theorie von Jugendarbeit bei den ehrenamtlichen Mitarbeitern und bei den Jugendlichen selbst aus: Sie machen keine Bibelarbeit, und gebetet wird nur selten. In den Gruppenstunden wird vielmehr diskutiert und gespielt, gebastelt und musiziert; wichtig sind die regelmäßigen Freizeiten. Der Zusammenhalt der Gruppenmitglieder untereinander ist ihnen wichtiger als die Anbindung an die Gottesdienstgemeinde. Die Tatsache, dass Jugendliche teilnehmen, die sonst mit der Kirche nichts zu tun haben, ja sie teilweise sogar ablehnen, finden sie gut. In einer offenen Teestube treffen sich unregelmäßig andere Jugendliche, denen die regelmäßige Gruppenstunde zu verbindlich erscheint. Dort wird Schach gespielt, Musik gehört u.Ä. Mindestens jedes Vierteljahr wird eine Diskothek durchgeführt, in der zu zivilen Preisen ohne Profitinteressen getanzt werden kann. Für die ehrenamtlichen MitarbeiterInnen lassen sich folgende Elemente einer impliziten Theorie feststellen: Sie orientieren sich am Prinzip von Geselligkeit, Freiwilligkeit, Selbstfindung, Kreativität; ihnen ist es wichtig, dass Jugendliche, die sonst in unserer Gesellschaft keinen Ort zum Treffen und sich Wohlfühlen haben, hier heimisch werden. Gemeinde ist ein offener Prozess toleranten Lebens und Lernens.

Die Unterscheidung zwischen vermeintlichen und tatsächlichen Motiven müssen auch bei der Analyse von impliziten Theorieelementen in Anschlag gebracht werden; dies lässt sich am Beispiel des suspendierten Pfarrers (Fall 8) exemplarisch verdeutlichen. Die explizite Begründung dürfte hier primär kirchenrechtlicher Natur sein. Im Vorgang selbst spiegelt sich aber ein spezifisches Verständnis des Pfarramtes als einer moralischen Über-Ich-Instanz und als ein gesellschaftspädagogisches Vorbild, vielleicht sogar eine generelle theologische Kritik am moralischen Verfall unserer Zeit. Bei einer ausführlichen Analyse des Falls könnte geprüft werden, ob und inwieweit vor- und nichttheologische Vorstellungen die scheinbar objektive theologische bzw. juristische Urteilsbildung präformiert haben. Ethisch leitend ist ein bestimmtes Verständnis von Ehe und von der repräsentativen Funktion des evangelischen Pfarrhauses. Normativ wirkt hier ein konserviertes Bild von der bürgerlichen Existenz am Ende des 19. Jahrhunderts nach. Im Übergehen des eindeutigen Votums der betroffenen Gemeinde drückt sich zudem ein spezifisches Verständnis von kirchlicher Amtsautorität aus, hinter dem sich seinerseits wiederum ein normatives Modell von kirchlichen Kommunikationsstrukturen verbirgt. Im Angebot eines übergemeindlichen Pfarramtes manifestiert sich eine Doppelmoral. Der Kirchenvorstand seinerseits könnte in seiner Unterstützung durch eine geistige und geistliche Abhängigkeit vom Pfarrer motiviert sein. Empirische Untersuchungen über Presbyterien haben eine derartige Möglichkeit als durchaus wahrscheinlich nachgewiesen. Denkbar wäre aber auch, dass die Presbyter auf das Selbstbestimmungsrecht der Einzelgemeinde und damit auf ein spezifisches Gemeindeverständnis rekurriert haben. Ethisch könnte die Zurückweisung einer moralischen Instanz und die Verantwortung des

Individuums vor sich und Gott im Zentrum stehen. Der Konflikt, der sich auftut, ist jedenfalls nicht nur ein Machtkonflikt, sondern auch ein Gegensatz unterschiedlicher explizit bzw. implizit theologischer Anschauungen.

Gegenstand der Praktischen Theologie sind somit auch Konfliktpotentiale; ihre Aufgabe besteht darin, *Strategien zur Konfliktlösung* anzudenken. Ein besonderer Fall eines nicht ausschließlich innerkirchlichen Konflikts stellt das Beispiel der entlassenen Sozialarbeiterin dar (Fall 7). Der Konflikt verläuft hier augenscheinlich auf mehreren Ebenen: 1. ein weltanschaulicher Konflikt zwischen Kirche und politischer Parteibindung; 2. eine arbeitsrechtliche Auseinandersetzung zwischen Arbeitgeber und Arbeitnehmer; 3. ein Konflikt zwischen allgemeinen Rechtsvorschriften und besonderem kirchlichen Recht, in diesem Fall: zwischen Gleichheitsprinzip des Grundgesetzes und dem Tendenzschutz für die Kirche; 4. dem Streit zweier gesellschaftlicher Interessengruppen, nämlich zwischen Kirche und Gewerkschaft. Hier spielt die generelle Frage eines Tarifvertrages zwischen den beiden Partnern eine Rolle wie auch die des Rechtes der Gewerkschaften auf Aktion und Werbungen in kirchlichen Einrichtungen und des Einflusses auf die MitarbeiterInnenvertretung; 5. spielt noch der Konflikt zwischen einer kirchlichen Amtsautorität und den betroffenen Mädchen aus dem Heim herein. Durch die publizistische Reaktion auf den Fall wurde 6. ein möglicher Widerspruch zwischen kirchlichen Äußerungen und faktischem kirchlichen Handeln angesprochen und damit die Frage der Wahrhaftigkeit und Glaubwürdigkeit kirchlicher Äußerungen. 7. Vollzieht sich die ganze Auseinandersetzung auf dem Hintergrund einer spezifischen kirchengeschichtlichen Konstellation, nämlich dem überaus belasteten Verhältnis von Kirche und Arbeiterschaft. Aufgabe einer praktisch-theologischen Analyse wäre es, die unterschiedlichen Konfliktebenen herauszustellen und Kriterien für mögliche Lösungen sowie deren Bedingungen zu reflektieren. Dazu müsste sie allerdings wissen, welche Aufgabe in den jeweiligen Handlungsfeldern gestellt ist; damit erhebt sich die Frage nach den grundlegenden *Funktionen*, die jeweils faktisch – möglicherweise kontrafaktisch – wahrgenommen werden sollen.

1.2 Grundfunktionen praktisch-theologischen Handelns

Mit diesen letzten Fragen nähern wir uns jenen Kategorien, unter denen eine praktisch-theologische Theorie für unterschiedliche Handlungsfelder entworfen werden kann. Wie schon mit dem Begriff *„Strukturen"* ist auch mit den *„Funktionen"* (Bäumler 1984, 61ff) noch keine wissenschaftstheoretische Festlegung der Praktischen Theologie verbunden, denn von Strukturen und Funktionen kann sowohl von der empirisch-funktionalen wie auch von der kritischen Theorie her gesprochen werden. Die Analyse von Funktionen impliziert noch keine affirmative Akzeptanz dieser Aufgaben, sondern lässt die Möglichkeit ihrer theologischen Validierung durchaus offen. Jeder muss nach vorgegebenen gesellschaftlichen oder kirchlichen Strukturen fragen, gleichgültig, ob er damit nun ein Interesse an bloßer Effektivierung oder an grundsätzlicher struktureller Veränderung verbindet. Der wissenschaftstheoretische Streit, der auch die Praktische Theologie durchzieht, ist der nach der Verbindlichkeit empirisch beschreibbarer Strukturen und Funktionen: funktional-strukturelle Ansätze neigen eher dazu, Gegebenheiten zu akzeptieren und durch wissenschaftliche Analyse in ihrer Funktionalität zu verbessern. Kritische Ansätze hingegen fragen nach den in den jeweiligen Strukturen vorgegebenen und nach den wünschenswerten Zusammenhängen, auf die hin die empirischen Funktionen verändert werden müssen.

Struktural-funktionalen Theorien wird in der Regel vorgeworfen, die Wahrheitsfrage zugunsten der nach funktionaler Effektivität storniert und gegebene soziale Strukturen für sakrosankt erklärt zu haben. Vom ursprünglichen Ansatz her und aufs Ganze dürfte diese Kritik ihre relative Berechtigung haben, denn tatsächlich werden hier Veränderungen nur noch im Sinn einer Perfektionierung des Struktur-Funktion-Zusammenhanges verstanden, in dem Störungen und Reibungsverluste minimiert werden. Die Frage, ob eine zugeschriebene Funktion sinnhaft oder ob soziale Strukturen wünschenswert sind, bleibt in der Regel ungestellt. Berechtigt ist allerdings der Hinweis darauf, dass es soziale Aufgaben gibt, die jenseits subjektiver und willkürlicher Interpretation liegen, die also quasi objektive Anforderungen stellen. Diese Einsicht nimmt dann auch die kritische Theorie auf, ohne allerdings das Subjekt aus seiner Verantwortung zu entlassen. Vielmehr wird dieses zum Ort der kritischen Reflexion objektiver Erwartungen und Anforderungen.

Für die Praktische Theologie heißt dies konkret, dass PfarrerInnen einerseits solche objektiven Anforderungen erkennen, andererseits diese aber nicht affirmativ akzeptieren, sondern sinnhaft interpretieren müssen. Beispielsweise muss der-/diejenige, der/die Religionsunterricht in der gesellschaftlichen Institution Schule erteilt, erkennen, dass das öffentliche Schulwesen eine Selektionsfunktion wahrnimmt, d.h., dass durch den Unterricht – und damit auch durch den Religionsunterricht – den einzelnen Menschen ihr jeweiliger Platz im Gesellschaftsgefüge zugewiesen wird. Insofern bestimmt auch der Religionsunterricht mit über Chancengleichheit, Bildungs- und Schichtenunterschiede; er dient auch dazu, die Gesellschaft mit ihren positiven und negativen Seiten zu reproduzieren. Eine rein funktionale Theorie kirchlichen Handelns würde sich dieser Funktionszuschreibung unterwerfen. Eine kritische Theorie hingegen müsste fragen, ob derartige Funktionen human und theologisch zu vertreten sind.

Es zeigt sich, dass der Funktionsbegriff nicht eindeutig und es deshalb problematisch ist, ihn in das Zentrum praktisch-theologischer Systematisierungen zu rücken; dennoch wird er hier gegenüber anderen Versuchen, das Gesamtgefüge der praktisch-theologischen Reflexionsfelder zu strukturieren und systematisch zu umgrenzen, favorisiert. In der Regel herrscht jedoch eine Unterteilung nach jeweiligen Handlungsfeldern vor. Wenn man allerdings diese Handlungsfelder nicht durch gemeinsam vorkommende Funktionen zusammenfasst, dann können sie zu einer beliebigen Aufzählung von unterschiedlichen kirchlichen Tätigkeiten werden, ohne dass ein gemeinsamer übergeordneter Gesichtspunkt zur Geltung gebracht wird. Handlungsfeldbezogen sind insbesondere die Darstellungen von D. Rössler (1986) und des Handbuchs der Praktischen Theologie (Berlin, 1975ff); funktional angelegt ist das Handbuch der Praktischen Theologie (Bloth u.a. 1981, 1983, 1987), kritisch-funktional die Grundlegung von G. Otto (Otto 1986).

Die Schwierigkeit einer funktionalen Strukturierung des praktisch-theologischen Gegenstands liegt u.a. darin, dass in keinem Handlungsfeld eine Funktion allein und rein auftritt, sondern stets eine Kombination von Funktionen vorliegt. Allerdings ist eine Funktion dominant oder sollte es zumindestens sein; sie prägt sozusagen die Grundzüge der ihr zuordenbaren Handlungsfelder. In Bezug auf sie und in Unterscheidung von „Begleitfunktionen", die nur eine sekundäre Rolle spielen, sprechen wir hier von „Grundfunktionen". Im Sinn einer „vorwissenschaftlichen", auf unmittelbare Plausibilität beruhenden Übereinkunft lassen sich insgesamt fünf solcher Grundfunktionen im praktisch-theologischen Feld unterscheiden: *1. Bildung, 2. Kommunikation, 3. Organisation und Leitung, 4. Beratung und 5. Hilfe.* Die Gliederung der Praktischen Theologie nach Funktionen lässt sich mit der klassischen Unterteilung nach Disziplinen nicht eineindeutig, d.h. in wechselseitiger Entsprechung, zur Deckung bringen. So umfasst die Funktion „Kommunikation" mehr als nur die *Homiletik* und die *Liturgik*; diese wären also zu „eng". Die klassische Grenzziehung zwischen praktisch-theologischen Teildisziplinen erschwert Grenzüberschreitungen und führt gelegentlich zu Binnendiskussionen. Dies ist besonders in der Religionspädagogik deutlich geworden, die sich – teilweise sogar organisatorisch – aus der notwendigen Einheit der Praktischen Theologie (s.u.) verabschiedet und die Relevanz ihrer Grundbegriffe für andere praktisch-theologische Reflexionsfelder preisgegeben hat. Dabei kann die pädagogische Kategorie „Bildung" durchaus auch das Predigtgeschehen bestimmen; sie lässt sich insofern nicht auf das klassische Gebiet der *Katechetik* oder *Religionspädagogik* beschränken. Leitungsfragen und Organisationsprobleme decken sich weitgehend mit der *„Kybernetik"*, die heute programmatisch mit dem Begriff *„Gemeindeaufbau"* in der Regel verbunden wird. „Beratung" bezieht sich nicht nur auf seelsorgerliche Betreuung und geht damit über die klassische Disziplin *Poimenik* (Seelsorge) hinaus. Hilfe hingegen konzentriert sich auf jene Aufgaben, die traditionellerweise mit *„Diakonie"* umschrieben wurden. Die Zugehörigkeit der Diakonie zum klassischen Problembestand der Praktischen Theologie war und ist allerdings umstritten.

Von den Grundfunktionen aus lässt sich auch jenes Problem lösen, das die wissenschaftliche Praktische Theologie von Anbeginn an durchzogen hat: Wie kann sie einerseits als eine thematisch zentrierte, einheitliche Disziplin erscheinen und andererseits zugleich erfahrungsoffen für die wechselnden Erfordernisse der sich verändernden Praxisfelder sein? Die genannten Grundfunktionen können nun nicht nur als Zentralaspekte eines Handlungsfeldes gelten, sondern zugleich auch als thematische Mitte einer *Gesamttheorie der Praktischen Theologie*. Tatsächlich war dies im Laufe der Geschichte stets der Fall. So wurde – insbesondere in der Ära der Dialektischen Theologie – unter dem Stichwort „Verkündigung" die Kommunikationsfunktion als alles regierende Funktion in den Vordergrund gestellt, weil dies der Selbstbezeichnung als Wort-Gottes-Theologie entsprach. E. Lange hat dann – in relativer Anknüpfung – sämtliche Tätigkeiten der Kirche unter den einheitlichen Begriff *„Kommunikation des Evangeliums"* gestellt. Um Kommunikation des Evangeliums geht es im Religionsunterricht ebenso wie beim Besuch am Krankenbett, im Gottesdienst ebenso wie bei verwaltungsmäßigen Entscheidungen.

Ähnliches finden wir u.a. auch bei H.-D. Bastian oder – in anderer Weise – bei Chr. Bäumler, der die „kommunikative Gemeindepraxis" zum bevorzugten Reflexionsgegenstand der Praktischen Theologie erhebt. Vom Kommunikations- bzw. Verkündigungskonzept her wurden nicht nur Gottesdienst und Predigt bestimmt, sondern auch der kirchliche sowie schulische Unterricht oder die helfende Zuwendung zu Leidenden: Was immer auch dort geschehen sollte, letztendlich zielte es auf die Kommunikation des Evangeliums. Im Grunde hatte schon Schleiermacher über seinem Begriff „Circulation der Mitteilung" die Kommunikationsfunktion zum regulativen Prinzip aller praktisch-theologischen Handlungsfelder erhoben; sie galt z.B. auch für Unterrichts- und Leitungsfragen. Die Prävalenz der Kommunikation lässt sich nicht nur theologisch, sondern auch anthropologisch begründen; dementsprechend finden sich auch in den Human- und Sozialwissenschaften entsprechende Ansätze, z.B. in der Gesprächspsychotherapie oder der kommunikativen Didaktik.

Die neuere *Seelsorgebewegung* hat dann – in relativer Abkehr von dieser Tradition – die Grundfunktion „Beratung" zur regula prima praktisch-theologischen Denkens und Handelns erhoben. Demgemäß sollte dann auch seelsorgerlich gepredigt oder therapeutisch unterrichtet (Stoodt 1975) werden. Die entsprechende Gesamttheorie der Praktischen Theologie entwarf sich als Seelsorgekonzept in differenten Handlungsbezügen (zuletzt z.B. v. Heyl 1994). Zu Recht verweist diese Position darauf, dass seelsorgliche Aspekte stets dann greifen, wenn praktisch-theologisches Denken und Handeln sowohl der Ganzheitlichkeit des Menschen als auch der Heilbedürftigkeit der Schöpfung insgesamt gerecht werden will. Sowenig wie der kommunikative Aspekt in einem „System der Praktischen Theologie" fehlen darf, wird man die seelsorgerlichen Bestimmungen in Theorie und Praxis unterschätzen dürfen. Dazu bedarf es allerdings einer Leitkategorie, die aus sich selbst heraus die Integration der sonst disparaten Grundfunktionen leisten kann. Als eine solche wird sich die Grundfunktion Bildung erweisen (s. 2.1).

1.3 Zur Wissenschaftsgeschichte und -theorie der Praktischen Theologie

Der Ruf nach einer eigenen Universitätsdisziplin „Praktische Theologie" ist zwar schon sehr alt und geht möglicherweise bis in die unmittelbare Nachreformationszeit zurück (Hübner 1985). Unisono wird der Beginn einer „wissenschaftlichen" Praktischen Theologie aber mit *Schleiermachers* „Kurzer Darstellung" in Verbindung gebracht (Bloth 1994, 43ff), weil sie dort in Unterscheidung von der historischen und philosophischen Theologie als eigenständige, innertheologisch notwendige und auf die Praxis bezogene Disziplin verstanden wurde. Die Praktische Theologie soll die allgemeinen Kunstregeln ermitteln und vermitteln, die zur Leitung von Kirche und Gemeinde notwendig sind (vgl. Grözinger 1987, 175ff). Weil konstitutiv auf die kirchliche Praxis verwiesen, bestimmt Schleiermacher die Praktische Theologie als eine „positive" Wissenschaft, die letztendlich nur die der Praxis selbst inhärenten Handlungsregeln erhebt und sie optimierend auf den Begriff bringt. Nur im Rahmen der durch die Praxis vorgegebenen Regeln und Gesetzmäßigkeiten lässt sich die kirchliche Praxis durch die praktisch-theologische Theorie verändern. Als „Theorie der Praxis" stellt die Praktische Theologie eine Kunstlehre (Technik) in Analogie zu Pädagogik, Politik und Hermeneutik dar.

Schleiermacher arbeitete einem Verständnis von Praktischer Theologie in die Hände, das in der späteren wissenschaftstheoretischen Diskussion als *„Anwendungswissenschaft"* firmieren sollte, weil darin der Praktischen Theologie eine eigenständige theoretische Leistung für die Gesamttheologie abgesprochen wurde. Als „Anwendungswissenschaft" hat sie nur die Aufgabe, vermeintlich vollgültige theologische Aussagen der anderen Disziplinen für die Praxis aufzuarbeiten, sie zu applizieren; eine konstruktive Funktion im Gesamtgefüge der Theologie jedenfalls schreibt Schleiermacher der Praktischen Theologie nicht zu. Gelegentlich bezeichnete Schleiermacher die Praktische Theologie allerdings irreführend als die „Krone der Theologie" und damit als diejenige Vermittlungsinstanz zwischen Theologie und Kirche, auf die die wissenschaftliche Theologie im Grunde hinauslaufe. Die Theologie habe zwar insgesamt ein praktisches Handlungsinteresse, aber um diesem Handlungsinteresse gerecht werden zu können, müsse die wissenschaftliche Theologie vom unmittelbaren Handlungsdruck erst einmal befreit werden; deshalb brauche sie notwendig eine entlastende praktische Disziplin, die ihrerseits Gewähr für das Praktischwerden der Theologie biete. Zu Recht macht Schleiermacher darauf aufmerksam, dass es gerade um der praktischen Relevanz der Theologie willen sinnvoll ist, sie von einer Funktionalisierung auf die Praxis hin zu befreien, denn nur dadurch kann sie eine kritische und korrigierende Sicht gewinnen. Wer immer nur auf die praktischen Fragen schielt, der schränkt seinen Blick auf das Machbare und aktuell Nützliche ein; er verliert den Blick für weiterreichende, übergeordnete Gesichtspunkte und Perspektiven. Zweckfreies, vom Handlungsdruck entlastetes Denken muss nicht unbedingt zur wirklichkeitsfernen Spielerei werden.

So hatte bereits Schleiermacher der Praktischen Theologie eine relativ praxiskritische Funktion zugeschrieben, die mit dem Stichwort „Verbesserung" gekennzeichnet werden kann. Sein unmittelbarer Gegenspieler in der Berliner Theologie und innerhalb der Konstitutionsphase der wissenschaftlichen Praktischen Theologie, *K.Ph. Marheineke,* verstärkte diese Tendenz, indem er die Praktische Theologie als eine von der Kirche unabhängige, nicht-verzweckte kritische Wissenschaft bestimmte, die zunächst in begrifflicher Klarheit und empirischer Bezogenheit, d.h. in einem dialektischen Bezug von Möglichkeit und Wirklichkeit, Reformprinzipien und -strategien für die kirchlich-religiöse Praxis ausarbeitet (Lämmermann 1981) und die zugleich eine empirisch-kritische Aufgabe innerhalb der Gesamttheologie wahrnimmt. Wie immer man seine Leistung im einzelnen kontrovers beurteilen mag, Marheineke schien einer der ersten, der die Praktische Theologie nicht nur als Anwendungswissenschaft verstehen und ihren prinzipiell nicht-affirmativen Charakter betonen wollte.

Marheinekes Wirkung blieb beschränkt, wirkungsvoll hingegen wurde das Schleiermachersche Programm, und zwar durch *C.I. Nitzsch*, der protestantischerseits wohl als erster akademischer praktischer Theologe im engeren Sinne verstanden werden kann, zumal er seinen Nachfolgern die Grundstruktur praktisch-theologischer Systembildung vorgegeben hat (Emersleben 1999, 14ff). Auf katholischer Seite wäre – abgesehen von einer sehr bedeutsamen Vorgeschichte, die mit dem Namen St. Rautenstrauch verbunden ist – diesbezüglich vor allem die katholische Tübinger Schule und hier besonders *A. Graf* zu nennen, der die Praktische Theologie als „wissenschaftliches Selbstbewusstsein der Kirche" definierte. Die Anbindung der wissenschaftlichen Praktischen Theologie an die Institution Kirche tritt in der Geschichte der katholischen Praktischen Theologie – aus ekklesiologischen Gründen fast selbstverständlich – stärker in den Vordergrund. So hat z.B. in der neueren Diskussion K. Rahner die Praktische Theologie als eine Theorie verstanden, die den „Selbstvollzug der Kirche" reflektiert, während die protestantische ebenso wie deren Pastoraltheologie einen stärkeren Gemeindebezug aufweist, wobei dann schwerpunktmäßig der Parochus oder die Laien als praktisch-theologische Handlungssubjekte bestimmt wurden.

Über positionelle und konfessionelle Grenzen hinweg zielt das neue praktisch-theologische Selbstverständnis des 19. Jahrhunderts (vgl. insg. Mette 1978) gegen die vorangegangene *pastoraltheologische Tradition,* weil diese – im strengen Sinne eines wissenschaftlichen Systems – keinen systematisch-konstruktiven Anspruch erheben, sondern unmittelbar aus der Praxis heraus Handlungsregeln für Amtsinhaber ableiten („Pastorenklugheit") wollte und weil sie dabei die einzelnen kirchlichen Handlungsbereiche atomisierte und insofern die Einheit der Praktischen Theologie nicht in den Blick nahm. Zudem verstand sie sich nicht als ein integrales Moment der theologischen Theoriebildung, sondern als ein theoretisierendes Moment der kirchlichen Praxis selbst. Zur Programmatik der neuen theologischen Disziplin „Praktische Theologie" gehörte hingegen der Nachweis theologischer Notwendigkeit, begrifflich-systematischer Einheit und einer gewissen Abständigkeit von praktischer Unmittelbarkeit, die ihrerseits allerdings gerade einer innovativen Praxisrelevanz dienen sollte. Zur systematischen Fundierung und Vereinheitlichung der Praktischen Theologie forderte Nitzsch ihre ekklesiologische Grundlegung („Idee der christlichen Kirche und des kirchlichen

Lebens"). Damit leitete er eine praktisch-theologische Tradition ein, die aus der Lebensbeschreibung von Kirche (Gemeinde) jeweils die Regeln für kirchenleitendes Handeln ableiten wollte.

Die Genese der Praktischen Theologie vollzog sich unter spezifischen Konstitutionsbedingungen (Drehsen 1988), zu denen – neben der Privatisierung des Glaubens und der Differenzierung kirchlicher Handlungsfelder (Drehsen 1988, 73ff) – insbesondere die Entkoppelung von Theologie und Religion (Alehrs 1977) gehört. Denn erst die Unterscheidung von gelebter Religion und wissenschaftlicher Theologie stellte auch die Frage nach dem Praktischwerden der Theologie. Als negative Folgewirkung dieses Ausdifferenzierungsprozesses muss die Gefahr einer Realitätsblindheit der wissenschaftlichen Theologie, die sich ursprünglich im scholastischen Sinne als immanent praktisch verstand, angesehen werden. Positiv hingegen ist die Entlastung der theoretischen Reflexion von unmittelbarem Verwertungsdruck. Diese für die Theologie insgesamt positive Entwicklung hatte für die Praktische Theologie zwei Gefahren: als auf die Praxis bezogen wurde einerseits unklar, welche innertheologische notwendige Funktion ihr zukommt, und andererseits konnte sie – wie bereits bei Schleiermacher – als reine Anwendungswissenschaft verstanden werden, die nur das Praktischwerden der theoretischen Theologie organisieren sollte. Beides ließ Zweifel an der Wissenschaftlichkeit dieser Disziplin aufkommen, sodass ihre Geschichte stets durch das Ringen um ihren wissenschaftlichen Status gekennzeichnet ist.

Der neu entstandenen wissenschaftlichen Praktischen Theologie gelang es nun aber nicht, die verfemte Pastoraltheologie tatsächlich zu verdrängen. Im Gegenteil erlebte diese – verbunden mit den Namen C. Harms, J.K.W. Löhe, A.F. Vilmar – zunächst eine neue Blütezeit, weil sie offenkundig besser den praktischen Problemen begegnen konnte. Der Vorteil der Pastoraltheologie lag offensichtlich darin, dass sie wegen ihrer pragmatischen Orientierung unabhängig von der theologischen Position ihrer Vertreter allgemein akzeptiert und angewendet werden konnte und dass sie – ausschließlich als Praxologie verstanden – insgesamt praxisorientierter war. In Korrespondenz dazu schliff sich die Rede von der „unpraktischen" Praktischen Theologie ein, die vergessen ließ, dass der Praxisbezug der Praktischen Theologie kein affirmativer, sondern ein innovativer sein sollte – wegen der Sperrigkeit jeder Praxis gegenüber Veränderung entstand so der falsche Schein von der Praxisferne einer in sich selbst kreisenden Disziplin, die auch ihre beiden anderen Kriterien, die innertheologische Verankerung (Beitrag der Praktischen Theologie zur Gesamttheologie) und die eigene systematische Konturierung (Einheit der Praktischen Theologie), nicht vernachlässigen wollte.

Die Behauptung, die Pastoraltheologie sei mit ihrem Höhepunkt Mitte des 19. Jahrhunderts zugleich auch zu Ende gegangen (Rau 1970), ist angesichts ihrer aktuellen Reaktivierung (Steck 1974a, 54ff), wie sie sich in der programmatischen Selbstbezeichnung der Zeitschrift „Pastoraltheologie" ausdrückt, zu relativieren (Grözinger 1987, 267ff). Problematisch am pastoraltheologischen Ansatz bleibt die dogmatisch-deduzierte, hypertrophe Stellung eines Amtsverständnisses, das zumindest gesamtprotestantisch gesehen stets problematisch war und auch in der katholischen Theologie zunehmend unter Legitimationsdruck geriet. Gleichwohl macht die Tradition der Pastoraltheologie die Praktische Theologie darauf aufmerksam, dass rein funktionalistische und strukturalistische Überlegungen zu kurz greifen, weil sie zu wenig die handelnden Personen als konstitutive Faktoren berücksichtigt. Die Schwäche der klassischen Pastoraltheologie kann insofern auch zu ihrer Stärke uminterpretiert werden, denn auf der einen Seite konzentrierte sie zwar monomanisch alle kirchlichen Handlungsfelder auf den (männlichen) Pfarrer hin, auf der anderen Seite bot dieser ihr aber auch ein Modell, den Gedanken der Subjektivität als Ansatzpunkt für die kirchliche Praxis zu durchdenken. Die Hinwendung der wissenschaftlichen Praktischen Theologie zu Strukturen und Funktionen hat u.a. auch eine Entsubjektivierung und Anonymisierung der kirchlichen Praxis zur Folge. Systemtheoretisch betrachtet funktioniert die Institution unabhängig vom Selbstbestimmungswillen der Subjekte; diese werden vielmehr funktional selbst als Systeme verstanden und in den Gesamtzusammenhang eingeordnet.

Ob allerdings „die Pastoraltheologie als Kritische Theorie der Maske des Pfarrers ihren präzisen wissenschaftssystematischen Ort" (Grözinger 1987, 270) hat, darf bezweifelt werden, es sei denn, die Theorie der Pfarrersmaskerade wird als Ideologiekritik personaler Befindlichkeiten und Bestimmtheiten gefasst. Auch menschliche Subjekte dürfen nicht unmittelbar als das angesehen werden, als was sie sich geben. Menschen sind sowohl Opfer wie Täter nicht nur ihrer Lebensgeschichten (Lämmermann 1999a, 61ff), sondern auch von den Ideologien ihrer Lebenswelt. Bei der Produktion von Ideologien sind Menschen eben nicht bloß fremdbestimmt, sondern zugleich Subjekte. Dieser subjektive Gehalt der Ideologie muss um der Freiheit des Menschen willen festgehalten werden. In aller lebensweltlichen und lebensgeschichtlichen Programmiertheit und Entfremdung beinhalten Ideologien immer auch Entwürfe des Menschen über sich selbst. Doch kommt ihnen dabei ganz wesentlich etwas Scheinhaftes zu. So haben Ideologien – wegen ihrer Soziogenese – einen (quasi-)realistischen Zug, gleichwohl sind sie unrealistisch und verblenden tatsächliche Zusammenhänge. Für sie ist charakteristisch, dass sich in den Vorstellungen der Menschen über ihre soziale Umwelt Wahres und Falsches zunächst ununterscheidbar vermischt. Das gilt natürlich auch für das Selbst- wie Fremdbild von PfarrerInnen. Zur Ideologie der Pastoraltheologie gehört, dass sie – schon von ihrem Ansatz her – die Laienfrage nicht zu ihrem konstitutiven Element erheben kann, wie es in der wissenschaftlichen Praktischen Theologie der Fall sein müsste; dies ist zumindest in den Entwürfen der Fall, wo die Gemeinde (mehr noch als die „Kirche") zum Subjekt erhoben wurde. Hinzu kommt ein unausgesprochener patriarchaler Zug der Pastoraltheologie, der nicht erst seit seiner feministisch-theologischen Kritik obsolet ist.

Blickt man auf die Phase nach der Konsolidierung der Praktischen Theologie zurück, so tritt uns im Tübinger Pfarrer und Dekan Ch.D.F. Palmer eine wissenschaftliche Praktische Theologie entgegen, die – unter konservativ-vermittlungstheologischen Ansprüchen – an die pastoraltheologische Tradition anknüpfen will und dabei insbesondere versuchte, das Praxisdefizit der Praktischen Theologie dadurch zu kompensieren, dass er sie nicht dogmatisch-ekklesiologisch, sondern ethisch begründet (Rössler 1967). Beibehalten wurde allerdings ein deduktiv-spekulativer Ansatz, der empirische Fragestellungen weitgehend ausblendete. Inhaltlich bewegt sich Palmers Praktische Theologie, zu der er nur eine Prolegomena lieferte, auf den Bahnen von Schleiermacher und Nitzsch. Als Hauptvertreter der Konsolidierungszeit anzusehen sind sicher Th. Harnack, G. von Zezschwitz, Fr. Ehrenfeuchter und vor allem E.Ch. Achelis, der die Praktische Theologie programmatisch zur „Lehre von der Selbsttätigkeit der Kirche" erklärte und damit die Tradition einer engen ekklesialen gegenüber einer stärker sozial-gesellschaftlichen Definition zu einem gewissen Höhepunkt brachte. Demgemäß dominieren ekklesiologische Ableitungen gegenüber empirischen Betrachtungen.

Vor allem die liberale Praktische Theologie suchte dann nach einer empirischen Anbindung der praktisch-theologischen Theoriebildung und wendete sich dabei vorzugsweise der Religionspsychologie und -geschichte zu (F. Niebergall, R. Kabisch, O. Baumgarten) oder entwickelte erste Ansätze zu einer empirischen religiösen Volkskunde (P. Drews). Vor allem Niebergalls Entwurf einer pädagogischen Praktischen Theologie als Theorie der Gemeindeerziehung (Luther 1984) kann paradigmatisch für die liberale Reformbewegung gelten: Praktische Theologie wird zur Erziehungslehre, die konzeptionell in Wirklichkeit als Bildungstheorie entworfen ist. Dies wird am psychologischen Zentralbegriff der Praktischen Theologie F. Niebergalls deutlich, nämlich dem der Persönlichkeit; dessen pädagogisches Korrelat ist „weniger der Begriff der Erziehung als der Bildung" (Sandberger 1972, 63). Der konstitutive Zusammenhang von *Bildung und Persönlichkeit* dokumentiert so die Kontinuität mit der Geschichte des Bildungsgedankens, den theologisch zu begründen die konzeptionelle Aufgabe Niebergalls war. Dabei rekurriert er allerdings nicht auf die in der bildungstheoretischen Tradition gegebene ursprüngliche theologische Wurzel des Bildungsbegriffs (vgl. Kap. 2), sondern er rezipiert die zeitgenössische systematische Theologie und hier insbesondere J. Kaftan, dessen Anthropologie er weitgehend übernimmt und durch die Einbeziehung der Religionspsychologie (W. James, W. Wundt, H. Meier) ergänzt. In dieser Erweiterung durch die empirischen Humanwissenschaften liegt offensichtlich der *spezifische Ansatz der liberalen Praktischen Theologie.*

Zentral wird für F. Niebergall der Rekurs auf die reformatorischen Vorstellungen, denn mit der Reformation ist erstmalig in der Geschichte der Menschheit das Individualitätsprinzip und damit der Gedanke einer Persönlichkeitsbildung aufgetreten. Der Mensch soll durch Bildung seine natürliche Bestimmtheit, seine abstrakte Personhaftigkeit überwinden und zur Persönlichkeit werden. Zur Individualität und Persönlichkeit ist der Mensch nicht von Natur aus bestimmt, sondern er ist dazu von Gott bestimmt, und er muss sich dazu selbst bilden: „Erhabenheit über die hemmenden Mächte der Sünde, der Schuld und des Gesetzes, auf Grund der gläubigen Unterordnung unter Gott, verbunden mit der freiwilligen Unterordnung unter den Nächsten – das ist das Kennzeichen der Persönlichkeit nach Luther" (Niebergall 1918, 17). Niebergall wendet den in der bisherigen Praktischen Theologie ekklesiologisch gefassten Gedanken von der Selbsttätigkeit bildungs- und persönlichkeitstheoretisch. Durch die Unabhängigkeit von externen Vermittlungsinstanzen gewinnt die Einzelperson theologisch zentrale Bedeutung: „Die Rechtfertigung des Menschen vor Gott ist seine eigenpersönliche Aufgabe, und das Vertrauen, das dazu gehört, ist rein die Sache des einzelnen" (Niebergall 1911, 140). Die unmittelbare Gottesbeziehung im rechtfertigenden Handeln Gottes am einzelnen Menschen setzt die Selbstkonstitution der Persönlichkeit. Weil durch Gott neu konstituiert, kann der Mensch sich selbst konstituieren; so erwachsen aus dem Gedanken der Rechtfertigung der Grund und die Aufgabe von Bildung. Der Rekurs auf den Rechtfertigungsgedanken hat die Funktion, den Erziehungsauftrag der Kirche und die Bildungsaufgabe für den Menschen zu begründen: die Anerkennung als Subjektivität durch Gott fordert, dass sich Individualität auch konkret, d.h. geschichtlich konstituiert und zwar sowohl in der Welt wie in der Gemeinde.

Die praktisch-theologische Reformbewegung des theologischen Liberalismus wollte (a) gegen die Überfrachtung der praktischen Theologie durch historische Rekurse den Blick auf die Gegenwartsanalyse richten, (b) gegen dogmatisch-deduktive Ansätze eine realistische empirische Theorie entwickeln und (c) die Theologieimmanenz durch einen interdisziplinären Ansatz überwinden (Luther 1984, 81f) sowie (d) die praktische Theologie wieder als Berufstheorie entwickeln. Durch diese vier Kriterien sollte die Praktische Theologie ein eigenständiges Profil gewinnen.

Die Dialektische Theologie gab dieses Selbstverständnis der Praktischen Theologie wieder auf und ordnete sie normativ-deduktiv ihrer Lehre vom Worte Gottes unter: Die Praktische Theologie habe keinen eigenen – und schon gar keinen empirischen – Gegenstand; ihre praktische Verantwortung bestehe einzig darin, im Weiterlaufen des Zeugnisses die Wahrheit des Wortes Gottes je neu Ereignis werden zu lassen. Deutlich jedenfalls wird, dass die Praktische Theologie unter dialektischer Ägide wieder dogmatisch-affirmativ bestimmt sein soll: aus dem dogmatisch deduzierten Vorrang des Wortes Gottes und seiner Selbstwirkung ergibt sich die Verkündigung als einzig legitime Aufgabe der Praktischen Theologie (siehe 1.2). Prominenteste Vertreter dürften – neben K. Barth selbst – E. Thurneysen und – stärker lutherisch geprägt – H. Asmussen sein. Diese Tradition der dogmatisch-deduktiven Strukturierung der Praktischen Theologie wird heute am ehesten von R. Bohren fortgesetzt, der die Praktische Theologie als theologische Ästhetik versteht und diese pneumatologisch begründet. Daneben vollzog sich – vor allem in den siebziger Jahren – eine Diskussion zwischen empirisch-analytischen (Y. Spiegel, K.-F. Daiber 1977) bzw. funktionalen (K.-W. Dahm 1972) auf der einen und kritischen Ansätzen (G. Otto, N. Greinacher) auf der anderen Seite; unstrittig zwischen den kontroversen Positionen ist allerdings, dass die Praktische Theologie weiterhin (s.o.) und in Aufnahme zeitgenössischer wissenschaftstheoretischer Diskussion als Handlungstheorie verstanden werden muss (Emersleben 1999, 329). Durch diese Selbstbezeichnung soll die Erfahrungsoffenheit sowie die Praxisrelevanz praktisch-theologischer Theoriebildung unterstrichen werden. Auffällig in dieser Diskussion um das Selbstverständnis der Praktischen Theologie war, dass – im Unterschied zu vorangegangenen Epochen – sich auch systematische Theologen zu den wissenschaftlich theoretischen Fragen der Praktischen Theologie äußerten (W. Pannenberg, G. Sauter, E. Jüngel, G. Ebeling u.a.) und damit die Notwendigkeit einer enzyklopädischen Ortsbestimmung unterstrichen.

1.4 Praktische Theologie als kritisch-empirische Handlungswissenschaft

Im Rückblick auf die Wissenschaftsgeschichte der Praktischen Theologie zeigt sich, dass diese schon in ihren Anfängen als Praxistheorie bzw. als Handlungswissenschaft verstanden werden wollte (Emersleben 1999, 99ff). Die Kontroverse über die wissenschaftstheoretischen Implikationen eines solchen Programms bezog sich dabei insbesondere auf die Verhältnisbestimmung von Wissen und Handeln und damit auf die Frage eines Primats der Empirie und Praxis bzw. eines der Theologie und damit Theorie in einem handlungswissenschaftlichen Entwurf der Praktischen Theologie. Aus der klassischen Diskussion bleibt – so scheint mir – die grundsätzliche Einsicht relevant, dass eine kritische Handlungstheorie die Spannung zwischen bereits Realisiertem und möglichen Realisierbarkeiten, zwischen Empirie und Theorie zu erfassen habe.

Weiter macht die Rückbesinnung auf die Einsichten vorangegangener praktischer TheologInnen darauf aufmerksam, dass ein unmittelbarer normativ-deduktiver Rekurs in der Aufgabenbeschreibung der Praktischen Theologie auf die jeweils vorgegebene soziale wie kirchliche Wirklichkeit im Sinne eines effektivierenden Problemlösungsverfahrens eine affirmative, unkritische Reduktion sowohl der Theorie als auch der Praxis selbst darstellt. Eine kritische Handlungstheorie muss widerstandsfähig sein gegen den Schein der Wirklichkeit. Erst eine Praktische Theologie, die sich tatsächlich als (systematische) Theologie begreift, vermag auf dem Hintergrund einer universellen Sinnkonstruktion als kritische Theorie des Christentums religiöses und kirchliches Handeln so zu erfassen, dass dieses in seiner eigenen Partikularität sich nicht selbst verliert.

Nur als Buchhalterin kirchlichen oder religiösen Handelns wäre die Praktische Theologie zu kurz bestimmt. Indem die wissenschaftliche Praktische Theologie der Praxis gegenüber deren Bedingtheit, Relativität und ihren historischen Zusammenhang thematisiert, erfüllt sie eine kritische Funktion. Die andere realisiert sie, indem sie die gegenwärtigen Formen des christlichen Bewusstseins sowie das zeitgenössische religiöse und kirchliche Handeln und deren gesellschaftliche Bedingungen als Rückfragen an die Theologie insgesamt erhebt. Enzyklopädisch gesehen (s.u.) ist es die Aufgabe der Praktischen Theologie, die Wirklichkeit als eine selbstständige Größe in den theologischen Diskurs einzubringen; sie hat diese deshalb auf eigenständige Weise und methodisch gesichert zu analysieren.

Die theologiekritischen Rückfragen der Praktischen Theologie von der Wirklichkeit des religiösen Lebens her werden auf der anderen Seite notwendig ergänzt durch die Infragestellung der Legitimität des faktischen zeitgenössischen Denkens und Handelns in Kirche und Gesellschaft. Das praktisch-theologische, systematisch und spekulativ betriebene Nachdenken über die prinzipiellen Möglichkeiten, die dem christlich-religiösen Leben potentiell offen stehen, bedarf der methodisch geleiteten und abgesicherten Reflexion auf die empirisch gegebene Wirklichkeit. Wird Praxis nur beschrieben, verwaltet und effektiviert, so bleibt sie letztlich perspektivlos hinsichtlich ihrer eigenen Geschichte und Zukunft und darin zugleich bezüglich ihrer Handlungsmöglichkeiten. Insofern hat die Praktische Theologie sowohl eine theologie- wie auch eine ideologiekritische Qualität, und insofern ist sie in einem doppelten Sinne Handlungswissenschaft bzw. Praxistheorie: als kritische wissenschaftliche Reflexion von Praxis dient sie der theologischen Theoriebildung insgesamt, als theologische Reflexion über prinzipielle Möglichkeiten kirchlich-religiösen Lebens wirkt sie innovierend auf das praktische Handeln. Während der erste Gedanke in der Geschichte der Praktischen Theologie eher zu kurz kam, ist die Einsicht in die notwendig Handlungsrelevanz praktisch-theologischen Denkens durchgängig konstitutiv.

Neben dem Kriterium der Handlungsrelevanz spielte die Frage nach einer enzyklopädischen Selbstbegründung der Praktischen Theologie eine entscheidende Rolle (Ritter/Rothgangel 1998). Dabei zeigte sich, dass diese Frage nicht als theoretischer Eskapismus abgetan werden darf. Die Alternative Theoriebildung kontra Handlungskompetenz ist von hierher gesehen nur ein Scheingegensatz; beides sind konstitutive, sich wechselseitig ergänzende Aufgaben der Praktischen Theologie. Deshalb kann der Praxisbezug der Gesamttheologie, den sie in enzyklopädischer Bestimmung durch die Praktische Theologie gewinnt, nicht als sekundäres Praktisch-Werden verstanden werden. Denn damit wäre die Einheit von Theorie und Praxis, durch die eine kritische Handlungstheorie charakterisiert sein soll, zerstört. Allerdings kann – systematisch gesehen – die Einheit von Theorie und Praxis in diesem Sinne nur gedacht werden, wenn auch ihr Unterschied mit gedacht wird, denn ihre Identität stellt sich erst über die Reflexion ihrer Nichtidentität her. Auch das Verhältnis von Theorie und Praxis ist als negative Dialektik im Sinne einer Negation der Negation zu verstehen.

Übereinstimmung und Differenz zwischen theoretischem und praktischem Denken in der Praktischen Theologie wird deutlich, wenn man sich die Unterscheidung zwischen praktisch-theologischem Entdeckungs-, Begründungs- und Realisierungszusammenhang vergegenwärtigt. Dann kann man sagen, dass eine relative Dominanz des Theoretischen im Begründungszusammenhang einer praktisch-theologischen Theorie gegeben ist, während im Entdeckungs- und Realisierungszusammenhang die Wirklichkeit relativen Vorrang hat. Die Rede vom Entdeckungs- und Begründungszusammenhang entspricht tendenziell der Unterscheidung von Darstellung und Analyse, wie sie die Kritische Theorie der Frankfurter Schule von K. Marx übernommen hat, um die Widerspenstigkeit des Empirischen gegenüber einem platten Identitätsdenken von Theorie und Praxis auszudrücken. Als Begründungsleistung und Reflexionsinstanz hat das Theoretische allerdings in einer sich wissenschaftlich verstehenden und konzeptionell denkenden Praktischen Theologie insgesamt einen gewissen Vorrang; Praktische Theologie als kritische Handlungswissenschaft verstanden lebt so geradezu von der relativen Nicht-Identität von Theorie und Praxis, weil sie darauf insistiert, dass sich kritische Theoriebildung nicht einfach dem Faktischen unterwerfen darf. Theorie soll nicht nur die klassifizierende und Funktionen zusammenfassende Beschreibung der Wirklichkeit sein, sondern muss durch die Reflexion auf die über die unmittelbare Faktizität hinausgehende Potentialität ein grundsätzliches Mehr gegenüber der Praxis haben, wenn aus ihr heraus eine kritische und vernünftige Gestaltung der Praxis nicht nur möglich, sondern auch nötig werden soll; insofern wird hier ein spekulativ-emphatischer Begriff von Theorie verwendet, der sich gegen eine positivistische Reduktion von Theorie und Praxis richtet.

Die Prävalenz des Theoretischen in einer kritischen praktisch-theologischen Handlungswissenschaft wurde programmatisch als relativ bezeichnet. Denn es gilt – über den Entdeckungszusammenhang und dann letztlich über den Realisierungskontext hinaus – auch ein relatives Primat der Praxis. Nur so bleibt die Praktische Theologie erfahrungsoffen und verliert sich nicht in extraterrestrischer Praxisimmunität. Als Handlungswissenschaft verstanden kann die Praktische Theologie eben nicht allein kritische Theorie sein, sondern sie muss sich auch als kritisch-empirisch erweisen (Daiber 1997, 17ff). Allerdings unterscheidet sie sich darin vom empirisch-kritischen bzw. empirisch-analytischen Ansatz (s.u.), dem die vorgegebenen, verdinglichten sozialen Tatsachen quasi sakrosankt sind. Gleichwohl gibt es zum empirischen Ansatz in der Praktischen Theologie keine Alternative, auch nicht die einer ästhetischen Wahrnehmungstheorie (Grözinger 1987).

1.5 Praktische Theologie als empirische Forschungsdisziplin

Die Praktische Theologie ist als eine empirische, handlungsorientierte theologische Wissenschaft zu verstehen (Mette/Steinkamp 1983, 21ff); darüber gibt es in der gegenwärtigen Debatte im Grunde keinen Streit, auch wenn der programmatische Begriff „Handlungswissenschaft" fast ganz in den Hintergrund getreten ist. Diese Bestimmung schließt ein, dass die Praktische Theologie praxisrelevant und erfahrungsoffen zu sein hat. Während noch in den siebziger Jahren wie auch im Zuge einer Rekonstitution der Pastoraltheologie die Praxisrelevanz im Vordergrund stand, schiebt sich in der gegenwärtigen Diskussionslage eher die Frage der

Erfahrungsoffenheit nach vorne: Praktische Theologie wird zur „Kunst der Wahrnehmung" (Grözinger 1995) oder zur „Wahrnehmungswissenschaft" (Heimbrock 1998). Gleichwohl dürften die Kriterien der Handlungsorientierung und Erfahrungsoffenheit weiterhin unstrittig sein; hinsichtlich des in der Konstitutionsphase der wissenschaftlichen Praktischen Theologie erhobenen und im Zentrum der enzyklopädischen Diskussion stehenden Postulats nach ihrer Einheit besteht damals wie heute allerdings kein Konsens (Rössler, in: Nipkow/Rössler/ Schweitzer 1991, 43ff). Gemutmaßt wird, dass die Frage nach der Einheit der Praktischen Theologie die anderen beiden Kriterien negativ tangieren würde, weil damit ein normativ-deduktiver Ansatz gesetzt sei, der neuere Anforderungen und die sich ständig verändernden volkskirchlichen Bestimmungen nicht mehr konstruktiv integrieren könne, dass die Praktische Theologie wahrnehmungs- und erfahrungsresistent würde und sich im Totalitarismus einer Ganzheitsphantasie verliere. In der Tat zeigt die Geschichte der Praktischen Theologie derartige Irr- und Holzwege. Gleichwohl wird trotz der berechtigten Bedenken hier die Auffassung vertreten, dass eine wissenschaftliche Praktische Theologie auch die Frage nach ihrer Einheit (nicht Einheitlichkeit!) stellen muss, weil nur so ihr spezifisches Profil gegenüber den anderen theologischen Fächern wie auch gegenüber der religiös-kirchlichen Praxis herausgearbeitet werden kann. Unter Einheit ist die Frage nach grundlegenden Kategorien, Funktionen oder nach der thematischen Mitte der Praktischen Theologie zu verstehen. Die Forderung, praktisch-theologische Aussagen regulativ auf ein Einheitsmoment hin zu befragen und zu strukturieren, stehen in einem relativen Gegensatz zu Gesamtentwürfen, die dazu eine „flexible Bricolagekonstruktion" (Steck 2000, 89) vorsehen. Die thematische Mitte, die alle praktisch-theologischen Teildisziplinen verbindet, wird demgegenüber hier in einer bildungstheologischen Rekonstruktion der Praktischen Theologie gesehen.

Die Entscheidung für eine bildungstheologische Grundlegung der Praktischen Theologie (Emersleben 1999, 345) ist zugleich auch eine über ihre wissenschaftstheoretische Bestimmung. Denn Bildung wird sich als ein ausgesprochen emphatischer Begriff erweisen; dem korrespondiert ein wissenschaftstheoretischer Ansatz, den man am ehesten mit „kritisch-spekulativ" umschreiben kann (vgl. 1.3). Entgegen landläufigem Vorurteil meint „Spekulation" kein überempirisches, utopisches Phantasieren, sondern eine spezifische, d.h. kritische Wahrnehmung von Wirklichkeit. Ein kritisch-spekulativer Ansatz geht davon aus, dass sich die Wirklichkeit nicht aus sich selbst heraus verstehen lässt, sondern dass übergeordnete, quasi normative Vorannahmen jeden „vernünftigen" Erkenntnisprozess begleiten müssen. Ein spekulatives Vorgehen ersetzt allerdings nicht das kritisch-empirische, sondern schließt dieses ein. Empirische Tatsachenforschung, wie sie in der Praktischen Theologie seit etwa 20 Jahren praktiziert wird, bleibt notwendig, allerdings müssen die mit den Methoden der empirischen Sozialforschung erhobenen und statistisch quantifizierten Tatsachen kritisch-interpretierend qualifiziert werden, und ein rein quantitativ verfahrender Ansatz muss durch qualitative Forschungstechniken ergänzt und überboten werden.

Eine kritische, bildungstheologisch fundierte Praktische Theologie versteht sich also nicht als in einem kontradiktorischen Gegensatz zur klassischen Sozialforschung stehend, sondern sie schließt empirische Tatsachenforschung als ein zwar relatives aber notwendiges Moment ein; dies vor allem in ihrem Entdeckungszusammenhang, wo empirische Methoden – auch „harter" Art – neben andere treten können, die hier, einer spezifischen theologisch-philosophischen Tradition folgend, „spekulativ" genannt werden, auch wenn diese Bezeichnung heute im Wissenschaftsgeschäft gerne pejorativ verwendet wird. Die Praktische Theologie ist insofern – wie die Kirchen- und Religionssoziologie oder Sozialethik – eine Form empirischer Sozialforschung. Deshalb spielen die wissenschaftstheoretischen Auseinandersetzungen in den Sozialwissenschaften auch in die Praktische Theologie hinein, sofern diese sich im obigen Sinne als empirische Handlungswissenschaft versteht. Bekanntlich stehen sich dort verstehende hermeneutische, erklärende empirisch-analytische und kritische Ansätze gegenüber, wobei letztere ein spezifischer Vermittlungsversuch zwischen den beiden ersteren sind.

Geisteswissenschaftlich-hermeneutisch orientiert ist die sogenannte verstehende Soziologie, die versucht, gegenwärtige soziale Tatsachen durch den Rekurs auf deren Genese zu interpretieren. In ihrer hermeneutischen Orientierung ist diese sozialwissenschaftliche Variante unmittelbar dem theologischen Denken kompatibel. Daraus erklärt sich auch, dass die wissenschaftliche Praktische Theologie seit Anbeginn, vor allen Dingen aber zu Beginn dieses Jahrhunderts, an diesem wissenschaftstheoretischen Paradigma orientiert war, ohne immer direkten Bezug auf den sozialwissenschaftlichen Kontext zu thematisieren. Dort ist der Ansatz umstritten, weil er primär philosophischer Genese und mit dem naturwissenschaftlichen Paradigma inkompatibel ist. Dieses ist allerdings seinerseits ja wiederum als Produkt eines ganz spezifischen pointiert modernen Rationalitätsverständnisses zu begreifen, das gerade gegenwärtig durch die Diskussion um die Postmoderne und ihre Modernitätskritik wieder in Frage gestellt wird. Eine hermeneutisch-verstehende Praktische Theologie vertritt in unserer Zeit D. Rößler (Rössler 1986); als nunmehr phänomenologisch oder ästhetisch rekonstruiert dürfte dieses Wissenschaftsparadigma unter postmodernen Prämissen wieder erneut Konjunktur gewinnen. Das zeichnet sich in der neueren Praktischen Theologie insofern ab, als diese sich als „phänomenologische Praktische Theologie" (Steck 2000, 35) mit lebensweltlicher Zentriertheit versteht (Gutmann 1999, 9f). Hier dürfte ein gewisser main-stream nicht nur in der Praktischen Theologie liegen: „der theologische Markt ... postmodernisiert sich" (Timm, in: Eifler 1990, 201). In Parallele dazu steht das Konzept der „Praktischen Theologie als Ästhetik": sie hat „einen hermeneutischen Charakter ..., indem sie sowohl die ästhetische Wahrnehmung ... als auch die ästhetischen Bedingungen des Handelns selbst in den Blick bekommt" (Grözinger 1987, 217).

Als postmodern (Steck 2000, 216) kann dieser Ansatz deshalb etikettiert werden, weil hier der Versuch einer möglichst nicht-wertenden, sondern kolagierenden und synthetisierenden Theoriebildung unternommen wird, die eine radikale Position der Positionslosigkeit vertritt. Dabei soll gleichwohl die „Aufgabe phänomenologischer Praktischer Theologie nicht in der positivistischen Inventarisierung der zeitgenössischen Christentumspraxis" (Steck 2000, 40) aufgehen, ein Interesse, das auch eine kritische Praktische Theologie teilt. Die historisch-hermeneutischen Wissenschaften, einschließlich ihrer phänomenologischen und ästhetischen Varianten, sind insofern kritischer als das rein empirisch-beschreibende Paradigma, weil sie vom Erkenntnismodus des Verstehens geprägt sind und weil sie darin darauf abzielen, den immanenten Sinn geschichtlicher Ereignisse, aktuellen Handelns oder literarischer Texte zu erfassen. Hermeneutisches Verstehen versucht sich eine fremde, historische oder literarische Wirklichkeit interpretierend zu erschließen, um damit eine konsensfähige Handlungsorientierung in der Gegenwart zu gewinnen. Ein solches Interesse wäre in der Tat praktisch zu nennen; es dient dabei der Selbstvergewisserung der Handelnden. Das kritische Vermögen der hermeneutischen Position ist zweifelsfrei ungleich größer als das der empirisch-analytischen. Denn durch den Rückgriff auf die Tradition vermag sie Elemente wiederzuentdecken, die in der unmittelbaren Gegenwart unanschaulich bleiben, sich insofern der rein empirischen Betrachtung entziehen, die aber erneuerbare Sinnvorgaben als Alternativen zu den herrschenden ins Spiel bringen. Dieses rückbezügliche, vermittelnde Denken erklärt zugleich auch den eher konservativen Zug der hermeneutischen Kritik. Alle hermeneutischen Methoden wollen zur kritischen Selbstvergewisserung den ursprünglichen Sinn historischer oder aktueller Phänomene rekonstruieren, indem sie deren implizite Sinngehalte explizit machen; in diesem Sinne hat z.B. V. Drehsen die Praktische Theologie als sozialgeschichtlich und sozialwissenschaftlich verfahrende Reflexionsinstanz der neuzeitlichen Lebenswelt und Religion (Drehsen 1988; Drehsen 1994) bestimmt oder M. Meyer-Blanck als Hermeneutik christlicher Praxis (Meyer-Blanck/Weyel 1999). Dieses Verfahren stößt allerdings an Grenzen, wenn das Auszulegende in sich widersprüchlich ist, d.h. wenn in Geschichte oder überlieferten Texten zwischen Sinn und Unsinn zu differenzieren ist oder vermeintlicher Sinn sich tatsächlich als Unsinn erweist. Hermeneutisches wie phänomenologisches Denken verfügt nicht über das tertium comparationis, von dem her eine derartige Reflexion möglich wird. Das bedeutet aber, dass die Phänomenologie – ebenso wie die Hermeneutik – nicht zwischen Sein und Schein unterscheiden kann, Scheinhaftes für Wesentliches hält und so möglicherweise einer Selbsttäuschung verfällt. Ihnen fehlt die kritische Instanz zur Normenkontrolle der historisch rekonstruierten und hermeneutisch erneuerten Normen oder der phänomenologisch beschriebenen Wirklichkeit.

Kritisches Denken hingegen will weniger Selbstvergewisserung als Selbstverunsicherung; über den phänomenologischen Versuch praktisch-theologischer Theoriebildung geht sie darin hinaus, dass sie z.B. die Selbstreferenz der Lebenswelten wie der Lebensgeschichten einer Ideologiekritik unterzieht. Der nichtpositionelle Charakter einer Kritischen Theorie erweist sich darin, dass sie voraussetzungsfrei ist und insofern auch den Geltungsanspruch beobachtbarer Phänomene nicht als Voraussetzung akzeptieren kann, ohne ihn einer ideologiekritischen Nachfrage zu unterziehen. Sie ist allerdings nicht positionslos in dem Sinne, dass sie sich dem Strom der Zeit und der Selbstbewegung der Dinge unkritisch aussetzt, sondern sich mit diesen unter bestimmten regulativen Prinzipien auseinandersetzt. Allerdings muss dabei gelten, dass diese Prinzipien nicht abstrakt vorausgesetzt, sondern diskursiv eingeholt werden, mithin die Voraussetzung selbst – logisch gesehen – erst reflektierend gesetzt werden muss (s. 1.6). Ideologiekritik ist so etwas wie das methodische Zentrum und die methodische Umsetzung für eine bildungstheologisch verantwortete Praktische Theologie.

Der phänomenologische Ansatz in der Praktischen Theologie will sich programmatisch vom empirischen unterscheiden (s.o.), der bekanntermaßen eher – wenn auch nicht unausweichlich – auf positivistischen Wegen einherschreitet. Die Wahrheits- und Wissenschaftlichkeitsfrage wird hier zu dem Problem methodischer Adäquanz und Exaktheit umdefiniert: Die empirische Sozialforschung im engeren (oder „harten"), d.h. positivistischen Sinne versucht mit spezifischen Methoden bestimmte Zusammenhänge zwischen Tatsachen zu quantifizieren und zu erklären, wobei die Kriterien der Objektivität, Reliabilität und der Validität den Wissenschaftscharakter der Aussagen garantieren sollen. Eben diese Kriterien sind es dann, die kritisch-spekulatives Denken als vermeintlich unwissenschaftlich erscheinen lassen. Empirisch-analytische Verfahren setzen die vermeintliche Widerspruchsfreiheit des Wirklichen voraus, weil dieses sich sonst nicht messen lässt; kritisches Denken hingegen lebt demgegenüber gerade von der inneren und unentdeckten Selbstwidersprüchlichkeit des Wirklichen. Gleichwohl versteht sich eine Kritische Theorie nicht als in einem kontradiktorischen Gegensatz zum empirisch-analytischen Ansatz stehend, sondern sie bedient sich dieser Wissenschaftskriterien als regulative Momente, ohne sie zu wissenschaftstheoretischen Dogmen zu hypostasieren. In diesem Sinne stellt auch die empirische Tatsachenforschung ein notwendiges regulatives Moment für eine sich kritisch – und damit zugleich selbstkritisch – verstehende Praktische Theologie dar.

Praktische TheologInnen, die nicht realitätsblind sein, sondern sich den empirisch fassbaren Tatsachen stellen wollen, müssen vorab die Logik der Sozialwissenschaften begreifen (Bäumler u.a. 1976, 16ff). Unter Objektivität verstehen empirische Human- und SozialwissenschaftlerInnen die intersubjektive Überprüfbarkeit von Erkenntnissen; das Kriterium der Objektivität wäre deshalb genauer als das der Intersubjektivität zu kennzeichnen. Die Reliabilität meint die Zuverlässigkeit der angewendeten Methode bzw. des Messinstruments, mithin also die Frage, ob sie unter gleichen Bedingungen auch stets zu gleichen Ergebnissen kommen werden. Objektivität kann insofern in der Regel nur durch methodische Exaktheit und die Reliabilität der Messverfahren gewährleistet werden. Zur Prüfung der Zuverlässigkeit von Forschungsinstrumentarien wurden wiederum empirische Prüfverfahren entwickelt, die auf dem ersten Kriterium der Intersubjektivität basieren. Das dritte sozialwissenschaftliche Grundkriterium der

Validität zielt auf die Gültigkeit der empirisch gewonnenen Aussagen, also auf das Problem, ob mit dem angewendeten Messinstrument tatsächlich auch das erfasst wird, was erfasst werden soll. Am Beispiel der Messung von Kirchlichkeit sei dies später erläutert: es könnte nämlich sein, dass die gängigen Instrumente zur Messung von Kirchlichkeit, wie z.B. Gottesdienstbesuch, überhaupt nicht Kirchlichkeit, sondern etwas ganz anderes messen.

Ein weiteres Prinzip der empirischen Sozialforschung ist das sog. Falsifikationsprinzip. Dieses geht davon aus, dass empirisch die Wahrheit einer Aussage niemals erwiesen werden kann, weil niemals alle Phänomene erfasst werden können. Weil man also eine Aussage (eine Hypothese) nicht verifizieren kann, muss man sie so umformulieren, dass eine Falsifikation möglich ist. Das geschieht auf die Weise, dass man die ursprüngliche Hypothese über den Zusammenhang von zwei Variablen zum Beispiel (etwa zwischen Alter und Kirchgang) in eine sog. Nullhypothese umwandelt, die keinen Zusammenhang zwischen den beiden Variablen postuliert, und diese Alternativhypothese dann falsifiziert. Auf diese Weise kann man z.B. statistisch quantifizierbare Zusammenhänge zwischen Alter, Geschlecht, Kirchgang usw. erheben. Diese Zusammenhänge können mit verschiedenen statistischen Testverfahren dann näher untersucht werden (s.u.). Für die Erhebung von Daten ist es notwendig, die Begriffe bzw. die interessierende Fragestellung in einer Hypothese so zu fassen, dass sie unmittelbar und eindeutig beobachtbare Sachverhalte bezeichnen. Damit ist das Problem der Operationalisierung und Operationalisierbarkeit von Fragestellungen, Hypothesen und Leitbegriffen angesprochen; dabei spielt die Frage der Gültigkeit (s.o.) eine wichtige Rolle.

Eine empirische Praktische Theologie (oder Religionssoziologie oder Religionspsychologie), die beispielsweise den Religionsbegriff verwendet, muss im Zuge einer Operationalisierung beobachtbare Phänomene finden, mit denen empirisch gesicherte Aussagen über die Religion gemacht werden können. Als einen solchen empirischen Indikator nimmt man häufig die Kirchlichkeit. Damit stürzt man sich aber in neue Definitionsprobleme: Woran misst man eigentlich Nähe oder Ferne zur Kirche? Aus welchem Grund lassen sie verschiedenen Personen oder Schichten mehr oder weniger Kirchlichkeit zuschreiben? Was ist mit Menschen, die – zum Beispiel aus gesundheitlichen Gründen – nicht zur Kirche gehen können: Sind sie per se areligiös? Das Problem der Definition von Kirchlichkeit (Lämmermann 1980) wird in der Regel so gelöst, dass man die Kirchgangsfrequenz zum Indikator für Kirchlichkeit nimmt (Daiber 1997, 226ff). Diese einfachste Form einer operationalen Definition von Kirchlichkeit hat den Vorteil, dass auf diese Weise Kirchlichkeit leicht zu messen ist, denn die statistische Erfassung des Kirchenbesuches reicht bereits bis ins letzte Jahrhundert zurück und stellt eine der Geburtsstunden der Religionssoziologie dar. Nun gibt es aber durchaus auch Menschen, die – aus welchen Gründen auch immer – überhaupt nicht in die Kirche gehen können. Zudem kann man sich Formen der Kirchlichkeit denken, die ihr Charakteristikum gerade darin haben, dass sie bewusst auf den Kirchenbesuch verzichten. Solche Formen von Religiosität finden sich z.B. in bestimmten spiritualistischen oder kirchenkritischen Bibelkreisen. Der sonntägliche Kirchgang ist bestenfalls noch für kerngemeindliche Kreise ein verpflichtendes Muss und induziert hier vielleicht ganz anderes wie z.B. Ritualismus oder Konservativismus. Deshalb ist der Rückschluss vom Gottesdienstbesuch auf Kirchlichkeit oder gar auf eine dahinter stehende höhere Religiosität (s.u.) unzulässig, zumal sich der Gottesdienstbesuch auch durch ganz andere Faktoren möglicherweise erklären lässt. Solche Faktoren wären z.B. Gewohnheiten, Familientraditionen, sozialer Druck o.Ä.

Zudem gibt es traditionellerweise soziale Schichten, für die der Gang zur Kirche schon immer eine Ausnahme darstellt, wie beispielsweise die Arbeiterschaft. Seit der Mitte des letzten Jahrhunderts weisen sämtliche Kirchenstatistiken nach, dass Arbeiter relativ selten zur Kirche gehen. Das wäre das eine Faktum, das für eine mangelnde Kirchlichkeit der Arbeiter sprechen würde. Auf der anderen Seite haben aber alle neueren Kirchenmitgliedsuntersuchungen gezeigt, dass die Arbeiter die geringste Kirchenaustrittsneigung haben. Sie sind unter diesem Gesichtspunkt die kirchentreuesten unter allen Protestanten. Zurückhaltung beim Kirchenbesuch ist beim Protestantismus auch in anderen sozialen Gruppen üblich; eigentlich gibt es nur eine einzige protestantische Gruppe, die hier überdurchschnittlich aktiv ist, nämlich die der Rentner. Auf jeden Fall kann man denjenigen, die nicht in den Sonntagsgottesdienst gehen, nicht von vornherein unterstellen, dass sie unkirchlich sind. Der Verzicht auf den Kirchgang könnte nämlich auch mit ganz anderen Faktoren als mit mangelnder Kirchlichkeit erklärt werden. Zum Beispiel mit der allgemeinen Zurückhaltung der Arbeiterschaft gegenüber jeder Form organisierter Betätigung oder mit der von der Arbeitswelt herrührenden Notwendigkeit zur Entspannung oder mit konkurrierenden attraktiven Angeboten. Zudem beinhaltet die Definition von Kirchlichkeit über das Kriterium Gottesdienstbesuch eine normative Vorgabe, die eigentlich nur im engeren kirchlichen Rahmen gilt. Auf Grund der letzten EKD-Mitgliederbefragung hat man z.B. fünf verschiedene Milieus in der Kirche unterscheiden können (Hausschildt 1998, 397ff), durch die „erhebliche Varianten an Kirchlichkeit" (Hausschildt 1998, 401) deutlich und die operationale Definition von Kirchlichkeit über Gottesdienstbesuch problematisch werden.

Hinsichtlich der Kirchlichkeit muss man offensichtlich mit so etwas wie einer latenten Kirchlichkeit rechnen, die sich eben nicht in einer aktuellen Handlung wie dem Gottesdienstbesuch ausdrückt. Mit der Hinwendung zur Analyse einer solchen latenten Kirchlichkeit ist der Anspruch verbunden, die unmittelbare kirchliche Bezugnahme bei der Kriterienbildung von Kirchlichkeit zu verlassen. Andererseits setzt man sich dabei aber dann neuen grundsätzlichen Schwierigkeiten einer Einstellungsmessung aus, denn man braucht ja eine beobachtbare manifeste Reaktion oder Verhaltensweise, um von ihr auf eine intervenierende Variable, nämlich die latente Kirchlichkeit, rückzuschließen. Latente Kirchlichkeit ist empirisch jedenfalls nicht unmittelbar messbar. Ersatzweise muss man bei einem solchen Versuch, latente Kirchlichkeit zu messen, deshalb danach fragen, welche Indikatoren für diese latente Kirchenbindung gefunden werden können. Ein solcher Indikator könnte z.B. die Neigung zum Austritt aus der Kirche sein, denn wer sich an seine Kirche gebunden fühlt, der wird wenig Neigung spüren, ihr den Rücken zuzuwenden. Mit dieser „Operationalisierung" arbeiten u.a. die EKD-Umfragen; sie kommen so zur Beschreibung einer formellen oder distanzierten Kirchlichkeit (Buß 1998, 330ff).

Wenn schon die einfache Gleichung „Kirchgang ist gleich Kirchlichkeit" ungültig ist, dann ist die nachfolgende Gleichung „Kirchlichkeit ist gleich Religiosität" noch ungültiger. Wäre Kirchgang ein hinreichender Indikator für Religiosität, dann müsste man z.B. schlussfolgern, dass die katholische Landbevölkerung in Bayern tief religiös ist. Diese Interpretation ist aber unter den Bedingungen der empirischen Sozialforschung unzulässig, denn gemessen werden kann nur der höhere Kirchenbesuch der katholischen Bevölkerung in Bayern gegenüber der protestantischen in Norddeutschland.

Kirchen- und religionssoziologische Untersuchungen, die den Versuch unternommen haben, trotz der Schwierigkeiten bei der Operationalisierung so etwas wie eine allgemeine Religiosität der Bevölkerung zu messen, haben gezeigt, dass Kirchlichkeit und Religiosität grundsätzlich zu unterscheidende Symptome sind. Da sich Religiosität stets kultur- und traditionsspezifisch artikuliert, fällt es schwer, allgemeine, d.h. nicht konfessionell gebundene und rituell vollzogene Religiosität empirisch dingfest zu machen; konkret artikuliert sie sich vielmehr als eine Mischform, nämlich als „kirchlich distanzierte Christlichkeit" (Mette 1982) oder als „Christentümlichkeit", die ohne Kirchenbezüge christliche Traditionselemente in persönliche Überzeugungen integriert (Ebertz 1996).

Kirchenbesuch ist kein hinreichender Indikator für Kirchlichkeit, und Kirchlichkeit wiederum kein eindeutiger Indikator für Religiosität. Generell hat sich ergeben, dass sowohl das Phänomen Kirchlichkeit als auch das der Religiosität jedenfalls nicht durch einen einzigen Indikator erfasst werden können: „Religion ... als ein hochkomplexes und problemgeschichtlich vielfältig geschichtetes Phänomen" ist ganz augenscheinlich „der unmittelbaren Operationalisierung offenbar nicht zugänglich" (Matthes 1969, 67). Der Diskussion um eine zureichende operationale Definition des Religionsbegriffs (Boos-Nünning 1972) kann hier nicht nachgegangen werden. Der Verweis auf den Religionsbegriff sollte exemplarisch deutlich machen, wie schwierig es ist, komplexe Begriffe im Sinne des empirisch-analytischen Paradigmas zu operationalisieren und damit zuverlässig zu messen. Augenscheinlich entziehen sich komplexe Sachverhalte einem rein positivistischen empirischen Zugang. Deshalb wächst in der Praktischen Theologie der Hang zu phänomenologischer Methodik, die die sozialen Sachverhalte als solche sprechen lassen wollen.

Für eine praktisch-theologische Bedingungsanalyse finden – nicht nur im Sinne eines empirisch-analytischen, sondern auch des kritischen Paradigmas – alle bekannten Methoden der empirischen Sozialforschung (Mayntz u.a. 1969) ihre Anwendung (Bäumler u.a. 1976). Die wichtigsten derartigen Forschungsmethoden sind: 1. die schriftliche oder mündliche Befragung (das Interview), 2. das Gruppendiskussionsverfahren, 3. die teilnehmende oder die nichtteilnehmende Beobachtung, 4. die Contentanalyse (Inhaltsanalyse), 5. die Interaktionsanalyse, 6. das semantische Differential und andere linguistische Verfahren und natürlich 7. die statistischen Auswertungsmethoden, die man ihrerseits unterscheiden kann als beschreibende Statistiken (Clauß/Ebner 1970, 39ff) und statistische Prüfverfahren (Clauß/Ebner 1970, 150ff). Für das Allerweltsbewusstsein in Gesellschaft und Politik haben vor allem statistische Aussagen – im Besonderen in der beschreibenden Form von Graphiken und Tabellen – nahezu dogmatischen Charakter, weil sie vermeintlich objektiv und unbestechlich sind. Über gewisse Grundkenntnisse der Statistik sollten deshalb auch PfarrerInnen oder ReligionslehrerInnen verfügen, weil sie z.B. sozial- und humanwissenschaftliche Untersuchungen verstehen und bewerten können müssen. Denn wer mit statistischen Zahlen operiert, dem folgt unbefragt die Schar der Statistikgläubigen.

Aber gerade an der Statistik kann man eben auch sehen, dass die Kriterien für die Wissenschaftlichkeit von Aussagen nicht objektiv sind, sondern auf gewissen Verabredungen beruhen. Hinter der Statistik steht als erstes die allgemeine Vereinbarung, dass die Zahlen oder statistisch beschriebenen Zusammenhänge oder eine Stichprobenwahl – sofern es sich nicht gezielt um eine Zufallsstichprobe handeln sollte – nicht zufällig sein dürfen, sondern – wie man sagt – „überzufällig" sein müssen. An der Wahl von Stichproben lässt sich das verdeutlichen: Stichproben sind bekanntlich eine Auswahl aus einer größeren Grundgesamtheit, also z.B. der bundesdeutschen Bevölkerung, die einer Totalerhebung aus praktischen Gründen unzugänglich wäre. Deshalb ‚zieht' man eine Stichprobe, die repräsentativ sein, d.h. die ein möglichst exaktes Abbild der Gesamtbevölkerung sein soll. Dennoch gibt es gewisse Abweichungen, die aber eben nur zufallsbedingt sein dürfen. Stellt die Stichprobe einer Untersuchung nicht ein Abbild der Grundgesamtheit dar, dann liegt ein Stichprobenfehler vor. Die Stichprobe hätte dann eine Personengruppe erfasst, die nicht zufällig, sondern systematisch, d.h. überzufällig von der Gesamtbevölkerung abweicht, also eine ganz andere Gruppe repräsentiert. Generell gilt: Überzufällig wäre der Zusammenhang von zwei erhobenen Daten bzw. zweier Variablen dann, wenn zwischen ihnen eine systematische Wirkung besteht und das Ergebnis nicht durch zufällig wirkende andere Faktoren verursacht wurde. Dazu bietet die Prüfstatistik verschiedene Verfahren, die ihrerseits auf der Vereinbarung beruhen, dass wissenschaftliche Aussagen auf einem jeweils zu definierenden Niveau signifikant sein müssen und dass diese Signifikanz durch mathematische Operationen überprüft werden kann. Durch Signifikanz wird die Irrtumswahrscheinlichkeit berechnet. Je nachdem, wie dieses Signifikanzniveau gewählt wird, kann man Aussagen als signifikant oder hochsignifikant oder nichtsignifikant bezeichnen. Ein Signifikanzniveau von 5 bzw. 1 % ist in manchen Verfahren durchaus üblich; je niedriger das Signifikanzniveau definiert ist, umso kleiner ist die Irrtumswahrscheinlichkeit und umso gültiger sind die Aussagen. Das Signifikanzniveau bezeichnet die Wahrscheinlichkeit, mit der eine Null-Hypothese verworfen wird, obwohl sie eigentlich richtig ist. Ein Signifikanzniveau von 0 wäre demgemäß anstrebenswert. Ein Signifikanzniveau von 1 hingegen sagt, dass es eine einprozentige Wahrscheinlichkeit für einen Irrtum gibt, bei einem Niveau von 5 wären das dann 5%.

Eine statistische Prüfung fragt immer nach der Stärke von Zusammenhängen zwischen mindestens zwei Faktoren, die in der Regel als Häufigkeitsverteilungen vorliegen. So kann man z.B. testen, ob es einen statistisch signifikanten Zusammenhang zwischen Alter und Kirchenbesuch gibt oder ob unsere Vermutung, nur Alte besuchten die Kirche, ein empirisch nicht haltbares Vorurteil ist. Oder man kann fragen, ob Jugendliche, die sich als unkirchlich bezeichnen, vielleicht trotzdem beten. Oder man kann die Hypothese testen, Arbeiter seien unkirchlicher als Angestellte. In der Prüfstatistik vergleicht man Häufigkeitsverteilungen bzw. deren (arithmetische) Mittelwerte. Man fragt also z.B. nach der Anzahl von Alten in der Gesamtstichprobe und der Anzahl der Kirchgänger und bildet jeweils für die Gruppe den Mittelwert, der so etwas wie der typische Normalfall für diese Gruppe wäre. Von diesem Mittelwert weicht natürlich eine Vielzahl von Fällen ab, daraus ergibt sich die bekannte Gaußsche Normalverteilung bzw. mehrere wie im Beispiel der Alters- und Kirchgangsverteilung.

Die mathematisch ausgedrückte Beziehung zwischen zwei Variablen (z.B. Alter und Kirchgang) bezeichnet man als Korrelationskoeffizienten; er gibt also an, wie eng eine Beziehung ist. Der Wert kann zwischen +1 und -1 schwanken. +1 besagt, dass immer dann, wenn die eine Variable gegeben ist, auch die andere auftaucht; -1 bedeutet das Gegenteil. Positive Vorzeichen signalisieren einen positiven, negative einen negativen Zusammenhang; ist der Wert Null, so besteht ein solcher überhaupt nicht. An einen Beispiel aus der religionssoziologischen Literatur (Jörns 1997, 9ff) seien Korrelationen und ihre statistische Prüfung verdeutlicht. Dabei geht es um die Frage, ob in einer Untersuchung der Zusammenhang zwischen Gottesvorstellungen der Befragten und ihrem Geschlecht nur zufällig ist oder ob das Geschlecht prägenden Einfluss auf die Gottesvorstellung hat, es also ein eigenständiges und deutlich vom männlichen unterschiedenes weibliches Gottesbild gibt. Dazu wird eine entsprechende Hypothese und ihre Nullhypothese (vgl. S. 42) aufgestellt. Die Auswertung der entsprechenden Befragung ergibt – wie gesehen – zwei Häufigkeitsverteilungen. Die Verteilung der weiblichen und die der männlichen Antworten lassen sich in ihrer Häufigkeit zunächst graphisch etwa in Säulendiagrammen oder Kreissegmenten darstellen.

Diese beschreibende Darstellung ist zwar sehr anschaulich und deshalb beliebt, aber die relevanten Zusammenhänge lassen sich daraus noch nicht ablesen. Dazu muss man Prüfverfahren und mathematische Operationen anwenden. In den beiden Häufigkeitsverteilungen ergeben sich zwei Mittelwerte, und die Frage ist nun, ob diese Mittelwerte so stark voneinander abweichen, dass dahinter ein bestimmender Faktor stehen muss und es sich mithin um verschiedene Verteilungen handelt und mithin der empirische Nachweis einer spezifischen weiblichen bzw. männlichen Gottesvorstellung erbracht ist. Im anderen Fall könnte es sich um die gleichen Verteilungen handeln, bei denen nur zufälligerweise innerhalb der gleichen Grundgesamtheit leichte Schwankungen aufgetreten sind. Im vorliegenden Fall ist der Korrelationszusammenhang relativ gering, denn der Korrelationskoeffizient ist ca 0,1.

(Abb. 1: Beispiel einer Korrelationsanalyse mit Chi-Quadrat Test)

Absolute Häufigkeit Zeilenprozente Spaltenprozente angepasste Chi-Quadrat-Residuen	Frauen	Männer	Zeilensumme %
Gott ist in der Natur	200 60,4% 21,2% 4,2	131 39,6% 13,9% -4,2	331 17,6%
Gott ist nicht in der Natur	743 47,8% 78,8% -4,2	811 52,2% 86,1% 4,2	1554 82,4%
Spaltensumme %	943 50,0%	942 50,0%	1885 100%

Chi-Quadrat 16.85794
Korrelations-Koeffizient Chi 0.09596 (Jörns 1997, 10)

Gleichwohl könnte es sein, dass dieser schwache Zusammenhang dennoch signifikant ist. Betrachten wir zunächst diese Tabelle weiter: Zunächst besagen die absoluten Zahlen (jeweils erste Zeile), dass 200 der befragten Frauen und 131 der Männer meinen, Gott sei in der Natur auffindbar (Zeilensumme 331); 743 Frauen und 811 Männer vertreten gegenteilige Meinungen (Summe 943 bzw. 942). In der zweiten und dritten Zeile finden wir die entsprechenden prozentualen Verteilungen. Die dritte Zeile wäre beispielsweise (bezogen auf die Spalte der Frauen) so zu interpretieren: Von allen weiblichen Befragten vertreten 21,2 % eine pantheistische Vorstellung, und 78,8% tun dies nicht (Summe 100%). Die zweite Spalte fragt nach der Geschlechterverteilung allein innerhalb der pantheistischen Vorstellungen und besagt beispielsmäßig (bezogen auf die beiden oberen Quadrate), dass sich unter den Pantheisten 60,4% Frauen, aber nur 39,6% Männer befinden. Die Prozentangaben in der dritten

Spalte (Zeilensumme) besagen, dass von allen Befragten 17, 6% Pantheisten sind und 82,4% nicht.

Um nun die Frage zu klären, ob der Zusammenhang signifikant oder zufällig ist, gibt es verschiedene Prüfverfahren; in diesem Fall wurde der sog. Chi-Quadrattest oder der Vierfelder-Chi-Quadrattest (Diehl/Kohr 1977, 21ff) angewendet. Im Grunde ist dieser Test eine Wahrscheinlichkeitsrechnung. Es wird nämlich untersucht, wie groß die Wahrscheinlichkeit ist, dass die Unterschiede zwischen den Geschlechtern nur zufällig sind (0-Hypothese); d.h. dass Männer und Frauen im Grunde die gleiche Meinung vertreten. Aus der Rechenoperation des Chi-Quadrattests ersehen wir, dass Chi-Quadrat = 16,86 ist und dass die sog. standardisierten Chi-Quadrat-Residuen 4,2 (vierte Zeile in den Quadraten) betragen. Diese (Kontroll-)Werte lassen sich nun in einer statistischen Vierfeldertafel nachschlagen. Dabei ist noch eine weitere Zahl notwendig, nämlich der sog. Freiheitsgrad. Für jeden Freiheitsgrad gibt eine Chi-Vierfeldertafel Grenzmaße an, über denen eine Signifikanz denkbar ist. Dazu muss man allerdings erst das entsprechende Signifikanzniveau definieren. Für unser Beispiel gibt die Tabelle als Grenzwert Chi-Quadrat = 7,88 auf dem 1%-Niveau an. Damit liegt unser Chi-Quadrat von 16,86 deutlich über dem Grenzwert, so dass man sagen kann, dass ein statistisch gesicherter Zusammenhang zwischen Geschlecht und dem jeweiligen Item vorliegt.

Die standardisierten Chi-Quadrat-Residuen geben an, wie hoch der Beitrag der jeweiligen Zelle zum errechneten Chi-Quadrat-Maß ist. Aus einer Tabelle kann man ersehen, dass, wenn z.B. der Wert größer als 1,96 ist, die Irrtumswahrscheinlichkeit (s.o.) bei 5% liegt. Mit 4,2 liegt unser Wert deutlich höher. Er liegt sogar über dem Wert 2,36, den die Tabelle als Grenzwert für eine Signifikanz von 1% ausweist. Damit ist klar: beide Testgrößen ergeben eine Signifikanz auf dem 1% Signifikanzniveau. Das Ergebnis könnte man dann etwa so interpretieren: Im Gegensatz zu Männern glauben Frauen daran, dass Gott in der Natur vorfindbar ist. Damit hätte man möglicherweise einen Hinweis auf geschlechtsspezifische Gottesvorstellungen, die als solche allerdings durch das statistische Testverfahren ebensowenig wie durch die quantifizierende Sozialforschung qualitativ bestimmt sind. Empirische Tatsachenforschung – so zeigt sich – ersetzt nicht sozialisationstheoretische, religions- und entwicklungspsychologische oder religionspädagogische Überlegungen, aber sie können sie initiieren.

Statistische Korrelationsverfahren möchten die Eindeutigkeit von Zusammenhängen mathematisch absichern. Dem korrespondiert, dass im empirisch-analytischen Paradigma das Kriterium der Widerspruchsfreiheit von wissenschaftlichen Aussagen gilt. Eine sich kritisch verstehende Praktische Theologie darf sich in ihrer empirischen Forschungsarbeit nicht dem Postulat der Widerspruchsfreiheit von Aussagen unterwerfen; sie muss vielmehr konstruktiv und konzeptionell mit der Möglichkeit widersprechender Erscheinungen rechnen, ohne diesen ihr Wahrheitsmoment und ihre partielle Erklärungsleistung abzusprechen. Die Wirklichkeit ist – darin hat eine phänomenologische Sicht Recht – komplexer, als es die atomisierten Realitiätsausschnitte empirischer Wahrheitssucher vorgaukeln. Empirische Forschung reduziert – zumeist unzulässig – diese Komplexität der Wirklichkeit. Der Gewinn phänomenologischer Betrachtung ist allerdings nur halbiert, weil die Wahrheit des Wirklichen nicht auf der gleichen Wahrnehmungsebene liegt wie die empirische Wirklichkeit. Kritische Theorie muss ein die Realität transzendierendes Erkenntnismoment haben, weil sie dem Empirischen nicht glauben mag, was dieses von sich selbst bekundet. Praktische Theologie muss – will sie kritisch sein – im Wirklichen dessen eigenen Selbstwiderspruch suchen und entschlüsseln. Im Unterschied zum empirischen oder phänomenologischen Ansatz wird der Widerspruch nicht ausgeschlossen, sondern für die Erkenntnis produktiv genutzt. Von der Erkenntnis der Nichtidentität des Identischen her wird sie vielmehr versuchen, sich scheinbar widersprechende Phänomene so aufeinander zu beziehen, dass ihre allgemeine und wechselseitige Bestimmung sichtbar wird. Aussagen etwa über das kirchliche Bewusstsein können nicht allein aus dessen Manifestationen gewonnen werden; sie ergeben sich vielmehr dadurch, dass dieses mit anderen Formen nicht-kirchlichen, religiösen wie auch nicht-religiösen Bewusstseins konfrontiert und mit diesen in einer Diskontinuität stehend interpretiert wird, hinter der sich die Kontinuität der Christentumsgeschichte durchsetzt.

Das empirisch-analytische Paradigma basiert auf der Unterscheidung von wissenschaftlicher und alltagsweltlicher Erkenntnis. Im kritischen Denken hingegen kann eine grundsätzliche Trennung von wissenschaftlicher und nichtwissenschaftlicher Erfahrung nicht gemacht werden; darin unterscheidet sich die Praktische Theologie als kritische Handlungswissenschaft gemeinsam mit der Kritischen Theorie von den strikten Erfahrungswissenschaften, die ihr Selbstverständnis gerade in der methodischen Unterscheidung vom Alltagswissen durch die Erstellung von Erkenntniskriterien zu gewinnen suchen. Nicht die Exaktheit der Erkenntnis, sondern die Annäherung an die diskursiv zu erschließende Wahrheit bildet das grundlegende Kriterium. Damit ist der Selbstformalisierung des Denkens gewehrt, das nicht mehr denken will, was nicht in die Form passt und dem als unwissenschaftlich gilt, was der gesunde Menschenverstand weiß. Weil jedoch auch in diesem der Bezug auf die Allgemeinheit des Christentums sich ausdrückt, ist er der theoretischen Erkenntnis tendenziell gleichwertig. Individuelle Praxis ist nicht abstrakt selbstbezüglich; durch „ihre Teilhabe am diskursiven Medium ist sie der eigenen Bestimmung nach immer mehr als individuell" (Adorno 1966, 52), weil das menschliche Subjekt sich kraft seines Bewusstseins und der darin begründeten Fähigkeit zur Verallgemeinerung an allgemeinen Sinnzusammenhängen partizipiert. Insofern sind lebensgeschichtlich verankerte Alltagstheorie und wissenschaftliche Theoriebildung konvertibel. In dieser Gemeinschaftlichkeit von Alltagsbewusstsein und wissenschaftlichem Denken liegt die Bedingung für die Möglichkeit einer diskursiven Vermittlung von Theorie und Praxis, deren Notwendigkeit sich ihrerseits aus der relativen, zugleich aber unaufhebbaren Unterscheidung von wissenschaftlicher Erkenntnis und Alltagswissen ergibt. Nur weil diese relative Unterscheidung gilt, ist Ideologiekritik als methodisches Zentrum eines kritischen Selbstverständnisses möglich.

1.6 Praktische Theologie als Ideologiekritik christlichen Handelns und Denkens

Wer als Theologe von Ideologiekritik redet, scheint vermeintlich Apologetisches im Sinn zu haben, denn zumindest innerhalb der deutschen Tradition zielt der Ideologieverdacht auf das Christentum und die Kirche. Will man sich dem nicht immunisierend entziehen, dann folgt daraus ein kritisches Verhältnis der Theologie zu sich selbst. Ideologiekritik ohne radikale Selbstkritik ist nicht realisierbar. Beides – Ideologie- wie Selbstkritik – wird allerdings gerade in der Praktischen Theologie mit Skepsis betrachtet, geht es hier doch um praktische Dinge und nicht um universitäre Selbstbeschäftigung. Praxisrelevanz wird landauf, landab zum Fetisch erhoben. Diese grassierende Angst vor scheinbar unpraktischen Theorien gerade auch in der Praktischen Theologie könnte selbst zum Gegenstand von Ideologiekritik gemacht werden. Theorieskepsis ist die Ideologie rascher Verwertbarkeit, die sich letztlich dem Verwertungsinteresse des Kapitals verdankt. Lagerhaltung gilt als unprofitabel; der schnelle Umschlag von wenigen gängigen Waren wird zum ehernen Gesetz der Discount-Philosophie. Theoriefeindlichkeit ist nichts anderes als fast-food-Denken, das die Praxis zum Discount-Geschäft werden lässt: nur was leicht überschaubar ist und schnell verwertet werden kann, erfreut sich allgemeinen Interesses. Letztendlich schadet der Ruf nach dem „ganz Praktischen" der Praxis selbst. Deshalb wird zu zeigen sein, dass mit dem Stichwort „Ideologiekritik" auch eine kritische, wechselseitige Beziehung von Theorie und Praxis gemeint ist.

1.6.1 Zum Selbstverständnis einer kritischen Praktischen Theologie

Obwohl sich beide ursprünglich auf Wissenschaft bezogen, bezeichneten Kritik und Theorie höchst unterschiedliche Erkenntnisabsichten. Bereits Aristoteles hat den Begriff der Kritik in gezielter Unterscheidung vom Theoriebegriff verwendet. Unter Theoria verstand er ein völlig zweckfreies Denken, das Spiel des Geistes mit sich selbst, das Denken des Göttlichen in der Form des gottähnlichen Denkens. Schroff war hier das Denken der Praxis entgegengesetzt; jeder Bezug zur Praxis verzweckte und korrumpierte nur die Theorie. Der Praxisbezug des Denkens war demgegenüber durch den Begriff der Kritik gegeben. Allerdings ist die Kritik bei Aristoteles – im Unterschied zur sophia – nicht handlungsmotivierend und praxisanleitend. Kritik geht zwar von der Praxis aus, aber sie ist nur eine nachträgliche Überprüfungsinstanz, die den Geist sowie Einsicht und Verständigkeit schult. Während der Geist durch Kritik sich bildet, bleibt die Praxis unverändert.

Der relative Bezug des Kritikbegriffs auf Praxis wird dann endgültig durch Kants Transzendentalphilosophie als kritische Philosophie storniert. Bekanntlich fragte Kant unter dem Stichwort von Kritik nach den transzendentalen Bedingungen der Möglichkeit von Erkenntnis und Handeln überhaupt: „Ich verstehe hierunter ... eine Kritik ... des Verstandesvermögens überhaupt, ... unabhängig von aller Erfahrung." (Kant 1956, 13) Die Selbstvergewisserung der Vernunft bezieht sich auf die Gesetze der eigenen Erkenntnis. Indem Kant Kritik mit dem Geschäft einer reinen Wissenschaft identifizierte, leitete er die Konjunktur der formalen Logik und das Primat des Methodischen als Indizien für kritisches Denken ein, das sich selbst von der Praxis löst. Gegen dieses Verständnis von einer reinen Wissenschaft polemisierten bereits die französische Aufklärungsphilosophie und der englische Empirokritizismus des 18. Jahrhunderts. Als praxisbezogenes Verständnis von Theorie wurde der Begriff „Kritik" dann im Hegelianismus und insbesondere im Junghegelianismus wieder entdeckt. Aus der Sphäre der reinen Philosophie wanderte er wieder in die einer praktischen Philosophie der Tat ein.

Bei K. Marx gewinnt der Begriff vollends seine Zuspitzung auf die Praxis, weil diese von nun an unter dem Vorzeichen ihrer Veränderung betrachtet wird. Das selbstbezügliche, von der Praxis isolierte Denken nennt Marx demgegenüber „Ideologie". Die Ideologie des deutschen Idealismus bestand in der Illusion, dass die scheinbar reine Wissenschaft dem gesellschaftlichen Entstehungs- und Verwertungszusammenhang entzogen sei. Demgegenüber behauptet Marx, dass es reine Erkenntnis nicht gebe. Und zwar weder in dem Sinne, dass Erkenntnis unbedingt, also völlig voraussetzungsfrei sei, noch in dem, dass an ihm kein praktisches Interesse hafte. Gerade die vorgebliche Interesselosigkeit sei von eminent praktischer Bedeutung. Damit erweist sich die Vorstellung einer scheinbaren apriorischen, reinen Erkenntnis als illusionär: „Keinem von diesen Philosophen ist es eingefallen, nach dem Zusammenhang der deutschen Philosophie mit der deutschen Wirklichkeit, nach dem Zusammenhang ihrer Kritik mit ihrer eigenen materiellen Umgebung zu fragen." (Marx 1969, 20) Eine in diesem Sinne kritische Wissenschaft hingegen hat den eigenen gesellschaftlichen Implikations- und Wirkzusammenhang zu bedenken. Damit ist zugleich die unhintergehbare Verwiesenheit kritischen Denkens auf die geschichtlich-gesellschaftliche Praxis gesetzt.

Dieser Frage nach dem Bedingungs- und Verwertungszusammenhang nachgehend, haben J. Habermas (Habermas 1969) und K.-O. Apel (Apel 1971) die drei bereits genannten klassischen Ansätze im gegenwärtigen Selbstverständnis von Wissenschaft unterschieden. Kennzeichnend für den empirisch-analytischen Ansatz ist – wie gesehen – die Tendenz, die Erkenntnisregeln der exakten Naturwissenschaften auf alle Wissensgebiete und insbesondere auch auf die praktische Vernunft zu übertragen; methodische Exaktheit wird zum Inbegriff von Wissenschaft und Erkenntnis überhaupt. Die mit Descartes' Discours de la Méthode einsetzende Mathematisierung aller Erkenntnis hat aber schwerwiegende

Folgen: Indem man ein naturwissenschaftlich-mathematisches Denken auch auf historisch-gesellschaftliche Sachverhalte anwendet, isoliert man diese einerseits von ihrem geschichtlichen Kontext und andererseits von ihrem gesellschaftlichen Bedingungs- und Verwertungszusammenhang. Dies ist die Folge eines Denkens, das – im Sinne E. Durkheims – soziale Phänomene objektivierend in Analogie zu Naturtatsachen betrachtet. Die eigene Abständigkeit von praktischen Zusammenhängen erhebt sich zum Wissenschaftskriterium. Damit wird das ursprüngliche Erkenntnisethos der reinen Philosophie und Theorie nun unter den Bedingungen von Erfahrungswissenschaft allgemein. Methodische Exaktheit ersetzt die Wahrheitsfrage, die jene nach der eigenen praktischen Wirkung mit einschließt.

Dabei ist das empirische Paradigma nicht weniger kritisch als das hermeneutische: während das eine die historische Rücksicht kritisch ins Spiel bringt, fordert die andere zukunftsträchtige, effektivere Innovationen. Beide sind jedoch grundsätzlich restringiert durch ihren affirmativen Bezug auf die Wirklichkeit, den die kritische Theorie zu überwinden sucht. Dies nicht aus einer nörglerischen, notorischen Unzufriedenheit oder aus wildgewordenem Kritikastertum, sondern allein deshalb, weil unsere geschichtlich-gesellschaftliche Wirklichkeit nicht so eindeutig ist, wie die anderen Wissenschaftskonzeptionen meinen; sie ist vielmehr widersprüchlich.

Zur nicht-affirmativen Erkenntnis der Wirklichkeit bedarf es eines Kriteriums außerhalb dieser selbst. Kritische Theorie erlaubt sich den Luxus, das von der empirisch-analytischen Wissenschaft als obsolet erklärte normative Denken tendenziell zu rehabilitieren, ohne dabei allerdings einen normativ-deduktiven Ansatz zu rekonstituieren. Der Erkenntnismodus einer kritischen Praktischen Theologie wurde deshalb – in Anlehnung an die entsprechende philosophisch-theologische Tradition – spekulativ genannt (s.o.), weil hier die Selbstreflexion der Vernunft greifen soll, die sich nicht auf den mathematisierend denkenden und methodisch sich gängelnden Verstand reduzieren lässt, sondern übergeordnete Kriterien zum Tragen bringen will. Im Unterschied zum – letztlich auf Aristoteles zurückgehenden – Verständnis der reinen Wissenschaft hat Erkenntnis in sich selbst ein praktisches Ziel. Kritische Theorie zielt auf Veränderung, die mehr ist als bloße Verbesserung. Insofern kann ihr Erkenntnisinteresse als ein emanzipatorisches verstanden werden. Allerdings sind die leitenden Kriterien kritischen Denkens nicht – etwa im Sinne abstrakter Parteilichkeit – einfach vorausgesetzt, sondern sie entstammen der Wirklichkeit selbst. Die kritisch-spekulative Aufgabe besteht darin, die immanente Dialektik der widersprüchlichen Wirklichkeit zu entschlüsseln.

Kritikfreie Wissenschaften gibt es nicht; insofern kann jede Praktische Theologie als „kritisch" verstanden werden. Aber es liegen unterschiedliche Begriffe von Negation vor. Insgesamt können – logisch-strukturell gesehen – drei divergente Füllungen des Begriffs unterschieden werden. Die erste Form der Negation wäre als die einfache oder abstrakte Negation zu bestimmen. Sie ist dadurch gekennzeichnet, dass sie etwas abstrakt negiert, ohne das Negierte selbst überhaupt näher wahrzunehmen. Das Kritisierte gilt schlechterdings als etwas Nichtiges, Unwesentliches. Die Position dieser Kritik lebt von ihrem eigenen autarken Begründungszusammenhang. Sie ist im Besitz der Wahrheit, und alles andere ist schlechthinnige Unwahrheit. Das Andere, das Negierte, findet nur insofern Beachtung, als man selbst an seine Stelle treten und es verdrängen will. In Kategorien der Wissenschaftslehre Fichtes gesprochen wäre dies die Position des Ichs, das über alles andere nur aussagen kann, es sei ein Nicht-Ich. Psychoanalytisch gesehen stellt dieses Modell von Kritik eine Regression auf die früheste, d.h. die egozentrische Kindheitsphase dar, in der das Kind sein egoistisches Interesse an unmittelbarer Selbstbehauptung auslebt, ohne schon eine Objektbeziehung aufgenommen zu haben. Das Urmisstrauen, das es zu bewältigen gilt, lässt zwar die Ahnung aufkommen, dass es eine Außenwelt gibt, aber innerhalb dieser wird nicht näher differenziert, es werden keine bestimmten, unverwechselbaren Objekte wahrgenommen. Diese Grundstruktur bleibt auch in späteren Phasen (orale, anale) erhalten. Zwar liegt hier bereits eine Objektbeziehung vor, aber das Objekt wird noch nicht in einem reflexiven Akt als eine eigene Bestimmtheit wahrgenommen, weil die Bestimmung des Objektes ausschließlich vom Subjekt her durchgeführt wird. Dieser Standpunkt ist der religiösen Tradition nicht fremd, wenn sie z.B. die Welt als Jammertal bezeichnet.

Eine zweite Form von Negation wäre die „Negation gegen Negation". Auch dieses Kritikmodell lässt sich durch einen Hinweis auf die Entwicklungspsychologie besonders augenscheinlich und plausibel machen. Entwicklungsfortschritte werden in der Regel durch Krisen ausgelöst und durch ihre Bewältigung vollzogen. Begrifflich lassen sich solche krisenhaften Übergänge auch als Formen von Negationen beschreiben. In der Ontogenese des Menschen entspricht beispielsweise der vielzitierte und umstrittene ödipale Konflikt dem Kritikmodell einer Negation gegen Negation. Denn hier wird das negierte Objekt, der Vater, ja in seinen ihm eigenen, spezifischen Bedürfnisstrukturen er- und anerkannt. Das Kind, der Junge, möchte sich zwar an seine Stelle setzen, sieht aber die Unmöglichkeit dieser Absicht ein, erlebt also die Negativität des Vaters. Nur phantastisch kann diese in den Vorstellungen vom Tod des Vaters kompensiert werden. Auf Dauer gesehen vermag das Kind diesen negativen Bezug nicht aufrechtzuerhalten, er bedarf einer Aufhebung. Diese geschieht nun durch eine entgegengesetzte Negation, nämlich durch die Erfahrung, dass die eigenen aggressiven Triebimpulse selbst negativ sanktioniert werden. Psychoanalytisch nennt man dies bekanntlich den Kastrationskomplex, durch den der ödipale Konflikt storniert wird. Unter der Bezeichnung des Elektra-Komplexes wäre ein gleiches Negationsmodell für die weibliche Entwicklung namhaft zu machen.

Zur Negation gegen Negation gehört es also, das Negierte, das Kritisierte als solches wahrzunehmen. Aber diese Wahrnehmung ist begleitet von dem Bewusstsein, dass man selbst ganz anders ist. Für das eigene Selbstverständnis hat das Negierte die Funktion einer Negativfolie: Indem man sich vom anderen unterscheidet und sich von diesem abhebt, stellt man zwar die eigene Position dar, bleibt aber in seiner Negativität positionell verfasst. Die Dialektische Theologie und insbesondere die ihr folgende Praktische Theologie ist, was ihren Wirklichkeitsbezug angeht, besonders durch dieses Modell einer Negation gegen Negation geprägt. Etwa wenn vom Evangelium her „die absolute Krisis der Kultur" dekretiert wird, denn dabei soll nicht – im Sinne abstrakter Negation – die Kultur nur verneint werden; vielmehr soll die Kultur gerade in ihrer Negativität theologisch bestimmt und in ihrem ‚wahren' Wesen erkannt werden. Weil dabei aber die Logik einer Negation gegen Negation zum Zuge kommt, kann die Wirklichkeit nicht mit soziologischen oder ökonomischen Kategorien, sondern nur mit theologischen beschrieben werden. Damit bringt sich die theologische Ideologiekritik jedoch um ihre eigene Wirkung. Ihre Gefährlichkeit ist nur vermeintlich und illusionär, weil sie nicht in der Wirklichkeit selbst deren Krisenhaftigkeit aufweisen kann. Erst wenn man die Position des Kritikers einnimmt, vermag man sein negierendes kritisches Urteil zu teilen. Kritik als Negation gegen Negation nimmt insofern immer ein Sonderbewusstsein in Anspruch, das die Radikalität seiner Kritik mit seiner Wirkungslosigkeit erkauft. Die Negation gegen Negation vollzieht sich im Bewusstsein des Negierenden und bleibt für das Negierte bedeutungslos. Dadurch läuft auch die radikalste Kritik dieser Art letztlich auf die negative Anerkennung des Negierten hinaus. Um tatsächlich wirksam werden zu können, müsste man sich auch theologisch auf den Boden der Wirklichkeit begeben. Dazu sind allerdings sowohl eine offenbarungspositivistische Prämisse wie auch die Angst vor einer natürlichen Theologie aufzugeben.

Eine kritische Praktische Theologie unterscheidet sich von diesen beiden Verständnissen darin, dass sie die dritte mögliche Form von Negation in Anschlag bringt, nämlich die „bestimmte Negation" oder die „Negation der Negation". Kritik als Negation der Negation setzt die Negation gegen Negation voraus, aber in der Weise, dass die hier vollzogene Negation selbst ihrerseits negiert wird. Die Negation der Negation geht quasi durch Negation gegen Negation als ihrem ersten Schritt hindurch und über sie hinaus. Dies besagt, dass bestimmte Kritik zunächst tatsächlich von der Distanz zur Wirklichkeit inspiriert wird, sich dann aber der Analyse dieser Wirklichkeit zuwendet, um aus deren Selbstwidersprüchen kreativ und produktiv neue Impulse zu erarbeiten. Das Kritisierte soll nicht von außen negiert, sondern auf seine Selbstnegation hin überprüft werden. Denn die Antithese wächst im Bauch der These heran. Bestimmte Negation versucht in der Analyse der Wirklichkeit nicht nur die These, sondern auch die Antithese, den Selbstwiderspruch im Wirklichen, zu verstehen. Dabei darf man nicht der Gefahr erliegen, den Schein für das Wesen zu nehmen. Um derartige Möglichkeiten aber überhaupt in den Blick zu bekommen, bedarf es eines Standpunktes außerhalb des Verwertungs- und Verblendungszusammenhanges der Gesellschaft selbst.

Zur theologischen Begründung der ideologiekritischen Aufgabe wäre es deshalb nicht ausreichend, nur auf die entsprechende Tradition von der alttestamentlichen Prophetie über die Reich-Gottes-Reden Jesu bis hin zu dogmatischen

Traditionen der Apologetik zu verweisen, sondern es müsste auch nachgewiesen werden, ob und inwieweit die Theologie und die Religion dem gesellschaftlichen Entstehungs- und Verwertungszusammenhang entzogen sind. In religionssoziologischer Hinsicht wäre dabei die Säkularisierungsthese produktiv zu entfalten, denn sie beinhaltet ja eine erneute Differenzierung von Religion und Gesellschaft. In der scheinbaren Dysfunktionalität von Glauben und Religion in der Gegenwart erwächst die Bedingung der Möglichkeit für die ideologiekritische Aufgabe. Als Impulsgeber gewinnt die theologische Tradition so vielleicht wieder eine der prophetischen Kritik vergleichbare Funktion, indem sie hilft, die quasi-normativen Kriterien für bestimmte, spekulativ orientierte Kritik zu gewinnen.

Bestimmte Kritik ist jedoch nicht utopische Kritik, die von einer besseren Welt träumt. Sie bleibt nicht im Jenseits der Gesellschaft stehen, sondern versucht, in der Negativität des Wirklichen selbst ihre Aufhebung zu finden. Die theologischen Implikationen dieser Behauptung laufen letztendlich auf eine negative Geschichtstheologie hinaus, die Geschichte nicht positiv im Sinne der Heilsgeschichte als unmittelbare Selbstdurchsetzung Gottes in der Wirklichkeit begreift. Negative Geschichtstheologie, die Auschwitz als Vorzeichen für jede Geschichtsbetrachtung behauptet, heißt aber auch nicht, im Sinne abstrakter oder gegenwirkender Negation diese menschliche Geschichte ausschließlich unter der theologischen Kategorie der Gottesferne zu verstehen, als habe diese Welt und ihr Zustand nun überhaupt nichts mit Gott zu tun. Negative Theologie bedeutet vielmehr in der und durch die Negativität der Wirklichkeit den Fortschritt auf das Reich Gottes hin zu suchen. Konkretionen dieses Fortschritts sind der Zuwachs an freier Subjektivität und an sozialer Gerechtigkeit. Über beide haben die Menschen ihre Vorstellungen; inhaltlich und formal sind beide aber ideologisiert. Nur im Durchbruch durch den ideologischen Schein kann bestimmte Negation ihre wahren Inhalte entdecken. Zu fragen wäre also, was denn dieser gesellschaftliche Schein, mithin Ideologie, sei.

1.6.2 Zum leitenden Verständnis von Ideologie

Wer sich in der Politik als Realpolitiker profilieren will, der diskreditiert zunächst erst einmal seine Gegner als Ideologen, die utopischen Schimären nachjagen, statt wirkliche Probleme anzupacken. Im sozialistischen Sprachgebrauch findet sich neben dieser negativen auch eine positive Definition: Ideologen vertreten konsequent den fortschrittlichen Standpunkt der Arbeiterklasse. In beiden Fällen wäre Ideologie so etwas wie Weltanschauung. Ursprünglich jedoch meinte der Begriff mehr und anderes. Ein Blick auf die Begriffsgeschichte zeigt, dass Ideologien offensichtlich ambivalente Phänomene sind. Mit ihnen ist unlöslich ein Doppeltes verbunden, nämlich zum einen die Vorstellung von der auf bewusster, zumeist aber unbewusster Manipulation beruhenden Entfremdung des Bewusstseins, zum anderen aber auch die von der zumindest partiell eigenverantworteten Selbstentfremdung des Menschen.

Ideologisches Bewusstsein ist zunächst verdinglichtes Bewusstsein, denn es fasst soziale Beziehungen und Strukturen als unverrückliche Tatsachen. Dem verdinglichten Bewusstsein ist die Erkenntnis in das Gewordensein und damit in die Veränderbarkeit der Welt abhanden gekommen. Dadurch wird es zugleich zum ver-rückten Bewusstsein, weil es von der Unverrücklichkeit der so verdinglichten sozialen Tatbestände ausgeht. In kritisch-geschichtlicher Perspektive hingegen würde deutlich, dass gesellschaftliche Entwicklungen nicht notwendig so und nicht anders sind, sondern nur zufällig. Der ideologische Schein der sozialen Wirklichkeit besteht aber nun u.a. darin, dass sie eine alternativlose Notwendigkeit vorgaukelt, um sich damit der kritischen Überprüfung und Veränderung zu entziehen.

Bezüglich der ideologischen Funktion von Wissenschaft und Technik hat Jürgen Habermas gezeigt, dass diese „zu einer Selbstverdinglichung der Menschen und der Kategorien zweckrationalen Handelns und adaptiven Verhaltens" (Habermas 1969, 82) führt. Als Ideologien haben Technik und Wissenschaft damit die Möglichkeiten menschlicher Kommunikation und Interaktion reduziert und zugleich den Schein produziert, als seien dies die einzig angemessenen Formen des Umgangs miteinander. Ähnliche ideologische Setzungen ergeben sich aber auch zum Beispiel aus politischen und ökonomischen Entscheidungen. So prägt der Fetischcharakter der Ware unser Bild vom Menschen; er wird unter den Kriterien von Tausch- und Gebrauchswert betrachtet und als Ware behandelt. Selbst in unsere intimsten Beziehungen, in die Liebe und in die Ehe, haben sich Eigentumskategorien eingeschlichen. Der Geliebte wird zum Besitz gemacht. Indem wir Menschen so wie Sachen behandeln, versachlichen wir zugleich unser Verhältnis zueinander. Sinnlichkeit und Emotionalität sind nur dann gefragt, wenn sie wie Waren gehandelt werden können. Treten sie in sog. „sachlichen Kommunikationsbezügen" auf, so gelten sie als Störung.

In ihren Strukturen und Erscheinungen setzt jede Gesellschaft zugleich Wertentscheidungen über den Sinn des menschlichen Zusammenlebens. Diese sozial produzierten Sinnvorgaben entziehen sich dem gesellschaftlichen Diskurs, setzen sich hinter dem Rücken der Individuen als allgemeinverbindlich durch und präformieren das individuelle Bewusstsein, das zu einem entfremdeten Bewusstsein führt. Unter diesem Gesichtspunkt der Entfremdung stellen Ideologien ein durch gesellschaftliche Faktoren präformiertes und dadurch beschränktes allgemeines Bewusstsein dar. Ideologie ist in dieser Hinsicht zwar ein Phänomen des menschlichen Selbstbewusstseins, aber keines der freien Produktion von Gedanken. Ideologisch müssen vielmehr jene Bewusstseinsinhalte genannt werden, die auf soziale Entstehungsbedingungen zurückgeführt werden können. Insofern sind Ideologien Epiphänomene der geschichtlich gesellschaftlichen Wirklichkeit. Als solche schleichen sie sich zudem ins Bewusstsein ein, ohne den Umweg über bewusste Reflexion. Ihre Übernahme beruht auf unbewusstem, strukturell bestimmtem Zwang, der sich den Schein von unmittelbarer Plausibilität gibt. Ideologien sind insofern Elemente des Kollektivbewusstseins, die als solche keiner Begründung und keiner Überprüfung bedürftig erscheinen; sie tragen die Maske des common sense. Ihr eigentümlicher Charakter liegt darin, dass sie über die unmittelbare Sphäre ihres Entstehungszusammenhanges hinaus wirken. Sie prägen so auch das Selbstbewusstsein der Menschen, ohne dass in ihnen auch nur die Spur eines Selbst zu erkennen wäre. Oftmals sind sie zu politischen Meinungen geronnen, die tatsächlich jedoch nur unreflektierte Stereotypen darstellen. Derartige Ideologien sind entfremdet, weil sie ein Selbstbewusstsein ohne Selbst freisetzen.

Trotz aller Entfremdungstendenzen, die in ihnen wirken, stellen Ideologien immer auch Gedanken des Menschen über sich und über seine Umwelt dar, als bloße soziale Prägungen wären sie unterbestimmt. In allen Entfremdungen bleibt der Mensch doch das verantwortliche Subjekt seiner Geschichte. Den Menschen trotz allen Wissens um seine Entfremdung und Unfreiheit als verantwortlich zu erkennen, ist charakteristisch für eine theologische Bestimmung des Ideologiebegriffs. Allzu leicht wird er zur Entschuldigung für die Nichtwahrnehmung von Verantwortung missbraucht. So spricht man zu gerne von der „ideologischen Verführung", übersieht aber, dass eine Verführung die Verführbarkeit des Individuums voraussetzt. Bei der Produktion von Ideologien sind Menschen nicht bloß fremdbestimmt, sondern zugleich Subjekte. Dieser subjektive Gehalt der Ideologie muss um der Freiheit des Menschen willen festgehalten werden. In aller Manipulation und Entfremdung beinhalten Ideologien immer auch Entwürfe des Menschen über sich selbst. Doch kommt ihnen dabei ganz wesentlich etwas Scheinhaftes zu. So haben Ideologien – wegen ihrer Soziogenese – einen (quasi-) realistischen Zug, gleichwohl sind sie unrealistisch und verblenden tatsächliche Zusammenhänge. Für sie ist charakteristisch, dass sich in den Vorstellungen der Menschen über ihre soziale Umwelt Wahres und Falsches zunächst ununterscheidbar vermischen. Der Schein deutet zwar stets auf das Wesen des in ihm verdeckt zur Erscheinung Kommenden hin, lässt es aber zugleich ganz anders erscheinen, als es wirklich ist. Aufgabe der Ideologiekritik muss es deshalb sein, das primär hervortretende Unwahre mit dem momenthaft doch in ihm aufgehobenen Wahren zu konfrontieren. Das gilt insbesondere auch für die ideologisierte Selbstwahrnehmung von Menschen in unserer Gesellschaft.

Ideologisches Bewusstsein ist scheinhaftes Selbstbewusstsein, dem die Herkunft und Präformierung der eigenen Anliegen, Bedürfnisse, Erkenntnisse, Hoffnungen, Interessen usw. aus anderen Zusammenhängen als dem eigenen Denken nicht bewusst wird. Vielmehr hält es diese internalisierten Duplikate der äußeren Scheinwelt für genuin eigene, autonome Ansprüche auf das selbstgewählte Glück. Weil dem so ist, können Individuen nicht von vornherein als authentische Subjektivitäten gelten. In unserer Gesellschaft wurde das Ideal der Individualität als Spezifikum demokratischer Kultur und als Gegenbild zu vermeintlichem staatsmonopolistischem Kollektivismus hochgehalten. Durch die postmoderne Selbsteinschätzung würde die Hypostasierung von Individualität noch einmal gesteigert. Doch die Vorstellung von Individualität ist selbst nur ideologischer Schein. Die Individuen heute sind deshalb keine, weil ihnen Subjektivität, mithin die Fähigkeit zur Selbstaufklärung und reflexiver Selbstbestimmung, geraubt wurde. Im postmodernen Verständnis ist das Individuum letztendlich zum Zentrum einer Willkür geworden, in der alles geht und nichts ausgeschlossen wird.

Individualität ohne Subjektivität wird zur leeren Hülse, die ihre Einzigartigkeit nur durch die vorfabrizierten Plakate der Kulturindustrie nach außen hin demonstriert. Als echte Subjektivität wird der Mensch jedoch nicht wahrgenommen; Indiz dafür scheint mir die Verdrängung und Hospitalisierung des Todes zu sein. Indem man dem Menschen das Recht auf das eigene sinnvolle Sterben raubt, demonstriert man nur, dass man ihm schon lange vorher das Recht auf Subjektivität gestohlen hat. Die vermeintlich so beliebte Individualität verdankt sich dem ideologischen Schein des Marktes, auf dem Waren als Tauschwerte nach dem Gleichheitsgrundsatz gehandelt werden. Um ihres Tauschwertes willen muss jedes Produkt – um des Kaufanreizes willen – seine Unverwechselbarkeit und Wertigkeit behaupten. Dieses Gesetz des Marktes prägt als Ideologie auch das Selbstverständnis der Menschen, die sich als Individuen missverstehen, wo sie überhaupt noch keine sind. Das theologische Prinzip von der Unverfügbarkeit des Subjekts ist zu radikalisieren und in gleicher Weise gegen die Individuen selbst zu wenden. Denn darin bringt sich die theologische Überzeugung zum Ausdruck, dass der empirische Mensch noch nicht in der Lage ist, tatsächlich über sich frei zu verfügen. Die Aussage, dass das Individuum der Selbsttäuschung verfallen ist, ist sowohl theologisch wie soziologisch zu fundieren. Daraus resultiert die Aufgabe einer „Desillusionisierung des Menschen über sich selbst" (Sonnemann 1981, 265).

1.7 Sozio-kulturelle Bedingungen praktisch-theologischen Handelns

Auf die Darstellung religionstheoretischer Horizonte (Steck 2000, 100ff) – so sinnvoll und notwendig sie auch sind – wird hier ebenso verzichtet, wie auf die Wiederholung der klassischen religionssoziologischen Thesen von der Integration, Kompensation oder Säkularisierung der Religion in unserer Gesellschaft (knapp dazu Lämmermann 1998a, 29ff; Steck 2000, 113-141). Statt dessen soll eine empirische Momentaufnahme zur religiösen Situation unserer Gesellschaft vorgenommen werden. Damit betreten wir den Boden der neueren empirischen Religionssoziologie (1.7.1), deren wichtigste Ergebnisse zunächst betrachtet werden. Dabei zeigen sich die Konturen einer Religiosität im Übergang von der Moderne zur Postmoderne (1.7.2), die nachfolgend in ihren Grundelementen erfasst werden soll (1.7.3). Da diese auf dem Boden postmodernen Denkens überhaupt zu interpretieren sind, werden einige kurze Anmerkungen zur postmodernen Gesellschaft (1.7.4) angeschlossen.

1.7.1 Aspekte empirischer Religionssoziologie

Überblickt man die zahlreichen Forschungen in der empirischen Religionssoziologie, so kann man insgesamt acht große Bereiche unterscheiden (Lukatis 1983): *Erstens* wären da die Studien über Religiosität und Kirchlichkeit in der Bevölkerung: Hier werden Fragen untersucht wie die Vorstellungen der Bevölkerung von Gott, Jesus, Kirche, Leben und Tod, Natur und Gesellschaft, Wertorientierungen in verschiedenen Lebensbereichen u.Ä.m. Dabei zeigt sich auf der einen Seite eine gewisse Kluft zwischen den Generationen und auf der anderen Seite, dass konfessionelle Unterschiede im Alltag kaum noch nachweisbar sind. Das führt z.B. dazu, dass formelle evangelische Kirchenmitglieder ihre Distanz unter Hinweis auf den Papst begründen u.Ä. Ein anderes Beispiel dieser Studien wären Untersuchungen zur Bedeutung der ethischen Implikationen des Christentums. So zeigt sich z.B., dass die Zehn Gebote sehr unterschiedlich bewertet werden. Für die Mehrheit der Bevölkerung sind die echten ethischen Gebote, nämlich die Gebote vier bis zehn ein hoch akzeptierter moralischer Konsens, während die ersten drei Gebote, also die theo-logischen, kaum Relevanz besitzen.

Zweitens finden sich Studien über die Religiosität und Kirchlichkeit in einzelnen Konfessionsgruppen (s.o.). Derartige Studien fragen z.B. dann nach der Bedeutung der Taufe oder der Konfirmation für die individuelle Biographie u.Ä.m. *Drittens* gibt es Studien zu dem Themenkreis „Religion – Kirche – Politik". Hier analysiert man z.B. das Wählerverhalten nach ihrer Konfessionszugehörigkeit und stellt fest, dass KatholikInnen deutlich stärker die CDU/CSU wählen als ProtestantInnen, die in der Regel die SPD und FDP favorisieren, während die Konfessionslosen primär die Grünen wählen. *Viertens* wären Studien über Religion, Kirche und Wirtschaftsleben zu nennen. Hier untersucht man z.B. die religiöse Bindung von Führungskräften und kann dabei etwa nachweisen, dass KatholikInnen seltener in Führungspositionen vertreten sind als ProtestantInnen oder Konfessionsfreie. Allerdings sind diese protestantischen Führungskräfte ihrer Kirche mehr entfremdet als die wenigen katholischen; hier haben 50-60% ein positives Verhältnis zur Kirche, während es evangelischerseits nur 30-40% sind und sich eine gleich große Gruppe der Kirche gänzlich entfremdet fühlt. Mehr als in der Gesamtbevölkerung wirkt bei Führungskräften die Frage nach der Religion polarisierend. Bei den jüngeren ManagerInnen ist die Distanz zur Kirche höher als bei älteren. Insgesamt ist das Christentum unter Führungskräften kein generelles, sondern bestenfalls ein partikuläres Orientierungsmuster.

Fünftens wären Kirchentagsstudien zu nennen und *sechstens* Studien über die Religiosität von Jugendlichen. Hier zeigt sich exemplarisch, dass religionssoziologische Untersuchungen durch andere, hier nämlich durch jugendsoziologische, ergänzt und korrigiert werden können und müssen. Jugendstudien finden in der publizistischen Öffentlichkeit zumeist größere Beachtung als andere. So z.B. die aej-Studie von H. Barz (Barz 1992), die wegen ihrer methodologischen und konzeptionellen Mängel unter Religionssoziologen eher umstritten ist. Besonders zu nennen wären dann *siebtens* die Studien über kirchliche Berufe und Handlungsfelder. Hier gibt es zahlreiche Aspekte, die vor allem durch die kirchlichen Sozialforschungsinstitute im einzelnen untersucht werden. So z.B. die Ausbildung und den Beruf der TheologInnen. Dabei kann man z.B. Inhalts-analysen von Predigten vornehmen und das theologische Profil der jeweiligen PredigerInnen analysieren. So konnte man zeigen, dass TheologInnen, die stark dogmatisch festgelegt sind, zugleich im politisch-gesellschaftlichen Bereich konservativer sind und persönlich eine traditionelle Frömmigkeitspraxis pflegen. Oder man hat das Berufsfeld von Pfarrerinnen untersucht und dabei festgestellt, dass sie zwar eine hohe Akzeptanz durch die Gemeinde erhalten, aber äußerst große Schwierigkeiten bei der Kooperation mit männlichen Kollegen erleben.

Untersuchungen zur Studienmotivation von Theologiestudierenden zeigen, dass weniger das Interesse an der Theologie als solcher dominant ist, als vielmehr das Interesse an gesellschaftlichen Problemen und die spätere Möglichkeit, mit anderen Menschen umzugehen. Neben den Untersuchungen zu PfarrerInnen gibt es auch solche zu anderen kirchlichen MitarbeiterInnen, wie z.B. DiakonInnen oder KindergärtnerInnen und zur Rolle der ReligionslehrerInnen. Dann gibt es im Bereich der Studien über kirchliche Berufe und Handlungsfelder weiterhin Untersuchungen zur Gemeindeleitung, also zu Kirchenvorständen bzw. Pfarrgemeinderäten. Hier wird z.B. die soziale Zusammensetzung von Kirchenvorständen untersucht und dabei festgestellt, dass in diesen AkademikerInnen weitaus überrepräsentiert sind, während untere Schichten und insbesondere ArbeiterInnen unterrepräsentiert bleiben. Untersucht wird z. B. auch, wie es zu KandidatInnenaufstellungen kommt, welches Gemeindebild die jeweiligen KirchenvorsteherInnen haben, wie sie zum/zur Pfarrer/in stehen u.Ä.m. In Bezug auf die letzte Frage nach der emotionalen Bindung zum/zur Pfarrer/in konnte z.B. festgestellt werden, dass die Mehrheit von Kirchenvorständen eine hohe emotionale Bindung an ihre jeweiligen PfarrerInnen hat und sich deshalb auch im Kirchenvorstand nicht traut, Opposition zu betreiben.

Ein weiterer Bereich der kirchlichen Berufsstudien wären Untersuchungen über Ehrenamtliche, z.B. in der Jugendarbeit oder in der Telefonseelsorge. Dann gibt es noch Spezialstudien zu außergemeindlichen Handlungsfeldern, wie etwa die Militärseelsorge oder die Gefängnisseelsorge. Ein letzter großer Bereich der empirischen Religionssoziologie wäre dann *achtens* die Religiosität außerhalb der christlichen Großkirchen. Auffällig ist hier allerdings, dass es bisher keine Untersuchungen gibt über Freikirchen, sondern hauptsächlich solche über neuere Jugendreligionen und über Sekten. Hinsichtlich letzterer zeigt sich, dass ihr Bild in der Bevölkerung selten positiv ist. Zu diesem letzten Bereich gehören auch inhaltsanalytische Untersuchungen zu religiösen Inhalten z.B. in Jugendzeitschriften oder in Heftromanen oder Untersuchungen über die Ansprachen von BegräbnisrednerInnen, die in einer säkularen Bestattungszeremonie sozusagen den Part des früheren Pfarrers/der früheren Pfarrerin spielen. In unserem exemplarischen Vorgehen wenden wir uns der religiösen Orientierung der Deutschen im Übergang von der Moderne zur Postmoderne zu.

1.7.2 Religiöse Orientierung in der Bevölkerung

Die jüngste Jugendstudie der Deutschen Shell „Jugend 2000" diagnostiziert das Heranwachsen einer atheistischen Generation, die der Kirche und ihrer Lehre den Abschied gegeben hat (s.u.). Aber generell fühlen sich noch 60 % der Deutschen der christlichen Religion nahe (Emnid 1997, 14); 69,9 % gehören einer der großen christlichen Konfessionen an (EKD Statistik 1997). 56,1 % der Deutschen finden es schlecht, dass „sich immer mehr Menschen von der Kirche abwenden"; nur 11,1 % hingegen finden dies gut. Als Grund für die Abkehr von Religion und Kirche wird nach dem Motiv „Materialismus der Gesellschaft" und noch vor dem der Kirchensteuern mit 53,3 % das veraltete Angebot der Kirche genannt. Die generelle, abstrakte Zustimmung zu Kirche ist relativ hoch, aber durchaus ambivalent: Zwar finden 81,1 % der Befragten „es gut, dass es die Kirche gibt", gleichwohl meinen sie aber mehrheitlich, nämlich zu 58,9 %, dass die Kirche „auf die Fragen, die mich wirklich bewegen" keine Antworten hat (Emnid 1997, 85). 58,8 % „stehen zur Kirche, aber sie muss sich ändern" (Emnid 1997, 89), fordern sie. Selbst die Konfessionsfreien stimmen mit 74,9 % dem Item zu, „ich finde es gut, dass es die Kirche gibt" (Emnid 1997, 86) und 62 % empfinden für sie mehr oder weniger Sympathie (EKD 1997, 401). Der positiven Zustimmung korrespondiert aber keine entsprechende Bereitschaft zu einem kirchlichen Engagement: Für 72 % (Ost: 68 %) kommt selbst eine passive Beteiligung am kirchlichen Leben überhaupt nicht in Frage, und die aktive Mitarbeitsmotivation ist noch geringer. Dementsprechend ist die Austrittsneigung relativ hoch: nur 57 % im Westen und 54 % im Osten halten ihrer Kirche unverbrüchlich die Treue, während 6 % bis 8 % sich – zumindest innerlich – bereits von der Institution verabschiedet haben (EKD 1997, 394). Für den Kirchenaustritt spielen zwar auch finanzielle Motive (58 %) eine Rolle, fast gleich groß ist der Anteil (53 %) derjenigen, für die der Austritt die Konsequenz aus einer länger anhaltenden Gleichgültigkeit ist, und 52 % sind der Meinung, dass man „auch ohne Kirche christlich sein kann" (EKD 1997, 400).

Das Potential eines Christentums außerhalb der Kirche ist erheblich. 39,8 % fühlen sich als Christen, obwohl ihnen die Kirche überhaupt nichts bedeutet. Diesem Item stimmen mit 20,1 % auch die Konfessionsfreien zu. Und von denen, die Interesse an nichtkirchlichen Ritualen haben, halten sich 45,4 % für Christen außerhalb der Kirche (Emnid 1997, 86). Die Sozialisationswirkung christlicher Werte auch auf die Konfessionslosen ist nicht unerheblich: Nur 52 % unter den westdeutschen Kirchenfernen leugnen den Einfluss christlicher Werte und Gebote auf ihr Gewissen; im Osten erzielt hier die sozialistische Erziehung höhere Werte: hier sind es 71% der Kirchenfernen, die einen Einfluss des Christentums auf ihr Gewissen ausschließen. Hatte man schon früher das Phänomen der betenden

Nichtkirchgänger beobachtet, so zeigt die neuere EKD-Analyse, dass zwischen 9 und 21% der Konfessionsfreien beten und zwar 8 bis 13 % sogar täglich (EKD 1997, 409).

Die erste große Untersuchung zur religiösen Orientierung in der Bevölkerung Westdeutschlands war die berühmte Spiegel-Umfrage „Was glauben die Deutschen?" von 1967/68. Die Untersuchung, ebenfalls bereits vom Emnid-Institut durchgeführt, wurde 1992 und dann noch einmal 1996 wiederholt. Studien zur religiösen Orientierung der Deutschen unternahmen aber auch zahlreiche andere Institute, die sonst für Werbung und Politik tätig sind, wie z.B. das Infas-Institut oder das Institut für Demoskopie Allensbach (E. Nölle-Neumann).Wenn man keine allzu großen methodologischen Skrupel hat, kann man sagen, dass es sich hier um eine Langzeitstudie zur religiösen Orientierung der Deutschen handelt, die langfristige Veränderungen untersucht. Solche Untersuchungen werden in der Regel im Auftrag von Zeitschriften durchgeführt. 1999 untersuchte das Data-Concept-Institut im Auftrag von Focus insgesamt 1400 Deutsche über 14 Jahre; das ist eine repräsentative Stichprobe. Dieser Trend wird sowohl von Emnid 1992 bzw. 1996 sowie von Allbus 1992, als auch von weiteren Untersuchungen (Jörns 1997; Jörns 1998) bestätigt.

Das Datenmaterial zeigt ein weitgehendes Verschwinden traditioneller christlicher Vorstellungen und dafür die Zunahme eines individualisierten und vagabundierenden Allerweltglaubens; Gott hat seine bisherige Mehrheit in Deutschland verloren und zwar nicht nur unter erklärten Atheisten, sondern auch unter den evangelischen Formalchristen. Einer großen Gruppe von Zweiflern stehen hier bekennende Atheisten zur Seite: immerhin 8-9 % der Evangelischen sind von der Nichtexistenz Gottes überzeugt (EKD 1997, 411). Entgegen aller Hoffnung aus der Wendezeit ist der Osten noch atheistischer geworden als zu Honneckers Zeiten. Der Anteil der Christen an der gesamten Wohnbevölkerung liegt hier nur bei 30%, und die mehrheitlich Konfessionsfreien geben sich zu 75 % als bekennende Atheisten zu erkennen; im Westen sind es 50 %.

Focus ließ auch nach dem Profil der Kirchen fragen: „Ein positives Bild wecken die Kirchen vor allem durch ihre sozialen Dienste und weniger durch den Glauben", resümiert die Studie. So gefällt 11 % der Evangelischen der Gemeinschaftscharakter der Kirche, gefolgt von ihrer Sorge um sozial Schwächere (10 %) und der seelischen Unterstützung (9 %). Hier stimmen die Werte für beide Konfessionen noch weitgehend überein. Differenzen treten dann bei der Kritik an der Kirche auf. So wird die katholische Kirche von ihren Mitgliedern viel häufiger als unzeitgemäß veraltet, weltfremd und konservativ angesehen, nämlich von 30 % gegenüber 18 % der Protestanten. Um die Glaubwürdigkeit der katholischen Kirche ist es insgesamt schlecht bestellt. Jeder zweite misstraut ihr. Demgegenüber ist die Glaubwürdigkeit der evangelischen Kirche durchgängig positiv; selbst Katholische vertrauen ihr mehr als ihrer eigenen Institution; insgesamt 65 % der Gesamtbevölkerung halten die evangelische Kirche für glaubwürdig, 77 % der eigenen Mitglieder tun dieses und immerhin 66 % der KatholikInnen. Dieser

Glaubwürdigkeitsvorschuss bleibt abstrakt, denn evangelische Gotteshäuser werden weiterhin seltener aufgesucht als katholische.

Wenn die Jugend die Zukunft der Kirche ist, dann sieht es gegenwärtig düsterer aus als noch vor einigen Jahren. Das belegt schon die Bevölkerungsstatistik: 1991 waren 5 % der westdeutschen Jugendlichen ‚religionslos', heute sind es 13 % und in Ostdeutschland gar 80 % (Shell 2000, 157). Die Shell Studie „Jugend 2000" resümiert die Gesamtlage lapidar: „Insgesamt haben wir eine Entwicklung hinter uns, die den Kirchen wenig Chancen belässt, unter den derzeitigen Bedingungen und in den bisherigen Formen Einfluss auf die junge Generation zu gewinnen" (Shell 2000, 21). Bereits in der Jugendstudie der Deutschen Shell von 1984 gaben sich 73 % der Jugendlichen als notorische Nicht-Kirchengänger zu erkennen; heute sind es 86 % (Shell 2000, 163). Diese Enthaltsamkeit vor allem evangelischer Jugendlicher gegenüber dem Sonntagsgottesdienst kontrastiert zum anhaltend großen Zustrom dieser Jugendlichen zu den Kirchentagen. Aber auch unter den Kirchentagsbesuchern waren regelmäßige Kirchgänger eher die Ausnahme als die Regel, wie eine Untersuchung zeigt, die auf dem letzten Kirchentag durchgeführt wurde. Andererseits nehmen aber 85 % dieser Jugendlichen auch an Aktivitäten außerhalb des Gottesdienstes teil. Im hohen Maße waren sie bereit, sich innerhalb der Kirche zu engagieren und Verantwortung zu übernehmen, allerdings wird diese Bereitschaft nur selten abgerufen. Hinsichtlich der Masse der Jugendlichen waren die Kirchentagsbesucher natürlich eine verschwindende Minderheit. Aber dieser Minderheitencharakter stigmatisiert innerhalb der Jugendszene nicht. Wie die Jugendstudien der Deutschen Shell und andere zeigten, hat das Vorhandensein oder Nichtvorhandensein von religiöser Einstellung keinen Einfluss auf die Integration der Jugendlichen in die Jugendkultur. Sie belegen auch, dass der Glaube keine verhaltensbestimmende Kraft mehr ist, denn die religiöse Einstellung ist weitgehend gleichgültig für die generelle Orientierung der Jugendlichen. Zwar sind „Kirchlich engagierte Jugendliche ... weniger für Konsumverführungen wie Alkohol und Nikotin anfällig, sie pflegen ein aktiveres Freizeitleben, machen mehr Musik und sind stärker bildungsorientiert", sie sind disziplinierter, etwas leistungsbereiter, familienbezogener und sozialer, aber das bleiben nur graduelle Unterschiede. Dementsprechend wirken konfessionelle Orientierungen und religiöse Praktiken in nur sehr begrenztem Maße in anderen Bereichen (z.B. der Jugendkultur) verhaltensstrukturierend (Shell 1985, Bd. 1, 268). „Daß *religiös-kirchlich engagierte Jugendliche* im Durchschnitt *etwas konservativer* als andere sind und daß andererseits besonders kirchenferne verstärkt einen nonkonformistischen Alltagsflip an den Tag legen" (vgl. Shell 1985, Bd. 1, 195ff), gilt weiterhin (vgl. Shell 2000, 159ff). Bereits eine frühere Untersuchung von Jungarbeitern, also Berufsschülern, zeigt, dass eine volkskirchliche Orientierung „ohne verhaltensprägende Kraft" bleibt. Religion und Leben sind für die Mehrheit der Jugendlichen entkoppelt. Allerdings gilt dies nur für deutsche Jugendliche, nicht aber für türkische.

Einen marginalen Bezugspunkt zwischen Kirche und Alltag stellen die Kasualien dar. Allen Lamenti zum Trotz waren nahezu alle Jugendlichen noch getauft, und wer getauft ist, wird auch – zu 95 % bzw. 94 % (EKD 1997, 372) – konfirmiert. Die Akzeptanz der übrigen Kasualien ist hoch: 75 % unter den Jugendlichen, die später einmal heiraten wollen, wollen sich auch kirchlich trauen lassen. Und von den verheirateten Jugendlichen haben dies auch tatsächlich 75 % getan. Allerdings ist hierbei festzuhalten, dass eine große Gruppe grundsätzlich die Ehe als die ihnen angemessene Lebensgemeinschaft ablehnt. Nur 4 % aller Jugendlichen lehnen für sich persönlich die kirchliche Bestattung ab.

Im Widerspruch zur Akzeptanz der kirchlichen Kasualien ist die subjektive Distanzierung von der Kirche sehr hoch: 53 % der 14-24jährigen fühlen sich mit ihrer Kirche kaum oder überhaupt nicht verbunden. M.E. spielen bei der Distanzierung von der Kirche enttäuschte Erwartungen eine große Rolle. Alle jugendsoziologischen Untersuchungen der letzten Jahre haben einen noch nie dagewesenen prinzipiellen Dissens zwischen Erwachsenen- und Jugendgeneration konstatiert. Für die Jugendlichen kommt die Kirche auf der Seite der als feindlich betrachteten Erwachsenenwelt zu stehen. Weil man im Grunde aber von der Kirche durchaus etwas Positives für das eigene Leben erwartet, schlagen die enttäuschten Hoffnungen umso stärker durch. Als Indiz für positive Erwartungen kann folgendes gewertet werden: Zunächst stellt die Mitgliedschaft in Jugendreligionen und Sekten eine wegen ihres minimalen Umfangs statistisch nicht mehr erfassbare Größe dar. In allen jugendsoziologischen Studien liegt die Akzeptanz der Jugendsekten bei höchstens 4 %. Demgegenüber finden über 35 % der Jugendlichen kirchliche Jugendgruppen gut, obwohl nur 9 % der westdeutschen Jugendlichen in einer solchen Gruppe aktiv waren. Sodann ist die große Mitarbeiterbereitschaft unter Jugendlichen erstaunlich: Immerhin 28 % wären bereit, in der Kirche mitzuarbeiten.

Vergleicht man diese Zahl mit den 3 % der Kirchgänger und den 9 % der in Gemeindegruppen organisierten Jugendlichen, dann wäre 1/5 aller Jugendlichen zusätzlich im hohen Maße ansprechbereit. Das ist eine Rückfrage an die Struktur unserer Gemeinden, aber auch eine Aufgabe für den Religionsunterricht. Die Erwartungen an die Kirche manifestieren sich auch in dem, was man ihr an politischer Wirkung zutraut. Es waren immerhin fast 30 % aller Jugendlichen, die meinen, dass politische Veränderungen durch die Kirchen initiiert werden sollen und können, und die sich daran auch beteiligen würden. Das Bild wird noch ambivalenter, wenn wir nicht nach der Kirchlichkeit, sondern nach der Religiosität von Jugendlichen und Schülern fragen. Denn alle Untersuchungen verweisen darauf, dass die Abkehr von der Kirche nicht als Resultat jugendlicher Areligiosität gewertet werden darf.

Jugendliche waren weder areligiös noch antichristlich. Deshalb nimmt es nicht Wunder, dass in der Perspektive der Jugend das Christentum gar nicht so schlecht wegkommt: Nur 10 % lehnen seine gegenwärtige gesellschaftliche Bedeutung explizit ab. Jugendliche haben also durchaus ein Interesse an der Relevanz der christlichen Tradition, aber diese wird nicht als Lehrsystem verstanden. Im Sinne eines dogmatischen, auf Lehraussagen beruhenden Christentums halten sich 15,5

% aller Jugendlichen für ungläubig. Diese Tendenz gilt in gleichem Maße auch für kirchlich engagierte Jugendliche. Der Trend zur Akzeptanz eines entdogmatisierten, ethisierten Christentums lässt sich an der Frage nach der Bedeutung Jesu Christi besonders deutlich ablesen. Für die Gesamtbevölkerung konstatieren alle Untersuchungen eine weitverbreitete Hochschätzung für die historische Person Jesu und ihre ethischen Leistungen, bei gleichzeitiger Ablehnung aller dogmatischen Christusaussagen. Und dabei gilt: je jünger die Befragten waren, umso stärker trat die Ablehnung der Christologie hervor, wobei in der Regel die Wertschätzung der Person Jesu mit einer ethischen und quasi-politischen Bedeutungszuschreibung einhergeht.

Alles deutet darauf hin, dass die Ablehnung dogmatischer Lehraussagen Medium für eine Kirchenkritik ist, in der sich die ambivalente Stellung der Jugendlichen zur Religion und Kirche vereindeutigt. Indem man die Kirchenlehre verabschiedet, öffnet man sich für die sozial und politisch relevanten Elemente der christlichen Tradition. Bereits die EKD-Studie stellte fest, dass die evangelische Kirche mit den basalen Überzeugungen der neuen sozialen Bewegungen identifiziert wird. Fragt man nach den in der gegenwärtigen Jugendkultur relevanten Werten, so wird diese Identifikation in ihren positiven Bezügen deutlich. Jugendliche streben primär nach Selbstverwirklichung. Im Gegensatz zu manchen Sozialpolitikern sollte man dies nicht als hedonistische Selbstbezüglichkeit missinterpretieren. Dahinter steht vielmehr die gesellschaftliche Erfahrung einer Bedrohung der personalen und sozialen Identität von Jugendlichen. Sinnsuche und Identitätssuche gehen ineinander über. Dass von der lutherischen Rechtfertigungslehre her sich hier Verbindungen ergeben, dürfte mehr als plausibel sein. Diese Plausibilität gilt auch für andere zentrale Wertorientierungen der Jugend, wie dem Wunsch nach sozialer Gerechtigkeit, nach Bewahrung der Natur, nach Mitmenschlichkeit, nach Versöhnung und Friede sowie nach der Überwindung der sozialen Wertigkeit von Rollenstereotypen, Härte, Überlegenheit. Gerade diese Werte werden aber von den Institutionen der Erwachsenenwelt verraten. Gleichwohl spüren viele Jugendliche, dass christliche Religion und ihre Institution hier ihre Aufgabe haben könnten.

Betrachtet man die Ergebnisse der Religionssoziologie in toto, so könnte man salopp formuliert sagen: der alte Gott der Christenheit ist in Deutschland weitgehend arbeitslos geworden, jedenfalls in Sachen „seelischer Haushalt". Seine psychohygienische Aufgabe wurde von einer anderen transzendentalen Vorstellung übernommen, nämlich den Schutzengeln. Mehr als die Hälfte der Gesamtbevölkerung „sucht bei ihm Trost, Sicherheit, Geborgenheit, Schutz". Bezeichnend für die postmoderne Trendwende ist, dass mehr Deutsche an ihre ganz persönlichen Schutzengel glauben als an Gott. Denn während 70 % der Deutschen die Existenz von Schutzengeln annehmen, glauben nur 65 % aller Deutschen in irgend einer Weise an irgendeinen Gott. Die Berliner Religionsstudie von 1992 resümiert: „Gegenüber dem Glauben an überirdische Wesen und Mächte besteht ... eine größere Offenheit; diese Glaubensmöglichkeit wird seltener ausgeschlossen als der Glaube an einen persönlichen Gott" (Jörns 1997, 50). Selbst bei den wenigen Gottgläubigen ergeben sich erhebliche Erosionen: Unter ihnen geben nur 18 % für Gott eine Definition an, die in etwa mit den traditionellen christlichen Vorstellungen über die Personalität und Trinität übereinstimmt. „Auf die Gesamtbevölkerung hochgerechnet, glauben gerade noch 12 % an einen im weiten Sinne personalen, christlichen Gott" (Focus 1999). Zwar sind die Zahlen der Berliner Religionsstudie von 1992 etwas anders, sie bestätigt aber den Trend: Die Mehrheit der Deutschen unter 45 Jahren glaubt nicht länger an einen persönlichen Gott (Jörns 1997, 41). In der Berliner Untersuchung wurde diesbezüglich auch nach einem pantheistischen Gottesbild in der Weise „gefragt, ob wir Gott auch in der Natur begegnen" (Jörns 1998, 10). Bezieht man die Antworten auf die Gesamtzahl aller Befragten, so ergibt sich, dass 17,6 % der 1885 insgesamt untersuchten Personen dem pantheistischen Item zustimmen, 82,4 % hingegen lehnten es ab. Unter den PantheistInnen sind die Frauen mit 60,4 % überrepräsentiert.

Nur in einem einzigen Punkt stimmen die Gottgläubigen noch mit der Vorstellung des Glaubensbekenntnisses überein: 71 % sowohl der evangelischen als auch der katholischen Bevölkerung sehen in Gott den Schöpfer der Erde. Die Mehrheit der Deutschen ist vom Gedanken einer Personalität Gottes zwar abgerückt, aber für die Menschen wird Gott weiterhin in Jesus konkreter: Immerhin erklären 81 % derjenigen, die an einen Gott glauben, dass Jesus Gottes Sohn sei; für 89 % ist seine Kreuzigung ein unzweifelhaftes historisches Ereignis gewesen. Ansonsten fließen in das Gottesbild, so zeigen die Studien unisono, zahlreiche außer-christliche Impulse ein. In seiner Zusammenfassung einer anderen Religionsstudie spricht Klaus-Peter Jörns deshalb von den „neuen Gesichtern Gottes", und Focus resümiert journalistisch: „Jeder zimmert sich seinen Gott selbst zusammen". Anders ausgedrückt: das Gottesbild der Deutschen ist Indikator einer religiösen Bricolage-Technik und Produkt einer synkretistischen Bastelmentalität. Die Rettung der Schöpfervorstellung Gottes speist sich deshalb wohl eher aus einer universellen als aus der christlichen Wurzel. Galten solche Synkretismen bisher als typisch jugendkulturell, so spiegelt sich in ihnen heute die Religion der Postmoderne als solche.

1.7.3 Die Religion der Postmoderne

Betrachten wir die Architektur dieser postmodernen Religiosität weiter. Von der negativen Bilanz Gottes haben – wie gesehen – die Schutzengel in allen Varianten profitiert. Wie sieht es nun mit den ihnen gegenüberstehenden negativen Mächten aus? Auf den ersten Blick scheint auch der Teufel sein Terrain verloren zu haben; nur noch aufrechte Katholiken halten ihm eine gewisse Treue. Doch in Wirklichkeit ist der Teufel nur gesichtslos geworden: Die Mehrheit der Menschen sieht die Welt von der Macht eines abstrakt Bösen regiert. Von der Existenz des Teufels sind 20 % (Emnid 1996), von der der Hölle in irgendeiner Form hingegen mehr Menschen überzeugt als von Gott, nämlich 78 % (Data-Concept-Institut 1999). Die Hölle wird dabei – wie die Berliner Religionstudie von 1992 zeigt – eher präsentisch als eschatologisch-futurisch gedacht. Ins postmoderne Szenario des Bösen passt auch die Mehrheitsmeinung der Deutschen, dass es ein „Jüngstes Gericht" geben wird (Emnid 1992) – ein anonymer Gerichtshof allerdings, für den kein Richter mehr namhaft gemacht werden kann. Diese Vorstellungen harmonieren mit jenen, die in den transzendentalen Mächten abstrakte Energien oder Schicksale sehen. Hinter dem postmodernen Optimismus schlummert augenscheinlich ein hohes Furchtpotential in unserer Gesellschaft. Anders wären z.B. die grassierenden Milleniums-Ängste nicht erklärbar. Derartige Phobien werden auf böse anonyme Mächte zurückgeführt und durch gute Schutzengel gebannt. Zugleich ergibt sich daraus der spezifisch postmoderne Thrill-Effekt, die Lust am Untergang der Titanic wie der ganzen Welt.

Die postmoderne Zeit, sagt man, sei auch eine postmaterielle, das Transzendentale habe wieder Konjunktur, gegenüber kühler Rationalität sei Sinnlichkeit erneut gefragt. „Die Postmoderne schwelgt in Religion" (Grözinger, in: Beuscher 1996, 183), denn wenn alles möglich ist, dann ist auch Religion möglich. Nicht nur die großen Glaubenslehren, sondern auch die aufklärerische Religionskritik haben als Megaerzählungen ausgedient. Alles kann in der Pluralisierung der sinnlichen und übersinnlichen Welt religionslose Religion sein. In eigentümlicher Gleichzeitigkeit erleben wir Phänomene wie die New-Age-Bewegung, den Okkultismus, eine neue Innerlichkeit, neue Frömmigkeit und Spiritualität, Psychokulte diverser Spielarten. Selbst die Architektur wird zur Religion und zur neuen Spiritualität (Jenks 1990, 43) erklärt. Oder die Liebe: „Während Glaube, der nicht mehr gelehrt wird, zerfällt, ist Liebe eine kirchenlose und priesterlose Religion" (Beck/Beck-Gernsheim 1990, 233), die nicht nur sexuell ist, sondern auch „ihre Kraft im Umgang mit der Schwäche, dem Alter, Fehlern, Versäumnissen, ja selbst Verbrechen" (Beck/Beck-Gernsheim 1990, 237) beweist. Angesichts der Nabelschau des postmodernen Subjekts ist „die Psychologie zur Religion" (Müller-Funk 1990, 49) geworden, und „das Hineinhorchen in die Trans-zendenzen des eigenen Selbst (bekommt) religiösen Charakter" (Gabriel, in: Kochanek 1996, 52). Popstars mutieren zu postmodernen Göttern, die ihre Auftritte wie Epiphanien inszenieren (Dannowski 1993). Die postmoderne Entmythologisierung der Entmythologisierung gewinnt – theoretisch wie praktisch – Profil als Remythisierung. Synkretismus, einst verpönt, wird postmodern als „Spiel der Weltanschauungen und miteinander konkurrierender Mythen" (Koslowski 1990, 83) geadelt. Das ist ebenso postmodern wie die dekonstruktive Überwindung dieser Polymythie im Sinne einer letztlich vormodernen Rekonstitution des Christentums: „Für die transmoderne Postmoderne wird das philosophische Begreifen der Inhalte des Christentums, wird eine wahre christliche Mystik und Gnosis entscheidend sein" (Koslowski 1990, 96f). Gnostisch-mystisches Christentum und Polytheismus/-mythie gerieren sich als „Theologien" der Postmoderne.

Die Vulgärreligion der Postmoderne hingegen ist das, was Welsch als eine von zwei möglichen Entgleisungen der Postmoderne bezeichnet: Sie geht „von New-Age-Proklamationen über vorgeblich holistische Wissenskonzepte bis zur Propagierung einer Wiederverzauberung der Welt". Das „ist auch ein Hintergrundwunsch mancher Postmoderner" (Welsch, in: Kemper 1991, 30). New-Age ist der Versuch, „mit der Sinnkrise im globalen Dorf fertig zu werden" (Müller-Funk 1990, 49). New-Age wird zur religiösen Bühne einer radikalen Subjektivierung von Wahrheit. Seinen vorgeblichen Wahrheitsgewinn behält das esoterische Wissen nämlich nur dann, wenn es in den Köpfen der monadischen Individuen bleibt; daraus erwächst die Kritik der New-Age-Bewegung an Institutionen und Organisationen. Die „sanfte Verschwörung" ist nicht organisierbar, d.h. sie ist auch nicht verallgemeinerbar, sondern nur individualisierbar. „Sei dein eigener Führer – folge deiner Intuition – tue genau das, was für dich das richtige ist – du mußt es selbst tun" (Ferguson 1984, 25). Dieses Individuationsprinzip ist Folge postmodernen Denkens: Individualität wird zum Fetisch erhoben. An die Stelle der kritischen Forderung nach Humanisierung der Welt tritt ein intellektueller Narzissmus. Der Einzelne, im Bewusstsein monadischer Einzigartigkeit, hebt sich vom Pöbel der Masse ab. Ein Elitedenken macht sich breit, weil nur der individuelle, bewusstseinsgesteigerte Verschwörer das Welträtsel durchschauen kann. Strukturelle Zusammenhänge jedweder Art schmelzen – wie in der Postmoderne selbst – dahin, sie werden bestenfalls individualisiert. Man setzt deshalb auf die „Evolution des Bewusstseins" und den Glauben an eine durch die „Selbstorganisations-Dynamik des gesamten Kosmos" (Capra) sichergestellte Entwicklung. Selbstverliebt nimmt man sich als Teil eines universellen Transformationsprozesses wahr; hier verbindet sich New-Age-Religion mit einem holistischen Denken. Die dekonstruktive Leistung des Individuums liegt in der Transformation seines Bewusstseins, mit dem es sich selbst ins Solarzeitalter katapultieren und sich in einem unsichtbaren Netzwerk mit Gleichgestimmtheit vereinigen kann.

1.7.4 Herausforderungen der postmodernen Gesellschaft

Die Postmoderne versteht sich als vollendende Überwindung der Aufklärung, insofern sie deren Dialektik auflösen möchte. Nicht nur die instrumentelle Vernunft so wie Wissenschaft und Technik als Ideologie werden der Kritik – wie in der Kritischen Theorie – unterworfen, sondern auch die kritische Vernunft selbst soll de-konstruiert werden. Die Postmoderne ist „das Design der entwickelten Gesellschaft", sie „signalisiert eine Umstellung unserer Grundorientierung" (Welsch 1981, 10). Deshalb kann auch behauptet werden, dass das postmoderne Denken einen grundlegenden Bruch mit der europäisch-abendländischen Bildungs- und Ethiktradition bedeuten würde (Rapp Wagner 1997). Jedenfalls liegt der Verdacht nahe, dass die Postmoderne im Grunde bildungsfeindlich ist und insofern eine bildungstheologische Fundierung der Praktischen Theologie kaum an das postmoderne Denken anschlussfähig ist. Das postmoderne Bewusstsein ist bildungsfeindlich insofern, weil Bildung stets auch den Rekurs auf Traditionen und Sachverhalte meint, die vielleicht nicht so sehr in den postmodernen Gleichklang passen. Diese Diagnose gilt allerdings – wie sich zeigen wird – nur relativ, denn ideologiekritisch betrachtet beinhalten postmoderne Zeitdiagnosen auch ein Wahrheitsmoment. Zunächst aber startet die postmoderne Debatte einen Angriff auf etwas, was für Bildung wie für Ideologiekritik gemeinsam konstitutiv ist, nämlich auf die kritisch-diskursive Vernunft.

Der postmoderne Angriff auf die Vernunft ist ein radikaler; auch die aufklärende Vernunft unterliegt dem Verdikt des „Ratiofaschismus" (P. Feyerabend) und einer „Verhärtungs-Ratio" (P. Sloterdijk). Doch die Kritik trifft nicht, denn aufklärerische Vernunft ist durch konstitutive Selbstanwendung und damit durch Selbstreflexion und Selbstkritik gekennzeichnet. Kritische Vernunft ist – im Sinne Th.W. Adornos – diskursive Vernunft. Feststellendes, identifikatorisches und verdinglichendes Denken ist ihr fremd; sie ist in „einem emphatischen Begriff der Aufklärung ... eine Aufklärung der Aufklärung über sich selbst, und das heißt eine Aufklärung der identitätslogischen Vernunft über ihren eigenen Herrschaftscharakter" (Wellmer 1985, 75). Diskursiv-vernünftig denken heißt, in Bezügen zu denken und Beziehungen herzustellen. Aufklärerische Autoritätskritik löst sich selbst auf, wo sie sich selbst zur monomanen Autorität erhebt. Wer in Bezügen denkt, der distanziert sich – auch von sich selbst. Dem postmodernen Subjekt hingegen geht die Fähigkeit zur kritischen Selbstreflexion ab. Damit verliert es sich – trotz trotziger Beharrung auf unmittelbare Selbstevidenz – und bringt sich letztlich doch selbst zum Verschwinden.

Der Kern der Postmoderne ist ihr radikaler, vorgeblich ungehemmter Pluralismus. „In dieser Pluralität und der Zustimmung zu ihr liegt der Fokus der Postmoderne" (Welsch 1981, 11), wobei die Pluralisierung der Welt nicht nur quantitativer, sondern auch qualitativer Natur sein soll und in der Einsicht gipfelt, „daß Einheit eine dekretorische Setzung ist und daß diese mit Rücksichtslosigkeit verbunden ist" (Welsch 1981, 15). Die postmodernen Rekonstruktionen von Geschichte und Gesellschaft wollen deshalb diese nicht – im Sinne des philosophischen Idealismus – auf den Begriff bringen, sondern nur collagieren, um ihnen nicht Gewalt anzutun. Geschichtsphilosophische Entwürfe werden postmodern als totalitäre Erzählungen demaskiert und in eine fragmentarische Sichtweise hinein aufgelöst. „Postmodernes Denken deckt im ästhetischen ebenso wie im wissenschaftlichen und sozialen Feld eine einschneidende Pluralität von Geschmackskulturen, Wissensarten, Diskursgenres und Lebensformen auf" (Welsch 1981, 18). Die Postmoderne ist demgemäß ein zutiefst und unaufhebbar ambivalentes Phänomen. Die Uneindeutigkeit postmodernen Denkens drückt sich exemplarisch aus in der antagonistisches Denken überwindenden Dialektik eines Zugleichs von „rien-ne-va-plus" und „anything-goes".

Die programmatische Pluralität der Postmoderne fordert die Inhomogenität der eigenen Theoriebildung gegen sich und beinhaltet so stets auch ein Selbstdementi.

Das wird vor allem an der Vorstellung vom Subjekt deutlich. In der Totalkritik der Postmoderne wird zunächst und vorrangig die heilige Kuh der Moderne geschlachtet, nämlich Subjekt bzw. Subjektivität. Und zwar in bekannt gekonnter Ambivalenz: Verkündigte man zunächst beider Tod, so betrieb man rasch postmodernes „re-birthing": „In der Postmoderne kehrt ... Subjektivität eher wieder, als dass sie noch immer dementiert würde. Tot sei einzig ein ‚antiquierter Subjektbegriff'" (Welsch 1997, 315), nämlich die Vorstellung von einem starken, herrischen Subjekt, das meint, alles unter seine Herrschaft bringen zu müssen. Für „ein postmodernes Bildungsverständnis" hat das zur Folge, dass die „Persönlichkeit im Sinne des Ziels der Selbstfindung" zu verschwinden hat und zu ersetzen ist durch das „Bemühen, zu sehen, zu sagen und zu verfolgen, was einer jeden Sache Eigenrecht ist". Damit ist der hegelianische (Bildungs-)Gedanke, dass das Subjekt im anderen seiner Selbst, in seinem Mitmenschen oder in menschlichen Objektivationen bei sich selbst sein kann und soll, aufgegeben: „Über das Allgemeine des Hegelschen Begriffs zurückgehend, schließt das postmoderne Denken an Leibniz' Theorie der Monade und ihrer Singularität an" (Ruhloff 1990, 36), denn die „postmoderne Theorie des Selbst bestimmt im Gegensatz zur relationistischen und funktionalistischen Theorie des Ichs das Selbst als entelechische Monade. Der Mensch ist Monade, ein Wesen, das Reinheit ist, aber auch Allheit." (Koslowski 1987, 5) So gesehen hat der oder die Andere im Selbstkonstitutionsprozess des Subjekts keinen Stammplatz. Postmodern könnte man sich also „ein Subjekt vorstellen, das davon träumt, diese lästigen autonomen Anderen zu beseitigen, auch wenn der Preis für diesen Sieg in der gleichzeitigen Auflösung des Selbst bestünde" (Eagleton 1997, 117). Das hätte dann aber verheerende Folgen für sämtliche Grundfunktionen der Praktischen Theologie, von der Bildung bis hin zu Hilfe und Beratung. Die Ethik der Moderne wurzelte ja gerade darin, die eigene Freiheitsrealisierung als durch die Autonomieansprüche der Anderen begrenzt anzusehen. Hegel hat das in seiner Vorstellung der Selbstvermittlung durch andere auf den Begriff gebracht, und M. Luther hat in seiner Freiheitsschrift diese – auf Liebe basierende – Selbstbegrenzung individueller Freiheit theologisch durchdacht. Diese „moderne" Grundstruktur des Ethischen bleibt – scheint mir – gerade auch für die Praktische Theologie unaufhebbar.

Allerdings nicht überall wird das Subjekt zur Monade erklärt. Aber die Behauptung einer Selbstkonstitution des Subjekts durch andere Subjekte wird tendenziell aufgelöst. Vor allem wird der Abgesang auf Verbindlichkeit angestimmt, denn Verbindlichkeit meint Unfreiheit, Eingrenzung, Perspektivverengung. In der Postmoderne herrscht demgegenüber die Tendenz, „menschliche Beziehungen fragmentarisch und diskontinuierlich werden zu lassen" (Baumann 1997, 163). Der andere wird zum Gegenstand eines potentiellen Interesses, einer Erregung, eines Vergnügens; der Blick auf ihn ist nicht mehr moralisch, nicht mehr konstatierend, sondern ästhetisch. Das Ästhetische scheint „geeignet, zwischen den Reflexionskulturen des Dogmatischen und Ethischen eine dritte anzubauen" (Timm, in: Eifler 1990, 211). Andere primär unter ästhetischen

Kategorien zu betrachten kann, muss aber nicht, oberflächlich und ignorant sein; das hat u.a. H. Luther in „einer erkennbaren Äquidistanz zu Moderne und Postmoderne" (Grözinger 1998, 15) und im Hinblick auf Seelsorge und Diakonie gezeigt. Der monadischen Nichtanerkennung des Anderen setzt die Postmoderne insofern auch ihr Gegenteil entgegen, nämlich die Vorstellung, dass sich Subjekte nur in und durch ihr Gegenüber konstituieren können. Demgemäß hat H. Luther das Prinzip des „Vom-anderen-her-Denken" zum „Grundprinzip christlicher Praxis" (Luther 1991, 253) schlechthin erklärt, und damit ist eine grundsätzliche Neuvermessung aller praktisch-theologischen Handlungsfelder wie der Theologie überhaupt vollzogen (Luther 1988b, 483). Wahre Subjektivität „wurzelt nicht in der Selbstbehauptung, sondern beruht auf der ... Offenheit und entwaffnenden Aufrichtigkeit dem anderen gegenüber" (Luther 1991, 246). In Anlehnung an E. Lévinas geht H. Luther deshalb davon aus, dass Subjektivität sich überhaupt erst im und vom „Angesicht des anderen" her konstituiert. Die „Erfahrung des anderen ist Voraussetzung des Selbstbewusstseins im Sinne der Selbsterfahrung" (Luther 1984, 235). Dazu bedarf es aber einer Kunst der Wahrnehmung, die nicht konstatiert, sondern eruiert. Dementsprechend löst die Ästhetik die Ethik ab. Ob dies tatsächlich zu dem notwendigen emphatischen Blick auf den anderen (H. Luther) führt, muss m.E. allerdings dahingestellt bleiben.

Das postmoderne Syndrom kann und will verstanden werden als die Überwindung der Moderne durch deren Radikalisierung. Die gesteigerte Quantität der modernen Sehnsucht nach Freiheit und Selbstbestimmung schlägt um in eine neue Qualität. Deshalb gruppiert sich um das Stichwort „Postmoderne" auch eine Reihe anderer Schlagwörter, die einen epochalen Wandel im Selbstbild des nachmodernen Menschen beschreiben sollen: so z.B. die *„Patchwork-Identität"* oder die *„Bastelmentalität"*. Jugendkultureller Prototyp dafür dürfte die „postalternative Fungeneration" sein, die sich „ungeniert aus dem differenzierten und reichhaltigen Warenkorb der Wahlmöglichkeiten" (Ferchhoff/Neubauer 1997, 137) bedient. Kennzeichnend für sie ist der bewusste Verzicht auf einen Ich-Kern und die Preisgabe eines Selbstkonzepts, das die soziale und individuelle Identität absichern will. Ohne Irritationen und Identitätsdiffusionen können unterschiedliche, ja konträre Momente in das eigene Selbstverständnis integriert werden. Der Zwang nämlich zu reflektierender Auseinandersetzung und zur lebensgeschichtlichen Kontinuitätssicherung des Selbst wird als Begrenzung und Unfreiheit eben dieses Selbst interpretiert. Hinter den postmodernen Symptomen und Syndromen steckt insofern das berechtigte und uneingelöste Verlangen der Aufklärung nach der – nun noch einmal radikalisierten – Freiheit und Befreiung des Menschen.

Das postmoderne Subjekt ist autark und autonom zugleich. Weil nicht nur über den Wolken, sondern generell die Freiheit grenzenlos ist, ist es zugleich das völlig „ent-grenzte" und radikal offene Subjekt. Es geht „um Subjektivität, die ... vielheitsfähig ist" (Welsch 1997, 317) und deren kategorischer Imperativ nicht mehr auf die Verallgemeinerungsfähigkeit der eigenen ethischen Maximen zielt, sondern dessen „ethischer Imperativ" lautet: „Handle stets so, dass die Anzahl der

Möglichkeiten wächst" (Hennen 1990, 61). Diese Ethik eines „keep your options open" ist die andere Seite der erkenntnistheoretischen Prämisse der Postmoderne des „Anything goes": „,Anything goes' und ‚keep your options open' bedingen einander und haben das postmoderne Lebensgefühl umgeformt" (Sölle 1993, 18). Wer immer anders kann und alle Möglichkeiten offen lässt, der lässt sich keine Vorschriften machen – auch nicht von den Umständen, in denen er lebt. Zu den postmodernen Dekonstruktionen gehören deshalb auch die von Herrschaftsverhältnissen, von Hierarchien und von männlichen Sichtweisen (Braunbeck 1992), aber auch das Gegenteil, also beispielsweise die „postfeministischen Girlies" (Ferchhoff/Neubauer 1997, 151), die sich einen Dreck um die Probleme ihrer Mütter scheren. Gesellschafts- und Traditionskritik mischen sich in der Architektur der Postmoderne mit Neokonservativismus (Habermas 1988), die Globalisierung mit Lokalpatriotismus.

Auf Versuche, die Praktische Theologie an die Postmoderne anschlussfähig zu machen, wurde schon verwiesen. Doch anstatt selbst zu einer Patchwork-Disziplin zu werden oder sich in der Beliebigkeit ästhetischen Anheimelns zu verlieren, wäre ein ideologiekritischer Zugang zur Postmoderne ratsam, der die Ambivalenz der Postmoderne in ihrer Dialektik von Wahrheit und Verblendung durchschaut. Denn in gewisser Weise bringt die Postmoderne die Moderne auf den Begriff; sie beinhaltet insofern ein konstruktives Entschlüsselungspotential. Der postmoderne Protest gegen falsche Eindeutigkeiten ist wichtig; darin konvergiert sie mit dem Ansatz einer Kritischen Theorie, die Scheinhaftigkeiten ideologiekritisch hinterfragen will. Für die Praktische Theologie bedeutet das, nach einem integrativen Ansatz zu suchen, der allerdings mehr sein muss als eine postmoderne Collage. Denn die positive Einsicht der Postmoderne in die Unmöglichkeit einheitlicher und eindeutiger Weltsicht pervertiert dort, wo die Pluralitätsforderung zur goldenen Regel absoluter Beliebigkeit wird. Gegen sie bleibt theoretisch wie praktisch die Forderung nach reflexiver Selbstvergewisserung, kritischer Legitimation und humaner Fortschrittssuche unabdingbar. Der Gewinn des Verlusts von Sicherheit ist die Neugierde eines Sich-Vorbehalt-losen-Einlassens; in diesem Sinne wäre insofern für eine „neugierige Praktische Theologie" zu plädieren, deren Hauptaufgabe das Suchen und Fragen und nicht das abschließende Beantworten ist.

Auch Pluralität gehört zweifelsfrei zu den positiven Schlagwörtern der Postmoderne, sofern man echte Pluralität nicht mit ignoranter Gleichgültigkeit und einem solipsistischen Nichtwahrnehmen von anderen verwechselt. Wahrnehmung schließt Kritik nicht aus, sondern fordert sie vielmehr heraus. Insofern kann Pluralität produktiv nur unter der Prämisse kritischer Reflexion gelingen, weil diese Bezüge im Bezugslosen herstellt, Konvergenzen entdeckt, Unverträglichkeiten benennt und Aporien wie Widersprüche aufdeckt. Es gibt keine objektive Hermeneutik christlicher Praxis, kirchlichen Handelns oder seelischer Vorgänge. Vor der Angreifbarkeit ihrer ‚Hermeneutik des Verdachts', die in ihrem notwendigerweise spekulativen Charakter begründet ist, darf die Religionspsychologie nicht zurückweichen. Die Einsichten in die Unmöglichkeit einer objektiven praktisch-theologischen Hermeneutik zwingen dazu, sich kritisch mit den lebensweltlichen und sozialgeschichtlichen Bedingtheiten des Individuums sowie den sozio-kulturellen und ideologischen Überformungen religiös-kirchlicher Praxis auseinander zu setzen.

Falsch wäre es z.B., die postmoderne Patchwork-Religiosität ausschließlich unter einem Defizitmodell zu interpretieren und abzuwerten. In der postmodernen Collage-Religiosität lässt das – psychoanalytisch gesehen – schwache Ich als starkes verkleidet zwar vermeintlich omnipotent die Muskeln spielen und demaskiert sich darin selbst als gespaltenes und entfremdetes Bewusstsein. Daraus erwächst eine seelsorgerliche und eine religionspädagogische Aufgabe, nämlich die, dem schwachen wie dem starken postmodernen Ich wieder auf die Beine zu helfen. Wenig hilfreich dabei dürfte sein, das neuerdings modisch gewordene Hohe Lied des schwachen Subjekts, wie es insbesondere unter den Funktionen Hilfe und Beratung in der Praktischen Theologie angestimmt wird, affirmativ mitzusingen. Demgegenüber ist die Ideologiekritik von Lebenslügen notwendig. Denn narzisstische Kränkungen kann man nicht durch neue narzisstische Kränkungen heilen. Diese lägen darin, schonungslos die defizitäre Gestalt postmoderner Religiosität bloßzulegen. Eine neue Lebenslüge in Richtung Omnipotenzphantasie wäre es vorzugaukeln, reife Persönlichkeit und reife Religiosität wären erreichbar. Sie sind es nicht und niemals. Die Abwehrleistungen der Postmoderne richten sich zu Recht gegen derartige Überfrachtungen. Die seelsorgerliche und die religionspädagogische Ideologiekritik von Lebenslügen besteht darin, die hinter dem Abwehrkampf des schwachen Ichs stehenden Projektionen, Regressionen, Verdrängungen, Verschiebungen und Verleugnungen solidarisch aufzuarbeiten. Und zwar in dem Wissen, dass wir darin uns selbst begegnen. Kritische Praktische Theologie gleicht so dem Spiegel, in dem Menschen und Institutionen sich selbst erkennen und verändern können. In diesem Sinne wäre die Praktische Theologie als kritische Handlungswissenschaft bildungstheologisch fundiert, weil sie das Werden von Menschen in personalen und institutionellen Bezügen unterstützt.

2. Bildung – eine praktisch-theologische Grundfunktion

2.1 Zur bildungstheologischen Grundlegung der Praktischen Theologie

Wenn die Kirche ihr rechtfertigungstheologisches Selbstverständnis wirklich ernst nimmt, dann wird Bildung zu ihrer dominanten Grundfunktion und zwar als Verantwortung für eine umfassende Bildung aller Menschen. Allerdings beobachtet man diesbezüglich gelegentlich eine doppelte Verkürzung dieser prinzipiellen kirchlichen Bildungsverantwortung; zum einen nämlich ausschließlich auf religiöse Aspekte im Bildungsgeschehen und zum anderen dann darüber hinaus auf die Existenzsicherung des grundgesetzlich garantierten schulischen Religionsunterrichts, der seinerseits entweder als volkskirchliches Stabilisierungspotential oder als volksmissionarische Chance interpretiert wird. Der Religionsunterricht mit seinem konfessionellen Charakter wird verteidigt, und Alternativen werden – etwa im Sinne eines allgemein-christlich orientierten Ethikunterrichts – abgelehnt. Zwar hat der Religionsunterricht in der Regel noch ein relativ positives Profil, aber unter allen in der EKD-Befragung vorgelegten Items findet die Aussage, der Religionsunterricht habe das Verhältnis seiner TeilnehmerInnen zur Kirche verbesserte, die geringste Zustimmung (EKD 1993, 375). Die Zukunft des Religionsunterrichts wird sicher nicht in seiner volkskirchlichen Funktion liegen; sie wird einzig nur dann garantiert, wenn es gelingt, die allgemeinbildende und gesellschaftliche Bedeutung des Fachs nachzuweisen – und dies nicht taktisch, sondern aus immanenten theologischen Gründen. Denn die vorrangige Vertretung derartiger, letztlich nur partikularer Sonderinteressen widerspricht bereits als solche einem Bildungsverständnis, das ja gerade über unmittelbare Selbstbezüglichkeit hinaus auf andere verweist und selbst verwiesen ist.

Die anhaltend hohe Wertschätzung christlicher Gehalte bezieht sich – wie alle Umfragen zeigen – nicht auf konfessionelle, dogmatische Fragen, sondern auf ethische Grundorientierung. Rechtfertigungstheologisch können diese als Realisierungszusammenhang der Rechtfertigung interpretiert und insofern als genuin christlich verstanden werden. Die nichtvereinnahmende, vorbehaltlose Bildungsverantwortung der Kirche ist selbst als Nagelprobe auf ihr Selbstverständnis interpretierbar. Deshalb reicht die Anwaltschaft der Kirche für die Bildung über den Bereich des religiösen Lehrens und Lernens weiter hinaus: Angesichts von Wertverwirrtheit und Sinnerosion in unserer Gesellschaft und angesichts der Perspektivlosigkeit vieler Menschen und ihrer Unfähigkeit, die eigene Freiheit und Subjektivität gestaltend zu entwerfen, kommt der Kirche eine Bildungsgesamtaufgabe zu, deren Zielsetzung deutlich wird, wenn man *Bildung als praktisch-theologischen Grundbegriff und als kirchlich-religiöse Grundfunktion* zu begründen sucht. Von hierher gesehen ergeben sich Grund, Ziel und Umfang der Bildungsverantwortung aus der Rückbesinnung auf das christliche Menschenbild. Nicht zufälligerweise scheint in diesem Begriff selbst die Konnotation zur Bildungsfrage auf.

Eingebettet in derart prinzipielle bildungstheologische Überlegungen gewinnt nicht nur die explizite religiöse Bildungsarbeit ihre Konturen, vielmehr sind daraus auch Konsequenzen für die Struktur von Kirche und Gemeinde zu ziehen, insofern sich die Kirche konsequent als Bildungsgemeinschaft verstehen muss. Bildungsprinzipien dürfen dann nicht – in Stellungnahmen, Denkschriften, Sonntagsreden oder politischen Forderungen – nur nach außen an andere herangetragen werden, sondern sie müssen das eigene innerkirchliche Leben gestalten. Denn generell gilt, dass Besserwisserei zur Karikatur einer Bildung wird, die im Grunde keine ist. Wer – im Sinne doppelter Moral – nicht bereit ist, die Konsequenzen seiner Prinzipien auf sich selbst anzuwenden, hat auch den Kredit bei anderen verspielt. Kirchensoziologische Untersuchungen belegen, dass die Kirchen tatsächlich in dieser Gefahr stehen, weil sie in der Optik einer distanzierten Kirchlichkeit als eine selbstreferente und fordernde Institution und insofern als Widerspruch zum Bildungsprinzip der Selbstverwirklichung zu stehen scheinen. Das vielzitierte Bildungsdilemma der Kirche könnte auch in diesem Sinne verstanden werden; ursprünglich kennzeichnete man mit dieser Bezeichnung den empirisch festzustellenden Trend, dass die Kirche einerseits sich für Bildung verantwortlich fühlte und andererseits diejenigen höheren sozialen Schichten, die von diesen Bemühungen profitierten, besonders hohe Kirchenaustrittsneigungen aufweisen.

Demgemäß heißt es in einem 1992 erschienenen „Handbuch für konfessionslose Lehrer, Eltern und Schüler" (Proske 1992, 9): „Nichts haßt das christliche Europa ... mehr als kritische Aufklärung, nichts fördert es mehr als weltanschauliche Dummheit. Die christliche Erziehungsgeschichte ist ... eine chronische Katastrophe ... Schon die älteste Christenheit war ... bildungsfeindlich". Die Landläufigkeit des Vorurteils eines Widerspruchs zwischen Bildung und Religion spiegelt sich auch in den Ergebnissen der letzten EKD-Umfrage: Von den konfessionslosen Westdeutschen meinen 38 %, dass Religion „in unserem wissenschaftlich-technischen Zeitalter" überholt sei, und diesem Vorurteil stimmen selbst noch 5 % der sehr kirchlich Gebundenen zu (EKD 1993, 13). Demgemäß lehnen die Konfessionslosen eine kirchliche Bildungsverantwortung nahezu prinzipiell ab. Bei der Frage, welche Ziele die Kirche verfolgen sollte, wird das Item „einen Beitrag zur Erziehung der Kinder leisten" unter 21 möglichen Items als allerletztes gewertet (EKD 1993, 61). Offensichtlich vermutet man pädagogische Nachstellungen zum Zwecke der Nachwuchsgewinnung, wenn die Kirche ihre Bildungsaufgabe wahrnehmen würde. Offensichtlich hat in dieser Hinsicht die Kirche ihren Ruf nachhaltig beschädigt.

Unter postmodernen Bedingungen verschärft sich das genannte Bildungsdilemma der Kirchen noch in einer anderen Hinsicht: heutigentags ist Bildung selbst obsolet geworden – jedenfalls in ihrem genuinen Sinn als reflexive Selbstkonstitution von Subjektivitäten. Kennzeichnend für die Postmoderne ist, dass ihr der eigentliche Begriff Subjektivität ebenso wie die Sache selbst abhanden gekommen und durch den Kult scheinbarer Individualität ersetzt worden ist. Sozialpsychologen sprechen von einer ekklektizistischen „Patchwork"-Identität, die aus dem radikal pluralistisch strukturierten Angebot nach je neuer Spontanität wählt, ohne dass ein fester Ich-Kern erkennbar wird. Bildung hingegen zielt auf die Konstitution eines reflexionsfähigen Selbstbewusstseins, das um seine eigene Identität via Selbstunterscheidung von anderen und anderem weiß. Zweifelsfrei ist die Preisgabe einer uniformen Vorstellung von gelungener Identität ein Gewinn an Freiheit und Selbstbestimmung, unter postmodernen Bedingungen geht diese Befreiung aber zu Lasten des Identitäts- und Kontinuitätsbewusstseins des Individuums, das darin institutionenfeindlich und einsam wird.

Echte Subjektivität entsteht erst, wo der Mensch nicht bei sich selbst bleibt, sondern die Unmittelbarkeit seiner Person, seiner Lebensgeschichte und Lebenswelt, seines Handelns, Denkens und Fühlens überwindet und ins Neue vorstößt. Damit ist das klassische Thema der Bildung angesprochen, insofern Bildung stets die Transzendierung gegebener Unmittelbarkeit beabsichtigt. Der Behauptung, Bildung sei als praktisch-theologische Grundfunktion par excellence zu entwerfen, entspricht mithin eine subjektivitätstheoretische Grundlegung der Praktischen Theologie insgesamt. Beides galt in der Praktischen Theologie lange als obsolet oder theologisch suspekt (Preul 1980, 48ff).

Die Bedenken bezogen sich auf die philosophisch-anthropologische Prämisse des Bildungsgedankens, wobei die dialektisch-theologische Kritik Subjektwerdung als anthroponome Selbstkonstitution und als eine Art Vollendbarkeit des Menschen (O. Hammelsbeck) missverstand. Ihr Vorwurf mag zwar die populärpädagogische Verkürzung des neuhumanistischen Bildungsdenkens betreffen, bereits ein Blick auf die engere pädagogische Begriffsgeschichte erweist – wie zu zeigen sein wird – jedoch ein derartiges Verständnis als unzutreffend: Jeder Hang zur Verfügbarmachung von Bildung führt notwendig auf den Holzweg der Halbbildung; gerade die Unverfügbarkeit von Bildung erweist sich nämlich als für diese konstitutiv. Dieser Gedanke deutet sich bereits bei Herder an, der Bildung als Selbstbildung verstand. Mit diesem Gedanken ist aber jeder pädagogischen Allmachtsphantasie grundsätzlich der Boden entzogen.

Auf den ersten Blick könnte es so scheinen, als ob die pädagogischen Bildungstheorien an die Stelle der Omnipotenz von ErzieherInnen nun die These von der pädagogischen Selbstmächtigkeit des sich bildenden Subjekts setzten würden. Dies ist aber bereits in Hinsicht auf die pädagogische Tradition – insbesondere bei Herder und Hegel – keineswegs der Fall. Die Behauptung, dass Selbstmächtigkeitsphantasien dem Begriff von Bildung widersprechen, wird unmittelbar einsichtig, wenn man sich die genuin theologischen Wurzeln des Bildungsgedankens vergegenwärtigt und damit dessen kritisches Potential freilegt. Denn wenn die Bestimmung des Menschen als von Gott gesetzt erkannt wird, dann wird (1.) der Gedanke einer pädagogischen Vollendung des Menschen unmöglich und (2.)

einsichtig, dass Bildung als Resultat erst jenseits der konkreten personalen wie sozialen Bestimmtheit des Menschen begründet gedacht werden kann. Die Behauptung, dass Bildung notwendigerweise ein transzendentales Moment haben muss, besagt nun aber nicht, dass diese dem Menschen von außen zukommen oder zugesprochen werden muss, wie es die dialektisch-theologische Bildungskritik behauptete. Vielmehr kann die Annäherung des Menschen an seine eigene Bestimmung nur – im *dialektischen Bezug von Bildung und Glauben* – durch das Subjekt selbst vollzogen werden. Denn nur so ist gewährleistet, dass *Bildung als Prozess* und *Bildung als Resultat* (s.u.) koinzidieren.

Im Blick auf seine Geschichte wird sich zeigen, dass der Bildungsbegriff ursprünglich mehr als nur eine pädagogische Kategorie ist; geboren wurde er vielmehr im Kontext theologisch-biblischer Anthropologie; daraus ergibt sich die behauptete kirchliche Bildungsverantwortung. Das Stichwort „Bildung" thematisiert die Frage, wodurch der Mensch als Mensch konstituiert wird bzw. sich konstituiert. Weil sie die Menschwerdung des Menschen zum Inhalt hat, umfasst sie auch die Totalität menschlichen Lebens, d.h. Lebenswelt und Lebensgeschichte, gesellschaftliche und natürliche Umwelt usw. Dieses komplexe, das Innere und das Äußere des Menschen umfassende Verständnis von Bildung reflektiert implizit bereits Gen 1,27ff; es durchzieht im Grunde, wenn man es nicht – wie viele Exegeten (z.B. von Rad) – von vornherein pädagogisch-erziehungstheoretisch verkürzt, die Anthropologie des Alten Testaments, denn Begriffe wie „Friede", „Heilsein" u.Ä. umschreiben nichts anderes als innere bzw. äußere Momente von „Bildung" als der ‚Verebenbildichung' des individuellen Menschen.

Bereits im NT wurde die Vorstellung von der Gottebenbildlichkeit des Menschen christologisch umgestaltet und soteriologisch, d.h. rechtfertigungstheologisch, eingebettet. Dieser Gedanke einer christologisch-soteriologischen bzw. einer trinitarisch-pneumatologischen Grundlegung einer Bildungstheologie wurde in der Folgezeit differenziert (vgl. 2.3.1); diese eher theologiegeschichtliche Entwicklung im einzelnen darzustellen wäre Aufgabe der theologischen Anthropologie (vgl. hier bes. Pannenberg 1983). Die Konsequenz für den Bildungsbegriff liegt darin, (1.) dass Bildung zwar als universalgeschichtlich möglich, stets aber als unvollendet betrachtet werden muss; (2.) dass sie dem Menschen als Aufgabe vorgegeben, zugleich aber auch ihm entzogen bleibt und (3.) dass in ihm sich die Grundfrage der Subjektwerdung des singulären Individuums stellt. In der Geschichte des theologischen Bildungsdenkens werden die einzelnen Momente dieser Grundaufgabe jeweils zwar unterschiedlich bestimmt, in der rekonstruktiven Zusammenschau ergeben sich dadurch aber alle wesentlichen Momente für ein theologisches Bildungsverständnis, das die individuelle, soziale und geschichtliche Dimension integriert und sich solchermaßen zur Grundlegung der gesamten Praktischen Theologie anbietet.

Die soziale Dimension der Subjektwerdung umfasst Fragen des zwischenmenschlichen, kommunikativen Umgangs sowie des gesellschaftlichen und kirchlichen Handelns bis hin zu seinen institutionellen Bedingungen; die individuelle Dimension unterstreicht die für echte Bildung wesentliche Sorge für Leib und Seele und umschließt somit die Funktionen Beratung und Hilfe; die geschichtliche Dimension deutet die Prozesshaftigkeit von Bildung und die Notwendigkeit beständiger Erneuerung an. Zudem wird sich historisches Bewusstsein als ein notwendiger Faktor kritischer Bildung erweisen und ist insofern auch konstitutiv für eine bildungstheologisch fundierte Praktische Theologie. Derartig kritische Bildung setzt sich allerdings nicht – historistisch – dem unstrukturierten Strom der Geschichte aus, sondern blickt auf diese mit Kategorien, die zwar zunächst der historischen Betrachtung vorgängig sind, sich aber in dieser bewähren und bewahrheiten. Um eine systematische Strukturierung unserer Rekonstruktion zu ermöglichen, soll zum einen – einem Vorschlag H.J. Heydorns folgend – von einer *begrifflichen Unterscheidung zwischen Bildung und Erziehung* Gebrauch gemacht werden. Dabei wird zum anderen gefragt, ob Bildung nur als das Endresultat eines Prozesses verstanden wird oder auch dieser Prozess selbst unter die Kategorie von Bildung fällt. Daraus wären dann Konsequenzen für Theorie wie Praxis aller praktisch-theologischen Handlungsfelder zu ziehen, die jeweils als wechselnde Formen von Bildung zu begreifen und subjektorientiert zu gestalten sind.

2.2 Bildung, Erziehung, Lernen und Lehren

Überall wird „gelernt", doch in der Regel bezieht man die Begriffe „Lernen" und „Lehren" auf unterrichtliche Situationen; Lernen außerhalb dieser nennt man „extrafunktionales" Lernen, weil es nicht der „reinen" unterrichtsbezogenen Form entspricht. Lernpsychologisch gesehen stellt *Lehren* einen von einem Menschen oder seinen Objektivationen (von Texten bis zu Lernmaschinen) ausgehenden Reiz dar, der bei einem anderen Menschen eine Verhaltensänderung im weitesten Sinne bewirken will. *Lernen* ist ein – von außen nicht beobachtbarer – innerer Vorgang; Lehren hingegen ein beobachtbares einseitiges Interaktions- bzw. Kommunikationsgeschehen, das intentional durch Lehrpersonen strukturiert ist. Zwar beruhen auch psychische Veränderungen auf Lernen, aber alltagssprachlich werden die Begriffe „Lernen" und „Lehren" primär auf kognitive Prozesse beschränkt. Für den umfassenderen Vorgang, in den sie integriert sind, werden demgegenüber eher die Bezeichnungen „Erziehung" oder „Bildung" verwendet.

Umgangssprachlich werden *Bildung* und *Erziehung* in eins gesetzt. Auch in der pädagogischen und theologischen Diskussion herrscht diesbezüglich Begriffsverwirrung. Dabei ist die Unterscheidung beider ein geeignetes Medium, um den kritischen Impetus von Bildung als praktisch-theologischer Grundfunktion herauszustellen, durch den diese sich von einer rein funktionalistischen abhebt. Zunächst haben es beide Begriffe – strukturell gesehen – mit der Vermittlung von Subjekt und Objekt, von Mensch und Umwelt, von Person und Kultur usw. zu tun. Sie unterscheiden sich jedoch wesentlich darin, wo jeweils der Ausgangspunkt für diesen Vermittlungsprozess gesehen wird. Erziehung nimmt den Ausgang bei der Objektivität, bei der Umwelt und der Kultur; in diese will sie das Individuum integrieren, von daher will sie den Menschen umgestalten, erziehen. Bildung hingegen nimmt ihren Ausgang ganz wesentlich beim Subjekt. Bildung versucht, Kultur, Umwelt und Objektivität vom Subjekt aus zu strukturieren.

Im Hintergrund der Unterscheidung von Erziehung und Bildung steht also die Frage, was in Bildungs- und Erziehungsprozessen einen Vorrang haben soll: das sich bildende Subjekt oder die Objektivität der sozio-kulturellen Umwelt, in der ein Mensch lebt und die prägend auf ihn wirkt. Für den Erziehungsprozess ist es nun charakteristisch, dass er seinen Ausgang stets bei der Objektivität, bei der Umwelt und bei der Kultur nimmt. Diesen wird eine eigene Dignität zugeschrieben. Erziehung will den einzelnen, das Subjekt, die Person anpassen und einordnen in die objektiven Vorgaben von Umwelt und Kultur. Durch Erziehung soll der Mensch also integriert werden; dazu muss aber dieser Mensch angepasst, umgestaltet, d.h. erzogen werden. Diese Grundbestimmung des Erziehungsprozesses hat man in der modernen Erziehungswissenschaft mit einem Terminus belegt, der seit E. Durkheim soziologisch eindeutig definiert ist, nämlich dem der „Sozialisation". Bei allen Diskussionen um einen quasi emanzipatorischen Sozialisationsbegriff bleibt – soll der Terminus überhaupt einen unterscheidbaren Sinn machen – die Prädominanz der sozialen Welt gegenüber dem Subjekt erhalten; diese charakterisiert ebenfalls – in welchen Varianten auch immer vorgetragen – jedes Erziehungsverständnis. Die aktive Einbeziehung des Subjekts in Erziehungs- oder Sozialisationstheorien ist bestenfalls taktischer, niemals strategischer Natur. Diese Unterscheidung zwischen strategischer und taktischer Beteiligung des Subjekts ist besonders geeignet, die Unterschiede zwischen Bildung und Erziehung zu verdeutlichen. Bei einer strategischen Beteiligung wird das Subjekt nicht nur bei der Durchführung aktiv in Anspruch genommen, sondern Ziel und Wege werden vom Subjekt selbst gesetzt; es ist Ausgangspunkt und Ende des pädagogischen Prozesses. Bildung ist insofern Gegenbegriff zu Erziehung, weil sie ihren Ausgang ganz wesentlich beim Subjekt, beim Menschen und bei der Person nimmt. Bildung versucht den Prozess zu beschreiben, in dem sich ein Mensch mit der Kultur, seiner Umwelt und den Objektivationen vergangener Generationen auseinandersetzt und diese für sich so strukturiert, dass es seine Kultur, seine Umwelt und seine Objektivationen werden. Das Subjekt ist nicht bloßer Ort von Aneignung, sondern es ist der Konstruktionsort jener Wirklichkeit, in der sich freie Subjektivität gestalten kann.

Falsch wäre es allerdings, Bildung und Erziehung als bloße kontradiktorische Gegensätze zu betrachten. Nur in ganz rigiden – heute oft behavioristisch angehauchten – Erziehungskonzeptionen oder in antipädagogisch sich profilierenden Pseudobildungstheorien besteht zwischen beiden Begriffen ein kontradiktorischer Gegensatz. In der Regel wird aber jede pädagogische Theorie der Sache nach eine Vermittlung zwischen den mit den Begriffen gesetzten Intentionen anstreben; man kann sagen, dass heutige pädagogische Theorien zwischen den beiden Polen changieren, die durch die begriffliche Unterscheidung von Bildung und Erziehung namhaft gemacht werden können. So gibt es Erziehungstheoretiker, die rigide Erziehungstheorien (im Sinne von Dressur, Manipulation, Sozialisation u.Ä.) aufgeben und Elemente der Bildungstheorie aufnehmen, ohne allerdings das grundlegende Erziehungsparadigma zu verlassen. In diesem Fall geht die Vermittlung zwar weiterhin primär von der Seite der Objektivität aus, aber auch vom Subjekt her werden Vermittlungsversuche gemacht. So wird z.B. gefragt, wie das Subjekt sich gegenüber der Objektivität öffnen kann, welche subjektiven Lern- und Erziehungsvoraussetzungen es gibt usw. Der/die zu Erziehende erhält sozusagen unter taktischen Vermittlungskriterien relatives Eigenrecht; er/sie wird nicht ausschließlich reaktiv, sondern durchaus als aktiv verstanden. Allerdings wird ihm/ihr im Erziehungsprozess kein Primat eingeräumt.

Durch den *Vorrang des Subjekts* hingegen sind alle Varianten von Bildungstheorien gekennzeichnet. Allerdings kann und soll auch der Bildungsprozess nicht bloß subjektivistisch, willkürlich sein. Vielmehr sollen die Eigenansprüche und der Herausforderungscharakter von Umwelt, Kultur und Objektivität ernst genommen werden. Denn sie ermöglichen es dem Menschen, subjektivistische Selbstbezüglichkeit zu überwinden. Ohne den konstitutiven Bezug des Subjekts auf Objektivationen würden Bildungsprozesse in abstrakte Innerlichkeit führen. Sie würden zudem unterstellen, Bildung folge einem dem Menschen von Natur aus vorgegebenen Entwicklungsplan. Dann aber sind pädagogische Maßnahmen überflüssig – gleichgültig ob sie Bildung oder Erziehung genannt werden. Diesen ablehnenden Standpunkt vertritt die sog. Antipädagogik, die sich im Kreise liberaler Eltern hoher Beliebtheit erfreut; ihren Einwänden begegnet man regelmäßig z.B. in der kirchlichen Kindergartenarbeit, die als solche bereits als illegitim gilt.

Für die Antipädagogen (A. Miller, E. von Braunmühl, K. Runschky u.a.) sind Erziehung und Bildung von vornherein die gleiche Sache, nämlich manipulative Strategien zur Verunmöglichung der positiven Entfaltung des Menschen. Sie gehen dabei davon aus, dass jedes Individuum tatsächlich apriori einen eigenen Lebens- und damit Lernplan in sich hat und ihm folgen würde, wenn nicht pädagogische Nachstellungen es daran hindern würden. Die innere Entwicklungsdynamik des Menschen werde durch Bildung und Erziehung gehindert, und damit würde das Individuum beschädigt. Es sei übrigens gleichgültig, ob sich die Pädagogik nun als emanzipatorisch oder antiemanzipatorisch verstehe, in jedem Fall müsse sie als totalitär und undemokratisch gelten. Denn in beiden Fällen würden von außen her an die Kinder bestimmte Bildungs- und Erziehungsziele herangetragen und damit das Eigenrecht des Kindes auf Selbstentwicklung ignoriert. Damit widerspreche – so die Behauptung – Bildung sich selbst, insofern sie behaupte, dem Subjekt zu seinem Recht verhelfen zu wollen.

Derartige biologische Reifungstheorien waren auch in der frühen Entwicklungspsychologie durchaus üblich. Heute ist man jedoch einhellig der Meinung, dass Entwicklung wesentlich auf Lernen im weitesten Sinne beruht und sich durch Interaktion vollzieht. Die pränatale Psychologie hat dabei gezeigt, dass solche Bildungs- bzw. Lernprozesse sehr früh, nämlich bereits vorgeburtlich, einsetzen. Dies ist eine Erkenntnis, die für die bildungstheoretische Diskussion nicht so neu ist, wie die moderne Psychologie meint; so vertrat z.B. bereits A. Comenius eine derartige Auffassung. Die neuere Säuglingsforschung belegt zudem, dass Kleinstkinder nicht durch Reifung vorgegebener Anlagen als vielmehr durch Erfahrungs- und Interaktionsprozesse relativ rasch gewisse Kompetenzen ausbilden bzw. eben nicht ausbilden, wenn externe Anregungen dazu ausbleiben. Für die Ablehnung von reinen Reifungstheorien spielt auch die tiefenpsychologische Erkenntnis eine wesentliche Rolle, dass Kleinkinder in ihrem Verhaltensrepertoire gänzlich unstrukturiert sind. Diese Strukturlosigkeit stellt aber eine Gefährdung für das Individuum dar, weil es in der Vielheit seiner Möglichkeiten sich selbst verlieren könnte. Deshalb kann es notwendig sein, Kindern zunächst bei dem Aufbau einer inneren Struktur, d.h. also bei der Entwicklung einer eigenen Perspektive, eines eigenen Willens und Wollens zu helfen. Hinzu kommt, dass die Umwelt, die Kultur und die Objektivationen durchaus auch Eigenansprüche haben und Herausforderungen an das Individuum stellen. Sie ermöglichen es damit dem Menschen, seine subjektivistische Selbstbezogenheit zu überwinden und Sozialität zu entfalten. Diese von außen kommenden Forderungen sind notwendig, damit das Subjekt tatsächlich auch zum Subjekt der eigenen Bildung werden kann. Das setzt allerdings voraus, dass diejenigen, die innerhalb des Bildungsprozesses als Erziehungsagenten auftreten, dieses in einer besonderen, vom Subjekt ausgehenden Perspektive tun, nämlich als Stellvertretung, Antizipation o.Ä.

Man könnte fast sagen, dass die postmoderne vulgärpsychologische und philosophische Antipädagogik die Kehrseite der Antipädagogik der Dialektischen Theologie sei, insofern sie gegenüber deren absoluter Negation menschlicher Selbstentwicklungsmöglichkeiten die Behauptung von der natürlichen Omnipotenz des Menschen aufstellt. Der antipädagogische Affekt der Dialektischen Theologie zeitigte dann Folgen für die enzyklopädische Bestimmung der Praktischen Theologie und deren Mittelpunkt. Die von der Wort-Gottes-Theologie vorgenommene offenbarungstheologische Grundlegung der praktischen Theologie gab der als Verkündigungsaufgabe verstandenen Kommunikationsfunktion nicht nur ein Primat gegenüber der Bildungsfunktion, sondern reduzierte diese unter der Hand zu einer Unterweisungsaufgabe bzw. zu einem Erziehungsprogramm, das je nach Autor mehr oder weniger merklich Bildungsmomente im oben genannten Sinne aufnahm. Die Dialektische Theologie verstärkte noch einmal jene aus der katechetischen Tradition herkommende Identifizierung von Bildung mit Lernen. In der Katechetik tritt der Lehrstoff gegenüber dem Subjekt dominant hervor: Er bestimmt Ziele und Wege des Lernens und definiert alle Bildungsprozesse in Lernprozesse um. Demgemäß liegt der Verdacht nahe, eine bildungstheologische Fundierung der Praktischen Theologie würde sämtliche Praxisbezüge der Kirche in Lernsituationen umformulieren wollen. Für Gottesdienst und Predigt würde dies z.B. dann heißen, dass die Predigt ausschließlich als Lehrpredigt oder religiöse Unterweisung verstanden und die rituell-liturgischen Momente als nicht substantiell ausgesondert würden. Wenn aber Bildung nicht auf Lernen und Unterricht reduziert, sondern in seinem ganzen empathischen Gehalt aufgegriffen werden soll, dann lassen sich von dort her Homiletik und Liturgik anders und neu bestimmen, weil sie nicht vom Stoff, sondern vom Subjekt her verstanden werden müssen. Die Homiletik wird dann – etwa im Sinne Niebergalls – zu einer *Homiletik von unten* und die Liturgik wird ihre psychohygienischen, ganzheitlichen Momente wieder stärker zum Tragen bringen.

Sowohl katechetisch orientierte Lernprogramme als auch Erziehungsabsichten stehen – strukturell gesehen – unter der Vorherrschaft von objektiven Vorgegebenheiten; dementsprechend eskamodierte die katechetische, wie die dialektisch-theologische Tradition die ursprünglichen bildungstheologischen Einsichten in theologische Legitimität der Behauptung vom Vorrang des Subjekts. Eine Rückbesinnung auf den Bildungsbegriff als die praktisch-theologische Leitkategorie schlechthin ist deshalb dazu genötigt, wissenschaftsgeschichtlich weiter als üblich auszuholen und vor allem die in der Regel vorherrschende Begrenzung des Themas auf den schulischen Religionsunterricht oder auf kirchliche Unterrichtssituationen zu überwinden. Bildung darf generell nicht auf Erziehungs- oder Lernprozesse verkürzt werden; vielmehr ist sie ein endogen wie exogen stimulierter und strukturierter Prozess, der sowohl interaktive, soziale wie innerpsychische Momente umfasst. Um die komplexen Bestimmungen des Bildungsbegriffes zu erfassen, soll im Folgenden eine historische Perspektive eingenommen werden. Bei diesem Vorgehen ist vorausgesetzt, dass sich ein angemessenes Verständnis von Bildung nicht definitorisch herbeiführen, sondern nur genetisch-rekonstruktiv entwickeln lässt. In der hermeneutisch-kritischen Auseinandersetzung mit unterschiedlichen Auffassungen von Bildung erschließt sich überhaupt erst das mit dem Begriff gesetzte Problem seine und potentielle Lösungen. Die Wurzeln des allgemeinen Bildungsverständnisses weisen über die pädagogischen auf theologische Traditionen zurück; Bildung erweist sich als ein im Grunde genuin theologischer Begriff, der erst sekundär pädagogisch adaptiert wurde. Die Unbeliebtheit des Bildungsbegriffes in einer szientistisch verkürzten, abstrakt säkularen Erziehungswissenschaft lässt sich leicht aus dieser theologischen Verwurzelung und dem damit gesetzten immanenten Zwang zu einer spekulativen, scheinbar unpräzisen und unwissenschaftlichen Inhaltsbestimmung erklären. Die Wiederentdeckung einer genuinen Verwurzelung des Bildungsbegriffs im theologischen Denken fordert geradezu seine praktisch-theologische Rehabilitierung heraus und macht – zumindest historisch – seine hier vertretene Prävalenz plausibel.

2.3 Zur genetischen Bestimmung des Bildungsbegriffs

Unser gängiges Verständnis von Bildung ist weitgehend durch seine neuhumanistische Fassung geprägt, die ihrerseits wiederum auf antik-hellenistische Vorstellungen zurückzugehen scheint. Verfolgt man aber diese Spur, so stellt man fest, dass die griechische Antike im Grunde noch keinen Bildungsbegriff ausgeprägt hat. Insbesondere der Gedanke einer Selbstbildung des Individuums ist keine genuin antike Vorstellung. Die eigentliche Geschichte des Bildungsdenkens beginnt – mutatis mutandis – erst auf abendländisch-christlichem Boden. Historisch gesehen ist das Erziehungsdenken eine frühere, das Bildungsdenken eine spätere Erscheinung. Das hat neben ideengeschichtlichen auch sozialgeschichtliche Gründe, insofern sich die geschichtlich-gesellschaftlichen Bedingungen für die Selbstreflexion des Menschen als Subjektivät und unverwechselbar eigenständige Individualität überhaupt erst ausbilden musste. Derartige Bedingungen sind politischer, vor allem aber wirtschaftlicher Art und hängen sicher auch mit der (Arbeits-)Zeit zusammen, die eine Gesellschaft zur rein physischen Reproduktion ihrer Mitglieder aufwenden musste bzw. mit den Freiräumen, die das Kollektiv (die polis, die res publica) dem Einzelnen ohne Selbstgefährdung gewähren konnte.

Demgemäß sind es die Antike und hier besonders die Sophisten, die die Tradition der Erziehungstheorien im engsten Sinne begründet haben, insofern sie nach der Erziehbarkeit aller Menschen zur Tugendhaftigkeit fragten. Bereits hier wird deutlich, dass pädagogische Grundentscheidungen stets von anthropologischen Prämissen abhängen. Im Hintergrund sophistischer Erziehungsphilosophie steht die anthropologische These, dass der Mensch von Natur aus nicht tugendhaft ist, sondern dass diese Fähigkeit ihm erst sekundär anerzogen werden muss; damit ist perspektivisch erstmals explizit das Thema der Bildungsbedürftigkeit des Menschen angeschlagen. Erst bei Platon finden sich erste Ansätze zu dem, was man retrospektiv einen Bildungsgedanken nennen könnte, wobei allerdings das grundlegende Erziehungsparadigma nicht verlassen wird. In der Erziehung geht es für Platon um die Erlösung von natürlicher Unmittelbarkeit, die als Schattenhaftigkeit verstanden wird. Diese Einsicht, dass die Wahrheit des Menschen erst durch die Überwindung seiner unmittelbaren, natürlichen Bestimmtheit erkannt werden kann, ist in der nachfolgenden pädagogischen Tradition sehr unterschiedlich beurteilt worden. Während z.B. H.J. Heydorn hier den Versuch sieht, Bildung erstmals als Einholung des Menschen durch den Menschen zu begreifen und damit die Selbstbefreiung des Menschen als den eigentlichen Inhalt des Bildungsbegriffes vorgezeichnet zu finden, erblickt H. Nohl in Platons Bildungstheorie das Grundparadigma einer faschistoiden Erziehungslehre. Faschistoid daran ist nach Nohl, dass hier der Mensch zunächst auf sich selbst verzichten muss, um einem höheren Gut Platz zu machen, dessen Bedeutung für das eigentliche Leben vom Kind zunächst selbst nicht eingesehen werden kann. Für Heydorn hingegen ist diese zeitbegrenzte und nur scheinbare Entfremdung notwendig, damit der

Mensch sein wahres Selbst finden und sich damit zugleich von seiner natürlichen Befangenheit und Begrenztheit befreien kann.

2.3.1 Die christlich-abendländischen Wurzeln des Bildungsdenkens

Wichtiger als die hellenistische Tradition ist für bildungstheologische Reflexionen natürlich das biblische Zeugnis. Befragt man dieses allerdings auf seine Erziehungs- und Bildungsvorstellungen, so wird man kaum fündig. Im alttestamentlichen Zusammenhang findet man die Sache vorrangig in der Weisheitsliteratur. Dort wird Bildung als Erkenntnis und Einsicht interpretiert: Derjenige, der zur wahren Erkenntnis Gottes, der Natur und des Menschen gefunden und diese Einsicht in Gesamtzusammenhängen gewonnen hat, ist ein Gebildeter, ein Weiser, und derjenige, der die wahre Erkenntnis und Einsicht noch nicht hat, ein Tor. Daraus erwächst für den Weisen ein pädagogischer Impetus: Man muss die Menschen – auch gegen ihren Willen – erziehen. Charakteristisch für den pädagogischen Ansatz der Weisheitsliteratur ist, dass Weisheit und Zucht stets nebeneinander genannt und fast synonym verwendet werden. Das Akzeptieren von Züchtigung wird selbst zum ersten fundamentalen Ausdruck beginnender Weisheit erklärt: Zucht hemmt Dummheit, sie führt zur Weisheit und gehört selbst zum Weisheitsideal; der Weise hat ein „gelassenes Herz", einen „kühlen Geist", der Weise ist nicht unmäßig, nicht sinnlich, sondern gesittet und diszipliniert. Betrachtet man diese Ausführungen auf dem Hintergrund späterer Bildungs- und Erziehungstheorien, so muss man feststellen, dass der als Weise bezeichnete letztendlich nicht der gebildete, sondern nur der erzogene Mensch ist. Deshalb greifen auch die rigiden christlichen Erziehungslehren – und hier vor allem die des Pietismus, aber auch modernere christliche Beratungsliteratur in dieser Sache – gerne auf die alttestamentliche Weisheit zurück.

Im Neuen Testament sind Erziehung und Bildung kaum Thema. Zwar zeigt Jesus eine vorbehaltlose Zuwendung zum Kinde, aber daraus erwuchsen keine pädagogischen Impulse für die Folgezeit. Wegen der vorherrschenden Naherwartung ist im Urchristentum zunächst überhaupt keine eigenständige Vorstellung von Erziehung und Bildung anzutreffen. Dies änderte sich erst später, als man sich weltlichen Fragen und damit auch der Erziehung zuwendete. Die Alte Kirche stellt bezüglich ihrer Erziehungsvorstellungen eine Synthese des pädagogischen Pessimismus aus der späten alttestamentlichen Weisheit einerseits sowie der stoischen und römischen Philosophie andererseits dar. Das Kind wird grundsätzlich als ein defizitärer Erwachsener angesehen, der durch geeignete Erziehungsmaßnahmen zum Erwachsensein geführt werden muss. Dabei wird Erziehung ganz als ein geistlich-seelisches Geschehen betrachtet. Für Augustin gilt das Kind dann als ein aufgrund der Erbsünde durch das Böse geprägtes Wesen; seine schlechten natürlichen Neigungen müssen deshalb durch Erziehung unterdrückt werden. Denn diese Neigungen sind gesteuert von der ratio inferior, deren letztes

Ziel die Habsucht ist. Erst wenn die Seele von der Habsucht weg auf Gott hin geführt wird, wächst die ratio superior. Diesen Weg kann der Mensch aber nicht von sich aus gehen; die höhere Vernunft wird ihm vielmehr von Gott geschenkt. Damit ist Augustin der erste, der gegen die Selbstperfektibilität des Menschen votiert und uns „vor dem modernen Mißverständnis der Selbstmächtigkeit des Selbst" (Nipkow 1990, 426) warnt.

Tatsächlich darf echte Bildung nicht als solipsistische Selbstrettung missverstanden werden; der sich selbst genügende Mensch ist der ungebildete. Andererseits kann Bildung – soll sie sich nicht zu einem bloßen Erziehungsgeschehen verkürzen – nicht unabhängig von der Tätigkeit des Subjekts gedacht sein. Entgegen der Auffassung Augustins darf sie deshalb nicht nur als ein von außen zukommendes Produkt angesehen werden. Kennzeichnend für echte Bildung ist vielmehr die Konvergenz von Bildungsprozess und Bildungziel. Der dialektische Gedanke einer Unverfügbarkeit von Bildung trotz ihrer notwendigen Verortung im Subjekt und seiner Entwicklung wird von Augustin nicht gedacht und in der Folgezeit auf die dem Erziehungsbegriff inhärent pädagogische Vorstellungswelt reduziert. Innerhalb des Protestantismus feiert diese Tradition dann in der pietistischen Erziehungsvorstellung eine erstaunliche Renaissance.

Auch für Thomas von Aquin ist letztlich allein Gott der ausschließliche Bildner (deus docet), allerdings bedient er sich dazu Vermittlungsinstanzen: der Eltern, der Lehrer, vor allem aber der Kirche, bei der die letzte Verantwortung für gelingende Erziehung liegt. Zwar ist Erkenntnis aus dem Willen des Menschen heraus denkbar, aber sie bleibt begrenzt auf das sinnlich Erfahrbare und das vernunftmäßig Erkennbare; sie ist fragmentarisch, weil menschlich. Das eigentliche Bildungsziel, die Höhe der göttlichen Wahrheit und die Erkenntnis der Unendlichkeit, ergibt sich erst dank der Seelenführung durch die Kirche. Erziehung ist eine durch Gott gesetzte Aufgabe der Formung eines Menschen, Heilung seiner Seele, Erhebung dieses Menschen auf die Höhe der geoffenbarten Wahrheit – letztlich Rettung der unsterblichen Seele und damit Seelsorge im weitesten Sinne. Diesen seelsorgerlichen Aspekt sollte kein theologischer Bildungsbegriff mehr vergessen, denn er deutet auf die Ganzheitlichkeit des Bildungsgeschehens hin, das nicht kognitivistisch oder szientistisch verkürzt werden darf. Gerade dieser Gefahr unterliegt aber die Tradition des neuhumanistischen Bildungsbegriffs. Andererseits storniert Thomas durch seine Vorstellung von der Seelenführung durch die Institution Kirche die Eigentätigkeit des Subjekts.

Eine relativ gegenläufige Entwicklung, die den Bildungsgedanken theologisch begründet, zeichnet sich demgegenüber in der frühen deutschen Mystik und insbesondere bei Meister Eckhart (1260 – 1327) ab. Mutmaßlich war er es, der den Bildungsbegriff überhaupt erst zu einer pädagogischen Kategorie gemacht hat. Bildung wird hier zum terminus technicus für die pädagogischen Konsequenzen aus der christlichen Lehre von der Imago Dei des Menschen. Eckhart verbindet dabei schöpfungstheologische mit christologischen Vorstellungen. Ziel der Bildung nach Eckhart ist die „Verwandlung des Menschen in das Bild des Sohnes". Die eigentliche Lebensaufgabe des Menschen besteht letztendlich darin, in der Nachfolge Jesu selbst Sohn Gottes zu werden. Endzweck des Bildungsganges ist nicht – wie bei Thomas – die Einsicht in das Göttliche oder die Erkenntnis der Unsterblichkeit, sondern das Ziel der Bildung ist, dass die Seele eins werde mit Gott. Als Prozess ist Bildung dann die Erneuerung des Menschen von Grund auf. Bildung fordert deshalb zweierlei: Der Mensch muss sich lösen von anderen Menschen und Dingen, und der Mensch muss seinen eigenen Willen aufgeben und sich nur auf Gott hin ausrichten. Eckhart spricht so von einer „Entbildung des Kreatürlichen". Bildung ist Tätigkeit des aktiven Subjekts selbst. Die Abgeschiedenheit von der Welt und die Preisgabe von Eigensinn, Eigennutz und Selbstbezug werden die Voraussetzungen wahrer Bildung. Erst dadurch gewinnt der Mensch Zeit und Muße zur Versenkung. Bildung wird also verstanden als ein aktiver Akt mystischer Versenkung; sie ist willentliches Hineinbilden in das Urbild Christi als dem einzig gottebenbildlichen Menschen, dem der Mensch sich durch Versenkung nachbilden soll und kann („unio mystica").

Für einen rekonstruktiven Zugriff auf ein genuin theologisches Verständnis von Bildung ergibt sich aus der mystischen Bildungsvorstellung Folgendes: Positiv zunächst (1) die Einsicht, dass Bildung immer ein Stück Entfremdung und Distanznahme meint. Bildung ist dadurch gekennzeichnet, dass der Gebildete die Dinge nicht unmittelbar so nimmt, wie sie sich selbst darstellen. Bildung „hinterfragt"; sie zielt auf eine neue Weltdeutung und Sinngebung. Bildung hat sodann (2) immer mit einer Veränderung der Persönlichkeit zu tun, die nicht von außen an diese herangetragen wird. Bildung ist stets ein vom Subjekt ausgehendes Tun. Damit ist (3) der Wille zur Bildung kennzeichnend für Bildung überhaupt. (4) Bildung vollzieht sich in und durch die Auseinandersetzung mit etwas, das zunächst außerhalb des Menschen liegt. Bildung stellt sich als Vermittlung mit diesem Ausseitigen dar und zwar so, dass das Ausseitige inseitig wird. Das Objektive wird in das Subjekt integriert. Bei Eckhart ist dieser Sachverhalt so umschrieben: Das Ur-Bild Jesu steht jenseits und zunächst außerhalb des Menschen; indem sich der Mensch in dieses Urbild versenkt und sich selbst diesem Urbild nachbildet, wird das Bild sein eigenes. Nur diejenige Seele, die tendenziell „wie Gott" wird, ist für Eckhart wahrlich „gebildet".

Negativ lassen sich charakteristische Engführungen feststellen, die für viele spätere Bildungstheorien gelten. Zunächst (1) wäre da eine gewisse Verinnerlichung der Bildung: Bildung zielt auf die Veränderung des Bewusstseins und weniger auf ein verändertes Handeln. Sodann (2) wird der kontemplative Aspekt gegenüber der dynamisch-aktiven Auseinandersetzung überbetont: Bildung geschieht durch Versenkung, nicht durch Arbeit und Auseinandersetzung. Zudem (3) bleibt diese Bildung ganz ungeschichtlich; sie ist spontan-momenthaft. Letztlich (4) fehlt ihr der soziale Aspekt, denn Bildung ist hier ein Geschehen rein zwischen Gott und Individuum. Unklar bleibt bei Eckhart die Frage, welchen Stellenwert die natürlichen Anlagen des Menschen haben. Diese Frage wird später eine entscheidende Rolle für die Bildungstheorie spielen.

Sozial- und *schul*geschichtlich bedeutsam wird der christlich geprägte Bildungsbegriff nicht durch die Mystik, sondern durch die Reformation, die zugleich auch Gedanken des Humanismus aufnimmt. Denn es dürfte wohl kein bloßer Zufall sein, dass sich gerade auf dem protestantischen Boden Deutschlands ein allgemeines Schulwesen entwickelte, das vorbildlich für andere Länder wurde. *Ideen*geschichtlich ausschlaggebend dürfte Luthers implizite Bildungstheorie gewesen sein. Da Luther allerdings – soweit ich sehe – den Bildungsbegriff nicht selbst verwendet, muss man zu dessen Rekonstruktion im theologischen Grundgedanken Luthers die mit dem fehlenden Begriff gemeinte Sache aufsuchen. Dabei lässt sich Luthers Verständnis von Bildung eng mit seiner *Rechtfertigungslehre* verbinden. In der *Bildung geht es um das Wahr- und Wirklichwerden dessen, was in der Rechtfertigung des Menschen durch Gott geschehen* ist, nämlich um das Werden eines neuen Menschen. Durch Bildung realisiert sich lebensgeschichtlich das, was Gott dem Menschen als dessen neue Bestimmung zugesprochen hat. Konkret zielt sie auf die Befähigung des Christenmenschen zur Wahrnehmung seiner ihm durch Gott qua Rechtfertigung geschenkten Freiheit. Da diese nicht als Willkürlichkeit oder bloßer Subjektivismus missverstanden werden, sondern an das Handlungskriterium der Liebe gebunden bleiben soll, bedeutet Bildung Weltverantwortung.

Bereits bei Luther stoßen wir implizit auf ein Problem, das konstitutiv für alle bildungstheologischen Überlegungen ist, nämlich die Frage, wie sich *Bildung und Glauben* zueinander verhalten. Bildung ist für Luther auf doppelte Weise mit Glauben verbunden: einmal als dessen Folge, zum anderen aber auch als dessen Voraussetzung. Als Folge insofern, als der gerechtfertigte Mensch sich als solcher in der Welt bewähren muss. Bildung verschafft die Zu- und Ausrüstung für ein vernunftmäßiges Handeln, weil – wie Luther betont – dieses ein praktisches Zeugnis für die erfahrene Güte Gottes ist. Demgemäß soll der Mensch in der Lage sein, sachgemäß und verantwortlich seinen christlichen Stand zu führen, d.h. die ihm von Gott gegebene Berufsaufgabe auszuführen. Deshalb kann der seiner Rechtfertigung gewisse Mensch sich nicht auf seinen Glauben zurückziehen, sondern er braucht zusätzlich weitreichende Kenntnisse und Fähigkeiten, die durch Bildung zu vermitteln sind.

Hinsichtlich der Bildung als Bedingung des Glaubens muss zunächst zwischen Glaube und Rechtfertigung unterschieden werden. Bildung ist natürlich nicht konstitutiv für das Rechtfertigungsgeschehen selbst, denn die Anerkennung des Menschen durch Gott ist allein Ausdruck seiner souveränen, unbedingten Gnade (sola gratia). Wenn gesagt wird, dass Bildung die Voraussetzung des Glaubens ist, dann in dem Sinn, dass Bildung dem Menschen hilft, Einsicht in das rechtfertigende Tun Gottes zu gewinnen. Bildung ist mithin zu dem notwendig, was die altlutherische Dogmatik mit „Illuminatio" umschrieb. Damit verbindet sich der rechtfertigungstheologische mit einem zweiten bildungstheoretischen Ausgangspunkt innerhalb der Theologie Luthers, dem Schriftprinzip, und damit der Forderung, dass jeder Mensch die Schrift aus ihr selbst heraus verstehen können soll. Aus diesem Programm ergeben sich zwangsläufig pädagogische Folgen, die auf eine Allgemeinbildung aller hinauslaufen. Denn zu dem sachgerechten Umgang mit der Bibel braucht der Christ besondere Fertigkeiten und Kenntnisse. Diese Fertigkeiten und Kenntnisse sind aber solcher Art, dass sie über ihren unmittelbaren Nutzen für den Bibelgebrauch hinausgehen und insofern echte Allgemeinbildung darstellen. Als Voraussetzung und Folge bestimmt schafft Allgemeinbildung die Bedingungen der Möglichkeit, dass der Mensch einerseits Gottes Wort begreifen und ihm aus freien Stücken zustimmen und andererseits die Konsequenz aus seinem Glauben für ein christliches Leben in Beruf und Stand ziehen und umsetzen kann.

Bildung ist bei Luther drittens ein Moment zur Realisierung des Allgemeinen Priestertums. Sie hat die Funktion, den Unterschied zwischen Klerikern und Laien aufzuheben und den Laien dazu zu qualifizieren, selbstständig geistliche Funktionen wahrzunehmen. Weil es keinen prinzipiellen Unterschied zwischen Priestern und Laien geben darf, müssen beide fähig gemacht werden, die Schrift sachgerecht zu verstehen. Das allgemeine Priestertum zieht somit die Allgemeinheit der Bildung als Befähigung zum Schriftverständnis nach sich. Von den drei reformatorischen Grundprinzipien aus gesehen hat Bildung für Luther die Aufgabe einer Befreiung von der Bevormundung und Unmündigkeit sowie der Realisierung von Gleichheit und Freiheit unter den Christenmenschen.

Die bei Luther grundgelegte Zuordnung von Bildung und Mündigkeit wird allerdings dann in der lutherischen Tradition weniger wichtig genommen; sie findet vielmehr ihren Wiederklang in schwärmerischen Traditionen und dann insbesondere bei Comenius, der u.a. die Ansätze der Mystik und der Reformation verbindet. Durch diese Synthese gelingt es ihm, die Begrenztheiten des ursprünglichen mystischen Denkens aufzusprengen. Zugleich vermag er auch die Frage zu beantworten, die bei Meister Eckhart noch offen blieb, nämlich die nach dem Verhältnis von Bildung aus dem apriorischen Urbild Gottes einerseits und aus menschlichen Anlagen andererseits. Dabei geht Comenius davon aus, dass jeder Mensch auf natürlichem Wege Gott und sich selbst erkennen kann und nicht notwendigerweise auf eine übernatürliche Offenbarung angewiesen ist. Der Mensch trägt in sich ein Licht zur Gottesfindung und damit die Möglichkeit zur Vernunfterkenntnis Gottes. Diese Auffassung verbindet sich mit einer positiven Würdigung der menschlichen Anlagen. Durch seine Anlagen und damit durch seine ihm von Gott vorgegebenen natürlichen Fähigkeiten ist der Mensch in der Lage, sich selbst und Gott zu erkennen.

Für Comenius ist dem *Menschen als dem durch Christus wiederhergestellten Ebenbild Gottes* bereits von Natur aus seine eigentliche Bestimmung vorgegeben. Er trägt seine Bestimmung in sich, auch wenn seine konkrete Bestimmtheit noch nicht dieser Bestimmung entspricht: „Unsere Beschaffenheit zeigt uns, dass die Wirklichkeit dieses Lebens unsere Bestimmung noch nicht erfüllt". In Abgrenzung zur Theologie von der Erbsünde betont Comenius deshalb: „Unter Natur verstehen wir nicht die Verderbtheit, die seit dem Sündenfall allen anhaftet und derentwegen wir „von Natur aus Kinder des Zorns" heißen, nicht fähig, etwas

Gutes, was wirklich aus uns selbst käme, zu denken. Sondern wir verstehen darunter unsere erste und grundlegende Beschaffenheit, zu der wir als zum Ursprung zurückgeführt werden müssen" (Didaktica magna, 36).

Bildung bedeutet folglich die Reaktivierung ursprünglicher Bestimmung. In einem lebenslangen, letztlich nicht abschließbaren Prozess der Bildung erhält bzw. gewinnt der Mensch seine eigene Möglichkeit zurück. Wegen der Gestörtheit der ursprünglichen menschlichen Bestimmung in der aktuellen Bestimmtheit des Menschen ist eine Bildung des Subjekts rein aus sich selbst heraus zum Scheitern verurteilt. Neben die Entwicklung muss deshalb auch ein Nachbilden von außen treten. Daraus ergibt sich die Dialektik von Bildungsfähigkeit und Bildungsbedürftigkeit des Menschen. Aufgrund seiner Bestimmungen und Anlagen ist der Mensch für Comenius bildungsfähig; aufgrund seiner begrenzenden Bestimmtheit und Verkehrtheit aber auch bildungsbedürftig; die Bildungsbedürftigkeit erwächst so aus der Diskrepanz zwischen Bestimmung und Bestimmtheit. Durch diese Dialektik macht Comenius Bildung zu einem kritischen Begriff, insofern er auf die – schöpfungstheologisch und eschatologisch begründete – Unverfügbarkeit des Subjekts und Unmachbarkeit von Bildung verwies. Auftrag, Grund und Möglichkeit von Bildung liegen nicht im Menschen selbst, sondern in Gott. Die Bildungsfähigkeit des Menschen gründet nicht in seinem eigenen Wollen, sondern primär in der Bestimmung des Menschen durch Gott als Schöpfer. Schon von seiner Begründung her erweist sich hier der Bildungsbegriff als transsubjektiv; dieser die Unmittelbarkeit und Selbstbezüglichkeit des Menschen transzendierende Aspekt von Bildung bestimmt auch ihre Realisierung, den Bildungsprozess.

Die Betonung der Prozesshaftigkeit und Unabschließbarkeit von Bildung ist die Folge einer eschatologischen Geschichtsvorstellung. Durch seinen geschichtstheologischen Ansatz vermag Comenius die Ungeschichtlichkeit der mystischen Bildungsvorstellung aufzuheben. Für ihn meint Bildung nicht nur Erneuerung, sondern auch stetige Entwicklung. Schon bei Meister Eckhart kennzeichnete der Bildungsbegriff – in der Dialektik von Entbilden, Einbilden und Überbilden – wesentlich die Veränderung des Menschen. Durch J.A. Comenius wird dies ergänzt durch die Vorstellung von Bildung als eines lebenslangen, prinzipiell unabschließbaren Prozesses, der zudem über das durch ihn bestimmte Leben des Einzelmenschen hinausweist: Die Individualgeschichte des Subjekts ist universalgeschichtlich einzubetten in die Entwicklungsgeschichte zwischen dem in Christus gesetzten Anbruch und der zukünftigen Realisierung des Reiches Gottes. Bildung ist so Reich-Gottes-Arbeit. Durch die Einordnung des Bildungsverständnisses in die Geschichte Gottes mit der Welt und der Menschheit schützt bereits Comenius es vor einer individualisierenden Engführung.

Wegen der Koinzidenz von Gottes- und Selbsterkenntnis sind Offenbarungsquellen für Comenius zugleich auch Medien der Selbstfindung des Menschen. Bibel, Vernunft und die Welt der Dinge sind die drei Bücher Gottes, durch die der Mensch sich, die Welt und Gott finden kann. Nach Comenius sind echte Bildungsprozesse auf Außenerkenntnisse angewiesen; der Mensch kommt auch durch die Erkenntnis von Welt und Natur zur Selbsterkenntnis. Damit ist klar, dass Bildung weder ein solepsistisches Tun ist, noch sich in der Innerlichkeit des Menschen vollzieht. Bildung hat vielmehr neben dem Selbstbezug auch einen konstitutiven sozietären Außenbezug, vor allem aber einen Bezug auf Gott, weil sich der Mensch qua Bildung letztlich seinem ihm innewohnenden Vorbild nähern will.

Diese Dreidimensionalität des Bildungsprozesses hat nun auch Folgen für das Resultat von Bildung, das durch drei zusammengehörige Momente konstituiert wird: (1.) umfassendes Wissen (eruditio); (2.) Tugend und Sittlichkeit (mores) und (3.) Frömmigkeit und Religiosität (religio). Fällt eines der Elemente aus, so wird die Bildung zur Halbbildung. Demgemäß wird eine Einschränkung der Bildung auf die Innerlichkeit von Einstellungen und Gedanken zugunsten einer nach außen gerichteten Praxis obsolet. Seine aktive Außenbeziehung gehört bereits zur natürlichen Bestimmung des Menschen hinzu: „Zur Natur des Menschen gehört offenbar wesensmäßig das Vermögen des Geistes, der Wille und die Fähigkeit zum Handeln" (Pampaedia, 111).

Comenius war möglicherweise einer der Letzten, dessen pädagogisches Denken grundbegrifflich von der Theologie her bestimmt war. In der Folgezeit übernahmen wieder Philosophie – und dann später die sich als autonom deklarierende Erziehungswissenschaft – die Federführung: Die Versuche einer Bildungstheologie wurden abgelöst von Bildungsphilosophien und letztlich von den pädagogischen Bildungstheorien. Zwar suchten diese zumindest gelegentlich und z.T. bis heute (z.B. K. Schaller) das Gespräch mit der Theologie, zu bildungstheologischen Systemen auf dem Boden der Pädagogik selbst kam es in der Folgezeit jedoch nicht mehr. Dieser Übergang vollzog sich unter der Vorherrschaft des Neuhumanismus und auf dem Boden aufklärerischer bzw. idealistischer Subjektivitätstheorien.

2.3.2 Philosophisch-pädagogische Bildungsvorstellungen

Gegenwärtig hat man den Subjektbegriff als Erbe einer obsolet gewordenen idealistischen Philosophie aus der Erziehungswissenschaft verabschiedet. Die neuhumanistischen Bildungstheorien gelten landläufig als Fiktionen, die dem technologisch-wissenschaftlichen Wandel unangemessen seien. Dabei wirft man nicht nur die – sicher veraltete und zu novellierende – materiale Füllung des Bildungsbegriffs über Bord, sondern auch den im Ideal enthaltenen Geist. Bildung verkommt in der Gegenwart zu Ausbildung und zum long-life-learning, das sich den Flexibilitäts- und Mobilitätsforderungen der modernen informationstechnologischen Gesellschaft anpasst. Nur das, was hier gebraucht wird und eine(n) Abnehmer(in) findet, soll in den Schulen und Universitäten vermittelt werden. Zum bildungsfeindlichen Konsens der TechnologieideologInnen gehört der landläufige Abgesang auf die Geisteswissenschaften. Fehlendes Geschichtsbewusstsein gilt nicht mehr als Problem, sondern als modisch. Wozu soll man auch wissen, wo man herkommt, wenn man doch ganz gewiss weiß, wohin man geht, nämlich in eine prosperierende Glanzwelt weltweiter Kommunikation und neuer Technologien. Das Vergessen gehört zum konstitutiven Stilelement postmodernen Selbstverständnisses, das nur im Hier und Jetzt lebt. Angesichts derartiger Tendenzen könnte die regressive Rückerinnerung an klassische Vorstellungen eine kritische Potenz bekommen. Denn in ihr wird an andere Vorstellungen vom Menschen erinnert als nur an das gegenwärtige Leitbild des funktionalen, an- und eingepassten Menschen. In diesem Sinne hat insbesondere H.J. Heydorn den neuhumanistischen Bildungsgedanken wiederbelebt.

Als *Neuhumanismus* bezeichnet man bekanntlich jene Bewegung, die Mitte des 18. Jahrhunderts einsetzt und eine Wiederbelebung der humanistischen Tradition der Reformationszeit anstrebt. Im ursprünglichen Humanismus fand eine Rückerinnerung an die Ideale der Antike statt, insbesondere eine Wiederaufnahme der griechischen Philosophie und Kultur. Im Neuhumanismus vollzieht sich diese Wiederanknüpfung unter dem Stichwort der Bildung, und zwar in einem doppelten Sinn. Zum einen prägt sich die auch heute noch gängige Vorstellung von Bildung aus, dass ein Gebildeter durch seine Kenntnis der antiken Klassik, antiker Sprachen usw. gekennzeichnet sei. Zum anderen führt die Rückbeziehung auf die Antike zum Gedanken, dass der Mensch selbst Ausgangspunkt seiner Bildung zu sein habe. Zentrales Thema ist die Frage nach der Begründung des Subjekts im Bildungsprozess unter den Bedingungen von dessen Mündigkeit.

J.G. Herder war der Erste, der Bildung explizit als *Selbstbildung* bestimmte. Damit arbeitete er erstmalig und augenscheinlich den Grundgedanken eines von Erziehungsvorstellungen unterscheidbaren Bildungsbegriffes heraus, nämlich die konstitutive Einsicht, dass echte Bildung nur dort vorliegt, wo auch im Bildungsprozess das menschliche Subjekt nicht Opfer, sondern Tätiger geworden ist. Obwohl Bildung – als Resultat verstanden – überhaupt erst auf die Konstitution echter Subjektivität abzielt, nimmt sie – als Prozess bereits – den Ausgang beim Subjekt. Allerdings besteht das Problem der klassischen Bildungstheorie dann darin, dass Bildung allzu leicht subjektivistisch wird. So hat man z.B. dem klassischen Bildungstheoretiker dieser Epoche, W. von Humboldt, den Vorwurf des Individualismus und des Bildungsegoismus gemacht. Sein Motto „bilde dich selbst!" jedoch wurde dabei im Sinne eines bloßen Subjektivismus missverstanden, der sich Luftschlösser baut. Die Kritik ist – wie zu zeigen sein wird – partiell berechtigt, im Grunde jedoch drückt sich im Humboldtschen Motto der Grundgedanke von Selbstbildung aus, nämlich dass das Subjekt Agent seiner Bildung sein müsse und der Mensch sich dabei seine Umwelt von sich aus durch Bildung erschließen und strukturieren soll. Es gehört zu den gängigen Vorurteilen, dass ein Primat des Subjekts zu realitätsblindem und willkürlichem Subjektivismus führe.

Damit der Mensch aber zu sich selbst kommt, mithin gebildet wird, bedarf er auch gerade eines Anstoßes von außen. Aber dieser Anstoß von außen darf nicht zur erzieherischen Manipulation werden, sondern muss dem inneren Interesse des Subjekts selbst entsprechen. Diese komplexe Struktur des Bildungsprozesses wurde zum ersten Mal von Herder dargestellt. Für ihn ist Erziehung die Voraussetzung und Bedingung für Bildung. In der Erziehung gewinnt der Mensch jene Fähigkeiten und Kompetenzen, mit denen er selbst dann die eigene Unvollkommenheit und Mangelhaftigkeit aufheben kann. Nach Herder liegt die Bildungsfähigkeit des Menschen in seiner Sprachfähigkeit begründet, insofern ist jede Bildung zunächst Spracherziehung. Ausgehend vom Gedanken der Gottesebenbildlichkeit wird die Sprachfähigkeit für Herder zum entscheidenden Kriterium von Bildung. Denn durch seine Sprache unterscheidet sich der Mensch ganz wesentlich vom Tier. Diesen Grundgedanken seiner Sprachtheorie entwickelte Herder bereits 1770 in seiner Preisschrift „Über den Ursprung der Sprache". Durch die Sprache wird der Mensch fähig, seine Umwelt zu rezipieren und zu konstruieren. Auf Grundlage der Spracherziehung findet dann Bildung statt, die auf Humanität und Entfaltung von Individualität zielt. Erziehung ist für Herder „das Hauptmittel der menschlichen Bildung" (Ballauf/Schaller 1970, 416).

Streng genommen stellt Herder erst eine Vorform der humanistischen Bildungstheorien dar, denn Erziehung wird als ein Prozess verstanden, der dem Bildungsprozess vorgelagert, aber nicht in ihm selbst eingebaut ist. Die Vorstellung, dass der Bildungsprozess die übergeordnete Kategorie sei, wird erstmalig von J.G. Fichte dargestellt. Bildungstheorien sind für ihn derjenige Ort, an dem das Bild, das Ziel konstruiert wird, auf das hin Erziehung dann bilden soll. In der Bildung geht es um die Selbstkonstitution des Ichs, Bildung „zielt auf die Selbstdarstellung des Menschen in seiner Totalität" (Heydorn 1980, 37). Für Fichte ist damit klar, dass Erziehungsprozesse immer unter dem Kriterium von Bildung stattfinden müssen. Sie orientieren sich deshalb stets an der Mündigkeit und an der Selbstkonstitution des Subjekts. Damit entwickelt Fichte einen Gedanken, der später von Hegel systematisch entfaltet wird.

Allgemein gilt Wilhelm von Humboldt als der führende Vertreter neuhumanistischer Bildungslehren. In Humboldts Theorie verbinden sich die beiden bereits genannten Aspekte einer Orientierung an der Antike, nämlich einmal die Betonung des Subjektes als Bildungsträger und zum anderen die Betonung der bildungsfördernden Funktion der Antike. Beides findet dann seinen Niederschlag in der Gründung humanistischer Gymnasien und Universitäten, für die der Name Humboldt steht. Sowohl für Comenius als auch für Herder war – wie gezeigt – die pädagogische Betonung der Subjektivität des Menschen eine Folge der theologischen Lehre von der Gottesebenbildlichkeit des Menschen. In der Humboldtschen Bildungslehre hingegen spielten Gott und die Vorstellung von der Gottesebenbildlichkeit des Menschen keine Rolle mehr. Humboldt selbst versteht sich als ausgesprochen „unchristlich". Sein quasi-theologischer Ausgang ist vielmehr die in der griechischen Philosophie reflektierte Humanität, das Interesse des Individuums an sich selbst. Das hat zur Folge, dass Humboldt Bildung sehr stark elitär versteht, weil der Gedanke einer, durch die Erinnerung an die Vorstellung von der Gottesebenbildlichkeit des Menschen gesetzte Gleichheit der Menschen, ausfällt. Geht man auf die theologische Lehre der Gottesebenbildlichkeit zurück, so muss man Bildung immer als Allgemeinbildung im Sinne einer Bildung für alle verstehen: Ohne ihre Allgemeinheit ist Bildung keine. Eine Gesellschaft, in der nur wenige gebildet sind – etwa im Sinne Humboldts – , ist noch lange keine gebildete Gesellschaft. Die Realisierung von Gleichheit durch Bildung ist demgegenüber eine unhintergehbare Forderung der bildungstheologischen Tradition.

Neben Luther und Comenius ist D.F. Schleiermacher zur Troika genuin evangelischer Bildungsdenker zu rechnen (Nipkow 1982). Betrachtet man aber die Grundstruktur der Schleiermacherschen Erziehungstheorie, so kann man zwar feststellen, dass das Erziehungsziel formal weitgehend dem neuhumanistischen Bildungsideal entspricht, insofern der freie mündige Mensch intendiert ist. Aber der Erziehungsprozess, unter dem dieses Bildungsziel angestrebt wird, steht nicht unter der Herrschaft der Freiheit; Bildung als Resultat und Bildung als Prozess koinzidieren bei Schleiermacher eben nicht. Überhaupt muss in diesem Prozess die Besonderheit des Individuums weitgehend negiert werden. Aus sich heraus ist nämlich der Mensch – obwohl positiv veranlagt – zur Selbstbildung nicht fähig. Vielmehr ist er erziehungsbedürftig. Bildung wird bei Schleiermacher dann in dem ganz gewerblichen Sinne verstanden, dass ein Mensch einem Vorbild nachgebildet wird. Auch in seiner Pädagogik erweist sich Schleiermacher letztlich als „Herrenhuter höherer Ordnung", denn seine Pädagogik weist erkennbar Parallelen zum pietistischen Erziehungsdenken auf. Hier wie dort ist das vornehmliche Ziel erzieherischen Handelns das Einwirken und Gegenwirken; hier wie dort wird die Subjektivität zwar als Ziel der Erziehung, nicht aber als ein Moment des Erziehungsprozesses selbst ernst genommen. Anders jedoch als die pietistische Tradition findet Schleiermacher beim Individuum einen Anknüpfungspunkt für Erziehung; Erziehung muss deswegen nicht rein negativ sein, sie muss nicht erst das Kind zerbrechen, sondern sie kann auf die natürlichen Anlagen aufbauen, wobei diese Anlagen allerdings erst durch Erziehung sachgerecht und auf das Gesellschaftsleben hin zu strukturieren sind.

Auch auf dem Gebiet der Bildungstheorie kann man Hegel als Antipoden zu Schleiermacher verstehen. Insbesondere seine „Phänomenologie des Geistes" ist als eine Bildungstheorie zu lesen, denn der Geist wird bei Hegel verstanden als der sich bildende Geist. Demgemäß ist Bildung für Hegel ein lebenslanger Prozess, der zur Selbstständigkeit und freien Persönlichkeit führen muss. In diesem Bildungsprozess sind notwendigerweise Entfremdungsmomente eingebaut, denn Bildung geschieht nach Hegel nicht durch die narzisstische Beschäftigung mit sich selbst, sondern ganz wesentlich durch Entäußerung und durch Arbeit, d.h. Auseinandersetzung mit der Umwelt. Die zunächst fremde Umwelt, d.h. Natur und Kultur, muss im Zuge der Bildung vom Individuum assimiliert und zu der je eigenen Angelegenheit gemacht werden. Insofern meint Bildung daher „die Befreiung und die Arbeit an der höheren Befreiung" des Menschen. Das Subjekt erwirbt den Standpunkt selbstbewusster Freiheit, indem es die äußerliche Unterscheidung von Subjekt und Objekt aufhebt und selbst zum Subjekt der Lebenswelt wird. Durch Bildung macht sich so der Mensch mithin zum denkenden und handelnden Gestalter seiner geschichtlich-gesellschaftlichen Welt.

Die Geschichte des subjektivitätsphilosophischen Bildungsbegriffs zeigt, dass dieser fast immer im Sinne der Freiheit und der Befreiung des Individuums verstanden wurde, zugleich aber auch stets in der Gefahr stand, Freiheit rein individuell zu interpretieren. Dies insbesondere dort, wo die theologischen Wurzeln des Bildungsgedankens vergessen bzw. verdrängt wurden. Denn die theologische Vorstellung von Bildung beinhaltete – durch ihren Gottesbezug – notwendigerweise auch den Gedanken von der relationalen Struktur von Bildung, die reine Selbstbezüglichkeit von vornherein ausschloss. Diese Einsicht schwand zunehmend mit der Abkoppelung der Pädagogik von theologischer Reflexion. Die Individualisierung des Bildungsbegriffs – so lautet die Behauptung – hängt eng mit seiner theologischen Entleerung zusammen. Religion und Glaube wurden nicht mehr als *Grund*, sondern nur noch bestenfalls als *Moment* von Bildung verstanden. Dies lässt sich exemplarisch für das 20. Jahrhundert an H. Nohl aufweisen: Auch für H. Nohl bleibt Bildung stets *Selbst*bildung, weil sie aus dem innersten Kern des Individuums heraus geschieht, weil sie im Subjekt ein eigenes geistiges Leben will und weil sie auf dessen Freiheit abzielt. Als *Bildung* ist sie strukturell durch die vermittelnde Auseinandersetzung mit objektiven Gegebenheiten wie Staat, Kultur, Religion usw. geprägt. Aber diese sind ihrerseits nur als Objektivationen von subjektiven Lebensäußerungen anderer Individuen zu verstehen und stellen insofern Medien der eigenen Selbstfindung dar. Zudem werden sie didaktisch durch andere Subjekte, nämlich die ErzieherInnen erschlossen, weil diese schon die geforderte Synthese selbst vollzogen haben. Der freie, selbstbewusste und konstruktive Umgang mit der Umwelt kann hier modellhaft und anregend einsichtig werden. Nohl folgert daraus die hohe Valenz des *„pädagogischen Bezugs"* für alle Bildungsprozesse. Bildung muss deshalb – trotz der Notwendigkeit objektiver Inhalte – stets und primär als Interaktionsprozess zwischen Subjekten angelegt sein; als an-sich-seiende Gegebenheiten kommt die objektive Welt im Bildungsgeschehen nicht mehr zur Wirkung.

Letzteres hatte zu einer personalistischen Engführung des Bildungsbegriffs geführt, die zum einen den „Mehrwert" unterschlug, der für den Bildenden in der objektiven Welt liegen könnte. Zum anderen und vor allem wurde die notwendige gesellschaftliche und ökonomische Funktion von Bildung übersehen; das trug in der Folgezeit zur weiteren Diskreditierung des Bildungsbegriffs als einer idealistischen, bewusstseinsphilosophischen Illusion bei. Nohls Bildungstheorie schien den Verdacht, Bildung sei eine auf Innerlichkeit und Subjektivismus beruhende elitäre Angelegenheit, zu bestätigen. Gegen diese Tendenz wurde innerhalb und außerhalb der geisteswissenschaftlichen Pädagogik polemisiert. Von außen zunächst zeitgleich z.B. durch die Arbeitsschulbewegung, von innen durch „Nohls pädagogischen Enkel" W. Klafki, der nachdrücklich betonte, dass Freiheit „heute nicht mehr individualistisch oder subjektivistisch verstanden" werden darf, sondern „von Anfang an auf die Mitmenschlichkeit, die Sozialität und auf die politische Existenz des Menschen bezogen gedacht werden" muss (Klafki 1975, 94). Damit ist unterstrichen, dass das Subjekt stets als ein soziales Wesen zu begreifen ist; dies gilt sowohl für Bildung als Resultat wie als Prozess.

Mit dem Gesellschaftsbezug ist die konstitutive Orientierung des Bildungsgedankens an Subjektivität allerdings nicht aufgegeben. Vielmehr wurde deutlich gemacht, dass Subjektivität stets als vermittelnde Einheit von Subjekt und Objekt verstanden werden muss und damit der soziale Bezug echter Subjektivität selbst innewohnt. Gleichzeitig ist damit darauf verwiesen, dass Sozialität nicht gegen die Individualität ausgespielt werden darf und umgekehrt. Konkret bedeutet das: Der Mensch hat einerseits *individuelle Freiheitsrechte*, aber weil der Mensch nur als soziales Wesen existieren kann, muss seine individuelle Freiheit sich zur *kollektiven Freiheit* aller erweitern. Bildung stellt für Klafki so ein pädagogisch-politisches Element der Verwirklichung von demokratischer Freiheit dar, die immer zugleich auch *Handlungsfreiheit* in einem umfassenderen Sinne beinhaltet. Bildung ist deshalb immer auf Handeln in allen seinen Dimensionen (sozial, ethisch, beruflich usw.) zu beziehen. Durch Bildung soll der Mensch befähigt werden, aus seinem Inneren heraus, d.h. aus festen Überzeugungen, nach Kriterien usw., zu denken und zu handeln; Bildung muss insofern stets auf das wirkliche, komplexe Leben bezogen sein. Daraus folgt, dass Bildung sowohl lebenswelt- wie auch lebenslauforientiert sein muss, also sowohl objektive wie subjekte Faktoren zu berücksichtigen und zu verändern hat.

Die kritisch-verändernde Funktion von Bildung betont insbesondere H.J. Heydorn. Ihr wird man gewärtig, wenn man die traditionelle *ideengeschichtliche* Perspektive in der Pädagogik durch eine *sozialgeschichtliche* ergänzt. Denn die Geschichte von Bildung und Erziehung zeigt, dass das Bildungsprinzip der Selbstfindung des Individuums zum Zweck seiner Wahrnehmung von Freiheit gerade durch Bildungspolitik in der Regel konterkariert wurde und wird. Ursächlich dafür ist der partielle Widerspruch zwischen individuellen und gesellschaftlichen Bildungsansprüchen; durch ihre geist- oder lebensphilosophische Individualisierung der gesellschaftlichen Objektivitäten hätte die klassische Tradition des neuhumanistischen Bildungsdenkens eine falsche Kompatibilität von Individuum und Gesellschaft behauptet und dabei den genuinen Gedanken von Bildung um sein kritisches Potential beraubt. Die pädagogische Spiegelung des Widerspruchs zwischen Individuum und Gesellschaft macht Heydorn an der Auseinandersetzung zwischen Persönlichkeits- und Berufsbildung zu Anfang des 20. Jahrhunderts und damit an Nohl und Kerschensteiner fest. Nohl verstand Bildung primär als Individualbildung; zugleich soll sie darin von der Berufsausbildung unterschieden sein. Im abstrakten Gegenschlag dazu hat dann etwa Kerschensteiner die Berufsausbildung als das wesentliche Element von Bildung überhaupt bestimmt. In der bildungstheoretischen Debatte der älteren

Gegenwart lassen sich weitere Entgegensetzungen feststellen, wie die zwischen geistiger und körperlicher Bildung, zwischen Individual- und Sozialbildung und vieles mehr.

Für Heydorn sind diese Entgegensetzungen nur scheinbare Widersprüche, sie stellen Vereinseitigungen des gleichen Sachverhaltes dar. Will man die wahre Zuordnung von geistiger und körperlicher Bildung, von Sozial- und Individualbildung bestimmen, so muss man in die Geschichte des Bildungsbegriffs zurückgehen und sozialgeschichtliche Aspekte einbeziehen. Aufgabe der pädagogischen Theoriebildung ist es damit, auch die jeweiligen Herrschafts-, Macht- und Wirtschaftsverhältnisse zu analysieren, auf deren Hintergrund pädagogische Vorstellungen sich entwickelt haben. Die kritische Rekonstruktion der Erziehungs- und Bildungsvorstellungen ist für Heydorn das notwendige Medium zur konkreten Bestimmung von Bildung heute, weil sie einerseits nur so auf den Stand ihrer wirklichen Problemgeschichte gebracht werden kann und weil – so lautet Heydorns geschichtsphilosophische Prämisse – eine Analogie zwischen der Entwicklung der Menschheitsgeschichte und der individuellen Entwicklung eines Einzelmenschen besteht; von daher könnten frühe Epochen der Menschheitsgeschichte Erkenntnisse für frühe Phasen der Kindheitsentwicklung bieten. Die Analyse der Universalgeschichte ermögliche so pädagogische Einsichten für die Struktur heutiger Bildungsvorgänge. So würde z.B. das relativ späte Auftreten des Bildungsdenkens darauf verweisen, dass auch im Werden des Einzelsubjekts Erziehung ein notwendiges Durchgangsstadium sein muss. Damit ist der Erziehungsgedanke ein fortlebendes Moment des Bildungsbegriffs selbst und von ihm abhängig. Mit dem Erziehungsbegriff sind wir auf die Ursprünge der Zivilisation verwiesen, in denen die Unterwerfung des Einzelnen und seine Anpassung unter die Allgemeinheit noch unabdingbar notwendig war, um das Überleben der Gattung sicherzustellen.

Die historische Erkenntnis, dass der Einzelne nur Element einer Gemeinschaft ist, ist unhintergehbar. Die im Erziehungsgedanken gespeicherte Rückerinnerung an den Sozialisationscharakter von Erziehung und das Gebot der gesellschaftlichen Verwertung des Menschen bewahrt die Bildungstheorie vor Blauäugigkeit, abstraktem Subjektivismus und reiner Innerlichkeit. Während Erziehung unter der Ägide von gesellschaftlichem Zwang und pädagogischer Zucht steht, ist Bildung durch Freiheit, Subjektivität und Vernunft geprägt. Beides gehört nach Heydorn nun aber notwendig zusammen. Weil Bildung auch immer gesellschaftlich präformiert ist, stellt der Erziehungsgedanke eine Wirklichkeitskorrektur des Bildungsbegriffs dar. Gegenüber dieser Wirklichkeitsorientierung hat der Bildungsbegriff aber zugleich auch ein überschießendes Moment. Erziehung bezweckt ihrem Begriff nach die Anpassung des Einzelnen an die ihm vorgegebene Wirklichkeit, Bildung hingegen ist die Befähigung des Menschen, diese Wirklichkeit verändernd zu gestalten. Deshalb muss individuelle Bildung eodem actu auch politische Bildung sein.

Durch die universalgeschichtliche Perspektive wird für Heydorn zugleich erkennbar, dass Bildung – individuell wie kollektiv – teleologisch auf die zunehmende Entfaltung der Vernunft ausgerichtet ist bzw. werden muss. Durch Bildung wird der Mensch „für-sich" das, was er „an-sich" immer schon war: eine vernunftmächtige Subjektivität. Bildung ist nach Heydorn so als Einholung des Menschen durch sich selbst, mithin als Aktualisierung von überschießender Potentialität zu verstehen; durch Bildung soll der Mensch in die Lage gesetzt werden, über sein bisheriges Verhalten und Denken hinauszugehen, d.h. die in ihm selbst, aber auch in seiner geschichtlich-gesellschaftlichen Situation liegenden ungeschöpften Möglichkeiten zu entfalten. Bildung muss immer über sich hinausgehen, sie kann nicht in reinen Verwertungs- und Zweckzusammenhängen eingeschnürt werden. In Bildungsprozessen wird das Individuum durch die Bildungsinhalte mit Vorstellungen und Gedanken konfrontiert, die über seine gegebene Wirklichkeit hinausgehen und die ihm Material bieten, diese Wirklichkeit zu hinterfragen. Kritische Bildung umfasst deshalb ganz wesentlich auch geschichtliche Bildung, denn in der Geschichte erfährt der Mensch etwas über andere Möglichkeiten des Lebens. Dieses Erinnerungspotential ist dem Bildungsgedanken – im Unterschied zur Erziehungsvorstellung – inhärent; deshalb kann es eigentlich keine *affirmative Bildung* geben; sie ist *kritische Bildung* oder überhaupt keine Bildung, sondern nur eine verstellte, ideologisch verbrämte Erziehung.

Bildungstheorien sind per se kritische Theorien, weil sie an Traditionen erinnern, in denen alternative Möglichkeiten des Menschseins thematisiert werden. Hierbei verweist Heydorn insbesondere auf die jüdisch-christliche Tradition. Für ihn ist ohne das Christentum unser Selbstbewusstsein und damit unsere Bildung nicht zu fassen. Die historisch-genetischen Auflagungen der geschichtlich gegebenen Bildungsaufgabe sind unhintergehbar; wer auf sie verzichten will, der verzichtet auf konstitutive Gehalte von Bildung selbst und bringt diese damit um ihren Begriff. Durch das Alte Testament ist in der Bildungsgeschichte z.B. die Vorstellung von der Ganzheitlichkeit des Menschen und von seinem Heilsein vorgegeben. In den neutestamentlich-christlichen Vorstellungen kommt insbesondere dem Erlösungsgedanken eine pädagogisch virulente, emanzipatorische Funktion zu. Deshalb hat der Bildungsbegriff notwendigerweise ein theologisches Moment. Es besteht darin, die „Vorstellung des heilen Menschen in einer heillosen Zeit" wachzuhalten. Schon fast theologisch charakterisiert Heydorn den Bildungsprozess als *„Vorgang geistiger Erweckung"*.

Bildung hat nach Heydorn ein kontrafaktisches Moment; das macht ihren kritisch-emanzipatorischen Gehalt aus, den das Subjekt angesichts seines Nochnicht-Gewordenseins einklagt. Darin klingen biblisch-theologische Einsichten an. Die Dialektik von Möglichkeit und Wirklichkeit ist zudem nicht nur ein Grundzug eschatologischen Denkens, das zum theologischen Erbe des Bildungsbegriffs konstitutiv dazugehört, sondern liegt auch der Rechtfertigungslehre in der Dialektik des simul iustus et peccator zugrunde. Gleiches gilt für die Lehre von der Gottebenbildlichkeit des Menschen, in der ebenfalls zwischen Potentialität und Faktizität unterschieden werden muss. Von Heydorn aus ergibt sich so aus der

Geschichte des pädagogischen Bildungsbegriffs selbst die Möglichkeit einer *bildungstheologischen Fassung der pädagogischen Bildungstheorie*; dazu wäre die Frage nach der Konvergenz bzw. der Konvergierbarkeit von Heydorns pädagogischen Einsichten mit genuin theologisch-anthropologischen Kategorien zu beantworten. Diese Fragestellung ist keinesfalls mit einer falschen theologischen Vereinnahmung der kritischen Bildungstheorie Heydorns zu verwechseln, denn sie stellt sich auch dann, wenn Heydorn selbst theologisches Argumentieren ablehnen würde. Ob und inwieweit die bildungstheologische Tradition heute noch praktische Relevanz besitzt, muss auf dem Hintergrund der bildungstheologischen Kontroverse dieses Jahrhunderts geklärt werden. Dabei wird sich die Bereitschaft der Religionspädagogik zeigen, „Bildung" wieder als ernstzunehmende Kategorie zu rehabilitieren.

2.4 Theologische Bildungsbegründung und -kritik

Nicht unter dem Heydornschen Aspekt der *Erweckung,* sondern unter dem vergleichbaren der *Erneuerung* hat K.E. Nipkow in letzter Zeit den Bildungsbegriff wieder zur zentralen praktisch-theologischen Kategorie erhoben und unter diesem Vorzeichen sein Gesamtsystem der Praktischen Theologie vorgelegt (Nipkow 1990), nachdem er bereits vorher im binnenpädagogischen Gespräch auf die Überwindung gängiger Bildungskritik hingearbeitet hatte. Damit knüpft er – innerhalb der Religionspädagogik – an die vordialektische Tradition einer liberalen Praktischen Theologie an, die insbesondere durch die Position F. Niebergalls gekennzeichnet ist. Denn bereits Niebergall suchte – nicht dem Begriff, wohl aber der Sache nach – eine bildungstheologische Grundlegung der Praktischen Theologie (vor allem: Niebergall 1918; vgl. Luther 1984), indem er diese als „pädagogische Theologie" entwarf, mithin also Bildung nicht sektoral auf Unterricht, sondern auf die Gesamtheit des kirchlich-religiösen Handelns bezog.

Die *praktisch-bildnerische Aufgabe der Kirche* gründet nach Niebergall theologisch darin, dass Gott selbst als der Erzieher der Menschheit schlechthin anzusehen ist. Das *Bildungsziel der autonomen Persönlichkeit* resultiert daraus, dass Gott seinerseits als absolute Persönlichkeit gedacht werden muss. Das dem Bildungsdenken inhärente *Individualitäts- und Subjektivitätsprinzip* resultiert aus der dem Rechtfertigungsgeschehen zugrunde liegenden unmittelbaren Gottesbeziehung des Einzelnen, die auch jeden Erziehungs- und Sozialisierungsanspruch dritter als illegitim erscheinen lässt. Bildung ist so zwar eine Sache der zur Persönlichkeit sich entwickelnden natürlichen Person, aber dieser Prozess verläuft nicht – im Sinne kontinuierlicher Selbstentfaltung – endogen programmiert, sondern muss exogen veranlasst sein, weil die Befreiung des Menschen im christlichen Sinne nicht Selbsttat, sondern Gottes Tat ist. Analog dazu benötigt der Mensch zu seiner Selbstbildung konstitutiv und kontinuierlich Außenanstöße, die durch christliche Bildungspraxis in Kirche und Gesellschaft zu gewährleisten und die durch die Praktische Theologie konzeptionell zu entwerfen sind. Wegen der theologisch gesetzten Gesamtbildungsaufgabe der Kirche ergibt sich auch deren Bildungsbeitrag zur Kultur, lautet Niebergalls kulturprotestantische Prämisse.

Das nachfolgende Verdikt der Wort-Gottes-Theologie über den liberaltheologischen Kulturprotestantismus traf dann natürlich auch deren Bildungsbegriff; es wurde ursächlich für die teilweise bis heute anhaltende Eskamotierung des Bildungsgedankens aus der Praktischen Theologie. Während G. Bohne, der Vordenker des später „Evangelische Unterweisung" genannten religionsdidaktischen Konzepts, ihn prinzipiell für untauglich erklärte, findet sich insbesondere bei O. Hammelsbeck und selbst bei K. Barth eine relativ positive Würdigung; allerdings in charakteristischen Umkehrungen: Wahre Bildung – so wird behauptet – wird erst aus Glauben möglich; ohne diesen entartet sie hybrid und wird so zu einer Scheinbildung, weil sie den Menschen nicht mit der tatsächlichen Wahrheit, sondern mit einer von ihm selbst produzierten Scheinwahrheit konfrontiert. „Nicht die Bildung ist das höchste Gut, sondern der Glaube, der aus Verkündigung entsteht, im Bekenntnis sich äußert und auf Bildung sich anwendet" (Lämmermann 1985a, 335). Damit war die Vorordnung der Kommunikations- vor der Bildungsfunktion vollzogen (s. 2.1).

Die relative Gültigkeit von Bildung lässt sich exemplarisch vor allem an den religionspädagogischen Einsichten von O. Hammelsbeck verdeutlichen. Für ihn bleibt der Bildungsgedanke allerdings ausschließlich als pädagogische, nicht aber als theologische Kategorie von bleibendem Wert. Im Hintergrund dieser Disjunktion steht bei Hammelsbeck eine eigentümliche Interpretation der Zwei-Reiche-Lehre. Als theologische Grundkategorie fällt Bildung nämlich deshalb aus, weil sie unter dem *Gesetz der gefallenen Welt* steht und so von sich aus nicht zur Freiheit des Evangeliums führen kann. Innerhalb der Gesetzlichkeit der gefallenen Welt fungiert Bildung als pädagogische Kategorie weiterhin, so dass auch die christlichen ErzieherInnen notwendigerweise bilden müssen und zwar auch im Sinne potentieller Selbstbildung und Subjektivitätsförderung. Aber unter theologischer Perspektive ist zugleich und absolut konträr dazu die substantielle Krise aller Bildungsbemühungen und aller Bildungsphilosophie zu dekretieren; diese sind vielmehr vom Evangelium her neu und anders zu bestimmen, nämlich als Kategorien dieser noch nicht erlösten Welt. Aus der „Gegenläufigkeit des Evangeliums" ergibt sich nun für Hammelsbeck die kritische Funktion von Bildung, sofern sie sich dem Evangelium unterstellt: Sie wird Bergung im Ungeborgenen, Rettung des Menschen in einer unmenschlichen Umwelt. Allerdings kann Bildung diese Aufgabe nur dank ihrer Unterordnung unter den Glauben gewinnen; aus sich selbst heraus verstanden würde sie die zerstörerischen Kräfte potenzieren, statt sie zu minimieren.

Für G. Bohne, dem anderen Protagonisten dialektisch-theologischer Religionspädagogik, ist der Bildungsgedanke hingegen von vornherein korrumpiert, weil ihm der Gedanke der Selbstbildung und damit der der Selbsterlösung unabtrennbar immanent bleibt. Glaube und Bildung bleiben inkompatibel; jeder Versuch, den Glauben in irgendeiner Weise bildungsmächtig werden zu lassen, würde diesen – im Sinne der theologischen Religionskritik Barths – zum Glaubensersatz und zum Medium der Selbstvergottung des Menschen werden lassen. Die genuine Aufgabe des Glaubens ist nicht Bildung, sondern die fundamentale Kritik an dieser. Insbesondere gilt es das Bildungsideal der sich selbst herausbildenden bzw. der durch Erzieher hervorbringbaren christlichen Persönlichkeit zu zerstören. Falsch an diesem Ideal ist u.a. das mitschwingende positive Menschenbild, das dem theologischen Befund von der prinzipiellen Sündhaftigkeit des natürlichen Menschen substantiell widerspricht. Weil Bildung grundsätzlich ausgeschlossen, pädagogisches Handeln unter den Gesetzen der Welt aber unabdinglich ist, darf dieses nur im Sinne von Erziehung verstanden werden. Diese wiederum ist nicht in einem Erziehungsideal, sondern allein in Christus zu zentrieren. Christliche Erziehung zielt deshalb zunächst negativ gegen das, was der Bildungsgedanke positiv fördern will: das Subjekt. Seine Vernichtung und seine Selbstaufgabe sind die notwendigen Bedingungen für den echten Glauben, der sich nicht aus religiöser Bildung, sondern aus dem Anruf durch das „Wort Gottes" ergibt. Wo Bildung greift, wird zugleich eine fremde Stimme an die Stelle Gottes gesetzt. Diese fundamentale Kritik an jedwede bildungstheologische Konzeption wurde später dann durch H. Kittel erneuert.

Die „offenbarungspositivistische" Grundlegung der Dialektischen Theologie erlaubt so keine positive Würdigung einer religiösen Bildung. Damit waren nicht nur die Brücken zur eigenen bildungstheologischen Tradition abgebrochen, sondern auch der Blick für die faktische Tradierung des Glaubens verstellt. Denn Glaube entsteht – empirisch gesehen – durchaus (auch) anders, als es das dialektisch-theologische Dogma wahrhaben will. Demgegenüber hat die neuere empirisch orientierte Religions- und Familiensoziologie die entscheidende Bedeutung der primären religiösen Sozialisation insbesondere in der Familie nachgewiesen (Vaskovics 1970). Innerhalb der nachfolgenden praktisch-theologischen Diskussion hat zeitgleich R. Preul (Preul 1973) gezeigt, dass der Glaube nicht nur als Offenbarungsprodukt, sondern auch als eine *„psychologisch verstehbare Wirklichkeit"* zu begreifen und als Akt eines sich entwickelnden freien Selbstbewusstseins anzusehen ist. Zugleich verwies er darauf, dass dieser Prozess unmittelbar dem Bildungsprozess vergleichbar ist. Damit suchte er – wie andere – die kontradiktorische Entgegensetzung von Glaube und Bildung zu überwinden. Generell gilt heute in der Religionspädagogik, dass zumindest die äußeren Rahmenbedingungen für Glauben pädagogisch beeinflussbar sind; ob Glaube durch religiöse Bildung wirklich ausgelöst werden kann, gilt als umstritten.

Blickt man beim Versuch einer bildungstheologischen Grundlegung der Praktischen Theologie auf diese Diskussion zurück, so wird man auch nach dem positiven Gehalt der dialektisch-theologischen Bildungskritik fragen. Gegen die falsche kulturprotestantische Vorstellung von der unmittelbaren Kompatibilität von Christentum, Bildung und Kultur betont die dialektische Bildungskritik den *negierenden Charakter* von Bildung und Glaube gegenüber Kultur und Gesellschaft. Durch das Moment der Negativität wird nun aber gerade diese theologische Bildungskritik durchaus mit einer sich kritisch verstehenden Bildungstheorie vermittelbar. Der bildungstheologische Gewinn der offenbarungstheologischen Kritik liegt insofern nicht in der abschließenden Preisgabe des Bildungsbegriffs überhaupt, sondern in der Entdeckung seiner konstitutiven Negativität. Bildung hat – wie der Glaube, dem sie darin strukturverwandt ist, auch – stets ein negierendes Moment, allerdings nicht – wie noch in der dialektisch-theologischen Fassung – im Sinne eines abstrakten, sondern im Sinne eines vermittelnden, konstruktiven Negierens. Der grundsätzliche eschatologische Vorbehalt gegenüber aller Wirklichkeit realisiert sich bildungspraktisch in der Betonung einer Distanznahme von gesellschaftlicher und kultureller Unmittelbarkeit einerseits und in der Selbst-relativierung des Bildungssubjekts in seiner konkreten Lebenswelt und Lebensgeschichte andererseits.

Die negierende Kraft des Glaubens garantiert letztendlich die Freiheit des Christenmenschen, der – indem er alle Umwelt potentiell negieren könne – zum Herrn über alle Dinge wird und der zugleich – sich selbst negierend, d.h. relativierend – jedermann und allen Dingen „Untertan sein kann". Analoges gilt nun auch für die Bildung; insofern konnte sie in der pädagogischen Tradition zu Recht stets auf Freiheit bezogen werden. Freiheit ist im positiven Sinne ein „negativer Begriff", weil er das Moment von Befreiung, Erneuerung und Entwicklung, mithin von Distanznahme, enthält. Dementsprechend gilt auch für ihn, dass er sowohl als Prozess wie auch als Resultat zu verstehen ist. Nun ist aber – über alle positionellen Differenzen hinweg – der Freiheitsbegriff zum Zentralbegriff der gegenwärtigen Theologie geworden. So betont W. Pannenberg ebenso wie J. Moltmann, dass „christlicher Glaube und menschliche Freiheit ... untrennbar" zusammengehören (Pannenberg), ja der christliche Glaube sich „authentisch als Anfang der Freiheit" versteht. In der Tat muss man feststellen, dass der Freiheitsgedanke mit dem Christentum eine neue Dimension und Dynamik erhält, weil im Christentum Freiheit als ein Gottesgeschenk (Röm 5-8) und damit auf eine absolute, überindividuelle und überempirische Weise begründet wird. Grundgelegt und vermittelt ist diese Freiheit durch die Tat Christi (Joh 8,36; Gal 5,1); darin liegt auch der Grund für die durch die Reformation vollzogene Individualisierung des christlichen Freiheitsgedankens, der damit seinerseits zugleich bildungstheologisch gewendet wurde (s.o.).

Fragt man nach einem spezifisch theologischen Verständnis von Freiheit, so lassen sich mindestens zwei Differenzpunkte zu jenem bürgerlich-liberalen festmachen, das in die Tradition des pädagogischen Bildungsdenkens eingegangen ist. Die Rückbesinnung auf den christlichen Freiheitsbegriff wird so zum Medium einer Spezifizierung bildungstheologischen Denkens gegenüber rein pädagogischen Konstrukten. (a) Wegen der eschatologischen Perspektive besteht die „Freiheit der Kinder Gottes" (Röm 8,21) auch darin, frei von der Illusion zu sein, dass ein bestimmter Zustand in der individuellen wie kollektiven Geschichte bereits die vollständige Realisierung von Freiheit sein könnte. Die Theologie klagt insofern immer die Zukunft der Freiheit angesichts möglicher Behauptungen von der Verwirklichung von Freiheit ein; darin liegt die prinzipielle kritische Position des christlichen Freiheitsgedankens. (b) Das christliche Verständnis ist durch eine transzendentale theologische Begründung der Freiheit charakterisiert. Weil Freiheit durch die Tat Christi begründet ist, bleibt das Individuum davon befreit, seine Identität und Freiheit selbst herstellen zu müssen. Die Realisierung menschlicher Freiheit wird verstanden als die Folge der durch Gott geschenkten Freiheit. Durch den Zuspruch dieser Freiheit ist der Mensch davon entlastet, sich selbst zum Grund seiner Freiheit zu erklären. Zugleich bedeutet der Zuspruch der Freiheit aber auch das Aufgegebensein ihrer Realisierung – und zwar sowohl für sich selbst als auch für andere. Wie der Bildungsbegriff beinhaltet so auch der christliche Freiheitsgedanke die dialektische Spannung von Bestimmtheit und Bestimmung, von Möglichkeit und Wirklichkeit.

Die durch Bildung anvisierte Subjektwerdung des Menschen stellt theologisch gesehen eine konkrete Verheißung dar. *Verheißung* insofern, weil bei allen notwendigen Bildungsbemühungen letztendlich die Subjektwerdung nur antizipatorisch, aber nie endgültig gelingen kann. *Konkret*, weil die im Rechtfertigungsgeschehen sich vollziehende Rekonstitution der Gottebenbildlichkeit als Potentialität die Subjektwerdung nicht nur als eine abstrakte Fiktion und Utopie, sondern als konkret vollziehbar erscheinen lässt. Dass die Rechtfertigungslehre als Konstitutionstheorie von Subjektivität zu verstehen ist, wurde in der neueren Theologie zu Recht mehrfach betont. Obwohl die Konstitution des Menschen als Subjekt durch das Handeln Gottes geschieht, bleibt Bildung letztlich insofern doch Selbstbildung, weil die Realisierung der durch Gott gesetzten Bestimmung stets der Akt des freien menschlichen Subjekts bleibt. Die öffentlich-rituelle Manifestation dieses Sachverhaltes bleibt die (Kinder-)Taufe, die insofern zu Recht am Anfang der Lebensgeschichte ihren biographischen Ort hat. Durch den öffentlichen Charakter der Taufe wird zudem die soziale Funktion von Bildung und Subjektwerdung symbolisiert, insofern hier der Aspekt der Integration und Vergesellschaftung eines Individuums betont wird. Die traditionell biblisch-theologische Rede von der Taufe als Wiedergeburt, Neuschöpfung u.Ä. reflektiert die kritisch-negative Verhältnisbestimmung von jeweiliger konkreter Bestimmtheit des Menschen und der ihm verheißenen Bestimmung. Der negierende-kritische Charakter von Bildung wird insofern in ihrer tauf- und rechtfertigungstheologischen Begründung reflektiert.

Diese Konstitutionszusammenhänge können dem Menschen nur durch Bildung einsichtig werden, insofern beinhaltet jede echt verstandene Bildung auch das Moment religiöser Bildung. Allerdings nicht in der Weise, dass die Subjektwerdung des Menschen nur gelingen kann, wenn dieser zugleich sich auch als religiöses Individuum auslegt. Die Konstitution des Menschen als Subjekt gilt unabhängig davon, ob der Mensch den Begründungszusammenhang für seine Subjekthaftigkeit kennt oder nicht. Der Glaube kann schon deshalb nicht konstitutiv für Subjektivität sein, weil sonst ja der Gedanke der absolut voraussetzungsfreien Zuwendung Gottes zum Menschen im Rechtfertigungsgeschehen unterminiert wäre. Der Glaube gehört zum Menschsein des Menschen nur insofern hinzu, als dieser im Glauben sein Gesetztsein durch Gott erkennt und anerkennt. Dann allerdings versteht sich der gebildete Mensch zugleich als religiöses Subjekt. Weil dem so ist, kann sich die Bildungsverantwortung der Kirche nicht nur auf den Bereich expliziter christlicher Erziehung beschränken, sondern sie muss sich auf den ganzen Komplex von Bildung und insofern auf die gesellschaftliche Realisierung der Menschwerdung des Menschen beziehen. Angesichts des theo-logischen Konstitutionszusammenhangs von Bildung kann man sogar sagen, dass das Eintreten der Kirche für kritische, d.h. dem Subjekt dienende Bildung substantiell ist, während das Interesse an religiöser Bildung demgegenüber eher akzidentiell bleiben müsste.

Damit ist die dialektisch-theologische Unterbewertung von religiöser Bildung aufzuheben. Zwar bleibt richtig, dass – entgegen liberal-theologischer Fiktion – religiöse Bildung niemals Glauben direkt pädagogisch herbeiführen kann, aber Bildung schafft gleichwohl die Bedingung der Möglichkeit für das, was Glauben letztlich meint, nämlich die Einsicht in die eigene Konstituierung durch Gott. Durch die enge Verknüpfung von Bildung und Glauben ergibt sich, dass der Glaubende nur dann tatsächlich ein solcher ist, wenn er sich bildet, d.h. sich als freies, verantwortungsbewusstes und soziales Subjekt entfaltet. Der Glaube und die religiöse Bildung sind die Orte, wo die Subjektwerdung des Menschen als konkrete Verheißung explizit thematisiert wird; implizit vollzieht sie sich überall dort, wo kritische Bildung stattfindet.

2.5 Ideologiekritik und Bildung

Zwischen Ideologiekritik und Bildungsvorstellung besteht eine Konvergenz, die hier nur kurz angedeutet werden kann (Lämmermann 1991a). Dem bereits entfalteten Verständnis von Ideologiekritik als bestimmter Negation korrespondiert eine negative Anthropologie, die dem Bildungsbegriff heute zugrunde gelegt werden muss. Negativ ist sie nicht deshalb, weil sie ein negatives pessimistisches Bild vom Menschen voraussetzt, wie es etwa die pietistische Erziehungstradition hatte; sie war insofern durch die Logik einer Negation gegen Negation geprägt. Negativ heißt hier vielmehr, „daß es die Position, die nur die Menschen selbst werden können, noch nicht gibt" (Sonnemann 1981, 321). Das gesicherte Wissen, was Bildung sei und wie Subjektivität sich zu konstituieren habe, ist auch den Theologen abhanden gekommen. Bildung in Urbild-Abbild-Relation zu denken, wie es noch Comenius (s.o.) vermochte, ist als Ausdruck eines normativ-deduktiven Denkens für uns obsolet geworden.

Dementsprechend stellen die traditionell theologischen Bildungskategorien, wie die von der Gottesebenbildlichkeit des Menschen und der Rechtfertigungslehre, auf denen eine bildungstheologische Grundlegung der Praktischen Theologie fußt, keine deduktiven Prinzipien mehr da, sondern sind bestenfalls Kategorien, in der gesellschaftlichen Negation von Subjektivität die Negation der Negation theologisch zu durchdenken. Recht verstanden sind sie selbst Kategorien einer negativen Anthropologie, denn sie warnen – wie das Bilderverbot – vor einem verdinglichenden Denken über den Menschen, und sie begründen das für eine kritische Bildungstheorie zentrale Prinzip der Unverfügbarkeit des Subjekts. Denkt man das doppelte simul der Rechtfertigungslehre und die im Gedanken der Gottesebenbildlichkeit des Menschen gesetzte Dialektik von Bestimmung und Bestimmtheit (Pannenberg 1983, 512), von Aktualität und Potentialität radikal, so lehren uns beide Theologumena, eindimensionales und widerspruchsfreies Denken in der Anthropologie und Bildungstheorie zu überwinden. Beide theologischen Kategorien könnten sich bei näherer Betrachtung als konvergente Begriffe zu einem nicht-affirmativen Bildungsbegriff sowie zum Postulat der Ideologie- und Gesellschaftskritik erweisen. Vor allem die „Rechtfertigungslehre bietet ... eine Ideologiekritik von kaum zu überbietender Radikalität" (Peiter 1977, 17).

Der falsche, verlogene Bildungsoptimismus, man könne und solle Kinder nach einem vorgängigen Bildungsideal formen, hat sich als ideologisch-idealistischer Ausfluss eines totalitären Weltbildes demaskiert, das den Menschen als disponible Ware oder willenloses Objekt politischen wie pädagogischen Handelns ansah. Im Sinne eines negativen Bildungsbegriffs ist Skepsis aber auch gegenüber den gegenläufigen antipädagogischen Bewegungen jedweder Art angezeigt. Der Blick auf den gesellschaftlichen Überformungsprozess des Selbstbewusstseins stellt Rückfragen an die Vorstellung vom Kind als ein an sich perfektes oder zumindest doch aktuos authentisches Subjekt. Obwohl es zu ihnen keine Alternativen gibt, können schülerInnen- und subjektorientierte Ansätze eben dieser Illusion einer schon gegebenen Präsenz von Subjektivität und jugendlicher Selbstbestimmungsfähigkeit aufsitzen und so das eigene Anliegen pervertieren. Auch diesbezüglich gilt die bildungstheoretische Direktive einer negativen Anthropologie, nämlich, dass die „Erschließung des Humanen aus seiner Verleugnung und Abwesenheit" (Sonnemann 1981, 249) einzig möglich ist.

Der wohlgemeinte, die Subjektivität von SchülerInnen betonende Vorschlag, Schüler zur „Wahrnehmung und Verwertung" ihrer „bereits authentischen Erfahrungen mit Gott, den Menschen oder irgendwelchen Sachverhalten" als für sie „gültige Umgangsweisen" (Schori 1986, 458f) zu qualifizieren, stellt eine affirmative Kapitulation gegenüber lebensweltlicher Unmittelbarkeit und ideologischer Scheinhaftigkeit dar. Angesichts okkulter Modeströmungen unter SchülerInnen und im Blick auf das gegenwärtige postmoderne Selbstverständnis wäre z.B. zu fragen, wie weit man diese tatsächlich als authentische und deshalb religionsdidaktisch akzeptable Selbstinterpretationen verstehen will. Nur ein eingeschliffenes eindimensionales Denken vermag die theologisch wie pädagogisch notwendige Differenz zwischen aktueller und potentieller Subjektivität, zwischen Subjekt-sein und Subjekt-werden eines Menschen als Antagonismus zu diskreditieren (Schori 1986, 452f). Die Widersprüchlichkeit der Ideologie vom Individuum – vor allem auch in ihrer postmodernen Variante – besteht ja gerade darin, Individualität zu fordern und sie zugleich auch nicht zuzulassen. Die Ambivalenz der modernen wie der postmodernen Ideologie vom Individuum muss im Sinne bestimmter Kritik zur Entfesselung der Subjektivität werden. In diesem Sinne liegt in ihr zugleich auch ihre Antithese von der möglichen Subjektivität des Menschen, der sich vom Warenfetischismus befreit und selbstbestimmungsfähig wird.

Betrachtet man die Geschichte der neueren Religionspädagogik, so vertrat jede seriöse Konzeption ein ideologiekritisches Anliegen (Vierzig 1975). Dies gilt von der frühen Evangelischen Unterweisung der zwanziger Jahre bis zur kritischen, erfahrungsbezogenen Symbolkunde der Gegenwart. Es kommt deshalb darauf an, beide Begriffe präzise zu bestimmen, um das Selbstverständnis einer ideologiekritischen Religionsdidaktik gegenüber diesen anderen religionspädagogischen Konzeptionen deutlich werden zu lassen. Innerhalb der Religionsdidaktik wird gegenwärtig der ideologiekritische Anspruch von Konzeptionen erhoben, denen eine eigentümliche Gleichzeitigkeit mit gesellschaftlichen Phänomenen eignet, wie der New-Age-Bewegung, dem Okkultismus, der neuen Innerlichkeit, neuer Frömmigkeit und Spiritualität, den Psychokulten oder säkularen Äquivalenten zur Religion wie dem Body-Kult der Fun-Generation oder der religiösen Überhöhung von Sport oder Kulturbetrieb (Kochanek 1996). Ohne bestehende Differenzen einebnen zu wollen, stellt sich doch die Frage, ob hier nicht Indizien dafür vorliegen, dass die Aufklärung durch den postmodernen Abgesang wieder in Mythologie und ihre Derivate umschlägt, und ob die Forderungen nach Remythologisierung und Resymbolisierung, wie sie in der gegenwärtigen Religionsdidaktik (Lämmermann 1998a, 163ff) wieder erhoben werden, nicht antiaufklärerische Folgen haben könnten. Gleiches gilt für eine affirmative Anbindung der Praktischen Theologie an die Ideologie der Postmoderne.

Gegen die kalte Rationalität in Gesellschaft, Wissenschaft und Wirtschaft als Erbstück der aufgeklärten Moderne wird nicht nur in der Religionsdidaktik versucht, die vermeintlich positiven Gehalte der authentischen Symbole und des Mythos festzuhalten. Zu Recht wird dabei darauf verwiesen, dass nicht alles sich in rationale Begrifflichkeit auflösen (Biehl 1989, 60) lässt. Gleichwohl muss Ideologiekritik fragen, woraus sich der postmoderne Hunger nach neuer Sinnlichkeit, nach neuer Symbolik und nach Mythen speist und zu welchem Preis er postmodern gestillt werden soll. Weil Ideologiekritik immer auch Gesellschaftskritik heißt, bedeutet Ideologiekritik die Analyse der Strukturen und Prozesse, die derartige postmoderne Sehnsüchte freisetzen und zugleich ideologisch verzerren. Wenn man jedoch von vornherein derartige Bewegungen für basale Bedürfnisse und für authentische Äußerungen von Menschen hält, dann verfällt man dem ideologischen Schein einer manipulierten Lebenswelt. Demgegenüber wäre an die Grundeinsicht Th.W. Adornos zu erinnern, dass es kein wahres Leben im falschen gibt.

Auch hinsichtlich von Bildungsbemühungen ist Selbstkritik als immanente Ideologiekritik deshalb angezeigt; z.B. dann, wenn man versucht, fachdidaktisch auf den Zug des unter SchülerInnen zur Zeit grassierenden Hanges zum Okkulten aufzuspringen. Das Okkulte, vom Horoskop bis zum Tischerücken im SchülerInnenkreis, ist sozusagen die Metaphysik der einfachen Leute. Die sich besser Dünkenden kleideten sich einst im sonnengleichen Orange der Sannyasin oder tragen neuerdings eben den elitär-esoterischen Schein des New-Age. Oder man betreibt – in Fitness-Studios und Extremsportarten – den postmodernen Gottesdienst eines Körperkults, der den eigenen Leib heiligt. Die Sache aber bleibt gleich: alle Phänomene sind ideologischer Ausdruck und Kompensation der Verdinglichung von Menschen in unserer Gesellschaft. Weil Subjektivität – obwohl prinzipiell möglich – nicht ist, entsteht der Schein eines reinen, von der Wirklichkeit sich befreienden esoterischen Selbstbewusstseins. Der Mensch, der sich als machtlos erfährt, weil alles um ihn herum übermächtig erscheint – seien es der Chef oder die Umstände – , glaubt dann selbst an die Mächtigkeit machtloser Dinge. Die mögliche Selbsttätigkeit und Selbstmächtigkeit authentischer Subjekte schlägt um in die Delegation und Projektion von Macht an Dinge, Sterne, Strahlen oder postmoderne Mythen. Der zur Personenkennziffer geschrumpfte, statistisch voll erfasste, nur als Kostenfaktor bei der Produktion von Waren verrechnete Mitbürger glaubt an die Allmacht der Zahl, sei es nun im Wissenschaftsbetrieb als Ausfluss des empirisch-analytischen Denkens, sei es im Glauben an Horoskope und die Wirkung berechenbarer, interstellarer Konstellationen. Das haltlos gewordene Subjekt sucht Halt in fernöstlichen Religionsimporten, und der als disponibel und flexibel apostrophierte Mensch im Technologiezeitalter sucht Zentrierung im Spaßanspruch.

Auf den ersten, nicht ideologiekritisch geschulten Blick scheinen sich in derartigen Bewegungen archaische Formen von Religiosität zurückzumelden, die sozusagen danach drängen, in höhere aufgelöst zu werden. Symboldidaktisch könnte man hierin Indizien für die archetypischen Inhalte eines kollektiven Unbewussten vermuten, die sich gegen die Rationalität unserer Zeit zurückmelden. Im hermeneutisch-didaktischen Sinne scheint der Anknüpfungspunkt für eine authentische Resymbolisierung oder Remythologisierung sozusagen auf der Straße zu liegen. Aber der Mythos ist – ebenso wie die Symbole – nach Inhalt und Form an seinen kulturellen und sozialen Entstehungsort gebunden. Er hat deshalb unwiederholbar den Boden verloren, auf dem er einst der Selbstreflexion von Menschen diente. Weil er selbst der Instrumentalisierung unterworfen und durch die Alltagsmytizismen der warenproduzierenden, verwissenschaftlichten und technologisierten Welt ersetzt wurde, ist er untauglich geworden, die notwendige, kritische Sinnlichkeit noch einzuholen. Kaum tritt er auf, unterliegt er der Gefahr, zur Einbruchstelle für Irrationales überhaupt zu werden.

Ideologiekritik kann nur gelingen, wenn sie sich der Klarheit eines Denkens bedient, das sich der Vernunft verpflichtet und zur kritischen Selbstreflexion fähig ist. Die Alternative zur instrumentalisierten, verdinglichenden Sprache ist deshalb nicht in der Gegensprache einer religiösen Symbolwelt zu suchen. Das wäre Negation gegen Negation und insofern die negative Anerkennung gerade dieser Sprachverkümmerung, weil man den Bedingungs- und Wirkungszusammenhang instrumentellen Sprechens, Denkens und Handelns nicht aufbricht.

Bestimmte Negation hingegen kann auf sprachliche und begriffliche Eindeutigkeit gerade deshalb nicht verzichten, weil sie ja die Vieldeutigkeit der Wirklichkeit und deren Ideologien aufsprengen und nicht noch eine weitere Mehrdeutigkeit potenzieren will. Ideologiekritischer Umgang mit dem Phänomen der instrumentalisierten Sprache heißt, über die Gründe dieser Deformation des Denkens aufzuklären und das Programm der Entmythologisierung radikal auf gesellschaftliche Zusammenhänge anzuwenden. Ideologiekritik geht deshalb mit Entmythologisierung und Entsymbolisierung einher.

2.6 Bildungstheologische und -praktische Prinzipien

Eine Einleitung in die Praktische Theologie kann – vor allem, wenn sie exemplarisch zentrale Handlungsfelder als solche skizzieren will – theologische und pädagogische Begründungen nur andeuten und konturieren, sie aber nicht systematisch begründen; derartiges muss monographischen Darstellungen vorbehalten bleiben. Aus unserer Skizzierung der pädagogischen und theologischen Bildungsvorstellungen ergeben sich aber Prinzipien und Kriterien für die Praxis einer kritischen Bildungsarbeit, die thesenhaft skizziert werden sollen. Sie ergeben sich zwar aus meinem eigenen Verständnis von kritischer Bildung, sind aber – zu mindestens teilweise – mutatis mutandis – auch in anderen bildungstheologischen Konzeptionen präsent.

1.) Bildung umschließt Unterricht und Lernen, geht aber nicht darin auf. Vielmehr gewinnen beide überhaupt erst vom Bildungsbegriff aus ihre wahre Bestimmung. Ohne die Unterordnung unter echte Bildung führen Lernen und Unterricht nur zur Halbbildung, die Adorno zu Recht als Verdinglichung von Sachverhalten „auf Kosten ihres Wahrheitsgehaltes und ihrer Lebendigbeziehung zu lebendigen Subjekten" (Adorno 1962, 176) charakterisiert hat. In einer Kulturindustrie, die Kultur zum Konsum anbietet, wird diese Entwicklung ebenso vorbereitet wie in einer Schule und einer Kirche, die meinten, objektive Lehre anbieten zu können, ohne den Gewinn für die Identitätsfindung des Individuums nachweisen zu wollen. Hier werden Bildungs- bzw. Lehrgehalte zu Waren und zu Fetischen, die zwar einen Tauschwert, aber keinen Gebrauchswert haben. Ihre Bildungsrelevanz finden theologische ebenso wie andere Sachverhalte nur, wenn sie in Bezug zur Lebenswelt und -geschichte gesetzt werden können.

2.) Der Begriff „Bildung" umschreibt sowohl einen Vorgang, einen Prozess (sich bilden) wie auch ein Resultat („gebildet sein"). Im Sinne kritischer Bildung müssen beide Momente konvergieren. Demgemäß sind alle pädagogischen Vorstellungen und Methoden auszuschließen, die zwar die Subjektwerdung von Menschen zum Ziel haben, aber auf dem Weg dahin den Subjektstatus der TeilnehmerInnen ignorieren wollen. Das ist in vielen wohlmeinenden Alltagskonzepten ebenso der Fall wie in neueren Erziehungstheorien.

3.) „Bildung" lässt sich begrifflich wie programmatisch von „Erziehung" absetzen. Charakteristisch für Erziehung ist der Vorrang von „objektiven", d.h. dem Individuum vorgegebenen Werten, Normen, Institutionen; „Bildung" hingegen geht vom Vorrang des Subjekts aus. Gleichwohl umschließt eine im kritischen Sinne „realistische" Bildung auch Erziehungsmomente, insofern sie von der durch die Natur des Menschen vorgegebenen Notwendigkeit zu pädagogischen Interventionen ausgeht. Ursächlich dafür ist die Einsicht, dass angesichts der Unstrukturiertheit des natürlichen Menschen – die Tiefenpsychologie nennt dies die polymorphe Perversion des Kleinstkindes (Freud) – und angesichts der nicht gänzlich illegitimen Ansprüche der sozialen Welt auf das Individuum auch Erziehung stattfinden muss und zwar in den frühesten lebensgeschichtlichen Phasen. Man kann diese mit der Bezeichnung „bildende Erziehung" umschreiben. Jeder Zeit erkennbar muss dabei bleiben, dass bildende Erziehung in Verantwortung vor dem und für das Subjekt geschieht, dem sie gilt. Theologisch konvergiert diese pädagogische Einsicht mit der Vorstellung von Gesetz und Evangelium, wobei vorausgesetzt ist, dass das Gesetz nur vom Evangelium her bestimmbar ist.

4.) Echte Bildung muss der Gefahr ihrer Individualisierung und Verinnerlichung wehren. Die Geschichte des Bildungsdenkens zeigt insbesondere die Gefahr einer Individualisierung bzw. Personalisierung von objektiven Gegebenheiten, Mächten und Anforderungen, die den Widerspruch zwischen Individuum und Gesellschaft scheinbar einebnen. Die Scheinhaftigkeit dieser Lösung geht zu Lasten des Individuums und seiner Identitätsfindung sowie Freiheit. Kritische Bildung muss mit der Negativität der objektiven Mächte gegenüber dem Subjekt rechnen. Gerade die Widerständigkeit der vom Individuum noch nicht assimilierten Umwelt (gemeint ist die soziale, kulturelle sowie natürliche) kann zum Bildungsanreiz werden. Greifbar wird dieser Anreiz, wo er im Subjekt Neugierde auslöst.

5.) Kritische Bildung ist – im Unterschied zu einer affirmativen Bildung, die Bestehendes nur ratifiziert und tradiert – in doppelter Weise – im Sinne einer Negation der Negation – konkret negativ; d.h. sie unterscheidet im Gegebenen stets positive und negative Momente und anerkennt es als ein jeweils Veränderbares. In aufhebender, überbietender und zugleich anerkennender Weise negiert kritische Bildung das Sosein des Subjekts (s. 8.) ebenso wie die allgemeine politisch-gesellschaftliche Lage, in der es lebt. In Bezug auf Letzteres muss kirchliches Bildungshandeln immer eine verändernde politische Dimension haben, indem sie den TeilnehmerInnen Perspektiven für die Wahrnehmung und Veränderung von sozialen Negativitäten bietet. Insofern ist kirchliche Bildungsarbeit ideologiekritisch. Kirchliche Bildungsarbeit, die sich bewusst a-politisch verstehen will, ist darin nicht nur implizit politisch-konservierend und stabilisierend, sondern sie verfehlt auch den eigenen Bildungsanspruch.

6.) Die Kirche hat gerade auch deshalb eine erhöhte Bildungsverantwortung, weil sie eine Institution ist, die tendenziell selbst der sozialen Verzweckung entzogen (oder zumindestens doch sein sollte) und deshalb in der Lage ist, in der notwendigen Weise Bildung vor dem Hang und Zwang zur Vergesellschaftung zu bewahren. Dieser Hang und Zwang ist gesellschaftlich organisierter Bildung immanent; daraus resultiert die Reduktion echter kritischer Bildung auf ihre untergeordneten Momente von Erziehung, Sozialisation und Lernen. Bildung, die auf Freiheit zielt, braucht Freiräume, in denen das Subjekt sich auf sich selbst besinnen kann ohne den erdrückenden Andrang objektiver Forderungen, Normen, Erwartungen oder Bedingungen.

7.) Aus der Zweckfreiheit von kritischer Bildung im Rahmen praktisch-theologischer Handlungsfelder ergibt sich auch die Notwendigkeit eines Schutzes des Subjektes vor Leistungsforderungen, sofern diese nicht selbst Forderungen des Subjektes sind. Dass Subjekte nicht nach ihren Leistungen beurteilt werden können und dürfen, ergibt sich bereits unmittelbar aus der theologischen Rechtfertigungslehre; dieser Gesichtspunkt gilt dementsprechend auch für alle Bildungsvollzüge. Daraus resultiert, dass diese auch nicht von spezifischen Leistungsstandards ausgehen dürfen. Kirchliche Bildungsarbeit wird sich deshalb nicht zu schade sein, sich insbesondere auch den vermeintlich „Leistungsgeminderten" (Behinderten, Alten u.Ä.) zuzuwenden. Die Relativierung von Leistungskriterien in kirchlichen Bildungsbereichen meint nun aber keine grundsätzliche Leistungsverweigerung, sondern lediglich die Ächtung von Leistungsforderungen, die an das Subjekt nur äußerlich herangetragen werden.

8.) Gleichwohl bleiben äußere Anforderungen ein notwendiges Moment im Bildungsprozess, weil nur dadurch lebensgeschichtliche und -weltliche Unmittelbarkeit transzendiert werden kann. Das Beharren auf sich selbst, die Unwilligkeit zu Veränderung und Erneuerung ist Ausdruck jener Unbildung, die im Interesse der Subjektwerdung des Menschen zu überwinden ist. Allerdings muss die Forderung als potentielle Selbstforderung des nach sich suchenden Individuums erkennbar und greifbar werden. Sachverhalte, bei denen das nicht möglich ist, fallen – zumindest zu diesem Zeitpunkt, mithin temporär – als Medien von Bildung aus, denn die abstrakte Versprechung von unerkannter Zukunftsrelevanz charakterisiert Sozialisations- und Erziehungsprozesse, nicht aber Bildungsgänge.

9.) Die Verwirklichung von Subjektivität und Freiheit ist und bleibt *stets* ausstehend. Das entlastet zum einen die kirchlichen VeranstalterInnen vor der Selbstüberforderung, das „Heil" der Menschen bewerkstelligen zu wollen. Gleichwohl ergibt sich zum anderen die theologisch begründete pädagogische Aufgabe, den Widerspruch des Subjekts zu sich selbst (vgl. 17. u. 18.) zu reduzieren. In traditioneller kirchlicher Begrifflichkeit wurde dieser hier als „Bildung" charakterisierte Vorgang als Erneuerung oder Bekehrung bezeichnet. Kirchliche Veranstaltungen, die hier keinen „Fortschritt" bringen, sind in der Tat jenes vielgeschmähte „Hallodri", da „Raub" am Lebenszeitbudget der TeilnehmerInnen. Sie widersprechen als solcher der kirchlichen Bildungsverantwortung als einer Verantwortung für die Subjektwerdung von Menschen.

10.) Aus der prinzipiellen Unabgeschlossenheit und Unabschließbarkeit sowie aus deren sozietärer Strukturiertheit ergibt sich der diskursive Charakter von Bildungsprozessen, die deshalb in ihrem Ergebnis stets offen sind. Denn im Diskurs ist die Normativität der in der Situation vorgegebenen Interpretation (z.B. *dass* es sich um eine kirchliche Veranstaltung handelt; dass die Bibel eine Interpretationshilfe sei; dass der Theologe/die Theologin höhere theologische Kompetenz habe als jeder Laie usw.) strittig. Im Diskurs sind wir dazu gezwungen, die ideelle Sprechsituation einer herrschaftsfreien Kommunikation in Anspruch zu nehmen und uns wechselseitig Zurechnungsfähigkeit zu unterstellen. Wer seine Gegenüber als kompetente Subjekte anerkennen will, der muss im Grunde die sprachliche Form des Diskurses wählen bzw. diese kontrafaktisch antizipieren. Allerdings sind der Realisierung dieser Forderung gerade in den Institutionen Kirche und Schule enge Grenzen gesetzt, denn sie beinhalten strukturell vorgegebene Inszenierungen, in denen bereits Rollen verteilt sind und Regeln festgelegt wurden. Um des Subjektstatus' der TeilnehmerInnen willen müssen auch diese prinzipiell – diskursiv – zur Disposition stehen. „Diskursiv" meint, dass ihr Geltungsanspruch nicht per se ignoriert werden darf, sondern argumentativ erst eingeholt und legitimiert werden muss.

11.) Die Einflussnahmen der TeilnehmerInnen auf Ziele, Inhalte und Wege von kirchlichen Veranstaltungen können – soll es sich tatsächlich um Bildungsveranstaltungen handeln – nicht nur taktischer Natur sein. Taktisch wäre es, TeilnehmerInnen ausschließlich methodisch in die Verlaufsplanung zu integrieren und den Schein der TeilnehmerInnenorientierung um sich zu verbreiten, die Zielsetzung aber vorzugeben. Zwar sind Zielvorgaben notwendig, sie haben aber nur regulativen Charakter und sind insofern stets veränderbar.

12.) Sowohl als Prozess wie auch als Resultat (vgl. 2.) ist Bildung als ein ganzheitliches Geschehen aufzufassen; die durch die Wirkungsgeschichte des Neuhumanismus freigesetzte Reduktion von Bildung auf ein kognitiv-geistiges Geschehen ist – im Sinne der ursprünglichen bildungstheologischen Einsichten – zu revidieren. Bezogen auf den Bildungsprozess fordert dies die Suche nach Methoden, die pragmatische, psychodynamische und kognitive Veränderungen ermöglichen. Im Unterschied zu postmodernen und neu-religiösen Ganzheitsideologien ist allerdings nicht die Gleichzeitigkeit aller drei Momente gefordert, vielmehr hängt der aktuelle Vorrang eines Aspektes von der jeweiligen Ausgangslage der TeilnehmerInnen ab. Hinsichtlich des Bildungsresultats zielt Bildung auf die volle Entfaltung aller menschlichen Möglichkeiten.

13.) Bildung ist stets auch kompensatorische Bildung, weil sie die aktuelle Beschädigtheit des Subjekts aufzuheben beabsichtigt. Denn nur so kann das Individuum sich tatsächlich als autonomes, handlungsfähiges und verantwortungsbereites Individuum entfalten. Angesichts der Negativität (s.o.) von Erziehung und Gesellschaft hat kirchliche Bildungsarbeit in der Regel mit Beschädigungen und Einseitigkeiten zu rechnen.

14.) Kritische Bildung widersteht dem gegenwärtigen bildungspolitischen Trend zur „Höchstbegabtenförderung" und zur Optimierung von Begabungen. Dies widerspricht sowohl der bildungstheologischen Forderung nach der Allgemeinheit von Bildung als auch der nach der Ganzheitlichkeit. „Höchstbegabtenförderung" dient – entgegen anders lautender Parolen – nicht dem Subjekt, sondern dem Ausschöpfen von intellektuellen Ressourcen zu wissenschaftlichen oder wirtschaftlichen Zwecken. Gerade bei vermeintlich „Höchstbegabten" ist nach Einseitigkeiten zu fragen, die im Sinne ganzheitlicher, kritischer Bildung kompensiert werden sollten. Solche „Einseitigkeiten" können sich als übergroße Affirmation (vgl. 5.), als Selbstverzweckung (vgl. 6.), als Unfähigkeit zur Selbstdistanzierung und -relativierung (vgl. 7.), als Diskursunfähigkeit (vgl. 10.), als kognitivistische Engführung (vgl. 12.), als Verantwortungsresistenz (vgl. 20.), als Geschichtslosigkeit (vgl. 22.), als abstrakte Areligiosität (vgl. 23.) o.Ä. manifestieren, ohne sofort augenscheinlich zu sein.

15.) Die negative Geschichte der Erziehungslehre macht die Bildungstheorie darauf aufmerksam, dass das Subjekt vor der Übermacht des Objektiven geschützt und ihm die Mittel zur Herrschaft über dieses in die Hand gegeben werden müssen. Das gelingt allerdings nur, wenn sich das Subjekt mit der ganzen Negativität des Objektiven auseinandersetzt, nicht jedoch durch Ignorieren oder durch die Flucht in eine pädagogische Provinz oder in narzisstischer Nabelschau (vgl. 4.).

16.) Bildung ist im weitesten Sinne als Arbeit zu verstehen, weil sie die kritische und zugleich konstruktive Auseinandersetzung mit den objektiven Gegebenheiten von Gesellschaft, Kultur und Religion fordert. Nur durch tätige Aneignung als „Selbst-Arbeit" kann der Mensch zum Herrscher der Welt gemäß Gen 1,28ff und somit tatsächlich zum Subjekt werden. Ohne „Anstrengung" ist Bildung nicht zu haben; das schließt *kontemplative Momente* allerdings keineswegs aus, da „vita contemplativa" und „vita activa" sich wechselseitig ergänzen und durchdringen. Weltentrückende Kontemplation ist – obwohl in der Geschichte des Bildungsdenkens an namhafter Stelle (deutsche Mystik) gefordert – im kritischen Bildungsverständnis obsolet.

17.) Theologische Bildungslehre gründet auf der Rechtfertigungsbotschaft, die dem Einzelnen den Weg zu seiner „wahren" Bestimmung in Kontrast und Überwindung seiner natürlichen, biografischen und sozialen Bestimmtheit weist und ihm volle Subjekthaftigkeit verheißt. Bildung kann so als Realisierungszusammenhang dessen verstanden werden, was in der Rechtfertigungslehre begründend gedacht wird und im rechtfertigenden Handeln Gottes als konkrete Vorgabe für erneuertes Leben gesetzt ist.

18.) Ein – theologisch wie pädagogisch begründetes – kritisches Verständnis von Bildung macht so – theoretisch-konzeptionell und praktisch-didaktisch zugleich – von der begrifflichen Unterscheidung zwischen Bestimmtheit und Bestimmung Gebrauch: Bestimmtheit meint den je aktuell erreichten Stand von Subjektivität, Bestimmung hingegen sein ihm von Gott durch Zuspruch aufgegebenes Bildungsziel. Damit lebt kritische Bildung von einer didaktischen Differenz zwischen Wirklichkeit und Möglichkeit; ihr Ziel ist es, die Wirklichkeit der prinzipiellen Möglichkeit anzunähern. In der pädagogischen Tradition wurde dieser Sachverhalt mit dem Begriff „pädagogische Differenz" umschrieben.

19.) Der Terminus „pädagogische Differenz" birgt allerdings auch die Gefahr eines erziehungstheoretischen Missverständnisses in sich, weil gemeint werden könnte, ErzieherInnen hätten diese didaktische Differenz qua Erziehung, Unterricht oder Lehre zu überbrücken. Die Anwandlung seiner eigenen Möglichkeiten an die ihm innewohnende Potentialität bleibt jedoch immer die Eigenaufgabe des Subjekts, auch wenn es dazu „GeburtshelferInnen" bedarf. Ein kritischer Rückgriff auf die neutestamentlichen Wurzeln des später hypertroph ausgeuferten Amtsverständnisses, mithin auf „diakonia", würde die notwendige Selbstrelativierung kirchlicher BildungsveranstalterInnen erleichtern. Herrschafts- oder Machtansprüche stehen im Widerspruch zur Bildungsverantwortung der Kirche; sie fallen der Ideologiekritik als Selbstkritik anheim.

20.) Weil in der Rechtfertigungslehre begründet, fördert kritische Bildung die Verantwortung des Menschen für seine soziale und natürliche Umwelt. Denn die Rechtfertigung des Menschen durch Gott darf nicht als ein rein inneres, seelisch-religiöses Geschehen ohne äußere Handlungskonsequenz verstanden werden, soll Gottes Gnade nicht zur „billigen Schleuderware" (D. Bonhoeffer) verfälscht werden.

21.) Obwohl Bildung mit der Beschädigung des Individuums rechnen muss, stellt sie nicht die Bildungsbedürftigkeit (Defizitmodell einer kirchlichen Bildungsarbeit), sondern die Bildungsfähigkeit und -willigkeit des Menschen (Kompetenzmodell) in den Mittelpunkt, weil nur so durchgehend dessen Subjektstellung gewährleistet werden kann. Wo die Bedürftigkeit im Vordergrund steht, werden Individuen in der Regel zu Objekten von Bildungsbemühungen gemacht, um ihnen ihr verlorenes Glück anzudemonstrieren.

22.) Kritische Bildung verharrt nicht in der Gegenwart; sie ist stets auch geschichtliche Bildung. Allerdings nicht in einem historistischen, verdinglichten

Sinne, sondern nur insofern, als sich das umfassende Verständnis der eigenen Gegenwart stets nur geschichtlich ergibt. Traditionsvergessenheit macht das Subjekt zum Sklaven einer unerkannten, aber wirkungsvollen Geschichte; zu ihrem Gestalter wird das Subjekt erst, wenn es Geschichte in deren Strukturen und Bedingungen durchschaut. Weil kritische Bildung notwendig vom rekonstruktiven historischen Denken zum kritisch-konstruktiven Handeln fortschreiten muss, schließt historisches Bewusstsein auch Zukunftsbewusstsein ein. Die Zukunftsfähigkeit von Bildungsgehalten wird so zum Kriterium im kirchlichen Bildungshandeln, allerdings nicht im Sinne einer futuristischen Projektion wissenschaftlich-technischer Art, sondern als Frage nach den noch zu realisierenden Bedingungen für die Subjektwerdung der selbst alternden und der nachwachsenden Generationen.

23.) Als ganzheitliche kritische Bildung verstanden, schließt diese auch das religiöse Moment ein, sofern sich das Subjekt seiner Konstitutionsbedingungen zu vergewissern sucht. Weil Bildung Transzendierung von lebensweltlicher Unmittelbarkeit meint, wird sie notwendigerweise auch auf die Frage nach Gott stoßen müssen. Kirchliche Bildung wird diese Frage explizit stellen und gerade um der Subjektwerdung der Menschen willen stellen müssen; sie wird es aber den Subjekten überlassen, diese Frage je konkret für sich zu beantworten.

24.) Nicht ernst genommen wäre das Subjekt allerdings in diesem Zusammenhang gerade auch dann, wenn die kirchlichen VeranstalterInnen mit ihren „Angeboten" an Anworten „hinter dem Berg" halten würden. Denn als Subjekt anerkannt ist man/frau stets nur dort, wo sich auch der/die andere als Subjekt Gehör verschafft. Diese Einsicht gilt, mehr noch als für explizite Bildungsveranstaltungen, besonders auch für Predigt, Hausbesuche, Gesprächskreise und Seelsorge; wie die Predigt nicht nur affirmativ-bestätigend sein sollte, so darf auch das Gespräch nicht zur bloßen „Spiegelei" verkommen. Empirisch bestätigt ist zwar, dass in Predigt und seelsorgerlichem Gespräch stets Bestätigung zur Stabilisierung des Selbst gesucht wird; echte Subjektwerdung wird durch die Befriedung dieses Bedürfnisses jedoch eher verhindert als gefördert. Scheinhafte Empathie, die sich gerade bei den „wohlmeinenden", d.h. klientenorientierten MitarbeiterInnen eingeschlichen und so ein neues Feindbild von Bigotterie geschaffen hat, steht im Widerspruch zu einem subjektivitätsfordernden kirchlichen Bildungshandeln.

2.7 Grundfunktion „Bildung" am Beispiel des Religionsunterrichts

Es wurde bereits dargestellt, dass Bildung deshalb als primäre Grundfunktion zu gelten hat, weil sie in allen religiösen und kirchlichen Handlungsfeldern – sei es in Seelsorge, Diakonie, Leitung usw. – nicht nur präsent sein sollte, sondern vor allem, weil sich von ihr her die wesentlichen Zielvorstellungen und Handlungsstrategien ergeben. Gleichwohl tritt in einigen Bereichen die Funktion stärker in den Vordergrund als in anderen. Gegenwärtig werden diese Bereiche gerne unter dem Stichwort „Gemeindepädagogik" zusammengefasst. Doch der Begriff der Gemeindepädagogik ist fragwürdig; bestenfalls kann er stellvertretend für eine im Grunde signifikantere Bezeichnung stehen, die in ihrer eigentümlich paradoxen Zweideutigkeit allerdings leicht missverstanden wird, nämlich für Gemeindebildung. Dieser Begriff würde den wechselseitigen Prozess deutlicher machen, in dem die Bildung des Einzelnen mit dem Gemeindeaufbau verbunden sein soll. Er kennzeichnet die notwendige Dialektik zwischen Subjekt und Objekt, zwischen Eigenwert des Individuums und Selbstanspruch der Sache des Evangeliums, weil Bildung – wie gezeigt – nur als wechselseitige Vermittlung verstanden werden kann. Weil Bildung stets als Selbstbildung verstanden werden muss, würde dieser Begriff unterstreichen, dass in allen gemeindepädagogischen Aktivitäten die Teilnehmer selbst zu Subjekten ihrer Praxis werden sollen und – hoffentlich – auch können.

Der Begriff der Gemeindepädagogik ist demgegenüber auch deshalb fragwürdig, weil ihm die Konnotation „pädagogische Nachstellung" anhängt. Unzweifelhaft vertritt kein ernsthafter Diskutant in der gegenwärtigen Debatte um die Gemeindepädagogik einen derartigen Ansatz; in der Außenperspektive jedoch können derartige Assoziationen – insbesondere aufgrund der katechetischen Tradition – nicht ausgeschlossen werden. Zudem schließt der Begriff „Gemeindepädagogik" nicht eindeutig asymmetrische Beziehungen zwischen Personen und Institutionen oder zwischen den Personen selbst aus. Von einem kritischen Verständnis von Bildung hingegen wird kenntlich gemacht, dass es um eine symmetrische Kommunikations- und Beziehungsstruktur in den Gemeinden und ihren Aktivitäten gehen soll. Dieses Verständnis von Gemeindepädagogik (Gemeindebildung) (Wegenast/Lämmermann 1994) geht nicht nur auf die neuere gemeindepädagogische Diskussion zurück, sondern greift auch eine liberale Tradition auf, die z.B. mit F. Niebergalls pädagogischer Theologie (s.o.) oder mit O. Pfisters seelsorgerlicher Pädagogik gekennzeichnet ist. Insofern wäre „Gemeindepädagogik" nicht sektoral zu verstehen als ein Teilgebiet der Praktischen Theologie, sondern eben als Gesamtprogramm der Praktischen Theologie.

„Gemeindepädagogik" als praktisch-theologischer Grundbegriff richtet sich gegen alle Versuche einer pastoraltheologischen Engführung der Praktischen Theologie, denn 1.) verweist er auf gesellschaftliche Handlungsfelder der Gemeinde (Kirche), die nicht zu den klassischen pastoralen Tätigkeiten zählen, und 2.) erinnert er an die hohe Relevanz nichttheologischer MitarbeiterInnen und an die theologische Bedeutung von Laien. Unter dem Stichwort „Gemeindepädagogik" ist die Praktische Theologie als eine Praxistheorie für professionelle und nichtprofessionelle Mitarbeiter in kirchlichen und gesellschaftlichen Handlungsfeldern zu verstehen, die es explizit oder implizit mit der verbalen oder nonverbalen Kommunikation des Evangeliums zu tun haben. Die zwischenzeitlich eingeführte Bezeichnung „Gemeindepädagogik" bezieht sich allerdings in der

Regel auf die klassischen Bereiche vom kirchlichen Kindergarten bis zur kirchlichen Altenarbeit, mithin auf die pädagogische Begleitung des Lebenswegs von der Wiege bis zur Bahre. Ausgeklammert hingegen wird der nicht-kirchliche Bereich kirchlichen Bildungshandelns: der schulische Religionsunterricht. Dies ist u.a. eine Konsequenz aus der Preisgabe des Anspruchs auf ein Gesamtkatechumenat und soll den Willen ausdrücken, die speziellen schulischen und gesellschaftlichen Bedingungen zu berücksichtigen. Diese Perspektive wird gegenwärtig unter der Bezeichnung „Religionsdidaktik" realisiert.

2.7.1 Zum Selbstverständnis gegenwärtiger evangelischer Religionsdidaktik

Begrifflich ist zu unterscheiden zwischen einer evangelischen Religionsdidaktik (Lämmermann 1998a; Wegenast 1980; Wegenast 1983; Schmidt 1982; Adam/ Lachmann 1984; Dross 1981) und einer evangelischen Religionspädagogik (Ohlemacher/Schmidt 1988; Nipkow 1975; Bd. 2, 1975; Bd. 3, 1982). Die evangelische Religionsdidaktik versteht sich in Analogie zu anderen Fachdidaktiken; sie ist damit zugleich der schulbezogene Teil der evangelischen Religionspädagogik. Diese umfasst ihrerseits zusätzlich nicht nur die Reflexion auf außerschulische Bildungsfelder der Kirche, sondern auch prinzipielle theologische Überlegungen zu Bildung und Erziehung überhaupt. Sie versteht sich deshalb einerseits als eine allgemeine theologische Theorie von Bildung (Religionspädagogik im weiteren Sinne) und andererseits als die spezielle Theorie der religiösen Bildung (Religionspädagogik im engeren Sinne) mit ihren unterschiedlichen Bereichen (Konfirmandenunterricht, Jugendarbeit, Erwachsenenbildung, Kindergarten, - Religionsunterricht usw.). Die Religionspädagogik bildet so – mutatis mutandis – das ganze Spektrum der allgemeinen Pädagogik in sich ab; sie ist so etwas wie eine „theologische Pädagogik" oder eine „pädagogische Theologie".

Wenn aber die Grenzen zwischen Theologie und Pädagogik unscharf und umstritten sind, dann kann auch das Verhältnis Theologie und Religionsdidaktik nicht so einfach beschrieben werden wie sonst zwischen Fachwissenschaften und ihren Fachdidaktiken. Üblicherweise haben Pädagogik/Didaktik (Kochan 1970) einerseits und Fachwissenschaft (Keck/Köhnlein 1990) andererseits unterschiedliche (Erkenntnis-)Objekte und Forschungsperspektiven: Während die erstgenannten, die explizit pädagogischen Disziplinen, Momente des Unterrichts reflektieren, ergibt sich von den letztgenannten her die inhaltlich-stoffliche Bestimmung des Lernprozesses. In der Regel jedenfalls haben die Fachwissenschaften keinen eigenen immanenten didaktischen Anspruch und erst recht kein implizites pädagogisches Selbstverständnis. Das ist nun aber bei der Theologie anders, denn die Theologie ist wie die Pädagogik weitgehend auch eine anthropologische Wissenschaft. Innerhalb der Theologie und insbesondere in der theologischen Anthropologie (Pannenberg 1983; Jüngel 1980; Moltmann 1971) werden deshalb notwendigerweise prinzipielle Erziehungsaussagen gemacht, die mit dem genuin pädagogischen Denken in Konkurrenz treten können, aber nicht notwendigerweise müssen. Die Überschneidungen zwischen pädagogischer und theologischer Anthropologie und Bildungslehre können auch als eine Chance zum interdisziplinären Gespräch begriffen werden.

Blickt man auf die Wissenschafts- (Bockwoldt 1977) und Schulgeschichte (Lämmermann 1988a; Bolle 1988; Bloth 1968), so sieht man, dass sich in der Regel ein Konkurrenzverhältnis von Pädagogik und Theologie entwickelt hat, eine dialogische oder gar diskursive Bezugnahme aufeinander ist bis heute eher die Ausnahme. Innerhalb der evangelischen Religionsdidaktik wirkt noch die Tradition der sogenannten „Wort-Gottes-Theologie" und ihr religionsdidaktischer Ableger, die „Evangelische Unterweisung" (Kittel 1947; Kittel 1970; Bohne 1953 Bohne 1964), nach, die eine pädagogisch-didaktische Bestimmung von Zielen, Inhalten und Methoden des Unterrichts ablehnten. Denn – so lautete das theologische Verdikt – die Pädagogik vertrete ein Menschenbild, das dem der biblischen Offenbarung diametral entgegenstehe. Was der Mensch wirklich ist oder was er sein soll, das lässt sich nicht aus pädagogischen Bildungsprinzipien ableiten, sondern nur aufgrund der Offenbarung Gottes, mithin aus seinem in der Bibel gegebenen Wort erkennen.

Gegenüber dem in der Pädagogik zum Zuge kommenden Selbstmissverständnis des Menschen sei von Seiten der Theologie zu widersprechen; in dieser Opposition müsse sich die Religionspädagogik als prinzipielle theologische Erziehungstheorie verstehen. Wenn aber die Pädagogik auf den Illusionen des Menschen über sich selbst beruhe, dann könne und dürfe das, was im Religionsunterricht geschehen solle, ausschließlich durch die gegenüber der Pädagogik autark zu verstehende Theologie bestimmt werden, wenn er nicht illusionär sein wolle. Überdies müsse der Religionsunterricht exemplarisch zur Geltung bringen, was die christlich geprägte Erziehung eigentlich in der Schule zu leisten hätte. Dementsprechend sei eine schultheoretische Begründung für den Religionsunterricht als illegitime, weil heteronome pädagogische Bestimmung zurückzuweisen. Religionsdidaktik habe sich als rein theologische Disziplin zu begreifen, die mit dem gängigen methodischen Repertoire und theologischen Einsichten voll und ganz ihre Aufgabe sachgemäß erfüllen könne. Denn – so die Religionsdidaktik der Evangelischen Unterweisung – im Vordergrund aller Überlegungen stehe doch die theologische Sache; einzig von ihr her könne man Inhalte und Ziele des Religionsunterrichts bestimmen. Man kann dieses religionsdidaktische Selbstverständnis als „Autarkiemodell" bezeichnen.

Gegenüber dieser Tradition hat in der Gegenwart eine Tendenzwende stattgefunden; zunehmend setzt sich in der evangelischen Religionsdidaktik wieder ein Selbstverständnis durch, das Theologie und Pädagogik als gleichberechtigte Verbundwissenschaften begreift. An die Stelle eines Gegensatzes zwischen Theologie und Pädagogik ist ein konvergenztheoretischer Ansatz getreten, der die Fachdidaktik des Religionsunterrichts in wechselseitiger Verschränkung von theologischem und pädagogischem Denken zu entwickeln versucht. Abgewehrt ist damit eine Auffassung, die in der Religionsdidaktik nur eine Anwendungswissenschaft sieht, die theologische Inhaltsvorgaben sekundär mit Hilfe pädagogischer, didaktischer, psychologischer und methodologischer Überlegungen auf den Unterricht hin aufbereitet. Diese kritisch-konstruktive Vermittlung von theologischen und didaktischen Fragen und Einsichten stellt eine eigenständige wissenschaftliche Aufgabe dar, die der relativ autonomen Religionsdidaktik zukommt. Diese geht weder in der Pädagogik noch in der Theologie auf, sondern sie versucht, theologische Aussagen didaktisch zu qualifizieren wie umgedreht pädagogische Theorien theologisch zu hinterfragen. In dieser diskursiven Auseinandersetzung ist dann die „Konvergenz der Perspektiven" (K.E. Nipkow) von Theologie und Didaktik zu entdecken. Diese perspektivische Konvergenzbestimmung gilt sowohl für die konzeptionelle Debatte innerhalb der evangelischen Religionsdidaktik wie auch für die Ziele, Inhalte, Methoden und Medien des Religionsunterrichts. Bevor auf die aktuelle konzeptionelle Diskussion eingegangen werden kann, muss die besondere Lage des schulischen Religionsunterrichts in der Gegenwart bedacht werden.

2.7.2 Zur Situation des evangelischen Religionsunterrichts in der BRD

Kein anderes Unterrichtsfach ist von den bildungspolitischen Folgen der deutschen Wiedervereinigung derartig betroffen wie der Religionsunterricht. Einerseits zwingt seine verfassungsrechtliche Verankerung durch Art. 7 (3) GG und durch das Grundrecht auf positive Religionsfreiheit nach Art. 4 GG zur Einführung des Fachs auch in den neuen Bundesländern. Andererseits ist dort im ehemaligen Kerngebiet des deutschen Protestantismus weniger als die Hälfte der BürgerInnen Mitglied einer der Großkirchen; der Anteil der Kirchenmitglieder unter den Jugendlichen liegt bei ca. 30 %, und in größeren Städten sinkt er auf etwa 10 %. Dementsprechend hat – in der evangelischen Religionsdidaktik mehr noch als in der katholischen – der Streit um die Ergänzung oder Ersetzung des Religionsunterrichts durch einen Ethikunterricht neue Dynamik erhalten (EvErz 40, 1991). Verfassungsrechtliche, politische, aber auch religionspädagogische Argumente werden dabei ins Feld geführt. Der insbesondere von Politikern (EvErz 40, 1991) und Verfassungsrechtlern (Campenhausen 1968/69; Campenhausen 1973) vorgetragenen Meinung, das Grundgesetz decke einzig einen konfessionellen Religionsunterricht (Ehlers 1975) ab, wird in der religionspädagogischen Diskussion kaum gefolgt, weil einerseits eine dynamische Verfassungsauslegung auch geschichtlich-gesellschaftliche Veränderungsprozesse berücksichtigen müsse und andererseits die Vorgabe des Art. 7 (3) GG es zulasse, dass die Kirche die Überkonfessionalität des Religionsunterrichts als in Übereinstimmung mit ihren Grundsätzen stehend interpretiere.

Während für die Mehrheit der evangelischen ReligionspädagogInnen die Überwindung des konfessionellen Unterrichts aus prinzipiell religionsdidaktischen sowie aus schultheoretischen und -organisatorischen Gründen unabdingbar und unausweichlich erscheint, plädiert nur eine Minderheit sogar für eine Auflösung des Religionsunterrichts in einen allgemeinen Ethikunterricht (Otto 1986) oder für eine mehr christlich-religiös orientierte, allgemeine Religionskunde (Baltz-Otto 1989, 4ff). Wenn man die religionssoziologische Säkularisierungsthese zur Interpretation heranzieht, dann gewinnt ein Unterricht, der nicht wertneutral, sondern engagiert die allgemeinen christlich geprägten Werte und Normen der Gesellschaft vermitteln und kritisch durchdenken will, durchaus an Plausibilität, denn die Säkularisierungsthese besagt, dass sich das Christentum als Konsequenz der eigenen Entwicklungslogik in die Gesellschaft aufgelöst hat und konfessionelle, auf dogmatischen Lehren beruhende Orientierungen nur noch Sonderformen einer religiösen Äußerung sind.

Allgemein wirksam ist demgegenüber eine säkularisierte Ethik, die genetisch gesehen zwar christlich-kirchlicher Provenienz ist, als solche aber nicht mehr in Erscheinung tritt. Religion ist insofern erstens nur noch implizit vorhanden und zweitens vorrangig in einer ethisierten Form. Die implizit im Sozialisationsprozess wirkenden ethischen Vorgaben und ihre ursprünglichen christlichen Haftpunkte transparent und bewusst zu machen, kann durchaus als eine schulische Aufgabe gelten. Doch kann gefragt werden, ob derartige Bildungsperspektiven nur in einem allgemeinen Ethikunterricht erfüllt oder nicht doch auch in einem Religionsunterricht, der im gegenwärtig gegebenen schulorganisatorischen und bildungspolitischen Rahmen bleibt, verfolgt werden können. Zudem dürften die Weichen auch in den neuen Bundesländern längst für einen konfessionellen Religionsunterricht gestellt sein.

Ursächlich dafür ist nicht nur die Beibehaltung der gängigen Verfassungsinterpretationen von Art. 7 GG, sondern mehr noch die sich darauf stützenden bildungspolitischen Forderungen der katholischen Kirche. Die Meinung der evangelischen Landeskirchen ist demgegenüber uneinheitlich. Einige Kirchenleitungen sehen in der Wiedereinführung eines schulischen Religionsunterrichts die Gefahr einer Funktionalisierung der Kirche und ihres Glaubens für nichtkirchliche, staatliche Zwecke. Die kritische Distanz, die die evangelische Kirche gegenüber dem DDR-Staat wahrnahm, soll auch unter bundesrepublikanischen Verhältnissen bewahrt werden. Ausschließlich theologisch-ekklesiologische Überlegungen stehen dabei im Vordergrund. Die Kirchen der ehemaligen DDR vertreten eher ein gemeindekirchliches Konzept und lehnen die Konzeption der Volkskirche ab, wie sie sich im Raum der bisherigen EKD durchgesetzt hat. Letztere plädiert stärker für eine Integration und Beteiligung der Kirche am gesamtgesellschaftlichen Leben; pädagogisch gewendet führt die erste Alternative zur Beibehaltung und Sicherung des Religionsunterrichts im allgemeinen und öffentlichen Schulwesen. Die gegenteilige Position sieht in der bewussten Distanzierung und Konzentration ein kritisches Potential gegenüber gesellschaftlichen und politischen Strömungen, gegenüber denen man ein prophetisches Wächteramt wahrnehmen will. Als pädagogische Konsequenz daraus wurde deshalb in der DDR die sogenannte Christenlehre (Aldebert 1990; Baldermann 1990) eingeführt, die nun auch unter den geänderten politischen Bedingungen beibehalten werden soll.

Die Faszination dieser Alternative liegt für viele darin, dass sie ihre Wirkkraft im Kirchenkampf gegen den Hitlerismus erwiesen hat; andererseits hat sie aber auch zu einer gewissen kirchlichen Wagenburgmentalität und zu einem Inselbewusstsein geführt, die gesellschaftliche Herausforderungen und Erwartungen nicht mehr positiv aufzunehmen vermögen. Die moderne Religionssoziologie hat nun aber gezeigt, „daß Religion eine offensichtlich unverzichtbare Rolle im Aufbau und Leben der Gesellschaft spielt" (Rössler 1986, 407ff) und dabei notwendige, systemerhaltende wie systemtranszendierende Funktionen wahrnimmt. Wo sie ausfällt, entwickeln sich funktionale Äquivalente (Luhmann 1977, 46ff). Dies gilt auch für die vom Säkularisierungsschub besonders stark erfasste frühere DDR, in der augenscheinlich quasireligiöse Ersatzriten und Ersatzvorstellungen entwickelt wurden. Denn wenn Religion ein unaufgebbarer integraler Bestand jeder Gesellschaft ist, dann ist sie präsent, auch wenn explizite Kirchlichkeit rudimentär geworden ist. Die Notwendigkeit eines Schulfachs „Religion" gründet sich primär in der notwendigen sozialen Funktion von Religion; sie ist unabhängig vom Grad explizit kirchlicher und religiöser Orientierung.

Die bewusste Übernahme sozial zugeschriebener Rollen fällt KirchenvertreterInnen wegen des Verdachts einer Fremdbestimmung und einer Funktionalisierung schwer. Im Hintergrund der schulpolitischen Entscheidung in den Neuen Bundesländern steht auf Seiten der Kirche deshalb keine empirisch-induktive, sondern eher eine normativ-deduktive Begründung, die aus ekklesiologischen Prinzipien unmittelbar pädagogische Konsequenzen ableitet. Ein derartiges Begründungsmodell gilt aber angesichts der Diskussionslage in der Pädagogik, wie auch – in Überwindung des Konzepts der „Evangelischen Unterweisung" – in der Religionsdidaktik selbst, längst als obsolet. Im Sinne des Konvergenzmodells, in dem beide Perspektiven zu verschränken sind, muss der Religionsunterricht schultheoretisch, pädagogisch und theologisch legitimiert und bestimmt werden. Die Zukunft des Religionsunterrichts bestimmt sich nicht dadurch, wie er schulorganisatorisch, juristisch oder politisch abgesichert wird, sondern allein dadurch, was inhaltlich in ihm geleistet wird; zentral sind deshalb Ziel- und Inhaltsüberlegungen, die sich im Streit um ein Primat der Didaktik fokussieren.

2.7.3 Zum Primat der Didaktik in der evangelischen Religionsdidaktik

Im Streit um ein konvergenztheoretisches oder autarkes Selbstverständnis spiegelt sich wider, dass der wissenschaftsorganisatorische und wissenschaftstheoretische Status der Religionsdidaktik umstritten sind: Handelt es sich primär um eine pädagogische oder primär um eine theologische Disziplin? Ist der Religionsunterricht vorrangig von der Sache (Lachmann 1984, 116ff) her oder vom Schüler aus zu strukturieren? Diese und andere Fragen werden in der gegenwärtigen Auseinandersetzung um ein Primat der Didaktik bzw. der Theologie erneut gestellt. Allerdings ist dies keine ausschließlich auf die Religionspädagogik bezogene Kontroverse. In vielen Fachdidaktiken ist auf der einen Seite der von der allgemeinen Didaktik ausgehende Trend zu beobachten, sich von einer fachwissenschaftlichen Umzingelung zu lösen und grundständig pädagogische Kategorien und Zielsetzungen für die Konzeptualisierung, Planung und Analyse von Unterricht zum Tragen zu bringen. Auf der anderen Seite stehen jene, die meinen, in der fachwissenschaftlich vorgegebenen Sache selbst die wesentlichen Impulse für die Strukturierung von Lernprozessen finden zu können, sei es nun in der Logik mathematischer Operationen oder in pädagogisch-methodischen Vorgaben biblischer Erzählungen.

Diese Kontroverse ist also kein Spezifikum der Religionsdidaktik, sondern sie kennzeichnet die Situation in fast allen gegenwärtigen Fachdidaktiken. Einwände gegen ein Primat der Didaktik finden sich dementsprechend nicht nur in der Religionspädagogik; hier aber werden sie besonders vehement vorgetragen, weil sich hinter den religionsdidaktischen Einwänden zusätzlich theologische Fundamentalurteile verbergen: Das Evangelium hat einen unüberbietbaren Eigenwert; ihm muss deshalb unabdingbar ein „Prä" vor allen didaktischen, pädagogischen oder methodischen Überlegungen zukommen. Jedes Primat der Didaktik – so heißt es weiter – laufe auf eine Funktionalisierung der biblischen Gehalte (Baldermann/Kittel 1975) und damit auf eine reduktionalistische Verfälschung der biblischen Wahrheit hinaus. Das „ganz andere" der Sache Gottes könne nur dann zum Tragen kommen, wenn man nicht der Didaktik, sondern einzig der Theologie und ihrer Sache ein Primat einräume.

Diese Vorrangstellung der Theologie in der Ziel-, Inhalts- und Prozessbestimmung des Religionsunterrichtes radikalisiert gegenwärtig die sog. Bibeldidaktik (Baldermann 1980). Genauer betrachtet vertritt sie weitaus mehr als nur ein strategisches oder taktisches Primat der Theologie gegenüber der Pädagogik, denn sie strebt – um der Sache selbst und ihrer Eigenwertigkeit willen – eine Ausklammerung der Pädagogik aus der Religionsdidaktik an. Sie versucht nämlich, in der Bibel selbst die für den Unterricht bedeutsamen Lernwege zu finden. Das hat allerdings für den theologischen Status der Religionspädagogik weitreichende Konsequenzen: Wo immer ein Primat der Theologie vertreten wurde, restringierte sich die Religionsdidaktik notwendigerweise zu einer theologischen Anwendungswissenschaft, die – im besten Fall, wenn überhaupt – sich der Pädagogik bediente, um die Vermittlung der theologisch gewonnenen Unterrichtsgehalte methodisch effizient an die SchülerInnen zu gewährleisten. In dieser Sichtweise hat dann aber die Religionsdidaktik keine konstitutive Bedeutung für die Theologie überhaupt. Sie atmet den Geist, den einst Schleiermacher der Praktischen Theologie insgesamt einhauchen wollte: Als krönender Appendix, hübsch und überflüssig zugleich, wird sie der historischen und systematischen Theologie angehängt.

Wer demgegenüber ein Primat der Didaktik vertritt, möchte zugleich eine konstitutive, innertheologisch notwendige Funktion der Religionsdidaktik wie der

Praktischen Theologie überhaupt begründen. Wenn Theologie mehr sein will als die Hüterin einer für sakrosankt erklärten Tradition, dann muss sie sich der gegenwärtigen Wirklichkeit aussetzen. Die Hermeneutik von Texten muss ergänzt werden durch die Hermeneutik gegenwärtiger Wirklichkeit. Die Leistung, die die Religionsdidaktik für die Theologie erbringen kann, liegt in einer Hermeneutik der SchülerInnenwirklichkeit. In der Fachdidaktik des Religionsunterrichts geht es deshalb um die von der fachwissenschaftlichen Fragestellung zunächst relativ abgelöste Analyse der sozialen Lebenswelt von Kindern, ihren entwicklungspsychologischen Voraussetzungen, ihrer „normalen" Lerngeschichte u.Ä.m. Erst auf diesem Hintergrund lassen sich die Perspektiven für Unterrichtsinhalte finden, die selbstverständlich dann auch fachwissenschaftlich valiert werden müssen. Ihr Spezifikum als Unterrichtsinhalt erhalten sie primär aber nicht wegen ihrer theologischen Bedeutung, sondern wegen ihrer Bildungsrelevanz für Jugendliche und Kinder.

Diese Einschätzung bedeutet allerdings nicht, dass das Theologische in seinem Eigengewicht vor der Schultür bleiben soll. Ausgeschlossen ist nicht das Theologische, sondern nur eine normativ-deduktive Ableitung des Unterrichts aus theologischen Vorgaben. Im Sinne des Primats der Didaktik kommt das Theologische in seinem Eigenwert eher spielerisch und spekulativ in einem zweiten, regulativ zu verstehenden Reflexionsgang zur Geltung. Wie sich das im einzelnen vollzieht, wäre als Elementarisierungsaufgabe zu beschreiben (Baldermann/Nipkow/Stock 1979; Lämmermann 1988; Lämmermann 1990, 79ff; Nipkow 1986). Dabei müssten die Verbindungslinien zwischen fundamentalen Fragen, Problemen, Erfahrungen und Verhaltensweisen von SchülerInnen und fundamentalen Sachverhalten des christlichen Glaubens aufgespürt und in angemessene Unterrichtsziele, Unterrichtsinhalte und Unterrichtsprozesse umgesetzt werden. Bei alledem steht zunächst die Suche nach den Lernzielen im Vordergrund der Elementarisierungsfrage, denn das Primat der Didaktik realisiert sich unterrichtsplanerisch als Primat der Intention. Die Bestimmung von Lernzielen für den Unterricht kann sich allerdings nicht nur in der Korrelation von Situationsanalyse und theologischer Sachanalyse erschöpfen; sie fordert vielmehr eine beständige Reflexion auf den allgemeinen Sinn und die letztendliche Zielbestimmung von Bildung überhaupt. Diese ist gleichermaßen eine genuin theologische wie pädagogische Aufgabe.

Als erste Konsequenz aus einem relativen Primat der Didaktik innerhalb der Religionspädagogik ergibt sich also die Forderung, dieses als eine Hermeneutik der SchülerInnenwirklichkeit und als Reflexion der leitenden Bildungsprinzipien zu verwirklichen. Daraus folgt als zweite Konsequenz, dass sich der Religionsunterricht und seine Theorie im Kontext der allgemeinen didaktischen und pädagogischen Diskussion der Gegenwart zu verantworten haben. Die Religionsdidaktik darf keine Sonderdidaktik sein, wenn sie die Stellung des Religionsunterrichts im schulischen Gesamtcurriculum sichern möchte. Zur Notwendigkeit einer schultheoretischen Begründung des Religionsunterrichts gibt es m.E. keine Alternative: Der Religionsunterricht muss seine funktionale Bezogenheit auf die

Gesamtbildung des Menschen und auf die Bildungserfordernisse der Gesellschaft nachweisen, oder er wird sich in einer säkularisierten Umwelt überhaupt nicht mehr begründen lassen. Diese Forderung ist mehr als eine bloße Wiederaufnahme kulturprotestantischer Vorstellungen; sie ist vielmehr eine notwendige Konsequenz aus den rechtlichen, gesellschaftlichen und politischen Rahmenbedingungen der Gegenwart. Eine schultheoretische Begründung müsste u.a. von dem religionssoziologisch beschriebenen Sachverhalt einer funktionalen Interdependenz von Religion und Gesellschaft (vgl. 2.) ausgehend den Religionsunterricht als nicht stornierbares Moment von Allgemeinbildung bestimmen. Soll die der religiösen Bildung zukommende soziale Funktion nicht affirmativ wahrgenommen werden, dann müssen – im Sinne des Primats der Didaktik und der Zielentscheidungen – zusätzliche Kriterien ins Spiel gebracht werden. Perspektiven und Kategorien dazu ergeben sich aus der Subjektorientierung und der bildungstheoretischen Grundlegung (s.o.). Aus der Orientierung am Subjekt ergibt sich u.a. der hohe Stellenwert, den Lebenswelt und Lebensgeschichte für den Religionsunterricht haben. Diese gelten dann nicht nur für den religionsdidaktischen Begründungszusammenhang, der vor allem den anthropogenen Entwicklungsvoraussetzungen nachzugehen hat (Lämmermann 1998a, 49ff), sondern auch für den entsprechenden Realisierungszusammenhang, die Unterrichtsvorbereitung und die so genannte Didaktische Analyse. Im Sinne des vorgetragenen Bildungskonzepts wäre dieser Zusammenhang als Elementarisierungsstrategie zu verstehen.

2.7.4 Unterrichtsvorbereitung als religionsdidaktische Elementarisierung

Generell kann Elementarisierung verstanden werden als eine didaktisch zu verantwortende Vereinfachung von (Unterrichts-)Inhalten im Sinne einer Konzentration auf das Wesentliche (das Elementare), durch das fundamentale Sachverhalte zugänglich werden. Weil unmittelbare Zugänge zum Fundamental-Allgemeinen – abgesehen vom so genannten „fruchtbaren Moment" – selten sind, bedarf es der didaktischen Vermittlung. Dies soll durch Elementarisierungsstrategien als Unterrichtsvorbereitung ermöglicht werden. Dazu ist man auf vorgängige Auswahlkriterien angewiesen. Im Sinne einer pädagogischen Elementarisierung sind die Kriterien dafür didaktischer Natur, wie z.B. die psychologischen wie lerngeschichtlichen Verstehensvoraussetzungen der SchülerInnen, ihre Lebenswelt usw.; durch die Einbeziehung dieser Faktoren der Unterrichtswirklichkeit unterscheiden sich dann auch religionsdidaktische Elementarisierungen von solchen einer dogmatischen Fundamentaltheologie. In Anschluss an die Diskussion seit den Zwanziger Jahren hat insbesondere W. Klafki die Elementarisierungsdiskussion auch in der Religionspädagogik neu bestimmt und zwar zunächst im Zusammenhang des Konzepts der bildungstheoretischen Didaktik und dann zuletzt in seiner späteren kritisch-konstruktiven Didaktik. In beiden Kontexten bezeichnet der Begriff des Fundamentalen die „grundlegende Schicht der Beziehung von objektiven Sachverhalten und Problemzusammenhängen und dem lernenden Subjekt"; als fundamental haben die verschiedenen Erfahrungs-, Orientierungs- und Handlungsebenen zu gelten, auf denen Menschen in der gegebenen Gesellschaft interagieren. Diese fundamentalen sozialen Bezüge, auch Schlüsselprobleme genannt, sind in Elementarisierungsprozessen zu entdecken.

Bereits die frühen Ausführungen Klafkis führten in der Religionspädagogik zu einer kontroversen Elementarisierungsdebatte. Vor allem VertreterInnen der dialektischen Religionsdidaktik unterzogen die der Elementarisierung zugrundeliegende Theorie der kategorialen Bildung einer radikalen Kritik, weil „in der diskategorialen Antinomie des simul iustus et peccator ... schlechterdings keine humanistische Kategorialisierung" (Hammelsbeck 1961, 44f) auch pädagogisch nicht als möglich gedacht werden kann. Gleichwohl wurden zumindest die Begriffe Klafkis bereits frühzeitig von Vertretern der Evangelische Unterweisung (z.B. H. Angermeyer, K. Hauschildt, H.G. Bloth) aufgegriffen, wobei sie das Elementare in einer für die Folgezeit charakteristischen theologischen Fehldeutung des pädagogischen Programms unmittelbar mit dem Fundamentalen des Glaubens identifizierten: Elementar sei, hieß es, „das Getragensein und Bezogensein aller ... Aussagen auf den sich in Christus offenbarenden Gott" (Angermeyer 1965, 52). Dieser Kritik stand dann auch die Konzeption des Hermeneutischen Religionsunterrichts in nichts nach, obwohl in ihr erste ernsthafte Versuche einer sachgemäßen Elementarisierung (H. Stock u.a.) unternommen wurden. So behauptete damals K. Wegenast, dass bei einer Elementarisierung nach Klafki der Wahrheitsanspruch der biblischen Sache ganz in den Hintergrund treten würde; demgegenüber habe als fundamental und elementar zu gelten, was theologisch konstitutiv ist.

Die jüngere bibelorientierte Unterweisung geht in die gleiche Richtung; für sie bedeutet Elementarisierung, „einen Sachverhalt dort aufzusuchen, wo er sich ... unverstellt zeigt" (G. Kittel 1975, 127), nämlich in den Ursprungssituationen der Bibel selbst. Es geht bei der Aufgabe der Elementarisierung dann „um die Frage nach den menschlichen Situationen ..., in denen ein biblischer Zusammenhang *ursprünglich*, und das heißt zunächst: zum ersten Mal, zur Sprache kam". Nach I. Baldermann entspricht eine elementare Interpretation der Bibel genau dem Anliegen Klafkis. Die Bibel selbst ist auf wechselseitige Erschließung angelegt, weil in ihr Offenbarung und Existenz bereits verschmolzen sind; sie vermögen gerade wegen dieser Verschmelzung auch dem heutigen Menschen Hilfe zur Erhellung der eigenen Existenz zu bieten. In der Bibel ist nämlich der Mensch mit allen seinen Fragen und Fragwürdigkeiten schon enthalten; Elementarisierung heißt dann die elementaren Strukturen oder Gehalte der Bibel zu rekonstruieren und die Bibel heute wieder elementar zum Sprechen zu bringen. Damit ist – bei begrifflicher Adaption – der eigentliche pädagogische Kern der Elementarisierung aufgegeben, weil die konstitutive Bedeutung des Subjekts negiert wird. Anders ist dies bei den aktuellen Versuchen, Elementarisierung wieder im Sinne der Didaktischen Analyse als Unterrichtsvorbereitung zu verstehen.

Vor allem K.E. Nipkow hat Elementarisierung als eigentliche Mitte der Unterrichtsvorbereitung beschrieben (Nipkow 1987). Nach F. Schweitzer sind Unterrichtsthemen insgesamt dreifach zu elementarisieren, nämlich unter den Aspekten der gesellschaftlichen und lebenszyklischen Erfahrungen von SchülerInnen sowie des sich bei ihnen entwickelnden Verstehens (Schweitzer 1988). Für mich selbst besteht die wesentliche Elementarisierungsaufgabe in der „Identifizierung und Strukturierung von lebensweltlichen Schlüsselproblemen, in denen fundamentale soziale und menschliche Sachverhalte elementar und zugleich exemplarisch erfahren" (Lämmermann 1988) werden können. Nipkow unterscheidet hinsichtlich der Unterrichtsvorbereitung zwei grundsätzliche Zugänge mit jeweils zwei Elementarisierungsstrategien. Die beiden Zugänge sind mit den Begriffen ‚elementare Strukturen' und ‚elementare Erfahrungen' gekennzeichnet; der erste vertritt den Anspruch der Sache, der zweite den des Kindes. Die Strategien des ersten Bereichs sind das Problem (fach-)wissenschaftlicher Vereinfachung *(elementare Strukturen)* und das seiner anthropologischen Relevanzprüfung *(elementare Erfahrungen)*. Im zweiten Bereich ergibt sich als entwicklungspsychologisches Problem die sog. Sequenzfrage *(elementare Anfänge)* sowie das Vergewisserungsproblem als normenkritische Frage *(elementare Wahrheit)*. *Elementarisierung als Vereinfachung* zu verstehen entspricht dem Alltagsbewusstsein. Allerdings verbirgt sich darin die Gefahr einer unangemessenen Simplifizierung. Elementarisierung als Vereinfachung will jedoch nicht „durch billige Popularisierung „Komplexität reduzieren" (N. Luhmann), sondern durch die Erschließung des Elementaren als des „grundlegenden Einfachen" (Nipkow 1986, 601) eine sachgemäße Konzentration bewirken. Elementarisierung in diesem Sinne bedeutet die Frage nach dem *theologischen Grundgehalt einer Sache*, denn sie lehrt, den Gegenstandsbereich „in seinen Bedeutungs- bzw. Bauelementen durchsichtig" (Nipkow 1979, 43) zu machen, „Nebensächliches und Hauptsächliches gemäß den Überlieferungsabsichten der Überlieferungsträger voneinander zu unterscheiden" und die in ihnen „zum Ausdruck kommenden elementaren Verkündigungs- und Überlieferungsinteressen" zu entdecken.

Dieser erste Elementarisierungs-Schritt verbleibt weitgehend *fachimmanent* und führt noch lange nicht zu einem schülerInnen-, d.h. entwicklungsgemäßen Unterricht, sondern bestenfalls zu einer theologischen Propädeutik. Wenn ein elementarer Lebens- und Glaubensbezug erschließbar werden soll, müssen die in Glaubenszeugnissen enthaltenen Erfahrungen entschlüsselt werden. Auf der zweiten Stufe des Elementaren wird deshalb der *„Glaube im Vollzug"* und „nicht nur (das) Glaubensverständnis" untersucht (Nipkow 1979, 46). Es geht darum, die ursprünglichen existentiellen, politischen, kultischen oder sozialen Bezüge der historischen Glaubensaussagen als *Relevanzeröffnung* zu erschließen. Denn in seiner ursprünglichen lebens- und glaubenspraktischen Kodierung ist ein möglicher Wirklichkeitsbezug des Textes bereits enthalten. Zwar ist er nicht unmittelbar in die Gegenwart übertragbar, aber er eröffnet mögliche Vermittlungsperspektiven. Weil jene elementaren Erfahrungen im Unterricht nicht unvermittelt reproduziert werden können und sollen, ist *von der Inhaltsebene auf die SchülerInnenebene überzugehen.* In Analogie zur ersten Elementarisierungsebene, die nach der inneren Struktur des Inhalts fragte, wird nun die *immanente Struktur des kindlichen Denkens und Urteilens* erhoben und untersucht, auf welcher Stufe des moralischen, kognitiven und religiösen Bewusstseins sich die SchülerInnen jeweils befinden, um angemessene Inhalte finden zu können. Weil eigene Wahrheitserfahrung für SchülerInnen möglich werden soll, wird auf der vierten Elementarisierungsstufe der Wahrheitsanspruch der Sache auf die Erfahrungsmöglichkeiten der Kinder bezogen.

F. Schweitzer (1988) auf der einen und ich selbst auf der anderen Seite (Lämmermann 1988; 1990) haben versucht, Nipkows Vorschlag weiterzuentwickeln und noch stärker die religionsdidaktische Relevanz der Bedingungsanalyse des Religionsunterrichts in Bezug auf Themen- und Zielbestimmung zu berücksichtigen. Schweitzer schlägt dabei insgesamt drei Erschließungsfragen vor: a) „In welchem gesellschaftlichen, die religiöse Sozialisation des Schülers bestimmenden Zusammenhang steht das Unterrichtsthema?" b) Welcher Zusammenhang besteht einerseits zu den „derzeitigen psychosozialen Entwicklungsstufen" und andererseits zu den „lebenszyklisch früheren und gegenwärtigen Erfahrungen" der SchülerInnen? c) „Welche Formen des sozialen, moralischen und religiösen Verstehens und Urteilens setzt das Thema voraus" (Schweitzer 1988, 549), und wie stehen sie zur aktuellen Prädisposition der SchülerInnen? Nach meinen eigenen Überlegungen darf die Elementarisierung als Unterrichtsvorbereitung nicht mit der didaktischen Strukturierung von *Inhalten* einsetzen, sondern muss – unter dem Primat der Didaktik stehend – sich zunächst *intentionalen Fragen* zuwenden. Auf der *Ziel- und Inhaltsebene ergeben sich jeweils zwei Elementarisierungsschritte, durch die didaktische und theologische Überlegungen dialektisch verschränkt werden; als fünfter Elementarisierungsschritt folgt dann die Medienfrage.* In einem ersten religionsdidaktischen Reflexionsgang geht es darum, die *Lebenswelt und -geschichte der SchülerInnen* so zu analysieren, dass die *innere Dialektik dieser Lebenswelt* entschlüsselt werden kann („Identifizierung lebensweltlicher Schlüsselprobleme").

Nachdem das religionsdidaktisch relevante „Schlüsselproblem" entdeckt ist, geht es in einem *zweiten Elementarisierungsschritt* darum, *relevante Kategorien* sowohl für eine genauere Analyse als auch für mögliche Denk- und Handlungsperspektiven zu erheben, um daraus konkrete Zielangaben zu entwickeln. Auf diese Weise werden soziale Sachverhalte auf mögliche *theologische Deutungskategorien* bezogen. Mit dem nachfolgenden *dritten Schritt* wird die Inhaltsebene betreten, insofern es um die *fachwissenschaftliche Sachanalyse* geht. Allerdings ist der Übergang nicht im Sinne fortschreitender Deduktion zu verstehen, sondern als tatsächlicher Neueinsatz. Als Ergebnis dieses Schrittes sind die fachwissenschaftlich grundsätzlich möglichen Inhalte festzuhalten, die auf das erhobene Schlüsselproblem beziehbar sind und die zu dessen Klärung beitragen können. In einem *vierten Schritt* erfolgt der konkretisierende Rückbezug auf die SchülerInnen, wobei jetzt *entwicklungspsychologische Faktoren* zum Tragen kommen. Hier lassen sich nun die Entscheidungen über die Durchführung des Unterrichts treffen, indem Beziehungen zwischen *Zielen* und *Themen* hergestellt oder *Artikulationsstufen* bestimmt werden. Abschließend müssen *fünftens Methoden und Medien* so vorgeplant werden, dass sie zielführend und inhaltsangemessen sind. Durch den vorrangigen Zugang über die Lebenswelt kann unterrichtspraktisch der grundlegende ideologiekritische Anspruch besser eingelöst werden als durch den Ausgang bei entwicklungspsychologischen Fragestellungen, die gleichwohl konstitutive Bedeutung behalten, wenn der Religionsunterricht seiner Bildungsverantwortung gerecht werden will. Angesichts der Allgemeinheit dieser Verantwortung wird sich der Religionsunterricht auch für nicht-religiöse, ethische Fragen aufschließen müssen. Diese Perspektive entspricht dem generellen Bildungsauftrag, den die Religion in einer Gesellschaft hat. Jede Form von Partikularismus und Exklusivität steht im Widerspruch zum Bildungsgedanken und damit im Widerspruch zum rechtfertigungstheologischen Selbstverständnis, das diesem – wie gesehen – zu Grunde liegt. Religionsunterricht als kirchlichen Unterricht – in welcher Form auch immer – zu begreifen, wäre ein fundamentales Selbstmissverständnis.

3. Kommunikation in praktisch-theologischen Handlungsfeldern

Kommunikation als zweite Grundfunktion kirchlichen und religiösen Handelns steht kontinuierlich unter dem regulativen Prinzip von Bildung. Insofern muss die Kirche als Bildungsinstitution auch als Kommunikationssystem konkretisiert werden (Preul 1997, 153ff). Entsprechend den bildungstheologischen Prämissen sind Kommunikationsprozesse stets darauf hin zu befragen, ob und wie sie der Subjektwerdung von Menschen nützlich werden können. Mehr als Bildung, die man landläufig als obsolet erklärt oder zur Ausbildung sinnentstellend umstrukturiert hat, scheint der Kommunikationsbegriff allerdings geeignet, die Praktische Theologie an gesellschaftliche und kulturelle Tendenzen anschlussfähig zu machen, gehört er doch zu den gegenwärtig gängigen zeitdiagnostischen Begriffen, denn wir leben in einer Informations- und Kommunikationsgesellschaft. In den Kommunikationstechnologien sollen die sicheren Zukunftsressourcen für Wirtschaft und Gesellschaft liegen. Die Perspektive einer kommunikativen Allerreichbarkeit des Menschen ist dem/der einen eine postmoderne Hoffnungsperspektive, dem/der anderen spätmodernes Angstpotential.

Tatsächlich ist die anbrechende Informations- und Kommunikationsgesellschaft ein ambivalentes Phänomen: Auf der einen Seite wurzeln Unbildung und Unmündigkeit auch in Informationsdefiziten, und die Oligarchie von Wissensmonopolisten ist ein antidemokratisches Moment, so dass mehr Information auch mehr Freiheit und Mündigkeit verheißt, auf der anderen Seite bedeutet mehr Information nicht zwangsläufig auch mehr Verständnis; man/frau spricht deshalb heute neudeutsch und im modischen IT-Slang bereits von der Gefahr eines „information-overloading". Dieses scheinbar nur technische Problem benutzen bekanntlich Hacker, um ganze Datenverarbeitungssysteme durch Bombardierung mit Scheininformationen zum Absturz zu bringen. Was für technische Informationsverarbeitungssysteme gilt, gilt auch für menschliche: Der Kopf kann derart mit Informationen zugestopft sein, dass der Mensch eigentlich nicht mehr zum Denken kommen kann, weil er sozusagen ständig mit Downloading und Speichern von verheißungsvollen, zunächst aber nichtssagenden Informationen beschäftigt ist. Die Gefahr, die am Horizont der Informationsgesellschaft aufzieht, ist der Informationsanalphabetismus; in ihm werden Probleme nicht mehr so sehr kritisch reflektiert, sondern es wird versucht, noch mehr, noch neuere Informationen darüber zu sammeln. Vor allem das Internet verspricht Erlösung von begrenzendem Unwissen; doch der „dumme" Mensch könnte in Zukunft nicht mehr der Uninformierte, sondern der Überinformierte sein, derjenige nämlich, der mit seinen Informationen nichts mehr anzufangen weiß. Zunehmend wird deshalb nicht die Information, das Wissen selbst zum Machtfaktor, sondern das Wissen, wie man sinnvoll oder interessengeleitet sein eigenes und fremdes Wissen einsetzt.

Aus diesen Entwicklungen der Informationstechnologie und Kommunikationsgesellschaft erwachsen Rückfragen an die kirchliche Verkündigung ebenso wie an die allgemeine Bildungsaufgabe von Kirche und Staat. Die damit verbundene Bildungsherausforderung liegt nicht nur darin, eine neue Elite von BildungstechnologInnen herauszubilden oder Informatikkenntnisse zur Grundqualifikation jeder Allgemeinbildung zu erheben, sondern den sinnvollen, d.h. kritischen Umgang mit Informationen, Informationsquellen und den in ihnen verborgenen Informations- bzw. Desinformationsinteressen zu ermöglichen – eine Aufgabe, die möglicherweise dem Religionsunterricht in besonderer Weise zuwachsen könnte. Technik und Medienwelt werden die neuen Felder ideologiekritischer Aufklärung sein müssen. Theologisch relevant wurden die alten und neuen Medien in der Informationsgesellschaft schon deshalb, weil sie teilweise religionsähnliche Funktionen und Formen ausbilden: In ihrer Selbsthypostasierung mit Absolutheitsanspruch gewannen die Medien quasi Religionscharakter; die multimediale Welt wurde zu einem Mythos, der immer neue Mythen produziert (Eurich 1998), Erlösung vom Alltag verspricht und permanent neue Helden und Heldinnen mit immer kürzeren Verfallszeiten hervorbringt; für viele aus der Religionsgemeinschaft der „user" mutierte der PC zum Hausaltar der transzendentalen Kraft eines Internets, das Versöhnung verspricht, nämlich des Einzelnen mit der weltweiten Kommunikationsgemeinschaft; es entstanden neue Rituale, nämlich Fernsehrituale wie der allabendliche Konsum der Tagesschau (Schneider 1998, 118ff), und durch die normative Kraft der Platzierung bestimmter Fernsehserien wie den daily soaps entstanden neue und geschützte heilige Zeiten, in denen Besuche oder Telefonate als blasphemische Tabuverletzungen gelten.

Homiletisch gesehen verschärft sich die Frage nach den Bedingungen und Möglichkeiten kirchlicher „Verkündigung im Zeitalter der Massenmedien" (Zöchbauer 1969), weil die Informationsgesellschaft die Menschen zwingt, neue Rezeptionsgewohnheiten und Informationsverarbeitungsstrategien auszubilden, die auch neue Herausforderungen an religiöse Kommunikationsprozesse (Preul 1997, 39f) stellen werden. Dies nicht nur als taktische Assimilationen, sondern auch als Widerwort und Gegenlager. Vor allem könnte es nötig werden, kirchliche Kommunikation „als Ort und Anwalt der Kultur des Wortes im Gegensatz zur Allherrschaft der Bilder zu begreifen" (Otto 1986, 223) und angesichts des Terrors einer allumfassenden Digitalisierung die kommunikative Zumutung eines Doppelsinns von poetisch-ästhetischen Zwischentönen wieder neu zu entfalten, anstatt – dem falschen Optimismus früherer Jahre folgend – Verkündigung quasi selbst zu digitalisieren. Nicht-vereinnahmendes Reden, das Kreativität und Fantasie freisetzt und Subjekte auf Wege zu sich selbst bringt, entspricht der Freiheit, von der die christliche Tradition reden muss.

Das Wort ‚Kommunikation' gehört nicht nur wegen seines Verheißungscharakters zu den besonders häufig verwendeten Begriffen unserer Alltagssprache. Es ist zugleich terminus technicus in einer Vielzahl von Einzelwissenschaften; z.B. in der Biologie, in der Psychologie, in der Publizistik, in der Soziologie, aber auch in der Pädagogik und vor allem natürlich in der Kommunikationswissenschaft, die an den Universitäten nur so boomt. Als Verb wurde der Begriff im 18. Jahrhundert aus dem lateinischen communicare gebildet und verweist – noch nicht informationstheoretisch restringiert – auf ein gemeinschaftliches Tun. Vorab bezeichnete es – etwa ab dem 16. Jahrhundert – einen religiösen Akt, nämlich die Kommunion. Anfang des 20. Jahrhunderts wurde der Begriff dann von der Physik okkupiert, und erst im 2. Weltkrieg adelte die Propagandaforschung ihn sprachwissenschaftlich. Jedoch der Sache nach gehört es zu jener Wissenschaft, an deren Anfang bekanntlich das Wort, durch das alles überhaupt erst wurde, stand (Joh 1,1ff); demgemäß wurde vor allem die protestantische Theologie eine Theologie der Sprache. Aus der Zentralstellung der Heiligen Schrift heraus erwuchs die zentrale Bedeutung der Predigt im Protestantismus, die die übrigen Anteile des Kultus überlagerte. Während in der katholischen Kirche die Liturgie und der Ritus als gottesdienstliche Kommunikationsformen hohe Bedeutung hatten, wird der protestantische Gottesdienst durch die Predigt und damit durch das – zumeist von oben herab – gesprochene Wort charakterisiert. Die Predigt gilt im calvinistischen Bereich noch stärker als im lutherischen. Konsequenterweise wurde deshalb die Tendenz zur Monopolstellung der gesprochenen Sprache durch die „Wort-Gottes-Theologie" verstärkt. Konfessionelle Unterschiede lassen sich durchaus auch – wie etwa W. Jetter (Jetter 1986) zeigte – kommunikationswissenschaftlich erklären.

In neuerer Zeit hat anschließend E. Lange unter dem Stichwort „Kommunikation des Evangeliums" (Lange 1982, 101ff) den Kommunikationsbegriff zur praktisch-theologischen Zentralkategorie erhoben; ihm folgten – auf jeweils andere Weise – weitere, wie z.B. H.-D. Bastian (Bastian 1972) und Chr. Bäumler, der Kommunikation zum Grundbegriff des Gemeindeaufbaus (Bäumler 1984) erklärte, oder die „Kommunikationspastorale" als frischen Aufwind für die Modernisierung der Kirche empfahlen (Ebertz 1997, 140ff). G. Adam/R. Lachmann (Adam/Lachmann 1987) versuchten gar, das Gesamtgebiet der Gemeindepädagogik kommunikationstheoretisch grundzulegen. Andere hingegen – wie z.B. G. Otto (Otto 1976, 46f; Otto 1986, 212ff) oder H. Luther (Luther 1973, 15ff; Luther 1991) – übten wegen der Gefahr eines technizistischen Missverständnisses eher Zurückhaltung gegen Begriff sowie Sache und favorisierten zu Recht ein rhetorisches Verständnis von religiösem Reden. In der Tat liegt dem Begriff der Kommunikation zunächst ein technisches Selbstverständnis zu Grunde; ging es zunächst um die Optimierung von – vorrangig mathematischen – Informationsübertragungen, so trat rasch das nicht mehr nur technische Interesse an der Behebung von Kommunikationsstörungen in den Vordergrund. Diese wurden auch zum Anlass für informations- und kommunikationstheoretische Offensiven in der Praktischen Theologie.

Die in der Folgezeit entwickelten soziologischen und sozialpsychologischen Kommunikationstheorien fragten vor allem nach den grundsätzlichen Regeln sprachlicher Interaktion in Gruppen und zwischen Individuen als Beitrag zu einer verständnisvolleren und humaneren Kultur. Diese Erweiterung des Kommunikationsbegriffs hin zu einer Diskurstheorie wurde im deutschen Sprachraum insbesondere von J. Habermas (Habermas 1981) betrieben und führte zu einer entsprechenden Rezeption sowohl in der Systematischen wie in der Praktischen Theologie. Sein komplexer Kommunikationsbegriff lässt sich weitgehend mit dem Programm der Rhetorik in Einklang bringen, insofern Rhetorik als antizipierender Diskurs mit HörerInnen verstanden werden muss (Lämmermann 1999a). Denn wenn die Prinzipien der Homiletik bildungstheologisch und subjektivitätstheoretisch zu begründen sind, dann ist die Rhetorik ihre praktisch-homiletische Konsequenz (Otto 1987); ein theologischer Kommunikationsbegriff wäre von dieser Perspektive her zu entwickeln.

3.1 Bedingungen sprachlicher Kommunikation

Die Verwendungsvielfalt des Kommunikationsbegriffs zwingt dazu, ihn von ähnlichen Bezeichnungen menschlichen Handelns zu unterscheiden und ihn inhaltlich näher zu charakterisieren. Im Alltagsverständnis ist der Begriff einmal eingegrenzt auf sprachliche Äußerungen, und zum anderen bezeichnet man damit jede Form zwischenmenschlichen Agierens. Doch Kommunikation ist mehr als Sprache und weniger als Interaktion. In Abgrenzung von der Sprache unterscheidet man bekanntlich zwischen *verbaler* und *nonverbaler Kommunikation.* Zu der nonverbalen Kommunikation gehören Zeichen, Gesten, Grimassen, Körperhaltungen u.Ä.m. Auf dieser Ebene können wir mit Menschen vorsprachlich kommunizieren, und ein Großteil menschlicher Kommunikation verläuft ohne Sprache. Die nonverbale Kommunikation setzt allerdings zum Verständnis ihres Sprachspiels einen gewissen kulturellen Verstehenshintergrund voraus; ein Problem, dem sich vor allem der neue Forschungszweig der interkulturellen Kommunikation widmet, weil die falsche Dekodierung nonverbaler Signale in einer globalen Handelswelt geschäftsschädigend wäre. Der Sinn von nonverbalen Codes ist in der Regel sozial bzw. situativ definiert; auch für sie gilt, wie für die sprachliche Kommunikation, dass sie möglichst eindeutig sein müssen. In jeder direkten, nicht medial vermittelten Kommunikation bestehen verbale und nonverbale Elemente nebeneinander; sie können sich ergänzen, aber auch stören. Gestik, Mimik u.Ä. vermögen das gesprochene Wort der Lüge zu überführen. Dies gilt insbesondere auch für die Predigt: Verbittert lässt sich die „Frohe Botschaft" nicht ohne Wirkungsverlust verkündigen. Das stete Nebeneinander von verbalen und nonverbalen Momenten spiegelt sich im Gottesdienst im Nebeneinander von Predigt und Ritus.

Sprechaktionen, seien sie nun verbal oder nonverbal, erweisen sich also als eine mögliche Form von Kommunikation unter anderen. Aber nicht überall, wo Menschen interagieren, müssen sie – so scheint es – auch kommunizieren. Die Kommunikation ist so nur eine Form oder eine Untergruppe des übergeordneten Phänomens der Interaktion, wobei allerdings unzweifelhaft ist, dass eine Interaktion ohne Kommunikation schwierig wird. Das gilt zumindest für menschliche Interaktionen. Aus dieser einfachen Beobachtung hat die Kommunikationswissenschaft das Axiom von der Unmöglichkeit des Nichtkommunizierens abgeleitet (Watzlawick 1969): „Man kann nicht nicht kommunizieren". Weil die Notwendigkeit zu kommunizieren zum Wesen des Menschen gehört, ist z.B. die Isolationshaft eine inhumane menschenzerstörende Praxis. Kommunikation gehört also zu den anthropologischen Grundbefindlichkeiten des Menschen schlechthin. Deshalb haben die theologischen und pädagogischen Anthropologien mindestens seit Herder die Sprache bzw. die Kommunikation als engstens zum menschlichen Wesen zugehörig verstanden. Kommunikation ist so grundlegend, dass die Bibel den Menschen als durch einen sprachlichen Akt Gottes geschaffen darstellt. Die hohe Bedeutung der Sprache geht dann als Bestimmung des als gottebenbildlich geschaffenen Menschen auf diesen über. Indem Gott mit dem Menschen redet, konstituiert er eine Interaktionsbeziehung, die – theologisch gesehen – zum Ermöglichungsgrund menschlicher Interaktion wird.

Die Sprachfähigkeit des Menschen als schöpfungstheologisch reflektiertes anthropologisches Grunddatum hat dazu geführt, in ihr den wesentlichen Unterschied zu anderen Mitgeschöpfen zu sehen – eine Sicht, die verhaltensbiologisch problematisch geworden ist. Die schöpfungstheologische Überhöhung menschlicher Sprachkompetenz ist zunächst wirkungsgeschichtlich problematisch, weil durch sie zum einen per se jede Form von psychisch oder körperlich bedingter Sprachstörung zugleich eine Infragestellung der Menschenwürde dieser Personen nach sich ziehen würde, und zum anderen – wegen des konstitutiven Zusammenhangs von Sprechen und Denken (Pannenberg 1983, 328ff) – eine intellektualistische Überheblichkeit salonfähig würde. Nicht jede Kommunikation muss sprachlicher Art sein – das gilt vor allem in den Handlungsfeldern der Funktion Helfen und Beraten, aber auch in allen anderen. Im homiletischen wie religionspädagogischen Kontext etwa wäre auf die hohe Relevanz der Körpersprache und auf die Prävalenz der Beziehungsebene als Metakommunikation (s.u.) zu verweisen. Aber selbst theologisch ist Zentrierung des Menschseins in der Sprachfähigkeit durchaus heikel: Wenn man/frau die Aussagen zur Gottesebenbildlichkeit zugleich unter dem Vorbehalt des Bilderverbots durchdenkt, dann sind solche inhaltlichen Qualifikationen im Grunde als Formen von Verdinglichung ausgeschlossen. Eine Rekonstruktion der traditionellen Rede von der Gottesebenbildlichkeit darf sich nicht mit jeweils zeitgenössischen Beliebigkeiten vermischen. Solche und andere substantielle Bestimmungen sind zugunsten struktureller preiszugeben; sie haben bestenfalls pädagogische, illustrierende oder regulative Funktion als zwar nicht einzige, gleichwohl mögliche Konkretionen. Begrifflichstrukturelle Reflexionen haben den Vorzug, dass die Vorstellung von der Gottesebenbildlichkeit des Menschen oder andere zentrale Theologumena, wie etwa die Trinitätslehre, zu Strukturprinzipien menschlicher Kommunikation und Vergemeinschaftung werden können (Wegenast/Lämmermann 1994, 24ff).

In der Regel dominiert in Interaktionsprozessen die sprachliche Kommunikation. Sprechen heißt zunächst technisch gesehen nichts anderes, als Informationen via Zeichen oder via Symbole zu übermitteln, und zwar solche Zeichen, die Bedeutung haben und die in sinnvollen Kontext zueinander stehen. Sprache hat Strukturen und Konstruktionsprinzipien. Die Semiotik (Engemann 1993; Meyer-Blanck 1995) unterscheidet bekanntlich diesbezüglich die drei Dimensionen der Syntax, der Semantik und der Pragmatik. Im syntaktischen Zusammenhang wird reflektiert, welche Zeichen und Symbole überhaupt zur Kommunikation benutzt werden, wie die Beziehung der Zeichen und Symbole untereinander aussieht und wie sich Informationen möglichst genau und möglichst schnell übertragen lassen. In syntaktischer Hinsicht stehen mithin die Fragen einer optimalen Informationsdarstellung, also die Gestaltung von Texten oder Reden im Vordergrund. In der Regel gilt, dass je einfacher die Syntax ist, um so verständlicher auch die gegebene Information ist. Dieses syntaktische Grundgesetz erscheint problematisch, wenn man komplexe Sachverhalte vermitteln möchte, die nicht mehr reduzierbar erscheinen und wenn man religiöse Kommunikation nicht auf das Niveau eines Boulevardjournalismus herunterkommen lassen möchte.

Versuche, diese Gefahren zu vermeiden und gleichwohl den syntaktischen Bedingungen zu genügen, stellen theologische und religionspädagogische Elementarisierungsstrategien dar, insofern hier Vereinfachung von Sachverhalten auch sprachliche Vereinfachung meint. Denn Elementarisierung als doppeltes, wechselseitiges Erschließen von Sache und Subjekt muss sich auch die Frage vermittelnder Kommunizierbarkeit von Gehalten stellen. Wer dogmatische Aussagen, für wie substantiell sie auch gehalten werden, unvermittelt als solche in Unterricht oder Gottesdienst kommunizieren möchte, der/die hat sich dieser didaktisch-rhetorischen Elementarisierungsaufgabe nicht gestellt; damit hat er/sie sich zugleich selbst unverstehbar und kommunikationsunfähig gemacht. Zu den notwendigen Bedingungen von Kommunikationsfähigkeit auf dem Gebiet der Syntaktik gehört auch die der sog. Redundanzen, die rhetorisch gesehen unabdingbare Notwendigkeiten sind, weil durch sie bereits gespeicherte Vorinformationen abgerufen werden und weil die sprachlich jeweils neugestaltete Wiederholung eines Grundgedankens dessen Rezeption fördert. Redundanzfreie Kommunikation ist jedenfalls in praktisch-theologischen Handlungsfeldern wenig sinnvoll. Generell gilt, dass für die Rezipierbarkeit einer Nachricht ihre syntaktische Struktur ganz wesentlich mitentscheidend ist; deshalb kann die Syntax nicht nur als ein gegenüber semantischer Inhaltsschwere relativ belangloses Formmoment gelten.

Die Semantik bezieht sich auf die Verstehbarkeit von Botschaften, mithin auf den inhaltlichen Aspekt, nämlich die Beziehung von Zeichen und Bedeutung. Nur bei gleicher Bedeutungszuschreibung können AdressatInnen einen Kommunikanten wirklich verstehen; Kommunikationsverzerrungen hingegen treten dann auf, wenn die beiden Kommunizierenden den verwendeten Zeichen unterschiedliche Bedeutungen zuschreiben. Generell meint Kommunizieren, Bedeutungen mitzuteilen. Zum Zweck der Mitteilung kodieren KommunikatorInnen ihre Botschaft, d.h. sie setzen sie in Zeichen (z.B. Worte, Gesten, Bilder usw.) um. Dabei rekurrieren sie auf ein ihnen vorgegebenes Zeichen- und Bedeutungssystem. Dieses

Zeichen- und Bedeutungssystem ist aus der Erfahrung gewonnen und weitgehend durch Erziehung vermittelt worden. Insofern ist es in großem Maße schichten- und kulturabhängig. In unterschiedlichen Kulturen können Zeichen durchaus unterschiedliche Bedeutungen haben. Konkret heißt das z.B.: Wenn eine Schülerin ihren Religionslehrer nicht versteht oder ein Konflikt zwischen Pfarrerin und ehrenamtlichen Mitarbeitern auftritt oder ein seelsorgerliches Gespräch scheitert, so kann es daran liegen, dass die eine Seite den benutzten Wörtern, also den Zeichen, eine andere Bedeutung beimisst als die andere. Differenzen in den Bedeutungszuschreibungen können z.B. auf Sozialisationsunterschieden, auf verschiedenartigen Lebensgeschichten und Erfahrungshorizonten oder auf ungleichen Lebenswelten beruhen oder situativ bedingt sein. Vor allem wenn einer/eine der KommunikationspartnerInnen psychisch gestört ist oder sich in einer krisenhaften Ausnahmesituation befindet, wird es zu Un- und Missverständnissen kommen. In einem quasi therapeutischen Akt muss geklärt werden, was denn die Gegenseite mit ihren Zeichen wirklich äußern wollte. Gerade in Beratung und Seelsorge muss hinter der manifesten oft die eigentlich zentrale latente Botschaft gesucht werden. Trauernde beispielsweise fragen zwar regelmäßig nach dem Sinn des Todes und dem Sinn ihres Lebens, allerdings wird dann ihre Frage von den KommunikationspartnerInnen oftmals semantisch missinterpretiert (vgl. 5.4), weil sie der lebensgeschichtlich bedingten Frage eine theologische Bedeutung unterstellen.

Der Hinweis auf die Sinnfrage im Trauergespräch exemplifiziert darüber hinaus die situativen Bedingungen einer semantischen Kommunikationsstörung. Trauernde befinden sich in einer restringierten Wahrnehmungsphase (Spiegel 1973, 57ff), sie flüchten sich dabei – regressiv – in eine Begrifflichkeit, die nicht ihre eigene ist, von der sie aber annehmen, sie gehöre zum semantischen Umfeld der PfarrerInnen. Durch die Situation und die eigenen Handikaps bedingt, sprechen sie in einer Sprache, die nicht die ihre ist und mit Wörtern ohne persönliche Bedeutung. Zudem gehört zu den Abwehrleistungen des Menschen, dass er in Konfliktfällen nicht sagt, was er meint, bzw. etwas anderes meint, als er sagt. SeelsorgerInnen und BeraterInnen sollten deshalb für derartige semantische Kommunikationsstörungen äußerst hellhörig sein, denn die verbalen und nonverbalen Signale ihrer Gegenüber können häufig eine größere Bedeutungsfülle haben, als es augenscheinlich ist. Sozialisations- und lebensgeschichtlich bedingte semantische Störungen können beispielsweise auftreten, wenn PredigerInnen etwa von Gott als „dem Vater" reden, weil einige HörerInnen damit angstvolle, andere hingegen befreiende und liebende Vorstellungen verbinden. Denn es könnte sein, dass sie entweder ihre eigenen Väter als bedrohend und strafend erlebt haben oder aber als fürsorglich zuwendend. Um den weit gefächerten Sinngebungen auf die Spur zu kommen, arbeitet man in der Regel mit Assoziationen. Pädagogik, Psychologie und Soziologie haben dazu entsprechende Methoden ausgearbeitet.

Die Pragmatik zielt auf die Wirksamkeit von Nachrichten; sie nimmt Bezug auf soziale Situationen der Kommunizierenden und macht darauf aufmerksam, dass Sprache stets nur in Systemen funktionieren kann, so dass, wenn man diesen kommunikativen Referenzrahmen des Systems verlässt, eine Information unverständlich werden kann. Das hat für die Übertragung von Interaktionsmustern und Sprachspielen aus einem praktisch-theologischen Handlungsfeld in ein anderes schwerwiegende Konsequenzen: So müssen schon aus diesem Grund z.B. alle religionspädagogischen Konzepte scheitern, die den Religionsunterricht als Kirche in der Schule bestimmen oder gottesdienstliche Formen in den Unterricht einführen wollen. Denn der schulische Rahmen gibt auch einen unhintergehbaren Interaktions- und Kommunikationszusammenhang vor, den der Religionsunterricht nicht sträflich ignorieren darf. Das gilt auch für religionsdidaktische Ansätze, die seelsorgerlich-therapeutische Muster in ein unterrichtliches Interaktionsgeschehen integrieren wollen. Gleiches gilt, wenn ein fremdes Sprachspiel (z.B. Theatralisches oder Witziges) in das kirchliche Kommunikationssystem der Predigten eingeführt wird. Die Tatsache macht darauf aufmerksam, dass Systeme im hohen Maße veränderungsresistent sind. Unberührt davon bleibt die Verfremdung als eine kreative Möglichkeit der Homiletik. Verfremdungen sind ja erst dann möglich, wenn der unreflektiert bleibende kommunikative Referenzrahmen durchschaut und konstruktiv durchbrochen werden soll.

Zur pragmatischen Dimension der Kommunikation ist auch das Verhältnis von sozialer Schicht und Sprache zu zählen. Das Sprach- und Kodierungsvermögen der Menschen wird vorrangig in ihrer primären Sozialisation, d.h. in der Familie festgelegt. Dabei spielen naturgemäß schichtenspezifische Einflüsse eine große Rolle. Zwar spricht man/frau in unserer Zeit gerne von einer nivellierten Mittelschichtsgesellschaft, in der die klassischen Gesellschaftsschranken aufgehoben seien, gleichwohl ist die Sozialstruktur der Bundesrepublik weiterhin durch Schichtungen festgelegt. Menschen unterscheiden sich weiterhin eindeutig hinsichtlich bestimmter Kategorien, z.B. in Bezug auf ihr Einkommen, ihren Bildungsstand, ihr Sozialprestige oder andere bekannte sozialwissenschaftliche Schichtenindikatoren. Zwischen den sozialen Schichten gibt es Barrieren, die den Aufstieg von einer Schicht in die andere erschweren sollen. Eine der wichtigsten dieser Barrieren ist dabei die Sprache. Der schichtenspezifische Charakter der Sprache kann in Predigt oder Unterricht zum Problem werden. Denn in der Regel stammen TheologInnen aus der Mittelschicht, während ihr Klientel häufig aus der Unterschicht kommt und deshalb eine weitgehend andere Sprache spricht. Während letztere im restringierten Sprachcode ihrer Herkunftsfamilie reden, nutzen erstere den elaborierten Sprachstil der Mittelschicht.

Diesen Unterschied als nur ein äußerliches sprachliches Problem zu betrachten, wäre kurzschlüssig. Wenn Sprechen und Denken zusammengehören und Sprache sozialweltlich bedingt ist, dann indizieren schichtenspezifische Sprachunterschiede auch solche in Mentalität und Denken. Für Schichtendifferenzen ist insofern nicht allein die Art und Weise des Sprechens in den Ursprungsfamilien verantwortlich, sondern die gesamte Familienkonstellation, die dort herrschenden Erziehungsstile und die Erziehungsziele. Hinter den Unterschieden der Zielvorstellung bei der Erziehung stehen Differenzen in den Wertvorstellungen, die darin ansozialisiert werden (Portele 1978; Rolff 1969; Roth/Oevermann 1970). Das ist nicht nur ein moralisch-pädagogisches Problem, sondern auch ein semantisches, weil dadurch Wertbegriffe schichtenspezifisch mit unterschiedlichen Bedeutungen belegt werden; dadurch entstehen nicht nur Erziehungs- sondern auch Kommunikationsschwierigkeiten, die sowohl religionspädagogisch wie homiletisch oder seelsorgerlich-diakonisch relevant werden können. In Unterschichtenfamilien werden vor allem Gehorsam, Sauberkeit, Ordentlichkeit, Pünktlichkeit und gute Manieren gefordert. Die Gültigkeit dieser Werte ist unbestritten; sie sind sozusagen „Werte an sich". Über diese Werte kann nicht diskutiert werden, sie können auch nicht, wenn die Situation es erfordern sollte, relativiert werden. Diese Werte haben primäre Funktionen für die Ich-Werdung des Kindes; sie sind als Anforderungen eines Über-Ichs fixiert. Als aus einer äußeren strafenden Instanz hervorgehend, begründen diese Werte ein heteronomes Gewissen im Gegensatz zu einer autonomen Moral, die bewusst und reflektiert Werte beurteilt und setzt.

Die Gültigkeit dieser Werte ist eindeutig; sie wird begleitet durch die Eindeutigkeit ihrer Durchsetzung in der Erziehung. In der Unterschicht wird nicht mit der sog. positiven Verstärkung, also mit Lob, sondern mit negativen Sanktionen, insbesondere mit körperlichen Bestrafungen, gearbeitet. Mittelschichtfamilien hingegen bedienen sich primär positiver Lernverstärker. Dort wird auch bereits die falsche Absicht getadelt, während in den Unterschichten nur die negative Tat, nicht aber die Intention bestraft wird. In der Mittelschicht hingegen greifen die Eltern bereits ein, wenn sie die Absicht und die Vorbereitung für falsches Handeln erahnen; in Arbeiterfamilien hingegen tritt die Sanktion erst dann ein, wenn etwas passiert ist. Das heißt aber, dass das Kind nicht dazu erzogen wird, sein Handeln langfristig zu planen und zu beurteilen. Wegen der unmittelbaren Gültigkeit und Durchsetzung der Werte kann es auch nicht dazu kommen, die geltenden Werte in Frage zu stellen. Das Kind lernt nie, warum nun ein bestimmtes Verhalten erwartet wird oder warum es bestraft wird; es wird moralisch konditioniert. Auf diesem Wege lernt das Kind vor allem, Strafen zu vermeiden; infolge dieser Erfahrung wird es eher abwartend und defensiv eingestellt sein.

Nicht nur die Bedeutung von Begriffen variiert sozialweltlich bedingt, sondern Schichtendifferenzen bestimmen auch das Sprachspiel und die Denkmöglichkeiten von Menschen. Die Struktur der Sprache ist die Bedingung für die Struktur und Komplexität des Denkens. Generell besteht eine Dialektik zwischen Sprachstil und Denkinhalten; eine Dialektpredigt wird deshalb notwendigerweise auch andere theologische Inhalte transportieren als z.B. ein Hochschulgottesdienst. Der restringierte Sprachcode der Unterschicht ist weitaus situationsgebundener als die elaborierte Mittelschichtsprache; er ist insgesamt bildhafter, knapper und klarer. Verwendet werden kurze, grammatikalisch einfache, oft unfertige Sätze, es dominieren kurze Befehle und Fragen, Begründungen und Schlussfolgerungen werden oft verwechselt (sog. Kreisgespräche). Der elaborierte Sprachstil der Mittelschicht ist demgegenüber gekennzeichnet durch grammatikalisch komplexe Satzkonstruktionen mit einer Verwendung von verschiedenen Konjunktionen und Nebensatzkonstruktionen, einer häufigen Verwendung von unpersönlichen Pronomen wie „es" und „man"; eine vielfältige Anwendung von Adjektiven und Adverbien ist üblich. Weil in den Aussagen stets selbst angegeben wird, über was man eigentlich sprechen möchte, bleiben die Aussagen auch dann verständlich, wenn sie aus ihrem unmittelbaren Entstehungszusammenhang herausgelöst werden.

Man ist leicht geneigt, zwischen den beiden Sprachspielen eine Wertung vorzunehmen. Dies wäre allerdings unangemessen, denn jeder dieser Sprachstile hat seine ihm eigenen kommunikativen Vorzüge. Im restringierten Sprachcode ist viel eher eine solidarische und damit symmetrischere Kommunikation möglich, während der elaborierte leicht zu Asymmetrien und damit zur Isolierung und zum Individualismus führen kann. Die vermeintlich kultiviertere Distanziertheit der Sprache ist auch Spiegelbild einer emotionalen Distanzierung von den Mitmenschen. Der restringierte Sprachcode hingegen lebt von der Lebendigkeit der Beziehungen der darin Beteiligten und der konkreten Sprachsituation kommunikativ mitlaufender Hintergrundinformation. Die Direktheit der Kommunikation kann so auch eine Direktheit des Erlebens fördern, während der Distanziertheit des elaborierten Sprachstils eher eine Erlebnisunfähigkeit korrespondiert. Auf der anderen Seite vermag demgegenüber allerdings die konkrete restringierte Sprache manche komplexere Phänomene nicht wahrzunehmen; sie führt – bereits durch die Bedingungen des Sprachstils – zu Reduktionen, die dann auch ein eingeschränktes Denken zur Folge haben können. Die Erdnähe der Mundart führt eine Erdverbundenheit des Denkens mit sich. Das ist in homiletischer wie religionspädagogischer Hinsicht durchaus ambivalent zu werten: Ein unmittelbares Adaptieren restringierter Sprachspiele in Predigt und Unterricht führt zu Inhalts- und Bedeutungsverlusten, eine rezeptionsästhetische (Warning 1988; Martin 1984) und elementarisierende Aufarbeitung hingegen fördert die Informationsaufnahme und -verarbeitung.

Sprache führt also jeweils auch in unterschiedliche Lebenswelten; Sprachspiele anderer Genese in andere Sprachwelten einzuführen, lässt Kommunikation nicht nur pragmatisch gesehen scheitern, sondern stellt auch einen Akt kommunikativer Kolonialisierung dar. Wer grenzüberschreitend andere Sprachspiele zumindest verstehen will, macht sich heimisch und öffnet sich auch für andere soziale Erfahrungen. Das gilt auch für die Grenzen der Konfessionen. W. Jetter hat – wie gesagt (s.o.) – die Unterscheidung von Sprachstilen auf die Unterschiede der beiden großen Konfessionen angewendet und dabei den katholischen Ritus mit dem restringierten Code parallelisiert. Die evangelische Kirche hat – als Wort-Kirche – eher den elaborierten Sprachstil favorisiert (Lämmermann 1999a, 24f). Diese Differenz im Sprachspiel erklärt, weshalb die katholische Kirche volksnäher, unmittelbarer, erlebnishafter und „sinnlicher" ist. Die distanzierte Intellektualität der elaborierten Sprache des Protestantismus erscheint Jetter ein revisionsbedürftiges Produkt einer technisch-rationalen Welt zu sein. Konfessionelle Annäherung würde – sprachtheoretisch gesehen – das Erlernen und Integrieren des jeweils anderen Sprachstils bedeuten. Kommunikationswissenschaftlich gesehen könnten Konfessionsdifferenzen mehr sein als Lehrunterschiede.

3.2 Bestimmungen des Kommunikationsprozesses

Man/frau kann den Kommunikationsprozess auf unterschiedlichen Ebenen und unter differenten Gesichtspunkten sowohl analysieren (empirisch-kritischer Aspekt) wie auch planen (programmatisch-konzeptioneller Aspekt). Dabei lassen sich verschiedenartige Kommunikationsformen und -ebenen sowie Faktoren und Kriterien des Kommunikationsgeschehens diagnostizieren. Selbstverständlich lassen sich religiöse wie nicht-religiöse Kommunikationsprozesse auch unter genuin theologischen Kriterien (s.o.) beurteilen. Doch das theologische Bezugssystem – so unabdingbar es für praktisch-theologische Reflexionen bleibt – muss zumindest im analytischen Entdeckungszusammenhang dem sozial- und humanwissenschaftlichen nachgeordnet werden, weil nur so sich normativ-deduktive Bestimmungen vermeiden lassen, die die Praktische Theologie nur wieder zum schlechten Spiegelbild primär dogmatischer oder exegetischer Prinzipien machen würde. Primäres Interesse dieses Bandes ist die Hilfe zur eigenen Analyse von kirchlichen und nicht-kirchlichen Kommunikationsprozessen unter den der sozialen Wirklichkeit angemessenen Kriterien. Praktische Theologie würde sich selbst aus den wissenschaftlichen Kommunikationsprozessen ausschließen, wenn sie sich einer Sondersemantik bedienen würde. Für den kritischen Diskurs ist unabdingbar, dass man gleiche Begriffe und Bedeutungen verwendet (3.1 und 3.2). Denn theologisch nachbuchstabiert und durchreflektiert (3.3), können kommunikationswissenschaftliche Analysen letztendlich in einer Kirchen- und Gemeindetheorie insofern münden, als Gemeinde und Kirche nach einem Diskursmodell und nach kommunikativen Prinzipien aufgebaut werden (Bäumler 1984); kommunikationswissenschaftliche Kriterien und Betrachtungsebenen sind insoweit notwendige Momente einer realistischen, innovativen Kirchen- und Gemeindetheorie.

Ob es sich nun um einen Informationsaustausch zwischen technischen Datenträgern handelt, um den Kaffeeklatsch im Seniorenkreis, um einen Gottesdienst oder um ein Unterrichtsgespräch im Religionsunterricht – die Kommunikationsprozesse sind in ihrer Grundstruktur und in ihren Elementen vergleichbar. Bereits die frühe technisch-orientierte Informationstheorie hat die drei konstitutiven Grundfaktoren herausgestellt: a) ein Sender, eine Person z.B., die etwas aussagt; dieser Faktor wird auch „Kommunikator" genannt. b) ein Medium, das nicht nur technischer Natur sein muss, sondern generell eine Botschaft, die übermittelt werden soll; diesen Faktor nennt man/frau das „Communiqué". Auf die Tatsache, dass tatsächlich das technische Medium selbst zur Botschaft werden kann, hat die Medienforschung verwiesen; c) ein Empfänger, in der Regel also eine Person, die die Aussage aufnimmt bzw. verarbeitet oder sogar überhaupt erst in subjektiver

Bedeutung konstituiert; diesen Faktor nennt man/frau den ‚Rezipienten'. Mit der klassischen Lasswel-Formel wurde diese Triade durch zwei weitere bedeutsame Faktoren ergänzt, indem Lasswel einmal die Botschaft, den Inhalt, vom Medium der Kommunikation unterscheidet; im Prozess einer Herrschaftsübernahme durch Massenmedien ist diese Unterscheidung hinfällig geworden, weil die Medien zu ihren eigenen Botschaften pervertierten. Zum anderen fragt Lasswel nach den beabsichtigten und tatsächlichen Wirkungen; Lasswels Formel geht hier insbesondere davon aus, dass die Wirkung von Kommunikation planbar und dann tatsächlich auch erzielbar ist. Kommunikationsstörungen liegen vor, wenn die geplante Wirkung nicht eintritt.

Die Ursachen dafür können unterschiedlicher Art sein. Generell können sie auf vier Ebenen liegen, nämlich 1. am Sender, 2. am Inhalt der Botschaft, 3. an der Form und 4. an Störungen beim Rezipienten. In der Folgezeit entwickelte die empirische Kommunikationsforschung als Instrument zur Erforschung von Mitteilungen die Inhaltsanalyse („content analysis"); die soziologisch und psychologisch orientierte Wirkungsanalyse wendete sich primär der Frage zu, ob und unter welchen Bedingungen durch Kommunikation tatsächlich Meinung beeinflusst werden kann. Vor allen Dingen in den siebziger Jahren wurde diese Frage im Blick auf die manipulierende Wirkung von Massenmedien konkretisiert. Dabei zeigte sich empirisch, dass diese Wirkung beschränkt ist, solange der Kommunikator in Konkurrenz zu anderen Kommunikationsmitteln steht. In der Regel lebt ein Rezipient in einem System von mehreren Informationsquellen, die sich wechselseitig korrigieren. Das pluralistische System der veröffentlichten Meinungen in westlichen Gesellschaften bietet vielfältige Korrekturmöglichkeiten; eine völlige Gleichschaltung aller Massenmedien hingegen hat tatsächlich eine empirisch nachweisbare manipulative Funktion. Diese gilt für Regionalberichterstattungen eher als für welt- oder bundespolitische Themen, weil hier überregionale Anbieter die regionalen korrigieren. Die Gefahr von Manipulationen liegt also eher im lokalen Bereich; deshalb hat man auch diskutiert, ob Gemeinden nicht – z.B. mit journalistisch ansprechenden Gemeindeblättern – so etwas wie eine „Gegenöffentlichkeit" darstellen sollten, durch die unterdrückte Nachrichten bekannt oder manipulierte Darstellungen korrigiert werden könnten. Wenn überhaupt, dann hat das Konzept der „politischen Predigt" auf lokalem Gebiet seine Möglichkeiten.

Die Ergebnisse der kommunikationstheoretischen Wirkungsforschung stehen also in einen relativen Gegensatz zur Alltagsmeinung: Die manipulativen Möglichkeiten der Massenmedien bei der Veränderung von Einstellungen sind begrenzter, als man landläufig denkt, und sie sind abhängig von ganz spezifischen Bedingungen, z.B. der, dass Personen bereits vorab zu einer Meinungsänderung prädisponiert sein müssen, wenn die Massenkommunikation bei ihnen eine entsprechende Wirkung haben soll. Oder die, dass die Massenmedien primär nur bereits vorhandene Meinungen verstärken, diese aber nicht grundlegend verändern können. Meinungsbildend wirken sie nur bei Ereignissen, zu denen die Menschen noch keine eigene Meinung haben – und nur dann, wenn dazu keine Alternativmeinungen von anderen Medien oder den noch viel wichtigeren opinion-leadern geäußert werden. Insgesamt erweist sich der Einfluss von Bezugsgruppen und zentralen Bezugspersonen gegenüber den Massenmedien als einflussreicher. Die veröffentlichte Meinung wirkt oft erst indirekt, nämlich dann, wenn sie auch von opinion-leadern übernommen und weiter kolportiert wird („two-step-flow of communication"). In diesem Kontext sind auch die publizistischen Wirkungsmöglichkeiten von Gemeindegruppen, -mitgliedern und -mitarbeiterInnen anzusiedeln.

Aufs Ganze gesehen zeigt die Wirkungsforschung, dass KommunikatorInnen der veröffentlichten Meinung – entgegen früheren Vermutungen – generell weniger manipulierend wirken als die RezipientInnen selbst. Die Verstellung von Nachrichten, Akzentverlagerungen u.v.m. beruht eher auf Wahrnehmungsverzerrungen als auf objektiven Falschinformationen. Vor allem die direkten Einflussmöglichkeiten der großen Medien sind so lange begrenzt, wie sie sich gegenseitig korrigieren. Für die Massenkommunikation gilt, was auch für die Predigt später nachgewiesen wurde: Auch sie hat primär keine verändernde, sondern eine bestätigende Funktion für die RezipientInnen. Informationen, die grundlegenden Einstellungen zuwiderlaufen, werden überhaupt nicht wahrgenommen bzw. sie werden im Sinne der vorrangigen Einstellung uminterpretiert. Dieser Wirkmechanismus wird durch die Theorie der „kognitiven Dissonanz" interpretiert (Lämmermann 1999a, 58f). Diese sozialpsychologische Theorie besagt bekanntlich, dass Menschen dazu neigen, „lieber in Konsonanzen, in Übereinstimmung leben als in Dissonanzen" (Otto 1986, 218) und deshalb Strategien zur Verminderung von Dissonanzen entwickeln. So sammeln sie z.B. vorrangig jene Informationen, die eine von ihnen getroffene Entscheidung bestätigt, irritierende andere Informationen hingegen werden nicht mehr wahrgenommen. G. Schmidtchen hatte diese Theorie in der VELKD-Untersuchung 1973 zur Interpretation jener unwahrscheinlichen KirchgängerInnen (Schmidtchen 1973, 37ff) angewendet, „die zur Kirche gehen, obwohl sie das nach der affektiv-kognitiven Konsistenz-Theorie gar nicht dürften" (Schmidtchen 1973, 42).

Ausgangspunkt einer kommunikationstheoretischen Betrachtung praktisch-theologischer Handlungsfelder kann nach wie vor das zweite Axiom P. Watzlawicks (Watzlawick 1969) sein (Otto 1986, 204ff). In seinem ersten bereits genannten hatte er die These von der Unmöglichkeit, nicht zu kommunizieren, aufgestellt und begründet (s. 3.1). Das zweite besagt nun, dass jede Kommunikation in gewisser Weise doppelzüngig ist: Sie umfasst neben einer semantischen Inhalts- auch eine soziale Beziehungsebene, wobei diese Beziehungsebene wichtiger ist als die Inhaltsebene, und zwar derart, dass sie die Ebene der Metakommunikation ist. Für das Gelingen von Kommunikation ist demnach nicht die inhaltliche Ebene von ausschlaggebender Bedeutung, sondern der Beziehungsaspekt. Dabei sind es vor allem psychologische Bedingungen, die diese Metakommunikation bestimmen. Auf die Beziehungsebene verweist dann auch das fünfte Axiom Watzlawicks, demgemäß zwischenmenschliche Kommunikationsabläufe entweder symmetrisch oder komplementär und damit asymmetrisch verlaufen, „je nachdem, ob die Beziehung zwischen den Partnern auf Gleichheit oder Unterschiedlichkeit beruht". Diese Asymmetrie ist nun aber dem Kommunikationsprozess als solchem nicht wesensmäßig; sie wurzelt vielmehr in sozialen Bedingungen, die über die Beziehungsebene in den Kommunikationsprozess eindringen. J. Habermas hat darauf hingewiesen, dass, wer kommuniziert, damit zugleich auch Herrschaft ausüben möchte. Wegen dieser Vermischung seien die bei uns dominierenden Sprechsituationen nicht ideal. Echte Kommunikation kann nur dann gelingen, wenn sie tatsächlich herrschaftsfrei ist.

Damit sind für Kommunikationsprozesse drei Probleme genannt, die Kommunikation stören oder verhindern können: Erstens können Beziehungsprobleme Sachfragen überlagern. Zweitens kann der Prozess an seiner Asymmetrie leiden, und drittens kann er zur Herrschaftsausübung dienen. Der Frage nach den Bedingungen und Möglichkeiten von herrschaftsfreier Kommunikation ist bekanntlich vor allem J. Habermas mit seiner Theorie des kommunikativen Handelns (Habermas 1981) nachgegangen. Kommunikatives Handeln ist dadurch gekennzeichnet, dass die Situation, in der gesprochen wird, Teil des Gespräches selbst ist. Der Geltungsanspruch einer Aussage muss hier nicht lange diskutiert werden, er ist vielmehr vorausgesetzt, und ihr Sinn ergibt sich unmittelbar aus dem szenischen Arrangement der Kommunikationssituation. Schulunterricht und Gottesdienst stellen eine Reihe von institutionellen und szenischen Bedingungen für kommunikatives Handeln; auch hier ist die Situation jeweils ein notwendiges Element der Mitteilung selbst; nur im vorgegebenen Rahmen interpretiert sich die sprachliche Äußerung. Weil das kommunikative Geschehen zwischen SprecherInnen und HörerInnen durch das szenische Arrangement gestützt und ergänzt ist, können sie sich darauf beschränken, verkürzt und rasch Informationen zu übermitteln, die letztlich komplexer sind als die bloßen Worte, die sie äußern.

Während kommunikatives Handeln sich auf reinen Informationsaustausch beschränkt, ohne die normativen Grundlagen des Kommunikationsprozesses zu reflektieren, werden im Diskurs, den Habermas als alternatives, ideelles und kontrafaktisches Kommunikationsmodell einführt, vorausgesetzte Geltungsansprüche problematisiert und insofern auch die Herrschaftsfrage diskutiert. Im Diskurs unterstellen sich die PartnerInnen herrschaftsfrei wechselseitige Zurechnungsfähigkeit. Wer seine Gegenüber – entsprechend der bildungs- und subjektivitätstheologischen Grundlegung der Praktischen Theologie – in seiner kommunikativen Interaktion als kompetente Subjekte anerkennen will, der muss deshalb stets die sprachliche Form des Diskurses kontrafaktisch antizipieren. Kontrafaktisch deshalb, weil soziale Herrschaftsverhältnisse aufgrund von gesellschaftlichen Strukturen realistischerweise in jeder Kommunikation weiterhin – auch bei bestem Willen der KommunikationspartnerInnen – anzunehmen sind – und dies vor allem in Institutionen wie z.B. Kirche und Schule.

Vor allem die seit Schleiermacher anhaltenden Versuche, Gemeinde als Kommunikationsgemeinschaft freier religiöser Individuen zu verstehen, erweisen sich angesichts verharrender Herrschaftsstrukturen auch in Gemeinden, wenn nicht gar als Illusion, so zumindest doch als Fiktion. Bekanntlich unterscheidet sich die Fiktion von der Illusion darin, dass in jener die Phantasie ohne irgendwelche Realitätsbezüge sich auslebt, während die Fiktion zumindest Momente von Realisierbarkeit hat und insofern als Regulationsprinzip für den Gemeindeaufbau dienen kann. Diese fiktionale Sicht wurde in gewisser Weise kirchen- und gottesdiensttheoretisch tatsächlich von Schleiermacher „schon längst unter dem Titel der freien Zirkulation des religiösen Bewußtseins konzipiert" (Preul 1997, 154). Die regulative Forderung zielt auf den Versuch einer permanenten Grenzüberschreitung im kommunikativen Handeln auf Ansätze zum herrschaftsfreien Diskurs hin. Schon bei Schleiermacher finden wir entsprechende Hinweise, wenn er betont, dass „durch die Zirkulation der Mitteilung ein gleicher Besitz hervorzubringen" ist (Schleiermacher 1850, 49) und zur „selbständigen Ausübung des Christentums" (Schleiermacher 1850, 62) führen soll. Auf der anderen Seite spricht er aber auch von nicht aufhebbaren, bleibenden Unterschieden (Schleiermacher 1850, 17), die von Generation zu Generation vererbt werden (Schleiermacher 1850, 50). Gut meinend könnte man/frau – einem praktisch-theologischen Konsens folgend – gegen die illusionären die konstruktiv-fiktiven Vorstellungen Schleiermachers ausspielen und ihn zum Vorreiter eines kommunikativen Gemeindeaufbaus stilisieren.

Innerhalb des Diskurses unterscheidet Habermas den theoretischen vom praktischen. Diese Unterscheidung erlaubt es, ein praktisch-theologisches Selbst-missverständnis aufzuklären. Landläufig nimmt man/frau an, dass zumindest Predigt und Unterricht kommunikativ primär auf der Inhaltsebene angesiedelt sind; das entspreche vor allem den normativen Vorgaben der dialektisch-theologischen Varianten in Homiletik (Lämmermann 1999a, 11ff) und Religionsdidaktik (Lämmermann 1998a). Wegen des Theorems von der Selbstwirkung des Wortes Gottes darf der Beziehungsaspekt und damit die Persönlichkeit von LehrerInnen (Lämmermann 1998a, 198ff) bzw. von PredigerInnen keine konstitutive Bedeutung haben (Lämmermann 1999a, 61ff). Lässt man einmal die kommunikationswissenschaftliche Unrealisierbarkeit solcher Postulate beiseite, so könnte man/frau sagen, dass sie im weitesten Sinne am ehesten dem theoretischen Diskurs entsprächen, wenn dabei allerdings die Wahrheitsfrage wirklich verhandelbar wäre. Doch gerade dieses Zentralkritierium für den theoretischen Diskurs ist in der kerygmatischen Position programmatisch ausgeschlossen. Schon von daher ergibt sich, dass für eine realitätsnahe Homiletik und Religionspädagogik dialektisch-theologische Prämissen unhaltbar sind.

Faktisch spielt nicht nur in den Funktionen von Hilfe und Beratung die Beziehungsebene die letztendlich dominante Rolle, sondern auch beim Verkündigen und Lehren. Predigt und Unterricht können so – in ihrer idealen Ausarbeitung – als Formen des praktischen Diskurses angesehen und gestaltet werden. Denn empirisch gesehen kommen bei der Klärung der Frage von Wirkung und Wahrheit hier nicht so sehr der Inhalt als vielmehr die kommunizierenden Personen ins (Sprach-)Spiel; zentral für das Gelingen des Diskurses wäre deshalb die Wahrhaftigkeit der KommunikantInnen. Alle empirischen kirchensoziologischen Untersuchungen zeigen in der Tat die hohe Bedeutung der Personen nicht nur für die Wahrnehmung, sondern auch für die Wertschätzung der Kirche und ihres Wahrheitsanspruchs. Es gibt keine empirisch belegbare Alternative dazu, dass Wahrheiten nur personal vermittelbar sind. Die Selbstverabschiedung der PredigerInnen von ihrer Verantwortung für ihr Communiqué geht zu Lasten der Wahrheit des von ihnen Verkündigten und macht es – empirisch gesehen – wirkungslos. Die homiletische Wirkungsforschung zeigt, wie diese Lücke dann geschlossen wird, nämlich durch die Projektionen der HörerInnen, die sich selbst an die Stelle der Botschaft setzen.

Die habermassche Unterscheidung von praktischem und theoretischem Diskurs hilft, die Ebenen der sozialen Interaktion von TheologInnen besser wahrzunehmen. Nicht nur die Wirkungsanalysen von Predigten zeigen hier Diskrepanzen: TheologInnen wollen sich in ihrer Kommunikation dem Wahrheitskriterium unterwerfen, tatsächlich werden sie aber nach dem Wahrhaftigkeitskriterium rezipiert. Damit reduziert sich aber das Verkündigungspathos, wie es in der dialektischen Homiletik oder in der kerygmatischen Seelsorge vertreten wurde. Wenn im praktischen Diskurs nicht die Wahrheitsfrage, sondern das Wahrhaftigkeitskriterium zählt, das an Personen und nicht an Sachen gebunden ist, wird deutlich, weshalb soziale Kompetenzen wie Achtung, Wärme und Rücksichtnahme, Empathie, einfühlendes Verstehen usw. (Tausch/Tausch 1977) auch für kirchliche und religiöse Kommunikationsprozesse bedeutsam sind (Lämmermann 1999a, 74ff). Pfarrer- und ReligionslehrerInnen können nur dann als wahrhaft gelten, wenn ihre Kommunikation – zumindestens perspektivisch gesehen – weder asymmetrisch ist, noch als falsch oder verlogen angesehen werden kann. Wahrhaftigkeit bedeutet, Gesprächspartner ernst zu nehmen und sie als kompetente gleichberechtigte Subjekte zu akzeptieren. Nur wo gegenseitig Wahrhaftigkeit unterstellt wird, kann es auch zu einem Konsens kommen.

Wenn die Wahrhaftigkeit als entscheidende Beurteilungskategorie gilt, dann wäre die expressive Form der Kommunikation – im Unterschied zur informativen, interaktiven – dem Diskurs am angemessensten. Im Sinne humaner, herrschaftsfreier Kommunikation muss die expressive Kommunikation konstitutiv im praktischen Diskurs verankert sein, weil sie sonst möglicherweise das Feld der suggestiven Kraft von wortgewaltigen VerführerInnen mit ihren Ideologien wird. Zwar scheint auch hier und besonders hier – wie die Untersuchungen zur Massenpsychologie und Massenkommunikation des Faschismus zeigen – die Wahrhaftigkeit einer Aussage in der persönlichen Integrität des Sprechers verbürgt zu sein. Aber dieser Anspruch kann reflexiv nicht mehr hinterfragt werden, sondern muss reflexionsfrei „geglaubt" oder als über eine Amtsrolle und Amtsautorität oder einen Führermythos verbürgt vorausgesetzt werden. Soll jedoch expressive Kommunikation – im Sinne eines antizipierten herrschaftsfreien Diskurses – subjektfördernd und emanzipatorisch sein, so muss deren Grundlage expressiver Wirkung im praktischen Diskurs überhaupt erst eingeholt werden. Denn ein praktischer Diskurs verlangt ja stets, dass über die Bedingungen, unter denen kommuniziert wird, auch reflektiert wird. Nur wenn die expressive Kommunikation an die Regeln des praktischen Diskurses gekoppelt wird, entgeht sie der Gefahr, durch persönliche Überzeugtheit zu manipulieren – eine Gefahr, die in pastoraltheologischen Entwürfen gelegentlich zur Tugend erhoben wird.

Kommunizieren heißt – wie gesehen –, auf spezifische, nämlich sprachliche Weise zu interagieren. Jede Interaktion vollzieht sich bekanntlich auf drei Dimensionen: der kognitiven, der emotionalen und der pragmatischen. Demgemäß können auch religiöse Kommunikationsprozesse auf die Berücksichtigung dieser Dimensionen hin analysiert werden. In der Religionspädagogik ist es schon lange Standard, Lernziele in diesem Sinne zu operationalisieren, und auch in der Homiletik gibt es entsprechende lerntheoretische Ansätze. Die pädagogische Lernforschung hat gezeigt, dass Lernen dann optimiert ist, wenn alle drei Dimensionen angesprochen werden. Dementsprechend sagt eine bekannte Lernregel, dass wir 10 % dessen, was wir lesen, 20 % dessen, was wir hören, 30 % dessen, was wir sehen, 40 % dessen, was wir hören und sehen, 60 % dessen, was wir hören, sehen und diskutieren, 80 % dessen, was wir durch eigenes Suchen und Verarbeiten entdeckt haben, und 90 % dessen, was wir entdeckt haben, wofür wir kämpfen und leiden mussten, auch wirklich behalten können. Diese Perzeptionsbedingungen gelten analog für alle Kommunikationsprozesse; sie zeigen zum einen, wie ineffektiv reines Hören ist, und zum anderen, dass eindimensionale Kommunikationen möglichst zu verhindern sind. Unter diesen Unterscheidungskriterien von kognitiven, emotionalen und pragmatischen Elementen können z.B. Predigten empirisch analysiert werden: Auf der Seite der KommunikantInnen, der PredigerInnen, könnte untersucht werden, auf welcher dieser Kommunikationsebenen sie argumentieren; auf Seiten der Rezipienten lässt sich fragen, auf welcher dieser Dimensionen die höchstmögliche Wirkung erzielt wird und woher Störungen stammen. Empirisch könnte die Deckungsungleichheit beider Momente im Predigtgeschehen konstatiert werden: Während die Predigt vorrangig emotionale Erfahrungen auslöst und hier ihre größte Wirkung zeigt, sind die Predigten inhaltlich primär auf der kognitiven Dimension unter Missachtung der beiden anderen angesiedelt.

Die Dimensionierung des Kommunikationsvorgangs hilft, Abläufe von Unterrichts-, Beratungs- und Predigtwirkungen zu erforschen, um daraus Konsequenzen für die Planung zu gewinnen oder religionspädagogische bzw. homiletische Konzeptionsdifferenzen zu systematisieren. Am Beispiel der Predigt sei dies exemplarisch konkretisiert: Kommunizieren PredigerInnen und HörerInnen vermeintlich auf einer rein kognitiven Ebene, dann versuchen die TheologInnen die Wahrheit der christlichen Botschaft entweder als Lehrpredigt argumentativ und reflexiv zu vermitteln oder – im Sinne einer dialektisch-theologischen Homiletik – eine streng schriftgebundene autoritative Weitergabe der Offenbarungsbotschaft; die HörerInnen können als Reaktion darauf in beiden Fällen entweder zustimmen oder konträr abstrakt nicht beipflichten; der Grad ihrer freien Rezeption ist in hohem Maße – idealtypisch gar gänzlich – eingeschränkt. Zielen die PredigerInnen dagegen primär auf die Emotionalität ihrer HörerInnen, dann wollen sie erbauen und beeindrucken oder religiöse Gefühle erzeugen u.Ä.; die HörerInnen werden gefühlsmäßig entweder gleichgestimmt und betroffen, oder sie ziehen sich unbetroffen, ohne erkennbare Wirkung zurück. Schleiermachers Homiletik ist auf diese Dimension angelegt; demgemäß betont er: „je mehr Raum das Dogmatische einnimmt, desto mehr wird das Erbauliche eingeschränkt" (Schleiermacher 1850, 164), die Hauptsache jedoch „bleibt immer die Belebung des religiösen Bewußtseins, die Erbauung" (Schleiermacher 1850, 216). Im Falle einer rein kognitiv orientierten Predigt dürfte der lehrmäßig dogmatische Stil vorherrschen, im zweiten Fall der emotionalen Kommunikation liegen in der Regel erbauliche Ansprachen vor. Während im letzteren Fall die PredigerInnen ihre eigene Person in den Kommunikationsprozess bewusst expressiv einbringen, wollen sie sich im ersten Fall – so ihre Selbsttäuschung – ganz zurücknehmen.

Psychoanalytisch gesehen können Formen vermeintlich rein kognitiver Predigten Ergebnisse von Rationalisierungen sein, hinter denen die eigentlichen emotionalen Triebimpulse vor sich selbst und anderen verborgen werden sollen; sie können auch die Folge einer eher zwanghaften Persönlichkeit sein. Auf der anderen Seite ist die Möglichkeit zu prüfen, inwieweit emotional gestimmtes Predigen nicht auf Regressionen beruht bzw. auf eine hysterische Persönlichkeitsstruktur zurückgeht (Lämmermann 1999a, 70f). Solche Erwägungen sind natürlich auch bei rein pragmatischen PredigerInnen möglich; hier könnte z.B. eine schizoide Persönlichkeitsstruktur die Distanzierung von Menschen wie von Inhalten anraten, oder aber eine eher zwanghafte Veranlagung möchte Ordnung im Denken und Handeln der HörerInnen schaffen. PredigerInnen, die die pragmatische Dimension der Kommunikation in den Vordergrund stellen wollen, halten primär ethische Ansprachen, die zum christlichen Handeln unmittelbar aufrufen. In diesem Fall dominiert – theologisch gesprochen – der Imperativ (Hoffmann 1995), während sich die kognitiv sowie die emotional orientierte Rede der Kategorie des Indikativs unterwirft.

Innerhalb dieser Dimensionierung lassen sich homiletische Kommunikationsstörungen etwa folgendermaßen beschreiben: Auf kognitiver Ebene können gegebene Informationen nicht verarbeitet werden, weil sie entweder zu schwierig sind, so dass die HörerInnen sie nicht verstehen können, oder so altbekannt sind, dass sie keine neuen Informationen bieten; in diesem Fall wirkt – via Redundanz – die kognitiv strukturierte Predigt auf emotionaler Ebene. Bewusst auf emotionaler Ebene angesiedelt, setzt die Predigt den ganzen psychischen Apparat der HörerInnen in Gang: Es kommt zu Übertragungen, Abwehrleistungen u.Ä.; allgemeine Antipathien und Sympathien werden zur entscheidenden Kategorie in der Rezeption. Auf pragmatischer Ebene ist eine Kommunikation dann gestört, wenn sie die HörerInnen zu etwas auffordert, was diese konkret nicht erfüllen können, wenn also z.B. eine globale Perspektive eingenommen wird, ohne die praktisch-alltäglichen Handlungsmöglichkeiten der HörerInnen zu berücksichtigen. Faktisch wirken alle drei Dimensionen in jedem Kommunikationsvorgang, auch wenn dies vom Kommunikanten nicht beabsichtigt ist. Wenn man z.B. die emotionalen Anteile nicht bewusst didaktisch aufnimmt, dann wirken sie gleichwohl „hinter dem Rücken der RednerInnen" und damit möglicherweise gegen deren explizite Intentionen (Piper 1976, 129ff). Kommunikationswissenschaftlich gesehen sind mithin sowohl erbauliche wie auch dogmatische Predigten defizitär und deshalb homiletisch fragwürdig; die Alternative zu ihnen wäre das rhetorische Predigen (Otto 1976; Lämmermann 1999a, 45ff), in dem sich u.a. auch die drei Dimensionen von Kognition, Emotion und Pragmatik vermitteln.

Eine weitere relevante Unterscheidungsmöglichkeit für Kommunikationsprozesse ist die Art der Informationsdarbietung: Sie kann bekanntermaßen entweder analog oder digital erfolgen. Kirchliche Kommunikationen sind in hohem Maße analogisiert, weil die analoge Kommunikation dem expressiven Modus der liturgischen Vollzüge entspricht (vgl. 3.4), denn analoge Kommunikation ist vor allem bildhaft. Als solche ist sie zwar unmittelbar anschaulicher als digitale Informationsweitergabe, aber sie bleibt uneindeutiger, weil sie Informationen in Zeichen umsetzt, die in keiner unmittelbaren inhaltlichen Beziehung zum Eigentlichen der Mitteilung stehen und deren Bildhaftigkeit als zusätzliche Information immer mitgedacht oder mitgeteilt werden muss. In informationstheoretischer Hinsicht ist demgegenüber der digitale Modus optimal, weil eindeutig und störungsfrei; unter den Aspekten einer sozialpsychologischen Kommunikationstheorie hingegen ist die analoge Interaktion positiver, weil eindrücklicher und konkreter. „Analoge, bildhafte, imitative, rituelle Zeichensysteme schaffen Bindungen, sind bedeutungsstark, aber logisch schwach. Digitale Kommunikation operiert mit sachlichen, urteilsfähigen und logischen Aussagen" (Bastian 1972, 52). Das analog-expressive Wahrnehmungsmuster in kirchlichen Interaktionsvollzügen hat Folgen für die Rollenerwartungen an PfarrerInnen: Jeder ihrer Handlungen wird neben der allgemeinen alltäglichen Bedeutung stets ein quasi „kirchlicher Mehrwert" zugerechnet. Ob nun auf der Straße, im Geschäft u.Ä. Menschen PfarrerInnen begegnen – sie falten sozusagen innerlich stets die Hände.

Nicht nur die Gottesdienstliturgie, sondern auch der Sprachmodus der Predigt ist in der Regel analog. Das ergibt sich zum einen aus dem kommunikativen Umfeld, das abfärbt, vor allem und prinzipiell aber aus theologischen Gründen: Über Gott kann überhaupt nur in Entsprechungen, mithin analog geredet werden. Die scheinbare Unzeitgemäßheit von Religion und Kirche verdankt sich z.T. auch der Verdrängung der analogen Kommunikation (vgl. 3.1). Digitale Zeichenverwertungen sind Kennzeichen der technischen Zivilisation; der Rationalität des technischen Verstandes entspricht eben die sachlich-logische Struktur digitaler Kommunikation. Die Alternative ist: Entweder die kirchliche und religiöse Kommunikation passt sich den Gesetzmäßigkeiten der programmierten Informationsgesellschaft reibungsfrei an und wird zu einer erlebnisarmen Nachrichtenübermittlung, oder sie stärkt die Widerständigkeit des analogen Sprachstils gegen die inhumanen Tendenzen einer digitalisierten Welt, die auch die Einmaligkeit jedes Subjekts digital vergleichgültigt. Die Kultivierung und gesellschaftliche Rehabilitierung von analoger Kommunikation holt Erfahrungs- und Erlebniswelten wieder ein, die in zwangtechnischer Rationalität verschüttet worden sind. Wenn allerdings in einer digitalisierten Umwelt das analoge Reden kultiviert wird, dann ist mit Sprach- und Denkstörungen zu rechnen. Das sollte aber weder Anlass zu resignativem Rückzug oder zur selbstverklärerischen Ideologisierung der Fremdheit der Kirche in der Welt führen, sondern als Aufgabe zu einer elementarisierenden und vermittelnden Erschließung beider Kommunikationsformen und Denkwelten begriffen werden.

3.3 Kirche und Amt unter Kommunikationsbedingungen

Kirche und Amt können jenseits von ekklesiologischen oder amtstheologischen Überlegungen und unabhängig von der Funktion Organisation und Leitung auch unter Kommunikationsbedingungen untersucht werden. Hinter Leitungs- und Organisationsformen stehen Entscheidungsprozesse, die kommunikations- bzw. diskurstheoretisch durchleuchtet werden können (Bäumler 1984, 134ff). In dieser Betrachtungsweise drückt sich der konzeptionelle Vorrang von Kommunikation vor Organisation und Leitung (vgl. Kap. 4) aus, wobei hier beide ihrerseits unter dem Primat von Bildung gesehen werden. Die Ablehnung technischer Kommunikationsmodelle zugunsten eines Diskursmodells muss als Konsequenz aus der bildungstheologischen Grundlegung der Praktischen Theologie gelten. Die kirchliche Praxis unter den Bedingungen eines Kommunikationsverständnisses programmatisch zu entwerfen, hat innerhalb der protestantischen Praktischen Theologie zumindest seit Schleiermacher Tradition. Sie nun aber auch unter kommunikationstheoretischen Bedingungen empirisch-kritisch zu überprüfen, bahnt sich erst seit der sozialwissenschaftlichen Orientierung der Praktischen Theologie an. Weil kirchliche Kommunikation nicht Sondergesetzen unterliegt, gelten die allgemeinen Kriterien und Ebenen naturgemäß auch für diese. Im Folgenden sollen einige explizit an religiösen Kommunikationsprozessen erhobene Ergebnisse und Konsequenzen zusammenfassend auf ihre Konsequenzen für die praktisch-theologischen Handlungsfelder hin exemplarisch dargestellt werden. Im Vordergrund steht dabei der engere kirchliche Kommunikationskontext und – als Beispiel für die außerkirchliche „Kommunikation des Evangeliums" – der schulische Religionsunterricht.

Das Kriterium, wonach Menschen das Handeln und Verkündigen der Kirche beurteilen, ist nicht die abstrakte Wahrheitsfrage, sondern die konkrete Frage nach der Wahrhaftigkeit von Personen, Institutionen, Einrichtungen und deren Handlungen. Dabei treten empirisch beobachtbare kognitive Dissonanzen auf, die im Sinne der Selbstforderung von Menschen nach kognitiv-emotionaler Konsistenz gelöst werden müssen. Religiöse Jugendliche, die zum Beispiel bewusst ihr voreheliches Sexualleben führen und sich darin in Abweichung von kirchlicher Moral sehen, „entlasten ihre kognitive Dissonanz zwischen Norm und Praxis dadurch, dass sie kirchliche Sexualnormen außer Kraft setzen, ohne sich vom Normgeben zu distanzieren" (Bartholomäus 1994, 139). Für ihre persönliche Lebensführung wird die abstrakt akzeptierte Kirche deshalb irrelevant, weil sie lebensfern und damit unwahrhaftig erscheint. Bei allen Säkularisierungstendenzen zeigen die empirischen Befunde insgesamt immer noch eine relativ hohe Akzeptanz traditioneller christlicher Werte. Demgegenüber behaupten die meisten Menschen, dass die Kirche und ihre Repräsentanten ihren eigenen Prinzipien zuwider handeln, sie also unglaubwürdig und damit unwahrhaftig sind. Das führt bei einigen Kirchendistanzierten dazu, dass man/frau zwar die Kirche als obsolete Institution ablehnt, die Person des Pfarrers/der Pfarrerin hingegen – sofern als wahrhaftig identifiziert – positiv wertschätzt. Generell positiv beurteilt wird – unabhängig von der persönlichen Rollenwahrnehmung – die gesellschaftliche Position, durch die kirchliche AmtsträgerInnen sozial festgelegt sind und durch die der PfarrerInnenberuf zu einer weniger kirchlichen und mehr gesellschaftlich definierten Profession wird (vgl. 4.3).

In der gesellschaftlichen Wahrnehmung von Kirche hat also die Wahrhaftigkeitsfrage eine weitaus größere Bedeutung als die Wahrheitsfrage. Die Mehrheit der Austretenden verlässt die Kirche, weil sie von ihr enttäuscht ist. Zwar steht das Motiv, Kirchensteuern sparen zu wollen (58 %), an erster Stelle (EKD 1997, 326f), aber erstens wäre dieses als rein pekuniäres Motiv wohl unterbestimmt, weil sich hinter Geldzahlungen auch Wertschätzungen und eine persönliche Leistungsbilanz verbergen, und zweitens folgt unmittelbar die Aussage, dass man/frau sich über kirchliche Äußerungen geärgert habe (42 %). Für die Distanznahme gegenüber der Kirche dürfte vor allen Dingen ein negatives Image des Pfarrers/der Pfarrerin, aber auch der ReligionslehrerInnen in Form vermuteter Unwahrhaftigkeit eine große Rolle spielen. Nicht nur der Gottesdienst (vgl. 3.4), sondern das gesamte kirchliche Handeln wird von den Mitgliedern als Form expressiver Kommunikation verstanden. Für den Bereich der expressiven Kommunikation gilt, dass sich Individuen „mehr an Beziehungspartnern als an Kommunikationsinhalten" (Daiber 1983, 48) orientieren. Das kann z.B. hinsichtlich der Predigtwirkung zu Dissonanzen führen, wenn der Prediger/die Predigerin persönlich positiv geschätzt, die inhaltlichen Aussagen aber abgelehnt werden; in diesem Falle „besteht die Tendenz, Quelle und Inhalt zu trennen" (Daiber 1983, 49). Das gilt offensichtlich – wie das genannte Beispiel zur Sexualität von Jugendlichen zeigt – generell.

Für die Frage nach der Wahrhaftigkeit von Aussagen ist Übereinstimmung zwischen dem Gesagten und dem Gemeinten zentral. Wahrhaftig erscheint ein Kommunizierender/eine Kommunizierende dann, wenn im Vollzug seines/ihres Sprechens unmittelbar glaubhaft wird, dass er/sie auch das meint, was er/sie sagt. Der Hinweis auf die Prävalenz des Wahrhaftigkeitskriteriums macht deutlich, dass idealiter auch der Gottesdienst als ein praktischer Diskurs zu gestalten wäre.

Faktisch jedoch ist er durch die Kriterien des kommunikativen Handelns und nicht des Diskurses bestimmt; im Gottesdienst ist die Wahrhaftigkeit der PredigerInnen qua Amt von den übrigen KommunikationsteilnehmerInnen als unproblematisch und stets gegeben vorausgesetzt. Dies gilt insbesondere für erbauliche Reden, die von persönlicher Betroffenheit ausgehen. Soll das Geschehen jedoch wirklich transparent werden und soll ein Beitrag zur Realisierung der Freiheit eines Christenmenschen geleistet werden, dann müsste die Ebene des kommunikativen Handelns verlassen werden. Was es bedeutet, im praktischen Diskurs nicht mit der Wahrheits-, sondern mit der Wahrhaftigkeitsfrage zu arbeiten, die an die Person und nicht primär an die Sache gebunden ist, hat J. Habermas in einem anderen Zusammenhang deutlich gemacht. Dabei bestätigt er die Forderung, dass pastorales Handeln prinzipiell nur im Sinne eines praktischen Diskurses gestaltbar ist. Habermas wendet sich dabei der Trostfunktion von Religion zu, die er im Unterschied zur klassischen marxistischen Tradition und in Anlehnung an die entsprechenden Äußerungen von M. Horkheimer durchaus positiv bewertet: „Wenn jemand trostbedürftig zu Ihnen kommt, müssen Sie wohl vor sich selbst aufpassen, daß Sie nicht primitive Ängste, die jeder von uns hat, in bestimmten Situationen ausbeuten. Das meine ich mit Diskurs: Sie müssen irgendwie zusammen sehen, daß eine Kommunikationssituation hergestellt werden kann, in der der andere nicht nur, weil er zittert, alle Interpretationen annimmt. Denn sonst würden Sie mit Autorität ‚reinhauen' ...; Sie wollen mit Ihrer Interpretation einen Wahrheitsanspruch verbinden; Sie möchten Ihrem Gegenüber nicht irgend etwas Beruhigendes geben; dann könnte man ihm auch einen Tranquilizer geben. Das funktioniert ja heute in vielen Fällen ganz gut" (Habermas 1975, 27).

Mit seiner letzten Bemerkung spielt Habermas auf das Unbehagen vieler SeelsorgerInnen an, praktisch als TherapeutInnen oder als SozialarbeiterInnen gefragt zu sein und nicht spezifisch als TheologInnen. Als TheologIn hat man/frau – unterstellt er offensichtlich in Aufnahme des kerygmatischen Seelsorgekonzepts – den Anspruch, eine überindividuelle Wahrheit auch im persönlichen seelsorgerlichen Gespräch zu verkündigen, während der/die Hilfesuchende die Zuwendung zu seiner/ihrer Person sucht. Diese Zuwendung soll nicht formal und aufgesetzt, sondern eben „wahrhaftig" sein. Aber nicht nur im klassischen kerygmatischen Seelsorgekonzept wird dieses Verlangen nach Wahrhaftigkeit ignoriert, sondern gerade auch dort, wo man methodisch anleitet und gezielt meint, der Authentizität und den Bedürfnissen von KlientInnen Genüge zu tun. Gemeint ist hier die sehr formal angewendete Methode des „Spiegelns" im seelsorgerlichen Gespräch (Scharfenberg 1985, 70). Diese Methode soll das Gespräch gegenüber den Bedürfnissen der KlientInnen offen gestalten und verhindern, dass durch die SeelsorgerInnen die Kommunikation strukturiert wird. Deshalb verzichten viele – wie insbesondere Verbatims in Kasualberichten zeigen – auf jede eigene Initiative; man/frau gibt nur das – zumeist in Frageform – wieder, was der Klient/die Klientin bereits mitgeteilt hat, um so das Gespräch weiterzuführen.

Im Grunde ist das Spiegeln eine modifizierte Form des therapeutischen Schweigens: Wir haben „ganze Generationen von Seelsorgern dazu erzogen, nicht vorschnell zu reden. ... Schweigen galt eine Zeitlang als das Non plus ultra der seelsorgerlichen Kunst und man suchte darin die Psychotherapeuten zu übertreffen" (Scharfenberg 1985, 68). Faktisch gibt es so etwas wie die Verlogenheit des Schweigens, denn unbewusst strukturiert man – wie Scharfenberg zeigt – „in jedem Falle ein Gespräch durch unsere nichtverbale oder verbale Teilnahme" (Scharfenberg 1985, 69). Ein aufgesetztes Schweigen und ein formalistisch angewendetes Spiegeln ist insofern nicht Ausdruck von Wahrhaftigkeit, sondern das Gegenteil. Es unterminiert nämlich gerade das, was vom praktischen Diskurs mit seiner expressiven Kommunikationsform gefordert wird, nämlich dass sich die SeelsorgerInnen als Personen einbringen und sich nicht heraushalten. Nur dadurch wird auch verhindert, dass seelsorgerliche Kommunikation asymmetrisch wird. Das Kriterium der Wahrhaftigkeit fordert, dass die GesprächspartnerInnen als kompetente und gleichberechtigte Subjekte auch wirklich ernstgenommen werden. Und dies ist nur möglich, wo nachgefragt, diskutiert und analysiert wird. Denn nur dadurch nähern sich die KommunikationspartnerInnen den Grundlagen ihres seelsorgerlichen Diskurses an.

Die kirchenferne Mehrheit vermutet hinter dem Auftreten und Handeln kirchlicher Amtspersonen einen hohen Grad von Unwahrhaftigkeit, die u.a. darin liegt, dass die Personen ganz hinter ihrem Amt und damit hinter ihrer institutionellen Vereinnahmung verschwinden. Diese Vermutung beruht mutmaßlich weniger auf Erfahrungen, denn Pfarrerinnen und Pfarrer zeigen durchaus kritische Distanz zur Institution; dies wird ihnen (s.u.) zumeist als hochgradige Integrität angerechnet. Die Vermutung von Unwahrhaftigkeit ist die sozialpsychologische Folge von Projektionen und Erwartungshaltungen. Denn im Prinzip wird von PfarrerInnen eine möglichst lückenlose Identifikation von Individualität und Institution erwartet; soziologisch gesehen ist das als Totalrolle mit höchst ambivalenter Wirkung zu beschreiben. Diese Totalidentifikation hat zur Folge, dass – im Gegensatz zu allen anderen Berufsrollen – der Pfarrer/die Pfarrerin in der volkskirchlichen Perspektive sein/ihr Amt nicht von seiner/ihrer Person trennen darf. Darin unterscheidet er/sie sich ganz wesentlich von anderen Professionen, an die ähnlich totale Rollenerwartungen herangetragen werden, wie z.B. Ärzte/Ärztinnen, LehrerInnen und vergleichbare PositionsinhaberInnen. Ihnen wird durchaus ein Privatleben zugestanden, ohne dass dieses von der generellen Rollenerwartung an den Arztberuf her beurteilt würde. Ein Pfarrer/eine Pfarrerin hingegen wird selbst bei seinen/ihren privaten Freizeitaktivitäten von seiner/ihrer Rolle als Kirchenmann/Kirchenfrau her interpretiert. Dementsprechend ist in der Regel die Reaktion negativ, wenn ein Pfarrer/eine Pfarrerin eine andere Rolle, insbesondere eine politische, übernehmen will. Beides, eine nach individuellen Bedürfnissen gestaltete Freizeit wie auch die Übernahme einer nichtkirchlichen Rolle wird als Verstoß gegen die Totalerwartung an den Amtsträger/die Amtsträgerin aufgefasst. Derartige Totalidentifikationen gehen natürlich zu Lasten möglicher Wahrhaftigkeit, denn stets wird vermutet, dass hinter allen personalen Kommunikationen von PfarrerInnen letztendlich die Kirche lauert, die ihrerseits wiederum als moralische Anstalt betrachtet wird. Der von ihr ausgehende moralische Über-Ich-Druck wird als Zwang zum Verzicht auf eigene, selbstverantwortete Lebensgestaltung, mithin als Zwang zur Aufgabe von Individualität und Authentizität betrachtet. Auf dem Altar institutionell geforderter christlicher Moralität wird – in den Augen dieses Befragten – zuallererst der Pfarrer/die Pfarrerin selbst geopfert; aber er/sie ist Opfer und TäterIn zugleich, sein/ihr Verzicht auf Individualität wird als bedauernswürdige Selbstopferung eines Amtsträgers/einer Amtsträgerin verstanden.

Diese Totalerwartung an den Pfarrer/die Pfarrerin ist durchgängig, sie korreliert nicht mit der Nähe oder Distanz zur kirchlichen Institution. Die distanzierte Volkskirchlichkeit unterscheidet sich hier nicht von der Kerngemeinde und auch nicht von kirchenleitenden Gremien. Letztere haben über Pfarrergesetz und kirchliche Lebensordnung diese Totalerwartung überdies rechtlich fixiert und mit der Möglichkeit des Amtszuchtverfahrens sanktioniert. Der Rahmen für eine individuelle Rolleninterpretation ist relativ eng gesteckt: Pfarrer/Pfarrerinnen sollen sich in politischen Äußerungen besonders zurückhalten, ihr sexuelles Verhalten darf z.B. von der Norm gutbürgerlicher Existenz nicht abweichen; besonders deutlich wurde dies bekanntlich an der Frage, ob PfarrerInnen homosexuell sein und dies auch öffentlich bekunden dürfen (Gottschalk 1973; Rauchfleisch 1993; Bartel 1996; Kentler 1983), und darüber hinaus haben nicht nur sie persönlich, sondern ihre ganze Familie sich der Totalrolle des Berufs zu unterwerfen (Steck 1984, 109ff). Geschieht dies nicht, so fallen Kirchenleitung, Kerngemeinde und distanzierte Volkskirchlichkeit – letztere oftmals repräsentiert durch die veröffentlichte Meinung – in seltener Einmütigkeit über den Betroffenen/die Betroffene her. Der Konfliktfall macht deutlich, dass zu den „normalen" Rollenerwartungen an den Pfarrer/die Pfarrerin offensichtlich der Verzicht auf Individualität gehört. Erscheint der Pfarrer/die Pfarrerin „so gar nicht als Pfarrer/Pfarrerin", dann wird ihm/ihr diese Individualität zwar persönlich hoch angerechnet, gleichzeitig aber doch als Abweichung von der allgemeinen Erwartung („typisch Pfarrer") gewertet. Beide Varianten – die Totalidentifikation wie die Nichtidentifikation mit der Institution – bringen die Glaubwürdigkeit von PfarrerInnen und mithin ihre Wahrhaftigkeit in Gefahr.

Schülerbefragungen haben gezeigt, dass auch Religionslehrer und -lehrerinnen unter diesen Wahrhaftigkeitskriterien der expressiven Kommunikation beurteilt werden. Schüler und Schülerinnen erwarten von ihnen, dass sie aufgeschlossene Erwachsene und authentische Personen sind, die nicht irgendwelche Rollen spielen, insbesondere nicht die von kirchlichen InteressensvertreterInnen. Erwartet wird vielmehr eine vertrauenswürdige Persönlichkeit, die die Gehalte des Christentums glaubwürdig vorlebt. Erscheint der Lehrer bzw. die Lehrerin als sympathisch und glaubwürdig, dann färbt das auch positiv auf die Unterrichts-inhalte ab und umgekehrt. Für die Beurteilung des Unterrichts treten die Unterrichtsinhalte hinter den Lehrenden ganz zurück. Das ist übrigens bei Fachlehrern und -lehrerinnen ganz anders. Ihr Unterricht wird primär auf der Sachebene interpretiert. Man kann also sagen, dass in den meisten Schulfächern die informative bzw. interaktive Form der Kommunikation vorherrschend ist, während für die Beurteilung des Religionsunterrichts die expressive Funktion bedeutsam wird. Der Wahrheitsanspruch von Mathematik, Physik u.Ä. wird nicht von der Wahrhaftigkeit von MathematiklehrerInnen oder PhysiklehrerInnen abhängig gemacht. Die Tatsache, dass es im Religionsunterricht anders ist, zeigt, dass augenscheinlich alle kirchlichen und religiösen Handlungsfelder unter der Perspektive expressiver Kommunikation betrachtet werden.

3.4 Der Gottesdienst als expressive Kommunikation

Predigten wirken – wie Massenmedien auch – primär bestätigend und stabilisierend (Daiber 1980, 43ff); das gilt in verstärktem Maße auch für den Gottesdienst. Schon Schleiermacher hat deshalb diesen nicht als wirksames, sondern als darstellendes Handeln bestimmt: Der Gottesdienst dient der Kommunikation religiöser Erfahrungen und der Vertiefung des frommen Bewusstseins. Zweck des Gottesdienstes ist die Darstellung und Förderung des freien religiösen Selbstbewusstseins (Merkel 1992, 40). Dem entsprechend ist der Gottesdienst bestimmt durch diese Dialektik von Passivität und Aktivität, von Darstellung und Förderung, von Mitteilung und Empfangen. Demgemäß sieht er einmal den Hauptzweck in der Erbauung des niedrigeren religiösen Bewusstseins durch das Höhere der Theologen („Der Zweck des Kultus ist die darstellende Mitteilung des stärker erregten religiösen Bewußtseins"; Schleiermacher 1850, 75), auf der anderen Seite darf die weniger entfaltete Religiosität – um der potentiellen Selbstständigkeit ihres Bewusstsein willen – nicht nur passiv-rezeptiv bleiben; deshalb tritt Schleiermacher für eine reichhaltige Liturgie ein. Unter dem Aspekt der Aktivierung der normalen Gemeindeglieder wirkte Schleiermacher so auf die liturgische Bewegung des 19. Jahrhunderts bis hin zu den Reformkonzepten der Liberalen Theologie.

Schleiermacher bezweckte mit seinen liturgischen Vorstößen – kommunikations-wissenschaftlich betrachtet – eine Förderung der expressiven Momente des Gottesdienstes gegenüber seinen informativen, wie sie vor allem in calvinistischer Tradition hervortraten. Die liturgische Gegenbewegung hingegen sah gerade im informativen Charakter des Gottesdienstes das spezifisch protestantische Profil gegenüber den ritualistischen Momenten der katholischen Messe. Theologische Versuche, die Predigt als dominantes Zentrum gegen den Ritus auszuspielen, sind untauglich; die Predigt selbst ist zum Ritus geworden; sie wird als solcher wahrgenommen „und von daher mitdefiniert" (Daiber 1991, 231). Zweifelsfrei hat selbst der agendarische Predigtgottesdienst eine ritualistische Dimension. Y. Spiegel (Spiegel 1972, 12ff) hat demgemäß – in Anschluss an die religionskritischen Äußerungen von S. Freud (vgl. 5.) – darauf verwiesen, dass die GottesdienstteilnehmerInnen eigentümlicherweise ZwangsneurotikerInnen gleichen, denn sie führen augenscheinlich allsonntäglich eine Routinehandlung aus, deren Sinnhaftigkeit dem Außenstehenden nicht unmittelbar einleuchtend ist. Der/die Gottesdienstbesucher/in unterliegt – psychoanalytisch betrachtet – einem Wiederholungszwang. Nach Freud ist das Zeremoniell eine Abwehr- oder Versicherungshandlung, eine Schutzmaßnahme: Vor einer bedrohlich komplexen Welt zieht der/die Ritualist/in sich zurück in reduzierte Handlungsstrategien, die ihm/ihr wohl vertraut sind und insofern Angst hemmen. Insofern beinhaltet der Ritus psychohygienisch immer auch ein Element von Regression. Allerdings muss nicht – wie M. Balint gezeigt hat – jede Regression unmittelbar und monolinear pathologisch sein; sie kann vielmehr auch positive therapeutische Aspekte beinhalten (Balint 1970)

Verhaltens- und lerntheoretisch betrachtet kann der Gottesdienst als Folge von Konditionierungen verstanden werden. Mit Hilfe der klassischen Konditionierungstheorien hat deshalb z.B. J. Kleemann (Kleemann, in: Spiegel 1972, 34ff) den Ritus als konditioniertes Verhalten interpretiert. Die Konditionierung garantiert die beliebige Wiederholbarkeit des in früher Kindheit gelernten Verhaltens und ermöglicht auch nach einem größeren Zeitraum das Wiedererkennen und Mitmachen unabhängig von den im Interaktionsprozess beteiligten Personen. Sie ermöglicht wiederholbares konditioniertes Verhalten und bietet Schutz vor Zwang zum diskursiven Aushandeln, durch den alles und jedes zur Disposition gestellt wird. Zudem kann der kommunikationstheoretisch als Metakommunikation so bedeutsame Beziehungsaspekt – vermeintlich – reduziert werden. Denn für den Nachvollzug des Gottesdienstablaufes ist es unerheblich, ob und welche personalen Bezüge bestehen. Die vorgegebenen Verhaltensmuster verbürgen zudem auch in der Ferne Heimatgefühle. Der Ritus als Wiederholung sichert eine soziale Welt, er bietet Rückversicherung und Reduktion von Ängsten. Im Gottesdienst bewirken – lerntheoretisch und psychoanalytisch gesehen – Wiederholungen dreierlei: a) Erinnerung, Vertiefung, Bekräftigung; b) Aktualisierung gespeicherter Erfahrungen und Werte; c) weitere Prägung und Korrektur bzw. Kontrolle.

Der Gottesdienst mit seiner Agende ist also ein weitgehend vorsprachlich, nämlich rituell abgesicherter Raum; als solcher bietet er Stabilisierung und Entlastung sowie Kontinuitätsabsicherung. Zugleich bestätigt die kompetente Teilnahme am Ritus die Zugehörigkeit zu einer Gruppe. Für die rituelle Kommunikation gilt so sozialpsychologisch der gleiche Grundsatz wie für alle anderen Kommunikationen auch: Sie dient primär der Identitätssicherung und Identitätspräsentation des Menschen. So lange der Gottesdienst über die Agende rituell abgesichert ist, bewegt er sich auf der Ebene der affirmativen Kommunikation, die Gemeinschaft stiftet, ohne die Grundlage dieser Gemeinschaftsbildung diskursiv einzuholen. Die Regeln des gemeinschaftlichen Handelns gelten vielmehr als unproblematisch und vorausgesetzt. Als symbolische Kommunikation ermöglicht es der Gottesdienst den Beteiligten, ihre Einstellungen und Verhaltensweisen in der Perspektive der christlichen Überlieferung zu überprüfen, Vorurteile zu korrigieren und neue Einsichten zu gewinnen. Als symbolisch kann diese Kommunikation gekennzeichnet werden, weil im Musikalischen oder in den verbalen und nichtverbalen Zeichen quasi transzendente Inhalte angesprochen werden, die über das bloße Zeichen selbst hinausgehen. Die symbolische Kommunikation des Gottesdienstes ist ein Medium, in dem über das noch nicht Sagbare kommuniziert werden kann.

In zeichentheoretischer Hinsicht unterscheidet sich bekanntlich das Symbol vom Index und von den ikonischen Zeichen (Biehl 1989). Bei ikonischen Zeichen besteht eine Ähnlichkeit zwischen dem Zeichen und dem Bezeichneten; exemplarisch dafür wäre z.B. das Piktogramm. Als ikonische Zeichen im weiteren Sinne können auch Gleichnisse und Metaphern verstanden werden. Generell steht das ikonische Zeichen in einem direkten Begründungsverhältnis zum/zur Bezeichneten. Derartige Verschlüsselungen können deshalb von Personen direkt entschlüsselt werden ohne Zugehörigkeit zu einer konstituierenden Kommunikationsgemeinschaft und ohne ein Erlernen des zugrundeliegenden Sprachspiels. Demgegenüber besteht zwischen einem Symbol und dem/der Bezeichneten keine natürliche Verbindung, sondern diese Verbindung beruht auf Konvention. Diese Konvention ihrerseits kann wieder durch Verabredung geregelt werden, wie das etwa bei Verkehrszeichen der Fall ist; die Bedeutung eines Symbols kann aber auch durch die individuelle und kollektive Lerngeschichte des Menschen übernommen werden. Das ist im Erwerb agendarischer Rituale der Fall. Deshalb können eben Personen, die diese Lerngeschichte nicht haben, die symbolische Kommunikation in gottesdienstlichen Abläufen nicht verstehen, oder sie verstehen sie – auf dem Hintergrund ihrer eigenen Konventionen und Lerngeschichten – falsch. Wenn symbolische Kommunikation gelingt, dann stiftet sie – psychohygienisch betrachtet – Vertrauen.

Die Wertung des ritualen Charakters des Gottesdienstes schwankt zwischen dem Vorwurf der Erstarrtheit und Leblosigkeit auf der einen, und der Hoffnung auf unmittelbare, ganzheitliche Erfahrung auf der anderen Seite. So hat M. Josuttis im erstgenannten Sinne darauf verwiesen, „daß der Gottesdienst durch das Kommunikationsformular (der Agende) auf eine so extreme Weise determiniert ist, daß der Einzelne keine Verhaltensalternativen zur Verfügung hat. Der Gottesdienst der christlichen Gemeinde ist ein gutes Beispiel für eine fast 100%ig genormte Kommunikationssituation" (Josuttis 1994, 175). Die genormten Kommunikationsregeln verhindern spontanes Verhalten, das bereits Schleiermacher als eine Grundbedingung des darstellenden Gottesdienstes herausgestellt hat. Auf der anderen Seite spricht P. Cornehl – sich ebenfalls auf die Tradition Schleiermachers berufend – davon, dass darstellendes liturgisches Handeln „von der symbolischen Evidenz" lebt, „mit der es gelingt, Gedanken und Affekte, Erfahrungen und Erwartungen in sinnlich fassbare und erlebbare gemeinschaftliche Vollzüge umzusetzen und überzeugende Handlungsabläufe zu gestalten, die dem Einzelnen Beteiligung ermöglichen, ohne ihn zu überwältigen" (Cornehl 1970, 160f). Diese Hoffnung dürfte allerdings nur kontrafaktisch sein, denn über die Agende werden Pfarrer und Pfarrerinnen zu den zentralen Kommunikationsfiguren und -transformatoren erklärt, die einem partizipativen Handeln entgegenstehen. Liturgische Fragen sind nicht nur theologischer oder ästhetischer Art, sondern sie sind – kommunikationswissenschaftlich gesehen – stets auch eine Frage von Machtwahrnehmung bzw. Partizipation. In Gottesdienstformen schlagen sich normative Grundstrukturen des Gemeindeaufbaus nieder; insofern ist die traditionelle Agende mehr als nur ein formales Ordnungsschema für den Gottesdienstverlauf. Die asymmetrische Struktur des Gottesdienstes mit ihrem hierarchischen Gefälle zwischen Kanzel und Kirchenbank (Josuttis 1991, 111ff) spiegelt die Grundprinzipien einer Amts- und Betreuungskirche wider, die Partizipation und Selbstverwirklichung ausschließt und eingefahrene Rollen- wie Autoritätsmuster – auch gesellschaftlich – stabilisiert und sanktioniert.

Aus der Einsicht in diesen Zusammenhang wuchs dann die aktuelle Diskussion um neue Gottesdienstformen, die allerdings durchaus in Kontinuität zu dem seit Aufklärung und Pietismus bestehenden Pluralisierungsprozess (Steck 2000, 478f) stehen. Pars pro toto zielen alle Reformüberlegungen zum Gottesdienst auf die Stärkung seiner expressiven Kraft gegenüber einer rein informatorischen Kommunikation ab. Das gilt schon für die Familiengottesdienste, die als generationsübergreifende Feste gedacht sind, in denen Rollenfixierungen überwunden und durch die familienorientierte Lebensstile gesellschaftlich hoffähig gemacht werden sollen (Kugler, in: HPT 1983, 79ff). Anscheinend konträr dazu stehen die Bemühungen der Berneuchener Bewegung, die letztlich – via Meditation u.Ä. – die expressive Gottesdienstkultur beleben und gleichzeitig pragmatische Kommunikationselemente verstärken will. In gleicher Richtung laufen auch zwei vor allem von der feministischen Theologie wieder ins Gespräch gebrachte liturgische Reformen (Jost 1996), nämlich die Rehabilitierung des kultischen Tanzes (Josuttis 1991, 120f) und die Reflexion auf die körpersprachlichen Aspekte des Gottesdienstes (Steck 2000, 328ff; Wenz 1995). Der Blick auf die Notwendigkeit ganzheitlicher Erfahrungen im Gottesdienst und damit zusammenhängend die Wiederentdeckung des Körpers führte zu neuen Formen wie etwa Salbungs-gottesdiensten. Den Gottesdienst insgesamt als Spielgeschehen zu betrachten (Bieritz 1995, 137ff; Heimbrock 1993, 51ff) entspricht seinem expressiven Charakter.

Nicht nur im Selbstverständnis der Kerngemeinde steht der Gottesdienst und darin wiederum die Predigt im Mittelpunkt, sondern auch in den normativen Vorgaben für Kirchlichkeit seitens der Mehrheit ihrer Abtrünnigen. Laut Emnid (1997) besuchten von den Protestanten/Protestantinnen 2,6 % die Gottesdienste mehr als einmal in der Woche, einmal in der Woche gehen 8,5 %, ein bis dreimal im Monat 10,2 %, mehrmals im Jahr 19,6 %. Ca. 60 % der Evangelischen gehen also äußerst selten bis nie zur Kirche. Die EKD-Studie bestätigt den Trend, auch wenn ihre Zahlen etwas günstiger sind; 44 % der Protestanten/Protestantinnen in West und Ost besuchen die Gottesdienste selten oder nie, aber immerhin noch 27 % machen sich mindestens einmal monatlich auf den Weg (Ost: 22 %) (EKD 1997, 437). Der Kirchennachwuchs ist noch zurückhaltender: Nach der Allbus-Untersuchung von 1982 besuchten 3 % der evangelischen Jugendlichen mindestens einmal im Monat die Kirche; katholischerseits waren es immerhin noch 15 %. Die zeitgleiche Shell-Studie ergab einen höheren Wert, nämlich insgesamt 27 %. Dieser Wert nimmt kontinuierlich ab: 1991 gingen 21% und 1999 nur noch 16 % der Westjugendlichen zum Gottesdienst; im Osten fiel der Wert seit der Wiedervereinigung von 10 % auf 7 %. Wenn überhaupt, dann sind für die Mehrheit familiäre Anlässe oder große Feiertage Motiv für einen Gottesdienstbesuch (EKD 1997, 385); Weihnachten z.B. gehen selbst 14 % der Konfessionsfreien in Ost und West in die Kirche (EKD 1997, 386). Die wahrscheinlichen KirchgängerInnen meiden den Sonntagsgottesdienst und nutzen das Kasualangebot.

3.5 Der Kasualgottesdienst

In den Augen der VolkskirchlerInnen nimmt das Prestige der Kirche ab und das von Pfarrerinnen und Pfarrern zu; Institution und Amt driften in der Außenperspektive zunehmend auseinander. Der wahrscheinliche Fall einer derartigen kognitiv-emotionalen Nichtübereinstimmung von Amt und Kirche in der Wahrnehmung von distanzierten Kirchenmitgliedern dürfte sich vor allem anlässlich von Kasualien ergeben. Bekanntlich stehen sie nach wie vor hoch im Kurs; sie sind der zentrale Identifikations- und Artikulationspunkt für ein kirchenunabhängiges Christentum (vgl. 1.5.1): Wer Interesse an nichtkirchlichen Ritualen hat, der hält sich zu 45,4 % für einen Christen außerhalb der Kirche. Für 66,9 % der Deutschen in Ost und West sind die Kasualien (Taufe, Konfirmation, Kommunion, Trauung und Beerdigung) ein wichtiges Angebot (Emnid 1997, 53). Allerdings sind die Motive für die Wahrnehmung des kirchlichen Kasualangebots durchgängig privater Natur. Demgemäß schwindet zunehmend die Einsicht in die Notwendigkeit eines kirchlichen Referenzrahmens für die Kasualien, denn 37,9 % meinen, dass diese Rituale oder Segenshandlungen auch aus dem engen kirchlichen Kontext herausgenommen und zu „nicht-kirchlichen Ritualen" werden können (Emnid 1997, 57). Damit verstärkt sich die Tendenz, das Pfarramt zunehmend als einen gesellschaftlich definierten Beruf zu interpretieren (vgl. 4.2). Pfarrerinnen und Pfarrer werden offensichtlich als Spezialisten/Spezialistinnen für die Befriedigung privatreligiöser Nachfragen angesehen.

Hinter der Konjunktur der Kasualien liegen nicht nur ein familienreligiöses Verlangen, sondern auch spezifische Erwartungen an den Beruf von PfarrerInnen in unserer Gesellschaft. Tritt nun der/die Amtsträger/in bei Kasualien als Verkündiger/in von Inhalten auf, die die distanzierten Mitglieder konnotativ und emotional mit der Institution verbinden, so wird die Predigt abgelehnt. Die positive Einschätzung der Person allerdings mildert in diesem Fall die Diskrepanz zum Inhalt der Kommunikation. Zwar bleibt die generelle Distanz zur Institution Kirche bestehen, aber die Erfahrung von glaubwürdigen, sympathischen und menschlichen PfarrerInnen schafft Raum für eine unbelastetere Auseinandersetzung mit den Inhalten seiner/ihrer Predigt. Die Person verhindert sozusagen Blockaden, die normalerweise aus der Distanziertheit zur Institution Kirche erwachsen. In Umkehrung eines viel zitierten Urteils R. Bohrens lässt sich sagen: Nicht weil der Ritus gewünscht wird, darf der Pfarrer/die Pfarrerin auch reden, sondern weil der Pfarrer/die Pfarrerin als Personen akzeptiert wird, bleibt die Kasualpredigt nicht im rein Rituellen stecken. Wenn es überhaupt zu einer Auseinandersetzung kommt, dann nur über die akzeptierte Glaubwürdigkeit des Predigers/der Predigerin, die auch sein/ihr Communiqué glaubwürdiger erscheinen lässt. Jedenfalls gilt für Kasualpredigten empirisch mehr noch als für andere Kommunikationsprozesse, dass die Kommunikation des Evangeliums hier mit der Person als KommunikatorIn zusammenhängt.

Stärker als in anderen Handlungsfeldern zeigt sich in den Kasualien die gesellschaftliche Funktion von Religion. Die moderne Religionssoziologie geht in allen ihren unterschiedlichen Positionen übereinstimmend von der Einsicht aus, dass Religion eine notwendige soziale Funktion hat. Durchgängig wird diese Funktion als Krisenbewältigung und als Integrationsleistung interpretiert. Diese funktionale soziologische Betrachtung kann im Widerspruch zur substantiellen theologischen stehen: Die dialektisch-theologische Programmatik vom Ganz-anders-sein des Glaubens und Gottes mag theologisch für viele vielleicht zwingend, weil substantiell richtig sein; soziologisch gesehen ist sie jedenfalls eine Selbsttäuschung über den nicht aufhebbaren Konnex von Gesellschaft und Religion. Mit den Kasualien wird jenseits theologischer Interpretation immer auch eine Aufgabe wahrgenommen, die im Interesse der Gesellschaft liegt. Durch religiöse Riten und Kulte – sagen uns die Religionssoziologen – schützt sich eine Gesellschaft davor, dass einzelne Individuen bei Lebenskrisen ausbrechen und den Zusammenhalt des Gemeinwesens gefährden. Dies wäre – z.B. nach Malinowski und Durkheim – die eine notwendige Funktion, nämlich die der Krisenbewältigung durch rituelle Begleitung.

Darüber hinaus dient die Religion stets der Selbstdarstellung und Festigung der Gesellschaft; deshalb bildet diese eben jene Riten aus, die die Integration des Einzelnen in das Gemeinwesen symbolisch und öffentlich darstellen. In den sog. Primitivreligionen wären das z.B. Aufnahmeriten, Mannbarkeitsriten u.Ä., in der christlichen Religion sind es eben die Kasualien. Funktional gesehen bestehen zwischen diesen Riten bestenfalls graduelle Unterschiede. Religionsphänomenologisch und religionssoziologisch betrachtet wären die Kasualien als Passageriten zu beschreiben, die die Übergangskrise eines Menschen oder einer sozialen Gruppe, wie der Familie, kompensatorisch begleiten und einen neuen Status feierlich proklamieren. Als Passageritus verstanden haben Kasualien zwei Wirkungen, nämlich eine für das Individuum selbst und eine für die soziale Welt. Diese Doppelfunktion bleibt – nach dem religionssoziologischen „main stream" – notwendig, auch wenn sie von den betroffenen Individuen selbst nicht mehr als notwendig erkannt werden und diese deshalb – wie N. Luhmann es formuliert – aus blinder Undankbarkeit aus der Kirche austreten. Wenn sich Kirche für eine distanzierte Kirchlichkeit noch lohnt, dann wegen ihres Kasualangebots – auch wenn dieses theologischen Rigoristen seit je ein Dorn im Auge war.

Ohne theologische Weihen erscheint vor allem die Trauung; hier ist die Angst der PfarrerInnen besonders groß, zu ZeremonienmeisterInnen zu werden (Lütcke, in: Bastian u.a. 1978). Sozialgeschichtlich gesehen hat die kirchliche Trauung eine relativ junge Tradition (Lämmermann 1998b). Wenig beliebt bei AmtsträgerInnen ist gleichfalls die Bestattung, weil sie sich zu „care giving agents" degradiert sehen (Stählin, in: HPT 1983, 197). Hinter der Grundskepsis gegenüber Ritualien spielt bei der Minderwertung dieser Kasualien sicher auch eine Rolle, dass sie eher als diakonisch-seelsorgerliche Hilfen akzeptiert und demgemäß gegenüber der Zentralstellung des Sonntagsgottesdienstes disqualifiziert werden. Hinzu kommt, dass es sich bei beiden eben nicht um Sakramente und damit um ein zentrales Element protestantischer Selbstdefinition handelt. Bestenfalls gewinnen sie Profil als Dienst an der Welt oder als missionarische Gelegenheiten. Ein besseres Image haben demgegenüber Taufe und Konfirmation; an letzterer sei die Funktion von Kasualien exemplifiziert, wobei aus sachlichen Zwängen heraus zunächst kurz auf die Taufe einzugehen ist.

3.5.1 Die Taufe als Kasualie

Im Hintergrund des anhaltenden theologischen und kirchlichen Streits um Kindertaufe und Erwachsenentaufe steht letztlich die offene Frage: Ist die Taufe primär ein Sakrament der göttlichen Gnade oder ein bewusster Akt menschlicher Entscheidung für den Glauben? Im ersteren Sinne ergibt sich die Legitimität der Kindertaufe theologisch aus der Rechtfertigungslehre; andererseits verlangt die Taufe auch eine bewusste Entscheidung; als Bekenntnisakt kommt aber – will man nicht auf Bevormundungs- und Stellvertretungsstrategien verfallen – letztendlich nur die Erwachsenentaufe in Frage. Historisch gesehen – und darin besteht die theologische Krux der Taufe – stehen hinter der Taufe zwei unterschiedliche, aber notwendige Aspekte, die nicht unmittelbar zusammenfallen, nämlich göttliches und menschliches Handeln. Diese Ambivalenz führte kirchengeschichtlich dann zur Konstitution von zwei verschiedenen Kasualien, die ursprünglich in der Taufe vereint waren. Indem die ursprüngliche urchristliche Taufe in der Alten Kirche zur Kindertaufe wurde, verlor sie naturgemäß auch ihre anfängliche Funktion eines Bekenntnisses zum christlichen Glauben. Der Bekenntnisakt wanderte sozusagen aus der Kasualie Taufe aus und führte langfristig zur Neubildung jener Kasualie, die dann als typisch protestantisch galt: die Konfirmation. Liturgischer Haftpunkt für die Herausbildung dieser neuen Kasualie ist ein ursprünglich zur Taufe gehörendes Moment, nämlich die Firmung. Denn die urchristliche Taufe bestand bekanntlich aus zwei konstitutiven Elementen, nämlich der eigentlichen Taufe und der Firmung. Allerdings wurde schon sehr früh die Firmung von der Taufe getrennt und zu einem eigenen Sakrament erhoben. Man/frau kann sagen, dass die Firmung die Tradition der Taufprüfung und des Taufbekenntnisses fortsetzte. Aus diesem Sachverhalt hat sich dann die gängige katholische Firmpraxis entwickelt, und eben dieses Moment übernahm der Protestantismus mit seiner Konfirmation, die tauftheologisch bald zu einer unhaltbaren Notlösung erklärt wurde.

Taufähnliche Verhalten gibt es in nahezu allen bekannten Religionen; religionsgeschichtlich gesehen ist die Taufe insofern keine genuine Erfindung des Christentums. Die verschiedenen religionsphänomenologischen Parallelen zum Taufritus wurzeln in dessen psychologisch und soziologisch zu beschreibenden Funktionen. Religionssoziologisch und -psychologisch gesehen ist die Taufe ein Übergangs- oder Passageritus, ein „rite de passage". Durch ihn wird das Neugeborene feierlich in den Stamm oder den Familien- bzw. Sippenverband aufgenommen. In diesem Sinne ist auch die Taufe ein „rite de passage", sie symbolisiert die Integration eines neuen Mitgliedes in die Kirche. Zugleich hat die Taufe aber auch eine diesbezügliche psychohygienische und familiendynamische Funktion. Durch die Taufe werden sozusagen die Veränderung in der bisherigen Familienstruktur feierlich begleitet und emotionale Irritationen rituell abgefedert. Grundlegende und bedeutsame Änderungen in den Lebensverhältnissen von Menschen bringen immer Verunsicherungen mit sich. Solche Verunsicherungen beziehen sich sowohl auf die einzelnen Personen und ihr Seelenleben als auch auf die Familie als sozialer Verband. Jede Veränderung gefährdet – zumindest potentiell – den Bestand und die überkommene Struktur einer sozialen Gruppe. Paralleles gilt für die Psychostruktur der beteiligten Personen, die sich emotional auf die neue Situation einstellen und die akute Erfahrungen wie die Geburt selbst oder die Veränderungen der Gefühlsbeziehungen zwischen den Ehepartnern verarbeiten müssen. Diese Veränderungen führen meistens zu Identitätskrisen der Personen wie der Gruppen; damit diese überwunden werden können, haben die Gesellschaften in der Geschichte eben bestimmte Riten und Feiern entwickelt, durch die der Prozess begleitet und die negativen Folgen der Veränderungen abgemildert werden können. Solche Übergangsriten finden sich deshalb in allen Kulturen. Und in allen Kulturen haben sie einen religiösen Charakter. In unserer Gesellschaft sind das zumeist kirchlich gebundene Riten und Feiern, also z.B. die Taufe oder die Konfirmation. Wir werden deshalb auf das Phänomen der Passageriten noch einmal im Zusammenhang der Konfirmation zu sprechen kommen; dort wird nämlich die gesellschaftliche Verursachung noch viel deutlicher als bei der Taufe.

Diese Funktionen wurden allerdings in der Theologie der Taufe zumeist nicht berücksichtigt. Im Gegenteil wurden solche Überlegungen als unchristlich abgelehnt. Es gibt eine lange Diskussion über die Bedeutung der sogenannten Kasualien. Dabei wird darum gestritten, ob diese Kasualien, also Taufe, Konfirmation, Trauung und Begräbnis, ausschließlich unter theologischen und kirchlichen Gesichtspunkten begründet werden dürfen und ob andere Motive deshalb abzuwehren sind oder nicht. Kritiker sahen die Gefahr, dass PfarrerInnen zu Zeremonienmeistern verkommen und ihren eigentlichen Verkündigungsauftrag nicht mehr erfüllen können. Erst nach praktisch-theologischen Überlegungen darüber, weshalb die Taufe trotz abnehmender Kirchlichkeit nicht an Bedeutung verloren hat, wurde dieser Aspekt wieder als bedeutsam erkannt. Offensichtlich ist mit der

Taufe eine über den kirchlichen Rahmen hinausgehende notwendige soziale und familiäre Funktion verbunden. Eine realistische Lehre von der Taufe versucht heute deshalb, den theologischen und den sozialen Zusammenhang der Taufe zu verbinden. So fragt man z.B. danach, ob Menschen nicht auch dann ein Recht auf Lebensbegleitung durch die Kirche haben, wenn sie die theologische Bedeutung nicht teilen.

Die Verwendung des Elements Wasser in der Taufe weist auf eine ihrer beiden ursprünglichen theologischen Bedeutungen hin: Taufe ist ein Reinigungsritus. Die christliche Taufpraxis geht in ihrer Form zurück auf die Johannestaufe, die ihrerseits spätjüdische Vorläufer hatte. Taufe bedeutet hier einen Akt der Buße und der Umkehr. Insofern setzt die Taufe einen Bekenntnisakt voraus. Der Täufling erkennt und bekennt seine Sünden, durch die Taufe wird die Vergebung, die „Reinigung", symbolisiert. Auf dieser Traditionslinie kommt es dann zur Forderung nach der Erwachsenentaufe, denn Taufe als Bekehrungsakt setzt Erkenntnis- und Entscheidungsfähigkeit voraus. Bis ins 4. Jahrhundert herrschte deshalb die Erwachsenentaufe vor. Auch in der heutigen Diskussion wird unter dem Aspekt des Bekenntnisses und der Reinigung die Erwachsenentaufe favorisiert, z.B. bei K. Barth, und selbst in Luthers Katechismus steht dieser Aspekt im Vordergrund.

Die Taufe symbolisiert also eine subjektive Entscheidung zur Umkehr; zum zweiten deutet sie – theologisch oder soteriologisch gesprochen – auf einen Herrschaftswechsel hin. Durch die Taufhandlung soll nämlich gezeigt werden, dass der Getaufte nicht mehr unter der Herrschaft der Sünde steht, sondern unter der Christi. Damit symbolisiert die Taufe den Akt der Rechtfertigung des Menschen durch Gott. In der lutherischen Theologie wird die Taufe dann zum Sakrament der zuvorkommenden Gnade. Aus diesem Gedanken erwuchs die Praxis der Kindertaufe. Indem man/frau nämlich kleine unmündige Kinder tauft, die noch nicht zu einem eigenständigen Bekenntnis in der Lage sind, unterstreicht man das sola gratia: In der Taufe wirkt allein Gott ohne jede Leistung des Getauften, also auch ohne jede Glaubensleistung. Die Taufe symbolisiert den Herrschafts- und Fürsorgeanspruch Gottes für den Täufling. Weil erst die Güte Gottes wahres Leben ermöglicht, muss deshalb die Taufe am Anfang stehen. Nur in diesem zweiten theologischen Sinne kann dann die Taufe als Sakrament verstanden werden. Gnadensymbol und Bekenntnistaufe stehen – lebensgeschichtlich gesehen – also in einem relativen Gegensatz. Während das Bekenntnis Mündigkeit voraussetzt, ist die Gnadentaufe voraussetzungsfrei.

3.5.2 Die Kasualie Konfirmation

Um welchen Kasus handelt es sich bei der Konfirmation? Bekanntlich wurde sie in einigen Gegenden Deutschlands erst in der ersten Hälfte des 19. Jahrhunderts – nach gescheiterten früheren Versuchen – endgültig eingeführt und fest ins kirchliche Leben verwurzelt. In Hamburg beispielsweise kann sie erst seit 1832 nachgewiesen werden. In Nürnberg wurde die erste Konfirmation erst im Jahre 1813 gefeiert, und die allererste Konfirmation überhaupt in Bayern ist für 1734 belegt, sie fand in Altdorf bei Nürnberg statt, also eine Verzögerung von 200 bis 300 Jahren gegenüber ihren vermeintlichen reformatorischen Ursprüngen. Schwerpunktmäßig fällt die Etablierung der Konfirmation in die erste sozialgeschichtliche Umbruchsphase einer Konstituierung und Konsolidierung der bürgerlichen Gesellschaft. Im 17. und 18. Jahrhundert traten in den großen Städten neue bürgerliche Schichten auf, nämlich die Manufakturbesitzer, die kleinen Kaufleute und die Beamten. Es sind dies eben jene Schichten, die auch zum Träger des kirchlichen Lebens wurden. Charakteristisch für die bürgerliche Gesellschaft ist, dass der soziale Status nicht länger durch Geburt und Stand, sondern durch Bildung und wirtschaftliche Leistungen des/der Einzelnen konstituiert wird. Der/die Einzelne war nicht mehr als Moment des Ganzen festgelegt, sondern konnte sich selbst als ein einzelner im Gegenüber des Ganzen bestimmen. Die bürgerliche Gesellschaft produzierte so eine Individualisierung von Lebensläufen und sozialen Schicksalen. In diesem Zusammenhang entwickelte sich ein System von sozialen Zugangsberechtigungen. Solche Zugangsberechtigungen gab es in der ständischen Gesellschaft kaum; sie charakterisieren in besonderer Weise die neue Gesellschaftsordnung. Zu ihrem Berechtigungssystem ist die Konfirmation zu zählen, nämlich als Zulassung zum Abendmahl. Damit wird zunächst ein Aspekt in den Vordergrund gerückt, den man den kirchenrechtlichen nennen kann.

Überblickt man/frau nämlich die Diskussion um eine Theologie der Konfirmation (Wegenast, in: Adam/Lachmann 1987, 318ff), so werden – unter unterschiedlicher Hervorhebung – insgesamt vier Aspekte der Konfirmation angeführt: ein sakramentaler, ein kirchenrechtlicher, ein biographischer und ein kateche-tisch-pädagogischer. Was den sakramentalen Charakter betrifft, so ist die protes-tantische Ablehnung relativ einhellig. Bekanntlich hatten bereits die Reformatoren die Firmung und damit – möglicherweise bis auf den in dieser Sache besonders umstrittenen, aber höchst einflussreichen M. Bucer – den sakramentalen Anspruch der Konfirmation abgelehnt. Sofern sie überhaupt eine positive Begründung für dieses wenig geliebte Kind der Reformation suchten, standen die kirchenrechtlichen und biographischen Aspekte im Vordergrund. So interpretierte J. Calvin – unter eher kirchenrechtlichen Gesichtspunkten – die Konfirmation als Prüfung vor der Erstkommunion; Luther dachte offensichtlich in gleicher Richtung, während P.H. Melanchthon unter dem Gesichtspunkt einer Segnung durch Handauflegung den eher biographisch zu nennenden Gesichtspunkt im Vordergrund stehend sah. Je mehr die reformatorische Theologie die Subjektstellung des Christenmenschen betonte, um so stärker musste sie diesen biographischen Gesichtspunkt hervorheben.

Konsequenterweise subsumierte dann der Pietismus den kirchenrechtlichen unter den biographischen Aspekt, indem er den Charakter der Konfirmation als subjektiven Bekenntnisakt unterstrich und sie damit „einer individuell-privaten Sinngebung" (Doerne 1936, 42) unterwarf. Die Aufklärungszeit machte die

Konfirmation immer mehr zum Mündigkeitsritus (Grethlein 1989, 170), durch sie wuchs ihr zudem – ersichtlich an ihrer Ankoppelung an die Schulentlassung – mit der liturgischen Einweisung ins bürgerliche Leben eine öffentliche Funktion zu, die ihr nun endgültig den Stempel eines gesellschaftlichen Passageritus' aufdrückte und ihre Verortung in der individuellen Biographie gegenüber ihrer ursprünglichen, kirchenrechtlichen Stellung in den Vordergrund rückte (Wegenast, in: Klosinski 1991). In der seit dem 19. Jahrhundert geführten Reformdebatte wurde dann zwar eine Zweiteilung des Konfirmationsaktes gefordert, die allerdings nicht die Lösung dieser Spannung zwischen den in die Frage der Konfirmation einfließenden Interessen der Kirche und der Jugendlichen zum Ziele hatte. Der mögliche Konflikt zwischen der kirchlichen und der biographischen Funktion der Konfirmation konnte solange latent bleiben, wie die partielle Einheit von bürgerlicher und christlicher Welt gegeben war. Objektiv war dieser Konnex längst zerstört, ohne dass dies nennenswerte subjektive Handlungsfolgen hatte. Erst durch den Beitritt der ehemaligen DDR zum Geltungsbereich des Grundgesetzes und der ihm nachfolgenden Erweiterung der EKD hat sich das statistisch erfassbare Interesse an kirchlichen Kasualangeboten deutlich verschlechtert, denn von den 16,1 Mill. Einwohnern der Neuen Bundesländer sind nur noch 5,9 Mill. (36,6 %) formelle Kirchenmitglieder (Stat. Jahrbuch 1992). Vor der deutschen Wi(e)dervereinigung konnte der Schein einer christlichen Lebenswelt noch aufrecht erhalten bleiben, weil die Konfirmation noch zur bürgerlichen Sitte gehörte.

Neben der religionssoziologisch erfassbaren sozialen Funktion hat die Konfirmation als Passageritus natürlich auch einen biographischen Haftpunkt, der entwicklungspsychologisch zu bestimmen ist. Die klassische Psychoanalyse sah die besondere psychodynamische Problematik der Adoleszenz darin, dass durch ein Wiedererstarken von Es-Impulsen, die in der Latenzperiode vollzogene Organisation des Ichs neu gestaltet werden muss. Damit leben alle bisherigen Konflikte und die damit zusammenhängenden Ängste wieder auf und potenzieren sich durch ihre Gleichzeitigkeit. Diese Verstärkung von Ängsten und Konflikten bestimmt die pubertäre Dramatik. E. Erikson (Erikson 1977; Erikson 1988) rückte dann diese Phase ins Zentrum tiefenpsychologischer Erklärungen: Die Adoleszenz wird zur entscheidenden Reifungskrise im gesamten Entwicklungsgang des Menschen erklärt. Hier wird etwas vollendet und zugleich etwas Neues begonnen, und beides soll, ja muss in Einklang gebracht werden. Die adoleszente Krise ist deshalb von notwendigen Brüchen und bedrohter Kontinuität gekennzeichnet. In ihr geht es um zweierlei: Zum einen muss die Zukunftsfrage nach der eigenen Ich-Identität - und nach dem eigenen Selbstkonzept jetzt geklärt werden: Der/die Jugendliche muss für sich einen Entwurf, eine Konzeption für das neue Leben als Erwachsene/r entwerfen. Zum anderen müssen dabei alle bisher gewonnenen Lösungen aus dieser neuen Identität heraus geklärt werden, weil dadurch spätere Krisenlösungen angebahnt werden. Wie wir uns in späteren Krisensituationen verhalten, hängt nicht nur von den dann gegebenen Konstellationen ab, sondern auch von den psychischen Bedingungen, die in der Identitätskrise der Pubertät grundgelegt wurden. Die Jugendlichen werden zu Buchhaltern/Buchhalterinnen ihrer Biographie: Sie ziehen einerseits erste Lebensbilanz, und nehmen andererseits den Kredit auf, von dem sie in Zukunft leben wollen.

Die Konzeptualisierung von Ich-Identität stellt den Jugendlichen/die Jugendliche vor die Aufgabe, die bisherige Selbstinterpretation über Identifikationen (vor allem mit den Eltern, insbesondere mit dem gleichgeschlechtlichen Elternteil) aufzugeben, sich aus den identifikatorischen Bindungen zu lösen (s.u.) und eine eigene Identität auszubilden. Die Identitätspsychologie weist uns nun aber auf die Ambivalenz dieser Identität hin: Sie ist geworden und ist zugleich auch immer im Werden. Identität existiert und ist zugleich immer von ihrem Scheitern bedroht. Diese Ambivalenz kennzeichnet E. Erikson als das Zugleich, als den spannungsvollen Ausgleich zwischen Identität und Identitätsdiffusion.

Wesentliches Kennzeichen für das Gelingen dieser frühadoleszenten Neuorientierung ist, dass diese Identitätssuche sich auf dem Weg von Negation vollzieht: Die Jugendlichen wissen nur, was nicht sein soll, nicht aber, was und wer sie sein wollen. Das Ab- und Ausgrenzen vollzieht sich nicht nur gegenüber von Erwachsenen und Erwachsenenwerten, sondern auch von anderen Jugendlichen und ihren Lebensstilen. Akzeptiert wird nur die gleichgesinnte und gleichgestimmte Clique. Dieses Abgrenzen ist ein entwicklungspsychologisch notwendiger Schritt, der scheinbar Stärke demonstriert, in Wirklichkeit aber tiefgreifende Verunsicherung anzeigt. Die innere Zentriertheit der Jugendlichen als Person, um die es in diesem Prozess geht, ist eben noch nicht vorhanden, sondern bildet sich erst. In ihrer Suche nach dieser Zentriertheit experimentieren die Jugendlichen noch einmal mit dem ganzen Repertoire möglicher Lebensentwürfe, Verhaltensweisen und Beziehungsmodelle. Das macht die scheinbare Sprunghaftigkeit im Erscheinungsbild, in der Gefühlswelt und im Denken von Jugendlichen in dieser Phase aus: heute so und morgen anders, heute himmel-hoch-jauchzend und morgen zu-Tode-betrübt.

Zu den Verunsicherungen der Konfirmandenzeit gehört auch der Zweifel am eigenen Selbstwert. Ein positives Selbstwertgefühl ist die Basis für ein positives, zukunftsträchtiges Selbstkonzept. Unter Selbstkonzept versteht man die Einstellungen eines Menschen zu sich selbst, mithin sein theoretisches Selbstbild. Dieses Selbstbild hat zwei Quellen: Es resultiert einerseits aus einer realistischen Selbsteinschätzung aufgrund von reflektierter Selbstbeobachtung, und zum anderen resultiert es aus Phantasien über die noch nicht verwirklichten Möglichkeiten der eigenen Person. An der Schaltstelle zwischen Kindheit und Erwachsensein blüht sozusagen eine Hoffnung auf, die allerdings nicht mehr so wild ins Kraut schießt wie einst die Omnipotenzvorstellungen der frühen Kindheit. Aber am Beginn der Adoleszenz vollzieht sich durchaus Vergleichbares. Hier dominiert wieder die Phantasie über die eigene, offen erscheinende Zukunft. Aber die parallel einsetzende Lebensbilanz macht zunehmend den Kreditrahmen für das zukünftige Leben deutlich. Der/die Jugendliche bringt sich so zunehmend in die Lage, sagen zu können, wer er/sie wirklich ist und wer er/sie zukünftig sein will.

Die Basis dieser Entwicklung eines Selbstkonzepts ist das Selbstwertgefühl. Das Selbstwertgefühl ist sozusagen der Ort der pubertären Lebensbilanz; es ist die Summe der im bisherigen Lebenslauf erfahrenen positiven und negativen Umweltreaktionen auf die eigene Person. Zahlreiche Untersuchungen zeigen, dass das schulische und familiäre Klima in unserer Gesellschaft nicht förderlich für die Selbstachtung der Heranwachsenden und deshalb negativ für die Entwicklung eines positiven Selbstkonzepts für Kinder und Jugendliche ist. Sie zweifeln an ihrer Werthaftigkeit und am Gelingen ihrer Zukunft. Und deshalb brauchen sie – psychodynamisch gesehen – verstärkende positive Erfahrungen; sie brauchen das Erlebnis unbedingter Akzeptanz; sie brauchen ein vorbehaltloses „Ja" zu ihrer Person in all ihrer Unsicherheit und Unvollkommenheit. Das Geachtetwerden ist auch dasjenige Motiv, das die anhaltende Hochwertung der Konfirmation begründet. Sie ist für die Menschen eben mehr als eine bloße, inhalts- und funktionslose Konvention.

Wegen ihrer Zurückweisung eines sakramentalen Verständnisses von Konfirmation/Firmung einerseits und wegen ihres Kirchenverständnisses andererseits, dürfte es der protestantischen Kirche leichter als der katholischen fallen, den biographischen Haftpunkt dieser Kasualie konstruktiv aufzunehmen. Zumindest gibt es keine ernsthaften theologischen Gründe dagegen, auf die „Individualisierung der Jugendphase" (Jugend 92) positiv zu reagieren. Zudem stellt – entgegen anderslautender Kritik – eine vorrangig lebensgeschichtliche Interpretation der Konfirmation keine resignative Funktionalisierung der Kirche für soziale bzw. individuelle Zwecke dar, sondern ist durchaus aus der eigenen Tradition heraus zu begreifen. Mehr noch als in den anderen Kasualien geht es in der Konfirmation um die öffentliche Darstellung und Proklamation der Tatsache, dass die KonfirmandInnen als eigenständige, unverwechselbare Personen zu gelten haben. Die Entwicklungspsychologie zeigt, dass der/die Jugendliche sich aus kindlichen Identifikationen gelöst hat und seine/ihre eigene „Ich-Identität" zu gewinnen sucht (Luther, in: Bäumler/Luther 1982, 310f). Die Verheißung auf gelingendes Leben und auf die Einzigartigkeit sowie Werthaftigkeit der eigenen Person wurde dem Konfirmanden bzw. der Konfirmandin durch die Taufe vermittelt; in der Konfirmation wird sie jetzt an lebensgeschichtlich exponierter und sensibler Stelle erneuert und zugleich ein Stück weit eingelöst, weil die Konfirmation auch Akt öffentlicher Mündigsprechung, „Zeichen der Freiheit" (Bloth 1983, 180) ist.

Die kirchliche Akzeptanz der Konfirmation als in der Biographie des Menschen verwurzelt und deshalb zeitlich zu flexibilisierende Liturgie darf nicht verkürzt unter dem diakonischen Aspekt einer kirchlichen Dienstleistung für die Gesellschaft und den Einzelnen verstanden werden. Sie verdankt sich vielmehr – theologisch gesehen – der Rechtfertigungslehre und damit dem Zentrum des protestantischen Glaubens überhaupt. Sie muss begriffen werden als eine notwendige Konsequenz daraus, dass die Einsicht in die vorgängige und anerkennende Gnade Gottes in pädagogisch-anthropologischer Hinsicht als Konstitutionstheorie von Subjektivität zu entfalten ist (Lämmermann 1998a, 87ff). In der Konfirmation wird dieser Prozess nicht nur symbolisch dargestellt, sondern durch Segnung unterstützt. Das Wesen einer biographisch verstandenen Konfirmation liegt insofern im Segen. Konfirmation kann so – unter Einbeziehung des reformatorischen wie auch des pietistischen und aufklärerischen Konfirmationsverständnisses – begriffen werden als Einsegnung in Subjekthaftigkeit.

Die deutschen Protestanten sind sich darin einig, dass die Konfirmation primär lebensgeschichtlich-familiär interpretiert wird – und dies mit zunehmender Tendenz: „Nicht nur in der Erinnerung der Erwachsenen, sondern auch der Jugendlichen spielt 1992 der Familienaspekt eine größere Rolle als noch 1982. Die Phase der Kindheit ist vorüber, der Beginn eines neuen Lebensabschnittes soll festlich inszeniert werden. Als solche ist die Konfirmation eine gute alte Tradition, die man bewahrt wissen will" (EKD 1993, 18). Die Konfirmation ist also in der Perspektive der volkskirchlichen Mehrheit primär oder ausschließlich ein Familienfest, das für die Kontinuität und für die Selbstdarstellung dieser Familien eine wesentliche, möglicherweise sogar konstitutive Bedeutung hat. Eine Untersuchung zur Familienreligiosität (Schwab 1995) belegt, dass über alle Generationen hinweg die Konfirmation zur Periodisierung der Familiengeschichte, aber auch der eigenen Biographie, benutzt wird. Das deutet auf die zentrale Stellung der Konfirmation für die Identitätspräsentation des/der Einzelnen wie seiner/ihrer Familie hin. In der Erinnerung wird die Konfirmation zumeist als ein „schönes Fest" bezeichnet. Als ein „schönes Fest" verstanden, gilt die Konfirmation unter TheologInnen allerdings als unterbestimmt, nämlich als ihre Funktionalisierung zu ZeremonienmeisterInnen für familiäre Zwecke. Nimmt man allerdings den Befund ernst, dass die Konfirmation in ihrem Kern nicht zur Liturgie der Kirche, sondern zur Liturgie des Lebens gehört, dann schwinden diese Bedenken und machen den seelsorgerlichen Aspekt der Liturgie deutlich. Feste und Feiern sind mehr als Lustbarkeiten. Sie transzendieren vielmehr den Alltag; sie relativieren ihn, indem sie ihn aus anderer Perspektive betrachten. So ist auch die Konfirmation ein „Familienanlaß, der die Familie zum Nutzen der Familie transzendiert" (Nüchtern 1991, 27). Anders als bei vielen anderen geht die Familie „an einen anderen Ort" – einen Ort, wo die unmittelbaren Probleme und Konflikte für einen Moment storniert erscheinen. Und zur Zeit der Konfirmation potenzieren sich bekanntlich Familienkonflikte, weil die Familie sich im Prozess ihrer Auflösung befindet – und zwar heute noch mehr als früher. Seit längerem wird deshalb die Konfirmation – vor allem aber der Konfirmandenunterricht – als kirchliche Begleitung in der pubertären Ablösephase diskutiert. Damit nimmt man die besondere Familiendynamik in dieser Zeit und die damit verbundenen Belastungen der Familienmitglieder in den Blick und bestimmt von daher die Konfirmandenzeit – nicht aber die Konfirmation selbst. Wie schon im katechetischen Modell wird der Kasus sekundär. Im Zusammenhang der Familiendynamik und als eigenständiger Kasus betrachtet wird die Konfirmation zur Repräsentation der Ursprungsfamilie und der bleibenden Zugehörigkeit des/der Jugendlichen zu eben dieser Familie – und zwar gerade auch gegen den Augenschein und angesichts von Zerfallstendenzen.

Im Kasus verbinden sich „Schmerz und Sehnsucht" (Luther 1992, 239ff); der Schmerz nämlich über den aktuell drohenden Verlust des Kindes und über das Ende der bisher konstituierenden Familiengeschichte. Und die Sehnsucht nach Kontinuität und haltender Bindung. Familiär betrachtet ist der Kasus der Konfirmation zugleich auch ein Übergangsritus für die Eltern, die jetzt – in der Regel – ihren Status als Eltern verlieren und eine neue Paarbeziehung aufbauen müssen – eine Krise, die die Psychologen mit dem Stichwort „empty-nest-syndrom" belegt haben. Aber das ist – wie gesagt – nur der soziale Aspekt des Ritus. Und dieser tritt schon deshalb in den Hintergrund, weil – im Unterschied zur Gründungsepoche der Konfirmation – die Konfirmation immer seltener den tatsächlichen Austritt aus der Ursprungsfamilie kennzeichnet. Aber sie vergegenwärtigt diesen als eine konkrete Möglichkeit und integriert diese als Option in die Familiengeschichte. Eine Option, die auch in der Gestaltung des Gottesdienstes zum Tragen kommen könnte.

Gottes Segen aber gilt vorbehaltlos, also auch ohne kirchenrechtliche Ansprüche, unbeschadet der Tatsache, dass die Kirche selbst diesen Aspekt – quasi intern – damit verbinden kann. Der vorbehaltlose Respekt vor dem/der Jugendlichen als eigener Person könnte möglicherweise Anlass dafür sein, dass sich dem/der Jugendlichen auch „die identitätsstiftende Kraft des Rechtfertigungsglaubens erschließt" (Fraas 1990, 260); allerdings bedarf es dazu weiterer Reformen im – historisch zwar üblich gewordenen, konzeptionell aber keineswegs zwingenden – Umgang mit KonfirmandInnen. Denn es steht zu befürchten, dass die eingeschliffene, selbstreferent gewordene Praxis den eigentlichen theologischen Gehalt der Kasualie verstellt und deshalb unproblematischere Alternativen als attraktiver und weniger vereinnahmend erscheinen lässt.

Am Konfirmationsgottesdienst können die möglichen diskursiven Elemente auch im Kontext basaler expressiver Kommunikation dadurch hervortreten, dass die KonfirmandInnen verstärkt zu Subjekten und Akteuren ihrer eigenen Konfirmation werden, die nicht darauf beschränkt sind, „die Spielregeln des Christseins ... zu akzeptieren" (Volp 1994, 1234f). Insgesamt ergibt sich aus der Bestimmung des Gottesdienstes die Forderung nach einer Verstärkung ganzheitlicher, spielerischer und zugleich auch diskursiver Momente. Dies und der Blick auf die Kasualien zeigt, dass die Forderung nach Wahrnehmung des Subjektcharakters der Beteiligten auch eine Folge der letztendlich entscheidenden Beziehungsebene als Metakommunikation ist. In ihr – und nicht in der Inhalts- und Wahrheitsfrage – liegt auch die Zukunftsperspektive von PfarrerInnen, deren zentrale Aufgabe die personale Repräsentanz christlicher Impulse für die individuelle wie gesellschaftliche Lebensführung ist. Daraus folgert für deren Ausbildung die Förderung diskursiv auszulegender kommunikativer Kompetenzen, die die Reziprozität der Perspektive beinhalten und Vereinnahmungen verhindern. Das hat dann auch Folgen für Gemeindeaufbau und Gemeindestruktur: Diskursiv verstanden und bildungstheologisch begründet, dürfen Gemeinde und Kirche sich nicht exklusiv definieren, sondern nur inklusiv, neugierig und grenzüberschreitend (Wegenast/ Lämmermann 1994, 30f) – Prinzipien, die hinsichtlich der Funktion, Leitung und Organisation weiter zu entfalten sind.

4. Die Funktion „Leitung/Organisation" in der „Volkskirche"

Die Darstellung dieser Funktion an dritter Stelle hat ihren immanenten programmatischen Sinn, weil Organisation und Leitung keine primären und selbstständigen Funktionen kirchlichen und religiösen Handelns sind, sondern erst auf Grund der vorangegangenen bestimmbar sind. Das liegt schon darin begründet, dass selbstreferentes Leiten und Organisieren dazu neigt, die jeweils davon Betroffenen zu Objekten ihres Handelns zu degradieren. Das widerspräche der durchgängig hier angestrebten Subjektorientierung. Dieser durchlaufende Versuch einer Subjektorientierung der Praktischen Theologie zielt primär nicht darauf, im traditionellen oder im neueren katholischen Sinne die Gemeinde zum Subjekt ihrer selbst zu erklären. Das wäre zwar schon ein Gewinn gegenüber hierarchischen Tendenzen und zur Amtshypertrophie, aber gleichwohl würde hier wiederum ein Allgemeines, die Gemeinde, das Besondere, die Menschen, dominieren; das steht im Gegensatz zu den Prinzipien einer kritischen praktisch-theologischen Handlungstheorie. Zum Subjekt kann sie sekundär nur dadurch werden, dass sie sich als Kommunikations- und Diskursgemeinschaft von Subjekten versteht, die, indem sie sich selbst sucht, auch Gemeinde aufbauen kann. Gemeinde und Gemeindeaufbau sind in diesem Sinne kein Selbstzweck, sondern die Funktion einer umfassend verstandenen Selbstbildung von Menschen, die sich in diesem Prozess als Christen erkennen und realisieren.

Ob „Leitung" überhaupt eine wesentliche Funktion in der protestantischen Kirche sei, ist ebenso umstritten wie die Fragen, *wie* sie wahrgenommen werden soll. Die Beantwortung hängt wesentlich vom jeweiligen Verständnis über Kirche und Gemeinde ab: Auf der einen Seite steht das Modell von *Gemeindekirche* bzw. *Basisgemeinde,* das die Rechte der Laien stärken und Leitungsfunktionen zurückbringen möchte, auf der anderen Seite das Konzept „Volkskirche", in dem – schon aus historischen Gründen – Leitungsfragen von zentraler Bedeutung sind (Preul 1997, 212ff), zumal sie sich primär als Pastorenkirche ausgestaltet hatte. Unzweifelhaft jedoch ist, dass – in welcher Form auch immer – Kirche und Gemeinde *„organisiert"* werden müssen.

4.1 Zur volkskirchlichen Situation

Die Bezeichnung „Volkskirche" wurde Anfang des 19. Jahrhunderts (möglicherweise von Schleiermacher) als Programmbegriff geprägt, um den Stellenwert der Kirche in einer sozial-ökonomisch und ideologisch veränderten Situation zu beschreiben. Sozialgeschichtlich bedeutsam ist der Industrialisierungsprozess, der nicht nur eine neue soziale Schicht (Industrieproletariat) mit ganz neuen ökonomischen und sozialen Problemen schuf, sondern auch einen Entkirchlichungsprozess einleitete. Ideengeschichtlich ging es darum, das überkommene kirchliche Selbstverständnis infolge der Aufklärung zu revidieren. Der Begriff „soll die Offenheit der kirchlichen Verkündigung für alle Menschen hervorheben: Die Kirche ist als Volkskirche Kirche für alle" (Huber 1979, 169). Damals wie heute ist das Verständnis allerdings schillernd. Unter Volkskirche kann man verstehen 1. eine Freiwilligkeitskirche, die durch die Partizipation aller ihrer Mitglieder gekennzeichnet ist; 2. eine Kirche, die sich *zum* Volk wendet; ihre Aufgabe also in einer volksmissionarischen Rechristianisierung sieht; 3. *Nationalkirche* in der Einheit von politischem und kirchlichem Territorium; 4. Kirche *für* das Volk im Sinne einer Betreuungskirche und 5. die kirchliche Institution für das *Volksganze*. Ideologiekritisch könnte man in diesem Zusammenhang zudem auf die völkischen Konnotationen des Begriffs verweisen und die Überführung der Volkskirche in eine plural verfasste Völkerkirche fordern (Welker 1995, 64ff) und von der Volkskirche als einem „Mythos" sprechen (Welker 1995, 58ff), der allerdings ein ambivalentes, durchaus aber auch verheißungsvolles Potential (Welker 1995, 77) in sich trägt. Die Uneindeutigkeit des Begriffs fordert deshalb nicht – wie Huber meint – seine Preisgabe, denn die Bezeichnung signalisiert nicht nur ein theologisches Programm, sondern auch eine – zumindest zur Zeit – zutreffende Wirklichkeitsbeschreibung.

In der gegenwärtigen theologischen Auseinandersetzung wird der Programmbegriff „Volkskirche" eher pejorativ, disqualifizierend gemeint, um damit eine selbstreferente Institution zu bezeichnen, die die Mehrheit des Volkes festhalten und sich „einer oberflächlichen, unbußfertigen Durchschnittsreligiosität vulgärer Art an(zu)passen" (Rendtorff, in: Lohff 1977) will. Damit sei – so T. Rendtorff – die empirisch mehrheitlich vorfindliche Form von Kirchlichkeit diskreditiert, um sich von ihr – quasi religiös-elitär – abzugrenzen.

Die theologisch-innerkirchliche sowie freikirchliche Kritik an der Volkskirche richtet sich vor allen Dingen gegen ihre Pastorenzentriertheit: Hauptberufliche Kirchenfunktionäre betreuten über ihre Kasualpraxis zahlende Kirchenmitglieder und hielten so die Kirche als zwar sozial erwünschtes, theologisch aber obsoletes Dienstleistungsunternehmen im Gange. Durch ihre hierarchische Struktur sowie ihre professionellen Funktionäre verhindere die Volkskirche eine echte Beteiligung der Gemeindeglieder und damit die Durchsetzung einer Gemeindekirche bzw. Basisgemeinde. In der Pastoren- und Betreuungskirche würden die Laien zum Objekt professionalisierter und amtstheologisch sanktionierter Betreuung gemacht; das scheint sowohl der gesamtprotestantischen Auffassung vom „Priestertum aller Getauften" zu widersprechen wie einem bildungs- und kommunikationsorientierten Gemeindeverständnis. Der historischen Wirklichkeit steht aber das genannte „verheißungsvolle Potential" entgegen, das in der Gleichung ‚laios gleich Volk' liegt und die Volkskirche als „Kirche des Volkes" ausgestaltbar erscheinen lässt. Kirchenrechtlich spiegelt sich der immanente Widerspruch von ‚Volkskirche' im Gegenüber von bischöflich-konsistorialen und presbyterial-synodalen Verfassungen (4.3).

Anfang der siebziger Jahre waren die beiden Großkirchen – durch die Zunahme von Kirchenaustritten alarmiert – dazu übergegangen, empirische Untersuchungen über den Bestand der Volkskirche zu erheben. Die vielzitierte „Krise der Volkskirche" schien darin zu bestehen, dass die Kirchenaustritte qualitativ wie quantitativ eine neue Dimension angenommen haben. In historischer Perspektive erweist sich allerdings, dass die Austrittsbewegung der siebziger Jahre weder ein neues Phänomen noch die Spitze bisheriger Austrittsbewegungen darstellt (EKD 1997, 309). Bereits die Herausbildung des Programmbegriffs „Volkskirche" war ja bereits eine Reaktion auf derartige Tendenzen. Mit dem Erstarken der Arbeiterbewegung in den zwanziger Jahren musste dann eine das heutige Maß übersteigende Austrittsrate verzeichnet werden, und unter der Herrschaft des Nationalsozialismus verließen erheblich mehr Evangelische ihre Kirche als heute. Das Abbröckeln des Mitgliederbestandes in periodischen Schüben scheint überhaupt zum Charakteristikum der Volkskirche zu gehören.

Weiterhin bejaht allerdings die überwiegende Mehrheit der evangelischen und katholischen Christen die herkömmlichen Strukturen der Kirchenmitgliedschaft, die mit der Kindertaufe beginnt. 88 % der Evangelischen gaben 1974 an, dass sie ihre Kinder taufen lassen würden und damit durchaus intendieren, die volkskirchliche Situation auch in Zukunft zu sichern. 1993 bekundeten 93 % der Westprotestanten und 88 % der Ostprotestanten ihre Bereitschaft zur Kindertaufe, und selbst 21 % bzw. 13 % der Konfessionslosen plädierten für diese Option (EKD 1997, 371). Über 90 % der Kirchenmitglieder sind heute noch konfirmiert. Die Kirche ist relativ stabil, lautete das Ergebnis der ersten EKD-Umfrage (1974); es wurde auch durch die neueren Studien (1984, 1994) bestätigt: Etwa 21 % bis 26 % fühlen sich der evangelischen Kirche nicht oder nur kaum verbunden, die Mehrheit hingegen steht – bei genereller persönlicher Nichtteilnahme – zu ihrer Kirche positiv (EKD 1997, 378), wobei dafür in der Regel Sozialisations- und Traditionsgründe angegeben werden (EKD 1997, 39 u. 381).

Die formellen Kirchenmitglieder weisen ein ritualistisches Verhältnis zur Institution auf und erwarten, dass die Kirche im großen und ganzen so bleibt, wie sie ist. Zu den eingeforderten Sollleistungen der Kirche gehören die traditionellen Aufgabenbereiche Diakonie, Lehre und Verkündigung, Seelsorge und Hilfeleistung, insbesondere bei individuellen Problemen. Diese Erwartungshaltung ist stabil (EKD 1997, 360f). Gegenüber der ersten Befragung zeigte die nachfolgende von 1984, dass der Kirche allerdings auch neue Erwartungshaltungen zugewachsen sind: „Ein großer Teil der Befragten identifiziert die Themen und Krisenerscheinungen, an denen sich in den letzten Jahren die „neuen sozialen Bewegungen" als gesellschaftliches Phänomen entzündet haben, als Handlungsfelder von Kirche." (Hild 1974, 28) Dazu zählten insbesondere das Problem der Arbeitslosigkeit, die Fragen der Dritten Welt und die Friedensbewegung; hier hat die Kirche in den Augen ihrer Mitglieder Leistungen aufzuweisen, aber auch einen Nachholbedarf; die Schere zwischen gesellschaftlichen Ist-Leistungen und Soll-Leistungen ist 1993 nicht kleiner geworden. Gegenwärtig haben sich die Akzente dafür allerdings etwas verschoben: Die evangelische Kirche wird heute vorrangig als soziale Integrationskraft bei der Ausländerfrage oder beim Zusammenwachsen Deutschlands nachgefragt (EKD 1997, 390f).

Die Studie von 1984 bestimmt das Profil gegenwärtiger Kirchenmitgliedschaft mit den Begriffen „Selbstständigkeit" und „Unbestimmtheit": 62 % beteiligen sich in keiner Form am Gemeindeleben; nur 13 % nehmen an kirchlichen Veranstaltungen teil und nur 9 % geben sich als Mitglieder von Gemeindegruppen zu erkennen. Jeweils ein Drittel der Befragten fühlte sich entweder der Kirche *stark* verbunden, *kaum* bzw. *überhaupt nicht* verbunden. Die sich manifestierende *distanzierte Volkskirchlichkeit* erwartet von der Kirche primär die Übernahme gesellschaftlicher Funktionen, und zwar durch professionalisierte Berufe sowie die pastorale Begleitung an Knotenpunkten des Lebens und in Lebenskrisen. Aufs Ganze wird die Kirche von der Mehrheit als ein Dienstleistungsunternehmen betrachtet, nicht jedoch als eine Gemeinschaft, an der man persönlich partizipieren möchte.

Soziologisch gesehen könnte es sich bei der relativen Stabilität der Volkskirche um ein sog. Kohortenphänomen handeln, also um ein soziales Verhaltensmuster, das typisch ist für eine Generation, die aufs Ganze gesehen noch eine relativ einheitliche religiöse Sozialisation erlebte. Jugendstudien jedenfalls belegen, dass es mit dem „Nachwuchs der Volkskirche" weniger gut bestellt ist; hier spricht man dementsprechend von einem „Traditionsabbruch" (Barz 1992). Diesem kirchensoziologischen Kirchenkatastrophenszenarium stehen allerdings auch gegenteilige Befunde entgegen: So ist z.B. die Akzeptanz der kirchlichen Kasualien auch unter Jugendlichen noch immer sehr hoch: Fast alle Jugendlichen wurden getauft, 95 % wurden konfirmiert, 75 % haben kirchlich geheiratet oder wollen es, und nur 4 % lehnen für sich eine kirchliche Bestattung ab. Im Widerspruch dazu wächst allerdings die subjektive Distanzierung von der Institution: Nur 3 % der Jugendlichen sind Kirchgänger, 9 % von ihnen sind in kirchlichen Organisationen, aber 53 % fühlen sich mit der Kirche kaum oder überhaupt nicht verbunden. Alle diesbezüglichen empirischen Untersuchungen belegen hingegen, dass diese Unkirchlichkeit keinesfalls als Areligiosiät interpretiert werden darf. Diese subjektive Religiosität (Statistisches Bundesamt 1992) führt zu keiner höheren Akzeptanz von „Jugendsekten"; diese liegen bei höchstens 4 %. Sie rekurriert vielmehr auf Momente der christlichen Tradition, über die dann – sekundär – auch die kirchliche Institution teilweise rehabilitiert wird: 28 % der Jugendlichen wären bereit, in der Kirche mitzuarbeiten, und 30 % aller Jugendlichen meinen, dass politische Veränderungen auch durch die Kirchen initiiert werden können und müssen. Eine ausgesprochen ablehnende Haltung nehmen nur 10 % der Jugendlichen ein.

Der Bedeutungsschwund der Kirche wird von vielen subjektiv nicht als Relevanzverlust der christlichen Religion interpretiert. Aber deren Wahrheit, Wirkung und Wirklichkeit werden nicht länger von der Institution garantiert, sondern von den Persönlichkeiten der PfarrerInnen. In ihrem Handeln soll verbürgt sein, was die christliche Religion positiv ausmacht. Ihre Stellvertretung sichert, dass das Christentum mit seinen Werten aus der Gesellschaft nicht verschwindet, sondern seine als grundlegend empfundenen sozialen und persönlichkeitshygienischen Funktionen wahrnimmt; als solche gelten vorrangig die einer individuellen Identitätsabsicherung durch die anerkennende Achtung der eigenen Person: Kirchenmitglieder wollen von der Kirche vor allem verstanden und zur Kenntnis genommen werden (EKD 1997, 358). Sodann erwartet man eine nachhaltige überindividuelle Sinn- und Wertvermittlung. Die Mehrheit der Bevölkerung jedenfalls hat einen höheren Anspruch an kirchliche Praxis als nur eine durch Kirchensteuern erkaufte rituelle Begleitung in Krisensituationen, und dieser Anspruch wird vor allem gegenüber den AmtsträgerInnen erhoben.

Die Vermutung ist nicht abwegig, dass der Dominanzaspekt in der PfarrerInnenrolle durch solche Entwicklungen verstärkt wird. Denn PfarrerInnen dominieren mit ihrem Erscheinungsbild nicht nur bei der distanzierten Volkskirchlichkeit, sondern sie bestimmen auch das interne Interaktions- und Kommunikationssystem der Gemeinden nahezu ausschließlich. Bezüglich der Mitarbeiterschaft kann dies ebenso aufgezeigt werden wie hinsichtlich der Leitungsfunktionen. So werden etwa alle als besonders relevant angesehenen Gruppen vom Pfarrer/von der Pfarrerin selbst veranstaltet (Spiegel 1970, 196). Generell dürfte in allen Gemeindeangelegenheiten der Pfarrer/die Pfarrerin „das Sagen haben". Die von J. Moltmann so heftig kritisierte „Usurpation aller Ämter und Aufgaben durch eine Hierarchie ‚geistiger Würdenträger' und eine Aristokratie von Pastoren" (Moltmann 1975, 328) scheint keine historisch überwundene Entwicklung zu sein, sondern eine reale Gefahr auch in der volkskirchlichen Gemeinde, die weiterhin nach dem pastoralen Grundmodell (Bäumler 1978, 251 u. 259) organisiert ist.

Die Wirklichkeit der Volkskirche in der beschriebenen Form einer Pastoren- und Betreuungskirche ist deshalb gegenwärtig und konfessionsübergreifend heftig umstritten. Kritisiert wird, dass die Gemeinde zum Objekt von Betreuung statt zum Subjekt der Freiheitsgeschichte des Evangeliums (Moltmann 1975, 328) wie der eigenen Geschichte wird (Mette 1979, 26ff). Ursächlich dafür sind nicht allein überalterte Strukturen, sondern auch das Selbstverständnis vieler PfarrerInnen, das durch die allgemeinen Erwartungshaltungen eher stabilisiert als irritiert wird. Beklagt wird eine generelle Tendenz zur Bevormundung, die verhindert, dass die christliche Gemeinde tatsächlich zur „Gemeinschaft mündiger Christen" (Weß 1976, 70) wird. Die herrschende Praxis der Amtskirche habe so gleichermaßen zur Krise der Kirche (Klostermann 1974, 115ff) wie zur Krise des Amtes (Klostermann 1974, 115ff) geführt.

Gegen eine hierarchisierte und bürokratisierte Kirche mit ihren Tendenzen zu Repräsentativität, Zentralismus und Spezialistentum wird gegenwärtig verstärkt wieder die Gemeinde entdeckt. Dies nicht nur im Sinne eines kritischen Prinzip der Volkskirche (Bäumler), das innovatorische Kräfte der Selbsterneuerung freisetzen könnte, sondern auch im Verständnis einer prinzipiellen Negation. Das Ende der Volkskirche wird angesagt und zwar von durchaus unterschiedlichen, ja kontroversen Positionen her. Die einen favorisieren die Bekenntnisgemeinschaft als Kirche der Zukunft, weil sie an der Wiedergewinnung einer erhöhten Verbindlichkeit aufgrund eines bekenntnismäßigen Konsenses interessiert sind; andere argumentieren eher von dem Konzept einer Gemeindekirche her, in der durch strukturelle Veränderungen die Partizipations- bzw. Selbstbestimmungschancen der einzelnen Gemeindemitglieder mit unterschiedlichen christlichen Orientierungen gefördert werden. Die Kontroverse lässt grundsätzlich nach den Strukturen und dem Selbstverständnis der evangelischen Kirche fragen, deren Prinzip nach reformatorischer Auffassung das der Freiheit von Christenmenschen sein soll. Der Freiheitsbegriff ist überdies so etwas wie der Kristalisationspunkt neuerer protestantischer Theologie überhaupt. So stellt z.B. E. Jüngel hinsichtlich der gegenwärtigen Theologie fest, dass, wenn diese „überhaupt eine thematische Mitte hat, dann ist das die christliche Freiheit" (Jüngel 1978, 16); W. Pannenberg betont, die „Freiheit des Christen meint keine besondere zusätzliche Freiheit, die von der Freiheit des Menschen als Menschen verschieden wäre, noch zu ihr hinzukäme" (Pannenberg 1958, 152). Insofern kann in der Kirche kein exklusives, sondern nur ein inklusives Freiheitsverständnis vorherrschen, so dass Gemeinden zu Modellen einer neuen politisch-sozialen Kultur werden können. Auch in dieser Hinsicht gibt die Christengemeinde Impulse für die Bürgergemeinde. J. Moltmann verweist deshalb zu Recht auf den engen Zusammenhang von christlichem Glauben und politischer Freiheitsgeschichte: „Der christliche Glaube versteht sich authentisch als Anfang der Freiheit, wie sie die Welt noch nicht gesehen hat" (Moltmann 1968b, 189). Das kann sie aber nur, wenn sie ihr Freiheitsprinzip (vgl. 2.4) nicht nur im Munde führt, sondern es in ihren Strukturen und Funktionen exemplarisch realisiert.

4.2 Freiheitsprinzip und Kirchenverfassung

Die Christentumsgeschichte kann selbstkritisch als eine zwischen Gelingen und Scheitern schwankende Geschichte der zunehmenden Realisierung von Freiheit verstanden werden. Die Alte Kirche hat das christliche Freiheitspostulat vornehmlich als die Forderung nach der Freiheit der Kirche und damit als die Forderung nach deren Toleranz und Unabhängigkeit vom Staat interpretiert; darin lag die politische Brisanz des Christentums etwa zur Zeit Neros. Indem die Kirche dann im konstantinischen Zeitalter Staatskirche und damit zur Volkskirche wurde, erhielt sie zwar die vollständige Freiheit zur Religionsausübung, sie geriet aber gleichzeitig als anerkannte Institution in die Abhängigkeit vom Staat; dies wurde zum Merkmal der weiteren volkskirchlichen Entwicklung, sei es nun in der Form eines landesherrlichen Kirchenregiments oder der Einheit von Thron und Altar oder von Gleichschaltung. Diese Abhängigkeit aus ihrer Anfangszeit zu beenden, war die Intention der langwierigen Auseinandersetzungen zwischen Kaiser und Papst. Allerdings muss man wohl feststellen, dass es in diesem Streit letztlich weniger um Freiheit als um Herrschaft ging, denn die Kirche meinte ihre Freiheit nur dadurch gewinnen zu können, dass sie ihrerseits die Vorherrschaft über den Staat erringt. Zur Durchsetzung dieser Position war aber die Geschlossenheit, die Einheit der Kirche notwendig, so dass die Freiheit der Kirche auf Kosten der Freiheit in der Kirche ging und die Kirche schlagkräftige hierarchische Strukturen schuf.

Diese Entwicklung war insofern verständlich, als diejenige Institution, die die christliche Freiheit zu verkündigen hatte, sich politisch erst das Recht zur freien Verkündigung erkämpfen musste. Die notwendige Opposition gegen staatliche und politische Unterdrückung verselbstständigte sich aber zunehmend und wurde unter Papst Bonifaz VIII. zur Hegemonieforderung der kirchlichen Institution, die dann auch weite gesellschaftliche Bereiche unter ihren Herrschaftseinfluss zu bringen versuchte, auch wenn sie dabei dann scheiterte. Die Bulle „unam sanctam" stellt einen Höhepunkt in der Aushöhlung des christlichen Freiheitsverständnisses dar und zeigt, wie ursprüngliche Impulse verloren gingen. Pars pro toto kann man jedenfalls feststellen, dass mit dem Christentum der Gedanke der Freiheit ursprünglich eine neue Dimension und Dynamik erhielt, weil Freiheit nicht von ihrer individuellen Realisierung und vom Freiheitswillen von Menschen abhängig gemacht wurde, sondern theologisch bzw. christologisch und damit absolut begründet wurde. Hinzu kam die eschatologische Perspektive auf das noch ausstehende, aber in Christus zugleich auch schon angebrochene Reich Gottes, das eben auch als Reich der Freiheit interpretiert werden konnte.

Aber im Verlauf der mittelalterlichen Kirchengeschichte wurde dann dieser Gedanke zunehmend aus dem kirchlichen Alltagsgeschäft ausgeschlossen, indem sie spiritualisiert und futurisiert wurde. Faktisch wurde die im Gedanken des Reichs der Freiheit geforderte zunehmende Realisierung der christlichen Freiheit jedenfalls eher behindert als gefördert, weil sich die kirchliche Institution gegen das Individuum durchsetzen wollte. Ursprünglich verband sich mit der Forderung nach freier Ausübung des Christentums auch die gesellschaftliche Forderung nach Gleichberechtigung und Freiheit unterdrückter Gruppen, z.B. der Sklaven oder der Frauen. Darin lag ja die sozialutopische Faszination des frühen Christentums. Gegenläufig dazu entwickelte die Kirche selbst jedoch zunehmend gesellschaftlich wirkende Repressionsmechanismen, deren bekanntestes und krassestes Beispiel die Inquisition ist. Die Unterminierung der „Institution der Freiheit" wurde vielfältig im Kleinen betrieben, angefangen von der prinzipiellen Disqualifizierung der Laien gegenüber den Klerikern in der katholischen und bis zum Streit um die Frauenordination in der evangelischen Kirche. Die Diskrepanz zwischen christlichem Freiheitsgedanken und dem tatsächlichen kirchlich-christlichen Handeln tut sich nicht nur an diesen Stellen deutlich auf. Die im urchristlichen Gedanken von der durch die Tat Christi vermittelten Freiheit des einzelnen Gläubigen trat in den Hintergrund.

Dies änderte sich – zumindest perspektivisch – mit der Reformation, die an die neutestamentarischen Wurzeln wieder anknüpfen und die Fehlentwicklung korrigieren wollte. Im Protestantismus entwickelte sich aus dem abstrakt gebliebenen christlichen Freiheitsbegriff der Gedanke individueller Freiheit (Pannenberg 1975, 62). Berücksichtigt man die reformatorische Opposition gegen die Herrschaftstendenzen der mittelalterlichen katholischen Kirche und die darin sich ausdrückende Einsicht, dass Freiheit konstitutiv und konkret auf den Einzelnen zielt, so kann man mit T. Rendtorff feststellen, dass „der Geist der Freiheit ... der Geist des Protestantismus" (Rendtorff 1970, 62) geworden ist. Die Interpretation des christlichen Freiheitsgedankens als individuelle Freiheit und dessen Verbindung mit demokratischen und pluralistischen Vorstellungen als notwendigen sozialen Konsequenzen sind das hervorragende Verdienst des Protestantismus; denn dieser hat die religiösen Motive dafür freigelegt, den Mitmenschen als „unverfügbares Zentrum personaler Selbstbestimmung" (Pannenberg 1975, 62) anzuerkennen.

Der reformatorische Gedanke entspringt nicht allein aus der Gottesebenbildlichkeit des Menschen, sondern vor allem aus der Besonderheit der Gottesbeziehung, wie sie erst die Reformatoren wieder zum Tragen bringen. Nach protestantischem Allgemeinverständnis bedeutet Freiheit zunächst die Unmittelbarkeit jedes einzelnen Glaubenden zu Gott ohne autoritative Vermittlungsinstanz. Wenn die Reformation so für die individuelle Freiheit eintritt, dann versteht sie darunter zunächst die Glaubensfreiheit. Weil allerdings das Prinzip „cuius regio, eius religio" auch im Protestantismus weiterhin in Geltung bleibt, konkretisiert sich das protestantische Freiheitsprinzip zunächst überhaupt nicht für den „gemeinen Mann" und dessen Glaubenspraxis, sondern lediglich für die Theologie. Die erste und bleibende (Jüngel 1980, 12 u. 29ff) Folge des protestantischen Freiheitsprinzips ist die Freiheit der Theologien. Denn die Freiheit des Denkens, das sich nur dem Kriterium des Evangeliums und nicht einer vorgeordneten kirchlichen Lehrautorität unterstellt, hat vor allem zunächst eine Pluralisierung der theologischen Positionen zur Folge. Die Vielheit und die Zerstrittenheit der protestantischen Theologien untereinander sind unmittelbarer Ausdruck von deren Freiheitsverständnis und zeigen, dass und wie aus dem Gedanken der Freiheit notwendig der andere von der Pluralität erwächst.

Die Lehrfreiheit evangelischer Theologien stellt einen ersten exemplarischen Anwendungsfall jener christlichen Freiheit dar, die in der Reformation als die jedes Christenmenschen entfaltet wurde. Der prinzipielle, genetische Zusammenhang von individueller Freiheit und Protestantismus musste natürlich Folgen für das evangelische Kirchenverständnis haben, die sich dann allerdings in gleicher Ambivalenz wie das Freiheitsverständnis selbst entwickelten.

Betrachtet man den christlichen Freiheitsgedanken hinsichtlich seiner Außenwirkung und seiner innerkirchlichen Konsequenzen, so ist festzustellen, dass die Verwirklichung des protestantischen Freiheits- und Gleichheitsprinzips eher in der Form externer, insbesondere politischer Forderungen (z.B. Bauernartikel) erfolgte als in der einer Selbstanwendung auf die eigene kirchlich-religiöse Praxis. Insgesamt kann deshalb gesagt werden, dass der Protestantismus – zunächst allerdings weniger in Deutschland – zwar die Demokratisierung der Gesellschaft mitveranlasst hat, jedoch nur sehr wenig für die Demokratisierung seiner eigenen

Strukturen geleistet hat. Die mangelnde Innenwirkung des protes-tantischen Freiheitsprinzips ist eine Folge der Ambivalenz des reformatorischen Kirchenbegriffs; dieser schwankt zwischen der Vorstellung einer autonomen Gemeindekirche und einer hierarchischen Amtskirche hin und her.

In seiner Freiheitsschrift von 1520 geht es Luther „um die Freiheit, die in Christus erworben und gegeben" (Luther 1928, 269) wurde; dabei stellt er „die These auf, dass der Christ, der im Glauben ein freier Herr aller Dinge ist, zugleich durch die Liebe aller Welt Knecht ist" (Pannenberg 1975, 255). Bekanntlich wurden diese Gedanken zum Gegenstand heftigster Kritik, die darin den Ansatz für eine christliche Doppelmoral sah (Marcuse 1969, 59). Wirkungsgeschichtlich mag dies zutreffen; systematisch hingegen hat die Unterscheidung von innerer und äußerer Freiheit den Sinn, die Begründung von Freiheit von ihrer Realisierung unabhängig zu machen; sie als unbedingt zu proklamieren. Luther entwickelt dabei eine Dialektik, durch die die Veranlassung von Freiheit durch die Rechtfertigungstat Christi zur Selbstbegründung menschlicher Freiheit wird.

Luthers ganzes Interesse geht deshalb dahin zu zeigen, dass die Freiheit eines Christenmenschen diesem nicht äußerlich zukomme, sondern dass der Grund christlicher Freiheit konstitutiv im Menschen selbst liege: „Kein äußerlich Ding kann ihn frei noch fromm machen" (Luther 1928, 269), weder die Vermittlung durch „Priester und Geistliche" noch seine eigenen Werke: „Also sehen wir, daß an dem Glauben ein Christenmensch genug hat; er bedarf keines Werks mehr, so ist er gewißlich entbunden von allen Geboten und Gesetzen; ist er entbunden, so ist er gewißlich frei. Das ist die christliche Freiheit" (Luther 1928, 273). Die innere Freiheit des Christen wird unabhängig gemacht von äußeren Handlungen; im Menschen selbst liegt die Begründung (nicht der Grund) für sein Freisein. Aber diese innere Freiheit ist nicht durch den Menschen selbst geschaffen, sondern durch Christus und den Glauben an ihn: „Siehe da, glaube an Christum, in welchem ich dir zusage alle Gnade, Gerechtigkeit, Frieden und Freiheit" (Luther 1928, 272). Nicht im Vollzug begründet sich christliche Freiheit, sondern sie muss schon begründet sein vor jedem Handeln als dessen konstitutive Bedingung. Die Ursache menschlicher Freiheit ist unbedingt; sie darf demgemäß auch nicht als Konsequenz eines ihr vorausgehenden Glaubensaktes interpretiert werden.

Nicht der Glaube an Christus bewirkt Freiheit, sondern Christus selbst ist der Grund der Freiheit, der im Glauben dann erfahren wird; Glaube ist also Folge der erfahrenen Freiheit, nicht ihr Grund. „Im Glauben wird die schon geschehene göttliche Zuwendung der Wahrheit zum Menschen verifiziert. Der Glaube konstituiert nicht, sondern rezipiert und ratifiziert" (Jüngel 1980, 88). Die Freiheit eines Christenmenschen hat in Christus einen über den Menschen selbst hinausweisenden und deshalb unbedingten, zugleich verbindlichen Grund, der im Glauben bejaht, aber nicht erfahren wird; erfahren wird er allein durch Gottes Wort. Deshalb kann der Mensch „alles Dinges entbehren außer dem Worte Gottes" (Luther 1928, 270); in ihm erfährt er die Zuwendung Gottes und darin sich selber.

Im Wort erkennt der Mensch sich als den alten Menschen und unterscheidet davon seine Innerlichkeit, seine neue Qualität; durch das Wort Gottes erfährt er, was und wer er wirklich ist und dass die Äußerlichkeit seiner Handlungen ihn nicht gerecht macht. Der Christ kommt zur Einsicht seiner wesentlichen Bestimmtheit also zunächst von außen, „der innere Mensch" wird „von außerhalb seiner selbst konstituiert. Er kommt von außen zu sich" (Jüngel 1980, 76). Diese Dialektik von äußerlichem Bestimmtsein und Ruf zu sich selbst, zu seiner Bestimmung, ist eine von Freiheit und Unfreiheit des inneren Mensch. Unfrei ist er, weil sein Bestimmtsein zur Freiheit in Christus liegt, also in dem, was man den transzendentalen Grund der Freiheit nennen kann und der davor schützt, dass menschliche Freiheit zur beliebigen Freiheit, subjektivistisch zur Willkürlichkeit verkommt. Freiheit durch Bindung heißt bei Luther so Befreiung der Freiheit von Willkürlichkeit durch einen jenseitigen Grund, nämlich Christus.

Nun soll aber der Grund von Freiheit im Menschen selbst liegen; ihre Grundlegung im Rechtfertigungshandeln Christi soll zur Selbstbegründung menschlicher Freiheit werden. Deshalb betont Luther die enge Beziehung von Mensch und Christus, die ihren Grund in der christologischen Aussage von den zwei Naturen Christi als Gott und Mensch hat. „Nur so wird verständlich, dass das exklusive Gottesprädikat", nämlich die Freiheit, „nunmehr als Auszeichnung des Christenmenschen beansprucht werden kann und muß. Die Behauptung der Freiheit des Christen setzt die tätige und leidende Präsenz Gottes im menschlichen Sein voraus" (Jüngel 1980, 89f). Nur weil in Christus selbst bereits die Einheit von Mensch und Gott präsent ist, kann im Christenmenschen die Einheit von Mensch und Christus als die Befreiung und Rechtfertigung des Menschen ausgesagt werden.

Durch diese christologische Begründung menschlicher Freiheit wurde in der Unterscheidung von äußerlichem und innerlichem Menschen überstark die Innerlichkeit betont, weil gezeigt werden soll, dass der Mensch seine Freiheit nicht durch Werke begründen kann. Aber der Mensch kann in dieser Innerlichkeit nicht aufgehen. „Obwohl der Mensch inwendig nach der Seele und dem Glauben genugsam gerechtfertigt ist und alles hat, was er haben soll, so bleibt er doch noch in diesem leiblichen Leben auf Erden. ... Da heben sich nun die Werke an" (Luther 1928, 278). Der innere Mensch ist notwendig nach außen gerufen, ja er existiert überhaupt erst, indem er tätig wird, denn die Freiheit eines Christenmenschen ist ja gerade so begründet, dass sie die abstrakte Selbstbezüglichkeit aufhebt. Wie der innere Mensch auf sich selbst erst durch die Vermittlung mit Christus bezogen ist, so wird er als äußerer Mensch erst durch seine Beziehung auf den Nächsten. Die gläubige Zuwendung zu Gott muss ergänzt werden durch die liebevolle Zuwendung zum Nächsten. „Der Mensch lebt nicht allein in seinem Leibe, sondern auch unter anderen Menschen auf Erden. Darum kann er nicht ohne Werke sein gegen dieselben ... Darum soll seine Meinung in allen Werken frei und nur dahin gerichtet sein, dass er anderen Leuten damit diene und nütze sei, ... dass alle seine Werke sollen gerichtet sein dem Nächsten zu gute, dieweil ein jeglicher für sich selbst genug hat an seinem Glauben und alle anderen Werke und Leben ihm übrig sind, seinem Nächsten damit aus freier Liebe zu dienen" (Luther 1928, 283). Die Freiheit des Christenmenschen ist also nicht ganz auf die inneren Sphäre beschränkt; sie erschöpft sich nicht im Bewusstsein einer innerlichen Freiheit, die bleibt, auch wenn man in Ketten geboren wäre. Sondern diese in Christus gewonnene Freiheit hat konstitutiv äußere Handlungsfolgen; die Realisierung von Freiheit gehört unabdingbar zur Freiheit selbst hinzu, wobei die Folgen der Freiheit sich nicht allein auf das soziale Leben des Einzelnen beziehen, sondern speziell auch auf die Strukturen in der Kirche. Luther zieht diese Konsequenzen in seiner Lehre vom allgemeinen Priestertum (Preul 1997, 103ff), die sich insofern unmittelbar aus der Rechtfertigungslehre ergeben.

Innerhalb des Protestantismus stehen den lutherischen Kirchenverfassungen vor allem die calvinistischen gegenüber, so dass ein kurzer Seitenblick auf das Freiheitsverständnis von J. Calvin angebracht scheint. Die letzte Ausgabe seiner „Institutio" umfasst auch ein Kapitel, das der „Freiheit eines Christenmenschen" gewidmet ist. Auch für Calvin ist die christliche Freiheit die notwendige Folge der Rechtfertigung; deshalb „ist die Lehre von der Freiheit ein Anhang der Rechtfertigungslehre" (Calvin 1963, 409). Die Rechtfertigung durch Christus entlastet vom Zwang zur Werkgerechtigkeit, deshalb „erheben sich die Gewissen der Gläubigen, wenn sie nach der Gewißheit ihrer Rechtfertigung vor Gott fragen, über das Gesetz und dürfen die ganze Gerechtigkeit des Gesetzes vergessen" (Calvin 1963, 409). Freiheit ist deshalb zunächst „die Befreiung des Christen von jeder Rücksicht auf das Gesetz, sofern es um seine Rechtfertigung geht" (Wendel 1968, 177). Ihr zweiter Aspekt ist dann, dass der gerechtfertigte Mensch Gewissensfreiheit gewinnt und nicht mehr dem „Zwang des Gesetzes" unterliegt (Calvin 1968, 410). Dem Gesetz folgt er, insofern er darin den Willen Gottes anerkennt. Dieser Akt selbstständiger subjektiver Anerkennung macht die Erfüllung des göttlichen Gesetzes von einer moralischen Instanz im Menschen abhängig. Obwohl an das Gesetz gebunden, ist der Mensch doch frei und selbstständig, denn das Gesetz kommt nicht als fremde, fordernde Macht, sondern als sein eigener Wille zum Vollzug. Calvin spricht in diesem Zusammenhang ausschließlich vom göttlichen Gesetz, nicht jedoch von menschlichen Gesetzen und Ordnungen. Von diesen sagt er vielmehr als dritte Konsequenz des christlichen Freiheitsverständnisses, „dass wir zur Beobachtung äußerer Dinge, die an sich gleichgültige ‚Mitteldinge' sind, vor Gott nicht mehr verpflichtet sind."

Hinsichtlich des göttlichen und menschlichen Gesetzes besteht nach Calvin folgender Unterschied: Gegenüber dem göttlichen Gesetz ist der Christ zwar eine anerkennende und erkennende Instanz; der Mensch akzeptiert die göttliche Gesetzgebung als Mittel zu einer christlichen Lebensführung, aber diese Zweckbestimmung liegt nicht bei ihm selbst, sondern bei Gott. In Bezug auf menschliche Gesetze hingegen setzt der Mensch sowohl den Zweck als auch das Mittel selbst. Letztendlich muss man keinem menschlichen Gesetz gehorchen, wenn man es nicht als Zweck und Mittel der eigenen Lebensführung anerkennen kann. Damit ist der Mensch zur Bestimmung seines Lebens in Gesellschaft und Kirche grundsätzlich frei von allen Äußerlichkeiten und Zwängen: es gehört „zu den Vorzügen der christlichen Freiheit, daß ... die Gewissen nicht an äußerliche Satzungen gebunden werden dürfen" (Calvin 1968, 405). Gleichwohl muss es verbindliche Ordnungen geben, ohne die mitmenschliches, soziales Leben nicht organisierbar wäre. Aber Calvin unterstellt diese Ordnungen dem grundlegenden Kriterium der Realisierung von Freiheit. Ordnungen sind nur dann gut, wenn sie vom Individuum freiwillig anerkannt werden können und ihre Einhaltung das Ergebnis seiner Überlegungen sind; ein Grundgedanke, der im Zusammenhang der kontroversen Frage nach der PfarrerInnenwahl durch autonome Gemeinden bedeutsam wird.

Grundsätzlich gilt, dass der einzelne Christenmensch äußere Satzungen und Gesetze überprüft, beurteilt und – wenn er sie als richtig erkannt hat – sich freiwillig an sie bindet. Damit individuelle Freiheit nicht zur Willkürlichkeit und zur Bedrohung der Freiheit anderer wird, bedarf es einer „Selbstbeschränkung der Freiheit" (Calvin 1968, 414), die sich an der Liebe orientiert (Calvin 1968, 415), welche ihrerseits wiederum Ausdruck des Glaubens ist. Als aus Glauben gewonnene Freiheit erweist sich die Freiheit eines Christenmenschen nach Calvin dadurch, dass sie um der Schwächeren willen auch mal auf sich selbst verzichtet. Freiheit ist eben nicht die Freiheit zur Durchsetzung seiner unmittelbaren Eigeninteressen, sondern die Freiheit, die auf den Nächsten zielt. Dieses Kriterium für christliche Freiheit, das Calvin hier aufstellt, ist geeignet, das gesellschaftliche und kirchliche Leben zu normieren. Freiheit verwirklicht sich nicht durch Macht, sondern durch Kommunikation, Solidarität, d.h. durch Brüderlichkeit; heute würde man sagen: Geschwisterlichkeit.

Aus den Grundgedanken seiner Freiheitsschrift entwickelt Luther seine Vorstellung vom allgemeinen Priestertum und in diesem Zusammenhang seine Ideen über die Strukturen einer Gemeindekirche. Betrachtet man den Gebrauch des Begriffs vom Priestertum aller Getauften in Luthers Werk, so fällt auf, dass er bis 1523 einer der zentralen Begriffe ist, dann aber immer weiter zurücktritt. Für Melanchthon gar gehört er „zu den gehässigen und unnötigen Artikeln, davon man in der Schule zu diskutieren pflegt" (Storck 1953, 3); dieser Meinung schloss sich weitgehend die lutherische dogmatische Tradition in ihrer Ekklesiologie und Amtstheologie an. Auf Seiten der Praktischen Theologie führte dies dann zur Ausbildung einer Pastoraltheologie, die den Pastor in die Mitte und die Laien an den Rand rückte. Die Wendung zur wissenschaftlichen Praktischen Theologie bedeutete insofern nicht nur einen Wechsel im Wissenschaftsparadigma, sondern – zumindest tendenziell – eine Wende im Kirchen- und Gemeindeverständnis, die ihrerseits reformatorische Grundeinsichten wieder zum Tragen brachte.

Die Kriterien von Freiheit und Liebe begründen nach Luther nämlich auch eine prinzipielle Gleichstellung aller Christenmenschen, durch die der „Unterschied zwischen Priestern und Laien in der Christenheit" hinfällig ist. Luther kritisiert kirchliche Tendenzen, die so tun, „als wären die Laien etwas anderes denn Christenleute, womit hingenommen ist der ganze Verstand christlicher Gnade, Freiheit und Glaubens" (Luther 1928). Allgemeines Priestertum ist somit ein Ausdruck des Gerechtfertigtseins des Christenmenschen und damit seiner Freiheit. Verankert ist die Forderung nach dem Priestertum aller Gläubigen durch die Analogie menschlicher Ämter zu den Ämtern Christi: „er ist ein König und Priester" und lässt uns an seinem Königtum und Priestertum teilhaben: „Wer kann nun ausdenken die Ehre und Höhe eines Christenmenschen? Durch sein Königtum ist er aller Dinge mächtig, durch sein Priestertum ist er Gottes mächtig" (Luther 1928, 276). Priestertum ist somit die Grundqualifikation aller Christen und diesen prinzipiell gemeinsam. Erst aus nachgeordneten pragmatischen Gründen entsteht dann sekundär die Sinnhaftigkeit eines besonderen Amtes der speziellen, öffentlichen Wortverkündigung und Sakramentsverwaltung.

Das Selbstbestimmungsrecht von Gemeinden postuliert Luther vor allem in seiner Schrift an die Leisniger Gemeinde von 1523, „daß eine christliche Versammlung oder Gemeine Recht und Macht habe, alle Lehre zu beurteilen und Lehrer zu berufen, ein- und abzusetzen: Grund und Ursache aus der Schrift": danach haben alle „Christen Recht und Macht zum taufen, absolvieren, predigen und anderen ding thun, Pfarrer hengegen werden drümb, das dieselben solchen dienst für uns und an unser statt thun sollen" von den Gemeinden eingesetzt. Amtsfunktionen sind insofern nur Spezialfunktionen, die von der Allgemeinheit der Priester an besondere Amtsträger delegiert wurden; das bedeutet aber eine prinzipielle Unterordnung des Amtes unter die Autorität aller Getauften. Gleichwohl gilt, dass die Gemeinden „dennoch Lehrer und Prediger haben müssen, die Wort treiben." Deshalb sollen die Gemeinden aus ihren Reihen „einen berufen zu solchem Amt" (Luther 1926, 97), „der an ihrer Statt das Wort lehre" (Luther 1926, 98).

Zunächst fragt Luther in diesem Schreiben, was denn Gemeinde überhaupt sei und führt aus, dass zur Beantwortung dieser Frage schlechthin keine Kriterien angewendet werden können. Gemeinde definiert sich selbst, allerdings nicht äußerlich, sondern geistig. Maßstab dafür ist, dass das Evangelium lauter gepredigt werde, aber die Beurteilung, ob eine Gemeinde diesem Maßstab auch gerecht werde, obliegt keiner Lehrautorität, sondern eben der Gemeinde selbst. Diese gemeindliche Selbstdefinition hat ihre einzige Orientierung am Evangelium und am Grundsatz des Schriftprinzips, dass die Schrift eben jedem zugänglich und verstehbar ist. Die Dominanz der Theologen in der Beurteilung theologischer Fragen ist hier tendenziell überwunden; sie werden trotz ihrer Sachkompetenz auf die gleiche Ebene wie die Laien gestellt. In allen relevanten Stellen des Neuen Testamentes „ist ... das Urteil den Lehrern genommen und den Schülern gegeben unter den Christen ... Also schließen wir nun, dass wo eine christliche Gemeinde ist, die das Evangelium hat, nicht allein Recht und Macht hat, sondern schuldig ist, bei der Seele Seligkeit ... zu neiden, zu fliehen, abzusetzen sich zu entziehen von der Obrigkeit" (Luther 1926, 96), die sie als unchristlich erkannt hat.

Zentral ist für Luther, dass in der Wahl der Lehrer und Prediger das Selbstbestimmungsrecht jeder Einzelgemeinde gewährleistet ist. Deshalb gilt seine

Argumentation nicht nur gegenüber den Anmaßungen der katholischen Kirche, sondern selbst dort, wo „rechtschaffene Bischöfe wären, die das Evangelium haben wollten und rechtschaffende Prediger setzen wollen, dennoch könnten und sollten sie dasselbe nicht tun, ohne der Gemeinde Willen, Erwählen und Berufen" (Luther 1926, 98). Luther hat hier offensichtlich eine Kombination vor Augen, die das Wahlrecht der Gemeinde mit einem amtskirchlichen Bestallungsrecht verbinden soll; übergeordnet ist jedoch die Wahl durch die Gemeinden, der dann die Einsetzung durch den Bischof folgen soll. Dieser Grundsatz der PfarrerInnenwahl gilt deshalb so uneingeschränkt, weil selbst die Apostel niemanden, auch nicht zu geringeren Ämtern, beriefen, ohne dass die Gemeinde vorher gewählt hätte.

Das prinzipielle Recht aller Gemeinden, ihre Pfarrer selbst zu wählen, wird durch Luther insofern modifiziert, als in dem Verfahren die Notwendigkeit der Einsetzung durch die Kirchenleitung betont wird; darin soll jedoch diese nur die vorgängige Wahlentscheidung der Gemeinde ratifizieren. Diese Modifikation kann als ursächlich für den späteren Streit angesehen werden, ob die reformierte Kirche nun stärker ihren gemeinde- oder ihren amtskirchlichen Charakter entwickeln soll. Während die frühen Schriften Luthers noch eindeutig in Richtung Gemeindekirche und deren demokratische Strukturen geht und von vielen seiner Anhänger ja auch so interpretiert wurde, hat Luther später unter dem politisch motivierten Zwang zu klaren kirchenrechtlichen Regelungen den amtskirchlichen Aspekt betont, insofern bleiben Luthers Aussagen zur Funktion Leitung uneindeutig.

Seit der Reformation bis heute wird über Notwendigkeit und Folgen sowohl einer innerkirchlichen Pluralität wie der Autonomie von Gemeinden gestritten (Welker 1995). Luthers Tendenzwende in dieser Sache wird angesichts der Entwicklung von Landeskirchen zumindest politisch verständlich. Im protestantischen Streit um gemeindliche Autonomie und innerkirchliche Pluralität vertrat demgegenüber vor allem H. Zwingli die Gegenposition. Zwingli behauptet in seinem Konzept von Gemeinde, dass gerade die Vielheit möglicher Meinungen überhaupt erst die unsichtbare Einheit der Kirche herstellt, weil hinter ihr die Einheit des Wortes Gottes steht. „Weil das Wort Gottes objektiv und eindeutig ist" und „weil nur die vor ihm versammelte Lokalgemeinde das Wort vernehmen kann, ist gerade die Freiheit aller Lokalgemeinden die Vorbedingung dafür, dass alle einig werden" (Yoder 1968, 103). Die Autonomie der Lokalgemeinden dokumentiert sich für Zwingli noch stärker als für Luther im Recht der Gemeinden, ihre Pfarrer unabhängig von jeder Einflussnahme selbst zu wählen. Auch für Zwingli war eine Kontroverse in einer Gemeinde der Anlass, sich prinzipiell zu der Grundfunktion „Leitung" zu äußern. In zwei Briefen an die Gemeinde von Eßlingen aus dem Jahre 1526 unterstrich er noch einmal seine bisherigen Aussagen zur Pfarrerwahl – und dies, obwohl mittlerweile durch die Täuferbewegung seine Gedanken radikalisiert wurden. Bereits zuvor hat er die Gemeinde „gegenüber der verbildeten und verdorbenen kirchlichen Hierarchie" (Haas 1975, 58) als das zentrale Entscheidungsgremium hervorgehoben. „Die Gemeinde war der Ort, wo Gottes

Wort wirkte. Und weil der Kleriker gegenüber dem Laien vor Gott nichts voraus hatte, so sprach man der Gemeinde das Recht zu, die Priester zu prüfen" (Haas 1975, 58) und zu wählen. „Es ist das gemeine Volk der Christen, das in der Versammlung sitzt und auflöst, wie man die Schrift auslegt. Also muß folgen, dass die Gemeinde die Lehrenden urteilt". „Das Urteil ist ... der ganzen Kirchen, die soll urteilen die Lehr und die Lehrenden" (Yoder 1975, 102). Trotz der Täuferbewegung, die seine Vorstellung von der Disputationsgemeinde radikalisierte, hielt Zwingli daran fest, dass Streitigkeiten und Entscheidungen in der reformatorischen Gemeinde einzig auf dem Wege des Diskurses gelöst werden können, in dem jeder gleich und frei zu sein hat; eine Richtlinienkompetenz schrieb er niemandem zu.

Auch der dritte Wortführer des Protestantismus, J. Calvin, legte größten Wert darauf, dass die Amtsträger von der ganzen Gemeinde gewählt werden. Damit delegiert die Gemeinde zugleich aber auch ihr Recht auf die Beurteilung von Lehren und unterwirft sich der Autorität der von ihr Gewählten. Die Genfer Kirchenordnung von 1541 nennt unter den vier Ämtern insgesamt zwei, die hauptsächlich diese Aufsichtsfunktion haben: Während die Doktoren die theologische Lehre beurteilen sollen, begutachten die Ältesten die Einhaltung der Kirchenzucht. Hier unterscheidet sich Calvin erheblich von Zwingli auf der einen und den gemäßigten Täufern auf der anderen Seite, denn für diese wurde die Kirchenzucht von der Gemeinde direkt wahrgenommen. Nach Calvin überträgt die Gemeinde ihre genuinen Kompetenzen (Beurteilungs- und Predigtkompetenz) auf die gewaltengeteilten Ämter und behält sich selbst nur ein Wahlrecht vor, denn darin zeigt sich das allgemeine Recht und die „Freiheit der Gemeinde" (Calvin 1963, 508). Die Delegation durch Wahl ist notwendig, um die Einheit (Calvin 1963, 503) und die geistliche Sicherheit (Calvin 1963, 507) zu gewährleisten. Calvin geht so zwar grundsätzlich vom Gedanken einer Gemeindekirche aus, zur Garantie aber der Einheit der Kirche führt er starke amtskirchliche Elemente hinzu. Hier zeigt er Parallelen zu Luther. In Bezug aber auf die Pfarrerwahl unterscheidet er sich wesentlich dadurch, dass er hier der Amtskirche keine Kompetenz zuschreibt. Nur die Überwachung der ordnungsgemäßen Durchführung der Wahlen obliegt den Pfarrern (Calvin 1963, 508). Weiterhin unterscheidet sich Calvin von Luther in seinem Amtskirchenverständnis dadurch, dass er zwischen den Ämtern eine Gewaltenteilung vorsieht. Gewaltenteilung und allgemeines Wahlrecht sind aber Grundelemente einer demokratischen Kirchenverfassung.

Prinzipiell jedoch betonen alle drei Reformatoren das grundsätzliche Recht der Gemeinde, ihre Pfarrer selbst zu wählen oder zumindest zu bestätigen; direkt oder auf dem Wege der Delegation wird den Gemeinden zudem das Recht und die Pflicht zur Verkündigung und zur Beurteilung von Lehren zugesprochen. Unterschieden sind die Weisen der Inanspruchnahme dieser Rechte. Mit modernen Schlagworten kann man vielleicht sagen, dass Zwingli eher Anklänge an basisdemokratische Vorstellungen hat, während Calvin in Richtung einer parlamentarischen Demokratie innerhalb der Kirche argumentiert; bei Luther finden sich beide

Elemente, daneben aber dann zunehmend auch Vorstellungen analog zu einer parlamentarischen Monarchie. Aber selbst hier artikuliert sich in Resten noch der Grundgedanke aller Reformatoren aus, nämlich, dass kirchliche Entscheidungen auf demokratischem Wege erfolgen sollen. Als im 18. Jahrhundert die konfessionelle Auseinandersetzung zunahm, wurde katholischerseits die konfessionelle Differenz apologetisch auch politisch gewendet, indem Demokratie und Protestantismus auf der einen und Monarchie und Katholizismus auf der anderen Seite parallelisiert wurden.

Die Nuancierung zwischen den Reformatoren bestimmte in der Folgezeit unterschiedliche Kirchenverfassungen. Wieweit politische und nicht theologische Überlegungen maßgeblich waren, zeigt bereits die Tatsache, dass die ersten Kirchenvisitationen von den Landesfürsten veranlasst wurden. Aus den Visitationsordnungen entstanden dann unterschiedliche Kirchenordnungen. Eine Untersuchung dieser frühen Kirchenordnungen stellt als Resultat fest, dass sie zumeist von den Landesfürsten veranlasst wurden, um „die Gefahren, welche der politischen und sozialen Ordnung durch Programme, wie die Idee des allgemeinen Priestertums, der freien Pfarrerwahl ... erwuchsen", zu bannen (Wolf 1916, 20f). Diese von politischer Seite ausgelöste Verrechtlichung zur Vereinheitlichung der Kirche hatte zur Folge, dass die bereits bei den Reformatoren angelegte Tendenz von der Gemeinde- zur Amtskirche weiter verstärkt wurde. Aber trotzdem blieben stets Elemente von Gemeindekirche erhalten, die auch innerhalb einer neuen Hierarchisierung für gewisse demokratische Elemente sorgten.

Hinsichtlich der lutherischen und calvinistischen Kirchenverfassungen verlief die Entwicklung der beiden großen reformatorischen Kirchen unterschiedlich. Die Ablehnung der „Priesterhierarchie der katholischen Kirche" war zwar allen Reformatoren gemeinsam (Tempel 1966, 121), doch waren die Konsequenzen daraus verschieden. Für Calvin resultierte aus dieser Einsicht auch die „schroffe Ablehnung eines jeden Bischofsamtes" (Tempel 1966, 37), während lutherischerseits „ein evangelisches Bischofsamt als lutherisches Verfassungsprinzip bezeichnet werden" (Tempel 1966, 31) kann. Anders als in der katholischen Kirche sollte dies jedoch kein juristisches, sondern ein rein geistiges Amt sein und darüber hinaus keine hierarchische Vorrangstellung begründen. Faktisch lief aber die Entwicklung in eine andere Richtung und zwar dadurch, dass das Bischofsamt an die Landesfürsten gebunden wurde.

Grundsätzlich haben „lutherische Landeskirchen eine mehr bischöflich-konsistorial bestimmte Verfassungsstruktur, während die reformierten und unierten Landeskirchen stärker presbyterial-synodal strukturiert sind" (Fahlbusch 1979, 121). Demgemäß bauen lutherische Kirchen stärker auf die Entscheidung durch Amtsträger, während die calvinistische Seite die Entscheidungsbefugnis des Laien auch verfassungsgemäß verankern wollte und dabei dann ein Miteinander von Amtsträgern und Laien herauskam. Die bischöfliche Orientierung der lutherischen Kirche ist also durch Konsistorien als „Organ der kirchlichen Verwaltung, Aufsicht und Gerichtsbarkeit" (Luther) ergänzt. Konsistorien sind bzw. waren ausschließlich mit Amtsträgern (Theologen und Juristen) besetzt; diese übernahmen vollständig diejenigen Funktionen, die der frühe Luther noch der Gesamtgemeinde zugeschrieben hatte. Die Konsistorialordnung von 1594, die als erste Kirchenverfassung für weite Teile des fränkischen Bayerns galt, rechnet z.B. unter die „Sachen, die so in das Consistorium gehören: Zum ersten: Was die reine Lehr göttlichen Wortes, rechten Gebrauchs der Heiligen Sacramente, christliche Ceremonien und alles, was unserer Kirchenordnung anhangt und derselben einverleibt ist. Zum anderen, was der Dekanen, ihrer Seniorn, Pfarrherrn, Kirchen und Schuldiener Amt- und Verrichtung halben geklagt wird. Zum dritten: Alle Sachen der Pfarrer, Kirchen- und Schuldiener vocation, confirmation, amt dienst, leben, wandel .. belangend ... zum vierten: Alle ärgerlichen sund und laster an den Lehrern und Zuhörern ... zum fünften: Alle Sachen der Kirchen- und Schulenlehen, Einkommen, Nutzung, ... zu handeln ... zum zehnten: Ausschreibung und Anordnung der Visitation ... zum zwölften und letzten: Alle Ehesachen" (Sehling 1961, 385f). Ganz deutlich wird in dieser Ordnung, wie alle Entscheidungsbefugnisse von den Einzelgemeinden weg auf kirchliche Zentralorgane verlagert werden.

Ganz anders ist dies im calvinistischen Einflussbereich: Die Gemeindeverwaltung und das Recht der Pfarrerwahl blieben bei den Einzelgemeinden, die dazu ihren Vorstand, die Presbyter wählten. Sofern es hier Konsistorien gab, waren sie an die Gemeinde als Verwaltungsbehörden angegliedert. Die Synoden stellten demgegenüber übergemeindliche Organe dar, die hauptsächlich Lehrfragen zu behandeln hatten. Zunächst waren sie nur von Amtsträgern besetzt, aber in dem Maße, wie sie zu Organen des „Kirchenregiments auf übergemeindlicher Basis" (Tempel 1966, 55) wurden, entsandten die Einzelgemeinden Vertreter in diese Synoden; die ursprüngliche gemeindekirchliche Orientierung führte hier also zu einem demokratischen Aufbau auch der Amtskirche.

Gegen die Tendenz zur Amtskirche wendete sich vor allem die ‚linke Seite der Reformation'. Eine radikaldemokratische, freikirchliche Auffassung vertraten dabei vor allem die Schweizer Täufer. 1525 bildete sich in Zürich eine Opposition gegen die von Zwingli geführte Kirche, wobei zwei Streitpunkte vorherrschend waren: An der Frage der Kindertaufe entzündete sich die Kritik an Zwinglis Volkskirchenmodell, das auch Kinder in die Gemeinde eingliederte; damit war aber ihr Charakter als Bekenntnis- und Freiwilligkeitskirche bedroht. Der zweite Streitpunkt bezog sich auf das freie Wahlrecht der Gemeinde bezüglich ihrer Pfarrer, das den Radikalen dadurch eingeschränkt erschien, dass Zwingli die Möglichkeit, Pfarrer werden zu können, von einer theologischen Qualifikation abhängig machte. Diese Einschränkung der Wahlmöglichkeit erschien den täuferischen Gemeinden um Zürich als eine unnötige, von der Heiligen Schrift her nicht legitimierbare Einschränkung. Für sie war „keine theologische Fachausbildung" und keine Ordination erforderlich (Schäufele 1966, 131). Einige Gemeinden behaupteten das Recht, dass „potentiell jeder Bruder predigen und taufen" (Schäufele 1966, 131) könnte, andere machten diese Möglichkeit von der Berufung und

Einsetzung durch die Gemeinde abhängig. In ihren Gemeinden wollten die Täufer die durch den christlichen Freiheitsgedanken begründete Gleichheit und Freiwilligkeit realisieren; äußeres Zeichen dafür war z.B., dass bei ihnen das Gespräch auch dort vorherrschte, wo es um die Durchsetzung von Gemeindezucht ging (Yoder 1968, 111ff). Die Gleichberechtigung der Frauen wurde in den täuferischen Gemeinden erstmals praktiziert, und eine Gütergemeinschaft wurde in vielen Gemeinden angestrebt, denn die grundsätzliche durch die Taufe und die Rechtfertigung vermittelte Gleichheit aller Gemeindemitglieder sollte sich auch in ökonomischer Gleichheit ausdrücken.

Unmittelbar an die Täuferbewegung und ihre Gemeindevorstellung schließen bekanntlich die Mennoniten an. So ist dort noch heute die Gemeindeversammlung oberstes Beschlussorgan (Fahlbusch 1979, 609); sie hat auch die Kompetenz zur Wahl und Kontrolle des Pfarrers. In der Vorherrschaft ehrenamtlicher Tätigkeiten gegenüber professionellen Diensten deutet sich die Bedeutung des Gedankens vom allgemeinen Priestertum für diese Gemeinden an. Deshalb kommt es hier nicht nur zu einer radikalen Ablehnung der übergeordneten Autorität eines Bischofs, sondern zu einem grundsätzlichen antiklerikalen Widerstand (Heyer 1977, 610). Bekanntlich hat es aber auch in Deutschland durchaus kirchliche, vor allem aber nichtkirchliche Versuche gegeben, die Konsequenzen aus dieser Tradition für die Prinzipien christlicher Gemeinschaften zu ziehen. Zu erwähnen wären natürlich vor allem der deutsche Pietismus mit seiner Kirchenkritik auf der einen und die Gesellschaften für ein freies Christentum auf der anderen Seite. Beiden stehen kirchlicherseits Verfassungsreformen gegenüber, die daraufhin befragt werden können, inwieweit sie tatsächlich höhere Partizipationschancen für die Laien eröffnen und damit das Freiheits- und Gleichheitsprinzip innerkirchlich zur Anwendung bringen. Ebenso wie bereits die Orthodoxie setzt die pietistische Kirchenkritik mit einer Kritik am landesherrlichen Kirchenregiment ein, denn die Unterstellung der Kirche unter die politische Macht hat auch für diese eine autoritäre Struktur zur Folge (Kruse 1971, 174). Deshalb wird eine Reform der Kirche gefordert, die sich zunächst in der Emanzipation von politischer Einflussnahme ausdrücken sollte. Darüber hinaus treten im Pietismus auch antiklerikale Tendenzen auf: „Die urchristliche Gleichheit aller Heiligen ... schuf sich wieder Platz und Anerkennung".

Angesichts der Widerständigkeit kirchlicher Strukturen fand im Pietismus ein weitgehender Rückzug ins Private statt; dies gilt auch für die Spätwirkung dieser Bewegung im 19. Jahrhundert. Gleichzeitig trat eine neue kirchenkritische Bewegung auf, die sich aber angesichts des gleichen Problems nicht ins Private zurückzog, sondern von einem kirchenkritischen Engagement zu einem politischen fand. In dieser Bewegung der Religionsparteien des 19. Jahrhunderts fand der christliche Freiheitsgedanke eine Macht, die auf seine gesellschaftliche Realisierung abzielte. Zu nennen wären hier die ‚protestantischen Freunde', auch ‚Lichtfreunde' genannt im evangelischen, und die ‚Deutschkatholiken' im katholischen Bereich. Besonders interessant ist der Deutschkatholizismus, weil hier frühzeitig protestantische Elemente unter Berufung auf den christlichen Freiheitsgedanken in die katholische Kirche einbrachen und zu einer Oppositionsbewegung wurden.

„Die Autonomie der Einzelgemeinde" wurde „zum Zentralen Grundsatz des Kirchenaufbaus erklärt" (Graf 1978, 98). In allen Fragen hatte grundsätzlich nur die Gemeinde Entscheidungskompetenz. Der basisdemokratische Ansatz dieser Bewegung drückte sich vor allem darin aus, dass lediglich die Gemeindeversammlung in allen Fragen mit Stimmenmehrheit entscheiden sollte; eine Lehrautorität wurde ebenso wie jede hierarchische Struktur abgelehnt. Selbst in übergemeindlichen Organisationen waren die Entscheidungen von den Abstimmungen in den Basisgemeinden abhängig. Zwar gab es auch hier Synoden, aber diese konnten nur Empfehlungen geben, über die die Gemeinde und letztlich jedes Mitglied entscheiden musste. Die Vorstellung vom allgemeinen Priestertum aller Gläubigen wurde dahingehend radikalisiert, dass den Pfarrern prinzipiell das Recht abgesprochen wurde, ihre Gemeinde nach außen hin zu vertreten; ihre Meinung konnten sie nur als Gleiche unter Gleichen einbringen. Dieses Modell von Selbstverwaltung war in der damaligen Zeit vorbildlich „als Versuch der Realisierung des Demokratieprinzips" (Graf 1978, 107).

Die Radikalisierung des individuellen Freiheitsgedankens führte im Deutschkatholizismus z.B. dazu, dass kein verbindliches Glaubensbekenntnis aufgestellt werden sollte und konnte. Die Gemeinden verstanden sich als Diskurs- und Konsensgemeinden. Zur Verwaltung der Gemeinde wurde ein komplexes Geflecht demokratisch gewählter und kontrollierter Gremien geschaffen. Demokratisch war auch die Wahl des Pfarrers geregelt, wobei sich hier die allgemeinen Prinzipien von gleicher und freier Wahl durchsetzten, bevor sie noch im politischen Raum realisiert wurden. Hinsichtlich ihres demokratischen Verständnisses bildeten die freiprotestantischen und deutschkatholischen Gemeinden eine Avantgarde, die die Anwendung ihrer religiös motivierten Prinzipien auch im politischen Raum forderten. Deshalb ist es auch verständlich, dass diese Gemeinden sich an der Bewegung des Vormärz beteiligten und später einen beträchtlichen Teil der Abgeordneten im ersten demokratisch gewählten Parlament der deutschen Geschichte stellten.

Anders als in den fundamentalistisch geprägten religiösen Gruppen, in denen der durch die Vorstellung vom allgemeinen Priestertum gesetzte Gedanke von der Gleichheit aller Mitglieder zwar auf der einen Seite nicht-hierarchische Beziehungsmuster entstehen ließ, bei denen aber auf der anderen Seite konforme Gleichstimmung unter den Mitgliedern gefordert wurde, verbindet sich in den freireligiösen Gemeinden dieses Postulat mit einem grundsätzlichen pluralistischeren Anspruch. Deshalb kann die Formulierung eines Bekenntnisses nicht vorausgesetzt werden, sie unterliegt vielmehr den gleichen Spielregeln einer demokratischen Willensbildung, wie das gesamte Vereinsleben auch. Die freien Gemeinden des 19. Jahrhunderts wollten aufs Ganze gesehen in besonderer Weise vom christlichen Gedanken der Freiheit praktisch Gebrauch machen, sie meinten aber, dass dies nur außerhalb und nicht innerhalb der etablierten Kirchen möglich wäre.

Die Kirchenkritik des Pietismus an prominentester Stelle, aber auch die frühen Formen eines vereinsmäßig organisierten freien Christentums, hatten letztlich doch Folgen auch für die Kirchenverfassungen in Deutschland. Gesamtgesellschaftlich wurde diese Entwicklung durch das Aufkommen eines Liberalismus gestützt, der gleichfalls in Kreise Eingang fand, die politischen Einfluss auf die Kirche hatten. Denn man muss feststellen, dass die Veränderungen der Kirchenverfassungen kein Resultat einer theologischen Rückbesinnung auf die ursprünglichen Intentionen der Reformation waren (Wolf 1961, 400), sondern vielmehr von Seiten eines liberalisierten, aufgeklärten Staates verordnet wurden. Eine Reform der Kirche durch sich selbst fand gerade nicht statt. Selbst bei F. Schleiermachers Initiative zu einer Agenden- und Kirchenreform standen – jenseits theologischer Systematik – politische Faktoren, wie z.B. die Eindrücke der Befreiungskriege und die dadurch ausgelösten politischen Zielvorstellungen Pate. Agent der Kirchenreform waren aber nicht diese Theologen, sondern die Regierung. So entfaltete hier ein Prinzip seine innovatorische Kraft, das nach pietistischer Auffassung gerade erst hätte aufgehoben werden müssen, damit es überhaupt zu einer Veränderung in der Kirche hätte kommen können: das landesherrliche Kirchenregiment. Schleiermachers theologischer Gegenspieler, Ph. Marheineke, hat dementsprechend in der Reform der Kirche durch den Staat das eigentliche protestantische Prinzip gesehen (Lämmermann 1981, 48ff).

1835 erließ der preußische König Friedrich Wilhelm III. bekanntlich für das Rheinland und Westfalen eine Kirchenordnung, die dann vorbildlich für alle weiteren Kirchenordnungen im 19. Jahrhundert werden sollte. Durch sie wurden auch in den lutherischen Bereich wieder Elemente der Gemeindekirche eingeführt, wenn auch über den Umweg der calvinistischen Gemeinden, die in die unierte Kirche eingebunden wurden. Verfassungsrechtlich bedeutend ist vor allem die Einführung von Synoden, durch die Momente von Parlamentarismus und Gewaltenteilung auch im Luthertum tendenziell Raum gewannen. Deren urchristliches Vorbild wird im Apostelkonzil (Apg 15,1-35; Gal 2,1-10) aus dem Jahre 48 n.Chr. gesehen. In Anlehnung daran entstanden dann alternativ oder auch komplementär zur bischöflichen Orientierung bereits seit dem 2. Jahrhundert vielerorts synodale Kirchenstrukturen. Ihrem Wesen nach sind Synoden Organe der Selbstpräsentation der Kirchenmitglieder und insofern die gesamtkirchliche Entsprechung zu den Kirchenvorständen als Vertretungs- und Leitungsorgane der Laien in den Einzelgemeinden (vgl. Kap 2.2). Deshalb bezeichnet man derartige Verfassungskonstruktionen in der Regel auch als presbyterial-synodal. Wir haben gesehen, dass Luther zwar durchaus Andeutungen in Richtung auf ein derartiges Kirchen- und Gemeindeverständnis gemacht hat, dass sich aber letztlich in den lutherischen Kirchen in Deutschland eine derartige Verfassung nicht durchsetzen konnte; dies übrigens im Unterschied zu lutherischen Denominationen in Amerika, die in Anlehnung an kongregationalistische Vorstellungen entsprechende Strukturen ausbildeten (Heyer 1977, 642).

In Deutschland hingegen wurde dieses Verfassungsprinzip in der Folgezeit als mit lutherischen Amtsvorstellungen unvermittelbar abgelehnt. Im Hintergrund stand dabei eine objektive Interpretation des Amtes, die vom Interesse geleitet war, Heilsvermittlung und Wahrheitsverkündigung nicht von möglicherweise wechselnden Abstimmungsverhältnissen abhängig zu machen. Erst mit der preußischen Kirchenreform wurden quasi zwangsweise jene demokratischen Elemente der eigenen Tradition in die lutherischen Kirchen eingeführt, die deren eigenem Wesen entsprechen. Aber diese Reform war nur halbherzig; dies nicht zuletzt auch deshalb, weil eine durchgängige Demokratisierung der Kirchen die monar-chistischen Grundlagen des Staates langfristig hätte erschüttern müssen. Trotz aller synodalen Einfügungen wurde deshalb die grundsätzliche bischöflich-konsistoriale Orientierung nicht aufgegeben. Vielerorts wurden an die Stelle der Bischöfe zwar Kirchenpräsidenten gestellt; deren Kompetenzen entsprachen aber weitgehend denen der ehemaligen Bischöfe. Insofern war es nur konsequent, dass nach 1945 in den meisten Landeskirchen der Bischofstitel auch formell wieder eingeführt wurde. Dieser Sachverhalt zeigt zugleich auch, inwieweit trotz des geänderten gesellschaftlichen Umfeldes sich die verfassungmäßigen Strukturen der Kirche seit dem 19. Jahrhundert erhalten haben.

Aufgrund der Mischung von synodalen und konsistorialen Elementen in der Verfassung bestimmte sich die Zusammensetzung der jeweiligen Synoden so: Neben Laien sind auch Amtsträger vertreten; zu gewählten Repräsentanten gesellen sich berufene. Diese Prinzipien charakterisieren noch heute die Zusammensetzung von Synoden; sie „haben meist ein Drittel geistliche und zwei Drittel weltliche Mitglieder und dazu einige ernannte aus theologischen Fakultäten und kirchlichen Vereinen". Entsprechend der durchgehaltenen bischöflich-konsistorialen Grundorientierung besitzen die Synoden relativ wenige echte Entscheidungskompetenzen. Macht, Kontrolle und eigenständige Kirchenpolitik können sie im Grunde nur über Finanzfragen entfalten, weil ihnen die Haushaltshoheit zukommt. Blickt man auf die Geschichte der Kirchenverfassungen im 19. und 20. Jahrhundert insgesamt zurück, so kann man feststellen, dass sie den grundsätzlichen Konflikt zwischen gemeindekirchlichen und amtskirchlichen Strukturen sowie zwischen demokratischen und hierarchischen Elementen nicht aufgelöst, sondern durch sich selbst auf Dauer aufrechterhalten haben. Denn durch sie wurden Alternativen, die bisher in unterschiedlichen Kirchensystemen als solche getrennt gelebt wurden, vermischt, ohne dass die prinzipielle Frage ihrer Vermittlung und damit einer theologischen Normierung verfassungsrechtlicher Regelungen gestellt wurde. Weil sie nicht programmatisch, sondern nur pragmatisch begründet und nicht theologisch, sondern politisch motiviert in die Verfassung eingeführt wurden, konnten die gemeindekirchlichen Elemente in den Pastorenkirchen der Gegenwart weder ihre Potenz entfalten, noch zu Bewusstsein bringen, dass sie genuin gesamtprotestantischen Prämissen entsprechen.

Durch die Einrichtung synodaler Entscheidungsgremien wurde so ein Konfliktpotential geschaffen, das sich bis in die Gegenwart tatsächlich auslebt. Entsprechend der Reibungen zwischen AmtsinhaberInnen und Kirchenvorstand gibt es immer wieder solche zwischen Kirchenleitungen und Synoden. Auch diese sind – wie gesehen – Resultat der Uneindeutigkeit Luthers, dessen Vorstellungen zwischen Amts- und Gemeindekirche schwankten (Fagerberg 1952, 119f). Die gemeindekirchliche Tradition entwickelte sich dann aber eher neben als im Luthertum, der deshalb in den Freikirchen, den christlichen Vereinen und in den politischen Bewegungen eine institutionalisierte Erinnerung an genuin eigene Alternativen erwuchs. Die Hierarchisierung, wie sie die Kirche erlebt hat, kann zumindest nicht so eindeutig theologisch legitimiert werden, wie dies immer wieder versucht wurde. Nicht theologische, sondern primär politische Überlegungen waren für die hierarchische Ausgestaltung der Kirche wie der Einzelgemeinden speziell in Deutschland ausschlaggebend. Wenn die ursprünglichen Absichten aller Reformatoren mutatis mutandis auf eine demokratische Gestaltung und auf die Realisierung eines allgemeinen Priestertums abzielten und sie kein Interesse an einer objektiven Amtstheologie mit ihrer notwendigen Dominanzstellung des Pfarrers hatten, dann sind Rückfragen an das Amt und seinen Bezug zu den Laien zu stellen.

4.3 Das Amt auf dem Weg zu einem gesellschaftlichen Beruf

Auf die Totalerwartung an den Pfarrer/die Pfarrerin wurde bereits verwiesen (3.3). Die Rollenerwartung an das Amt ist auch darin absolut, dass die Identifizierung der Person mit der Institution lückenlos sein soll. In der Perspektive formeller Kirchenmitgliedschaft jedenfalls repräsentiert der Pfarrer/die Pfarrerin ausschließlich und vollständig die Kirche (Dahm 1971, 108f). Den Tatbestand, dass „für viele Leute Pfarrer und Kirche ein- und dasselbe" (Rammenzweig 1975, 42) sind, haben bereits die frühen kirchensoziologischen Untersuchungen gezeigt. Alle Mitgliedschaftsbefragungen erweisen, dass „der Pfarrer ... als die zentrale Bezugsperson" (Krusche 1975, 161) der volkskirchlichen Öffentlichkeit erscheint; er/sie wird zum „Interaktionspunkt der Kirche schlechthin" (Bohrmann/Bohrmann-Heischkeil 1971, 162). Diese Tendenz verstärkt sich, der Pfarrer/die Pfarrerin rückt immer mehr in den Vordergrund bei der Wahrnehmung von Kirche. So haben in der ersten EKD-Umfrage 55 % der Befragten angegeben, mit ihrem Pfarrer/ihrer Pfarrerin direkten Kontakt gehabt zu haben; 10 Jahre später waren es dann 61 % (EKD 1984, 199), und in der letzten Umfrage gaben 53 % an, schon mit ihrer Pfarrerin/ihrem Pfarrer gesprochen zu haben; 57 % im Westen und gar 66 % im Osten wären für ein Gespräch positiv motiviert (EKD 1997, 383). Der Pfarrer/die Pfarrerin gerät in die „Schlüsselrolle" nicht nur als VermittlerIn zwischen Institution und Gemeindeglied, sondern auch – so könnte man mutmaßen – hinsichtlich der Überlebenschancen der kirchlichen Institution überhaupt. Immerhin bei 95 % der Befragten hinterließ die personale Repräsentanz der Kirche einen positiven Gesamteindruck (EKD 1997, 384).

Diese Erwartungshaltung kann als ein problematisches Resultat einer kollektiven Lerngeschichte verstanden werden, denn offensichtlich hat sich auch die protestantische Kirche über die Jahrhunderte hinweg als Pastoren- und Amtskirche dargestellt, und ihre Mitglieder haben dies Bild verinnerlicht. Zwar steht die Hypostasierung des Pfarramtes im Widerspruch zum reformatorischen Grundgedanken vom allgemeinen Priestertum aller Gläubigen, aber die Theorie und Praxis der Amtstheologie insbesondere des 19. Jahrhunderts erwies sich als stärker. Die Verschmelzung von Pfarramt und Kirche hat für beide ruinöse Konsequenzen. Einerseits bekommt der Pfarrer/die Pfarrerin relativ wenig Chancen, noch als Person aufzutreten; wo immer er/sie auch interagiert, agiert er/sie als AmtsträgerIn. Interpretiert er/sie seine/ihre PfarrerInnenrolle individuell, dann wird ihm/ihr dies als Abweichung angerechnet. Für die Institution hat die Identifikation mit dem Pfarrer/der Pfarrerin zur Folge, dass sie im Blickwinkel der formellen Kirchenmitgliedschaft immer unanschaulicher wird. Schon die Bekanntheit der Ortsgemeinde tritt hinter der des Pfarrers/der Pfarrerin deutlich zurück (Boos-Nünning 1972, 110f), übergeordnete Größen wie die Landeskirchen spielen für die volkskirchliche Orientierung dann überhaupt keine Rolle mehr (Hild 1974, 162ff).

Nicht nur gegenüber der Institution selbst, sondern auch hinsichtlich ihres personalen Gesamtangebotes tritt der Pfarrer/die Pfarrerin in der Optik einer distanzierten Kirchlichkeit dominant hervor. Dabei werden nicht nur übergemeindliche Aktivitäten und Verbände bei der Beurteilung von Kirche weitgehend ausgeblendet, sondern auch die konkrete Gemeindearbeit wird pfarrerInnenzentriert wahrgenommen. Obwohl viele haupt- und ehrenamtliche Mitarbeiter für die Aktivitäten der Gemeinde mitverantwortlich sind (Daiber 1973, 75; Spiegel 1970, 46ff), gelten im öffentlichen Bewusstsein die kirchlichen MitarbeiterInnen im Gegensatz zum Pfarrer/zur Pfarrerin eben nicht als RepräsentantInnen der Kirche (Grosse 1977, 300f). Leidvoll erfahren die neben- und ehrenamtlichen MitarbeiterInnen immer wieder, dass erst, wenn der Pfarrer/die Pfarrerin kommt, auch Kirche höchstpersönlich kommt.

Zunächst muss die Beurteilung dieser als Totalerwartung artikulierten Identifikation ambivalent bleiben. Sie könnte einerseits und positiv bedeuten, dass der Pfarrer/die Pfarrerin in seiner/ihrer Wahrnehmung durch das volkskirchliche Bewusstsein zum Symbol einer möglichen und gelungenen Identität von Person und Beruf geworden ist. In diesem positiven Fall käme der PfarrerInnenrolle eine eminent innergesellschaftliche Funktion zu. Die Identifizierung von Kirche und Pfarrer/Pfarrerin könnte aber auch andererseits und negativ der Ausdruck einer Marginalisierung des PfarrerInnenberufs im Kontext gewöhnlicher sozialer Rollenzuschreibung sein, und zwar so, dass hier ein exklusiv definiertes kirchliches Amt aus dem Spektrum gesellschaftlich notwendiger Berufe ausgesondert wird. Das würde aber bedeuten, dass die Interdependenz von Religion und Gesellschaft aufgelöst ist und der PfarrerInnenberuf nur noch innerhalb einer kirchlichen Binnenstruktur verortet wird. Die entscheidende Frage ist, wie sich in der volkskirchlichen Optik das Verhältnis von PfarrerInnenberuf und Kirche darstellt: Ist für sie der Pfarrer/die Pfarrerin eine Funktion der Kirche oder die Kirche nur noch eine Funktion des Pfarrers/der Pfarrerin?

Aufgrund des empirischen kirchensoziologischen Materials kann als vorherrschende Tendenz vermutet werden, dass die Identifizierung der Institution Kirche mit dem Pfarrer/der Pfarrerin langfristig den Bedeutungsverlust der kirchlichen Institution bei gleichzeitiger Aufwertung und Uminterpretation des Pfarramts zur Folge hat. Ablesbar ist dieser Trend daran, dass in sozialstatistischer Hinsicht die Auflösung des engen Repräsentationszusammenhangs nachgewiesen werden kann (Feige 1982, 468). Denn vom Erosionsprozess der kirchlichen Institution profitiert der PfarrerInnenberuf. Dort nämlich, wo schlechte Erfahrungen mit der durch den Pfarrer/die Pfarrerin vermittelten und repräsentierten Kirche gemacht werden, schreibt man diese nicht dem/der Amtsinhaber/in, sondern der Institution zu. Wird der Pfarrer/die Pfarrerin z.B. als wirklichkeitsfern oder hartherzig-moralistisch erfahren, dann wird das nicht als eine persönlich zu verantwortende Eigenschaft, sondern als durch die Institution gesetzte Charaktermaske interpretiert. Nicht er/sie, sondern die Kirche gilt als veraltet, nicht er/sie, sondern die Kirche ist moralisch-rigoristisch. Sozialpsychologisch wirken hier Abspaltungen und Projektionen: Negative Erfahrungen und positive Erwartungen werden getrennt und auf unterschiedliche Institutionen projeziert: die Kirche und das Pfarramt.

Dementsprechend ist das positive Urteil über den Pfarrer/die Pfarrerin allgemein, es ist quasi schon eine Stereotype, die in sozialstatistischer Hinsicht keine Differenzierungen aufweist und auch bei individuellen, negativen Erfahrungen mit einzelnen VertreterInnen des Pfarrerstandes stabil bleibt. Diese Entindividualisierung persönlicher Erfahrungen einerseits und die Generalität des Urteils andererseits belegen, dass der Pfarrer/die Pfarrerin in unserer Gesellschaft zu einer eigenständigen Institution geworden ist, die im Bewusstsein vieler zumindest tendenziell von der kirchlichen Institution abgekoppelt werden kann. Der Reverenzrahmen bei der Fremdwahrnehmung des Pfarrerberufs scheint sich zu verändern. Im öffentlichen Bewusstsein wird das Pfarramt nicht nur als ein kirchlicher Beruf verstanden, sondern zunehmend auch als eine gesellschaftlich definierte Profession. Dies würde auch das relativ hohe Sozialprestige des Pfarrers/der Pfarrerin (Gerner 1981, 164 ff) in einer sich weitgehend als entkirchlicht verstehenden Gesellschaft erklären.

Der/die volkskirchliche Pfarrer/Pfarrerin erscheint – zumindest in dieser Hinsicht – tatsächlich zum „Gemeindeersatz" geworden zu sein (Schulz 1981, 117). Während für viele formelle Kirchenmitglieder Gemeinde irrelevant und Kirche generell problematisch bleibt, ist das Pfarramt als ein gesellschaftlicher Beruf offensichtlich selbstverständlich geworden. Das spiegelt sich auch in einem interessanten Ergebnis der Umfrage von Feige. Dort zeigt sich nämlich, dass viele jugendliche Kirchenmitglieder zwar die Zukunft der Kirche skeptisch betrachten, zugleich aber die Zukunftsbedeutung des Pfarrers/der Pfarrerin hoch einschätzen (Feige 1982, 83). Angesichts der negativen Urteile über die kirchliche Institution ist es verwunderlich, dass alle Mitgliedschaftsbefragungen – so auch die neueste – trotz eines nicht unerheblichen Schwundes an Mitgliedern letztlich die „relative Stabilität der Volkskirche" (EKD 1984, 16) empirisch festgestellt haben. Daraus meinte man schließen zu können, dass sich nur die Randbedingungen (z.B. Finanzlage) der Kirche ändern würden, die Zukunft der Institution selbst aber gesichert sei (Kirchenamt der VELKD 1983, 8ff; Mette 1982, 32ff). Die optimistische Sicht übersieht, dass die Mehrheit der Kirchenmitglieder einen basalen Konflikt zwischen den eigenen Lebenszielen und den vermuteten Zielen der Kirche feststellt (bereits Schmidtchen 1973, 3ff; jetzt EKD 1997, 412ff). Der formellen Treue zur Kirche steht eine inhaltliche Entfremdung gegenüber.

In den Augen vieler vertritt die Kirche nicht länger jene grundlegenden Werte, die für das volkskirchliche Bewusstsein immer noch als typisch „christlich" gelten, nämlich Verantwortung, Nächstenliebe, Toleranz und personale Annahme. In diese Leerstelle rückt der Pfarrer/die Pfarrerin ein: Von ihm/ihr und seinem/ihrem Amt wird erwartet, was ursprünglich gegenüber der kirchlichen Institution gefordert wurde. Man kann dies positiv als „Motivationsresourcen", die „in der Tat in der Person des Pfarrers stecken" (Luhmann 1977, 302), aber auch negativ als Verdrängungsprozess interpretieren. Letzteres nämlich dann, wenn man von einer vollzogenen Auflösung des Interdependenzverhältnisses von Religion und Kirche ausgeht. Offensichtlich akzeptieren viele die Notwendigkeit einer gesellschaftlichen Funktion der Religion, aber diese wird nicht mehr durch die Institution Kirche wahrgenommen, sondern durch den Pfarrer/die Pfarrerin. Im Zuge einer die überkommenen Institutionen immer stärker auflösenden Gesellschaft wird die notwendige Arbeitsteilung anders und neu geregelt, nämlich nicht mehr über Institutionen, sondern über gesellschaftlich definierte Professionen. Besonders augenscheinlich wird dies in dem durch die Kasualien befriedigten Interesse an der Religion. So wird die Taufe – nicht im Hauptgottesdienst, sondern in privatisierten Taufgottesdiensten vollzogen – zunehmend von einer kirchlichen Handlung zu einer Handlung des Pfarrers/der Pfarrerin. Im Rückblick auf die Konfirmation dominiert die persönliche Erinnerung an den/die Konfirmator/in, die kirchliche Bedeutung der Kasualie ist demgegenüber nicht mehr präsent. Die kirchliche Trauung wird zu einer Segenshandlung des Pfarrers/der Pfarrerin, die in unmittelbarer Analogie zum Standesbeamten aufgefasst wird. Die Institution Kirche jedenfalls spielt nur noch im Hintergrund eine Rolle. Geht man vom gegenwärtigen volkskirchlichen Bewusstsein aus, so wird die These plausibel, dass die Volkskirche ihre Überlebenschancen dem gesellschaftlich akzeptierten PfarrerInnenberuf verdanken wird und nicht umgekehrt. Die Kirche gehört – quasi als Standesorganisation – zum Pfarrer/zur Pfarrerin, wie etwa die kassenärztliche Vereinigung zum Arztberuf.

Der PfarrerInnenberuf ist augenscheinlich zu einer gesellschaftlich definierten Profession geworden. Religionsphänomenologisch ist dies bekanntlich kein Novum, denn im Akt dieser religionsgeschichtlichen Regression kommt der PfarrerInnenberuf strukturell wieder den Positionen der Propheten, Priester oder Schamanen nahe (Josuttis 1982, 34f); auch sie repräsentieren das Religionssystem ohne institutionellen Rückhalt. In seiner gesellschaftlichen Umdefinition werden dem PfarrerInnenberuf zwei zentrale Funktionen zugeschrieben, nämlich die einer personalen (seelsorgerlichen) Hilfe (EKD 1986, 28ff; EKD 1984, 43f) und die einer Repräsentanz von Andersartigkeit, die noch näher zu beschreiben sein wird. Die erste Aufgabenzuschreibung dürfte allgemein bewusst geschehen; sie entspricht dem Berufsbild des Pfarrers/der Pfarrerin als Seelsorger/in im weiteren Sinne. Wenn PfarrerInnen unter Hinweis auf ihre eigentliche geistlich-kirchliche Aufgabe die Erwartung der volkskirchlichen Öffentlichkeit nach Begleitung in Krisen- oder Übergangssituationen als „Dienstleistungsdenken" diskreditieren, dann nehmen sie in negativer Weise den Tatbestand wahr, dass ihr Beruf zunehmend gesellschaftlich definiert wird. Dieser gesellschaftlichen Überformung wollen sie sich durch die Abwehr volkskirchlicher Erwartungshaltungen immunisierend entziehen, ohne die mögliche Legitimität derartiger Ansprüche im volkskirchlichen Kontext überhaupt noch zu diskutieren. Denn zu diesem gehört – nolens volens – die Wahrnehmung sozialer Funktionen.

Während die erste Aufgabe mit der klassischen Integrationsfunktion der Religion in Zusammenhang gebracht werden kann, ist die zweite auf die kompensatorische Funktion der Religion zu beziehen, insofern als gesellschaftliche Defizite durch den Beruf des Pfarrers/der Pfarrerin benannt und ausgeglichen werden sollen. Ihrem Wesen entsprechend formuliert sich das Bedürfnis nach Kompensation nicht bewusst; es ist vielmehr ein elementares Moment des kollektiven Un- bzw. Vorbewussten. Die Bedeutung des Pfarrers/der Pfarrerin, seine/ihre „Funktionalität", scheint in dieser Hinsicht gerade darin zu liegen, dass er/sie in gewisser Weise im Gesellschaftssystem „dysfunktional" ist. Soziologisch gesprochen: Der Pfarrer/die Pfarrerin nimmt im Gefüge funktionaler gesellschaftlicher Arbeitsteilung durch Professionen – neben der noch zu erläuternden funktionalen Rolle als KrisenbegleiterIn (s.u.) – eine extra-funktionale Rolle ein.

Die Erwartungen an den Pfarrer/die Pfarrerin sind höchst widersprüchlich: Aufgrund einer normativen Überhöhung bisheriger Erfahrungen erwartet, oder besser befürchtet man vom Pfarrer/von der Pfarrerin die vorbehaltlose Identifikation mit der Institution, zugleich will man mit ihm/ihr gerade in dieser Rolle aber nichts zu tun haben, weil sich darin der Verdacht zu bewahrheiten scheint, dass hier eine Institution ein Individuum vereinnahmt und zum Verschwinden bringen will. Ersehnt wird vielmehr ein Mensch, der über persönliche Eigentümlichkeit, Verlässlichkeit und Identität verfügt. Woher kommen diese un- bzw. vorbewussten Erwartungen an den Pfarrer/die Pfarrerin, wenn dieser/diese sie in der Regel empirisch überhaupt nicht erfüllt, weil sein/ihr institutioneller Rahmen dies konterkarriert? Offensichtlich vollzieht sich die Rolleninterpretation durch die Öffentlichkeit innerhalb unterschiedlicher Referenzsysteme. Das normale volkskirchliche Bewusstsein macht augenscheinlich eine Unterscheidung zwischen Kirche und Religion, wobei der Pfarrer/die Pfarrerin sowohl auf das „System der Kultur", also der Religion, wie auf das „System der äußeren Organisation" (Dilthey 2000, 43ff), der Kirche, bezogen wird. Daraus resultiert die angesprochene Ambivalenz der Erwartungshaltung und die Hoffnung, dass der Pfarrer anders sein sollte und könnte, als er es oftmals faktisch ist. Die Erwartung an den Pfarrer/die Pfarrerin, sich als authentische und souveräne Subjektivität darzustellen, ist Resultat aus den Erwartungen der Religion gegenüber, die in ihrer Institution nicht aufgehen soll. Der „Überschuss" der Religion gegenüber ihrer Organisation, der systemimmanente Protest gegen sich selbst, soll im PfarrerInnenberuf dauerhaft und öffentlich wirksam werden.

Zwischen dem Funktionsverlust der kirchlichen Institution und dem Bedeutungsgewinn des PfarrerInnenberufes steht vermittelnd das Weiterwirken der christlichen Tradition in unserer Gesellschaft. Allerdings ist das kulturelle System des Christentums selbst zu einer „Institution im umfassenden Sinne" (Rendtorff 1970, 153) geworden und hat sich an die Stelle – bzw. neben sie – der bisher die christliche Tradition monopolistisch repräsentierenden Kirche gesetzt. Das Bewusstsein von der Notwendigkeit einer konstitutiven Rückvermittlung der säkularisierten christlichen Kultur an die Institution Kirche ist geschwunden (Feige 1982, 415). Kirchlichkeit im engeren Sinne als Übereinstimmung mit kirchlicher Lehre und indiziert durch regelmäßigen Kirchgang stellt sich als zwar traditionelle, aber längst nicht mehr als einzige Form der Teilhabe an der christlichen Tradition dar. Zwischen der kirchlichen Institution und der „Welt des Christentums" steht vermittelnd und zugleich zwischen beiden changierend der Pfarrer/die Pfarrerin. Daraus erwächst die Ambivalenz der Erwartungen.

Der Strukturwandel der Religion als Funktionsverlust der kirchlichen Institution wird begleitet durch das nachlassende Interesse an ihrer lehrmäßigen Ausformulierung. Christliche Orientierung vollzieht sich heute primär als Frage nach der Handlungsrelevanz von religiösen Werten in unserer Gesellschaft. Dementsprechend rücken die ethischen, lebenspraktisch erfahrbaren Gehalte des Christentums bei der Relevanzprüfung des Religionssystems in den Vordergrund. Dies wird besonders bei jener sozialen Gruppe deutlich, die bis in die zwanziger Jahre hinein eine signifikant höhere Austrittsbereitschaft zeigte, mittlerweile aber zu den treuesten Gliedern der Volkskirche gehört: die Arbeiterschaft (Lämmermann 1982, 109ff).War im Zuge der Arbeiterbewegung die Distanzierung von der Kirche ein Akt konstitutiver Selbstunterscheidung (Politische Religionskritik, Erfahrung kirchlicher Diffamierung usw.), so spielen Glaubensaussagen bei der Stellungnahme zu Religion und Kirche heute überhaupt keine Rolle mehr.

Vor allem im Bereich der Jugendreligiosität zeigen sich auffällige Indizien für den behaupteten Strukturwandel. Bei aller kirchenkritischen Skepsis kann von einer prinzipiellen Abkehr von der Religion bei Jugendlichen nicht gesprochen werden, auch wenn die Mehrheit notorische „Nicht-Kirchgänger" sind. In einem größer als allgemein erwarteten Umfang leben Jugendliche eine Religion ohne Kirche. Das religiöse Potential wird nun aber nicht von den sogenannten Jugendreligionen aufgesogen. Empirische Untersuchungen belegen, „daß Sekten und Jugendreligionen von den Jugendlichen in den Erhebungen kaum erwähnt und dann meist negativ beurteilt werden" (Luther 1987, 132). Jugendliche zeigen vielmehr eine Affinität zur christlichen Tradition. Dies wird an dem eigentümlichen Phänomen „Kirchlichkeit ohne Kirche" deutlich, nämlich auf den Kirchentagen. Eine Mehrheit der regelmäßigen jugendlichen Kirchentagsbesucher geht gar nicht oder nur unregelmäßig zur Kirche (Schmieder/Schuhmacher 1984). Ihre Übereinstimmung mit Bekenntnisaussagen der Kirche ist relativ gering, denn Bekenntnisfragen stellen für sie keine essentiellen Probleme ihres Engagements oder ihrer Existenz dar (Schmieder/Schuhmacher 1984, 101ff). Kirchentage sind ihnen Foren der politisch-praktischen Wirkung der christlichen Religion (Schmieder/Schuhmacher 1984, 46). Im Vordergrund steht eher die Frage, was die Kirche bzw. das Christentum praktisch-gesellschaftlich vermag.

Die ethischen Gehalte des Christentums werden offensichtlich nicht von ihrer weltanschaulichen Plausibilität oder ihrer dogmatischen Begründung, sondern von ihrer gesellschaftspolitischen Wirkung her beurteilt. Wenn „nach allgemeinem Verständnis" ‚christlich sein' heißt: „Nächstenliebe und anderen helfen, Rücksichtnahme, Zuwendung zu den Schwachen und denen, die sich nicht helfen können" (EKD 1984, 43f), dann muss dies unmittelbar erfahrbar sein. In der Regel wird dies – insbesondere von Jugendlichen und Arbeitern – aber weder in der Gesellschaft noch in den Kirchen tatsächlich erlebt. Die lebenspraktische Repräsentanz christlich-ethischer Werte soll deshalb der Pfarrer/die Pfarrerin übernehmen. Die Ethisierung des Christentums wird so zum Akt seiner Personalisierung. Der Pfarrer/die Pfarrerin soll das leben, was die christliche Botschaft verkündigt und damit deren Handlungsrelevanz unter Beweis stellen. Oberflächlich wird erwartet, dass sich der Pfarrer/die Pfarrerin selbst an die grundlegenden und weiterhin von einer Mehrheit als bedeutsam erachteten Handlungsmaximen hält. Hinter diesen Einzelerwartungen steht intervenierend eine fundamentale Grunderwartung, auf die alle übrigen zurückgeführt werden können.

Alle negativen wie positiven Aussagen zum Pfarrer/zur Pfarrerin lassen sich darauf zurückführen, dass der Pfarrer/die Pfarrerin sich als selbstverantwortliche, freie Subjektivität darzustellen hat. Exemplarisch soll er/sie das zum Ausdruck bringen, was zum Essential der christlichen Tradition zu gehören scheint. Theologisch wäre diese Erwartung als die Einsicht in die Neukonstitution des Subjektes durch den anerkennenden und rechtfertigenden Willen Gottes (Wagner 1985, 78ff) zu interpretieren. Weil generell das repräsentative Individuum zum „Anwendungsfall" des Allgemeinen herhalten muss, wird der Pfarrer/die Pfarrerin zum Fallbeispiel für den fundamentalen Sachverhalt, dass sich der von Gott gerechtfertigte Mensch als verantwortliches, selbstbewusstes Subjekt konstituieren soll (Gräb/Korsch 1985, 30ff). Dort wo ein Pfarrer/eine Pfarrerin tatsächlich „repräsentativ" im Sinne des ursprünglichen Wortsinns repräsentatio Subjektivität vergegenwärtigt, öffnet er/sie den Zugang zu einem fundamentalen christlichen Sachverhalt, der Rechtfertigungslehre (Schmidt 1982, 175 ff). Ursprünglich war seine elementare Erfahrbarkeit an die Taufgewissheit gebunden. Zwischenzeitlich wurde die Taufe als Symbol des Fundamentalen zu einem Passageritus sozial umgedeutet, lebensgeschichtlich „umelementarisiert" und damit theologisch neutralisiert.

Der ursprüngliche Zusammenhang scheint allerdings in den volkskirchlichen Erwartungen durchaus noch momenthaft auf, nämlich in der allgemeinen Anerkennung der ethischen Relevanz des Nächstenliebegebots und im praktischen Bedürfnis nach Krisenbegleitung und individueller Anerkennung als Person (s.u). Beides sind elementare, abgeleitete Zugangsweisen zum fundamentalen Sachverhalt des christlichen Glaubens als der Vergewisserung der eigenen Subjektivität aus dem Anerkanntsein durch Gott. Während ersteres auf die Konstitutionsproblematik verweist, thematisiert die hohe Akzeptanz des Nächstenliebegebots – theologisch gesehen – die notwendige Handlungsfolge des Rechtfertigungsglaubens, der zur Liebe befreit. Ganz offensichtlich erwartet die distanzierte Volkskirchlichkeit, dass ein Pfarrer/eine Pfarrerin beides zur exemplarischen Darstellung bringt: die fundamentalen ethischen Prinzipien des Christentums als eigene Handlungsnormierung und eine gewisse Persönlichkeit und Souveränität.

In dem Maße, wie die Gesellschaft individuelle Freiheitsräume und die elementare Möglichkeit zur Subjektfindung einschränkt, gewinnt der fundamentale christliche Inhalt zugleich fundamentale Bedeutung (Josuttis 1982, 14ff). In Anbetracht der Tatsache, „dass die einzelnen Menschen angesichts der unversöhnten Verhältnisse Subjekte noch gar nicht sind" (Luther 1984, 293f), bedarf es einer kontrafaktischen, mithin repräsentativen Darstellung von Subjektivität. Hieraus erklärt sich auch das anhaltende, selbst von kirchenfernen Jugendlichen auffällig häufig artikulierte (Lämmermann 1987, 112) Bedürfnis nach den Kasualien, die vorrangig nicht als Amtshandlungen der Kirche, sondern als Leistungen des Amtsträgers verstanden werden. Nicht rituelle Routine wird erwartet (Krusche 1975, 68ff), sondern in biographischen Krisen- und Übergangssituationen (Matthes 1975, 83ff; Will 1983, 75ff), in denen die bisherige persönliche oder soziale Identität bedroht erscheint (Fraas 1983, 44ff), möchte das Individuum als potentiell intakte Subjektivität anerkannt werden. Die „helfende Zuwendung" soll „auf die Verarbeitung der negativen Erfahrung" (Krusche 1978, 150), als lebensfähiges Subjekt in Frage gestellt zu sein, abzielen (Rössler 1976, 51). Der Einzelne kann „sich in einem übergreifenden rituellen Gehäuse in seinem Persönlichsten und Intimsten geschützt fühlen" (Jetter 1978, 94), wobei diese Identitätssicherung gerade im Charakter des Ritus als Interaktion und Kommunikation liegt. In Situationen der Unsicherheit und der Bedrohung ist das Individuum – soll es Subjekt bleiben können – auf eine kommunikative Rückversicherung angewiesen. Bleibt es bei sich selbst, so verliert es sich.

Entsprechend der inneren Struktur von Subjektivität als der Anerkennung des Individuums durch andere Individuen vollzieht sich die Stabilisierung lebensgeschichtlich in Turbulenzen geratener Individuen durch die Zuwendung von als authentisch erfahrenen Subjekten. Auch für die rituelle Kommunikation gilt das allgemeine Kommunikationsgesetz, dass jede Kommunikation eine Inhalts- und Beziehungsebene hat, wobei der Beziehungsaspekt als Ebene der Metakommunikation von größerem Gewicht ist (Watzlawick 1976, 55). Das fundamentale Bedürfnis hinter dem Verlangen nach Ritus ist, im Pfarrer/in der Pfarrerin als dem Anderen/der Anderen meiner Selbst meine eigene Potentialität exemplarisch veranschaulicht und versichert zu bekommen. Dieser vom Pfarrer/von der Pfarrerin generell erwartete Akt der Anerkennung anderer Individuen drückt sich auch im überraschend hohen Wunsch nach dem Besuch eines Pfarrers/einer Pfarrerin aus, wobei der Wunsch oftmals zur Wirklichkeit erklärt wird (EKD 1984, 198ff; EKD 1997, 383ff). Auch dieser psychologische Taschenspielertrick erhärtet die These, dass das fundamentale religiöse Grundbedürfnis im Anerkanntwerden als unverwechselbares Subjekt liegt. Daraus resultiert dann auch der Wunsch nach einer persönlichen Gestaltung der Amtshandlung (Mezger 1963, 70; Bohren 1968, 13f).

Gerade weil er in einer Welt scheinbarer Rationalität das vermeintlich Irrationale, das Jenseits der Gesellschaft repräsentiert, behält der Pfarrer/die Pfarrerin für das beschädigte Individuum hohen Identifikationswert. Schon durch die Eigenart seiner/ihrer Totalrolle steht er/sie als ein „kompetenter Dilettant" (Scharfenberg 1980, 145ff) quer zu allen gesellschaftlichen Positionen, die durch immer stärkere Spezialisierung gekennzeichnet sind. Angesichts der Funktionalisierung und Entfremdung von Menschen möge wenigstens der Pfarrer/die Pfarrerin noch so etwas wie Identität und Ganzheitlichkeit darstellen, angesichts des Verschwindens des Subjekts sollte wenigstens er/sie Subjektivität vertreten. Um so größer ist dann die Enttäuschung, wenn diese Erwartungen nicht erfüllt werden. Daraus erklärt sich die Tatsache, dass auch die Öffentlichkeit bei der Beurteilung eines Pfarrers/einer Pfarrerin besonders rigide Maßstäbe anlegt. Sein/ihr Versagen ist nicht nur eine persönliche Unzulänglichkeit, sondern das Versagen einer Hoffnung, die unbewusst mitschwingt. Denn die Gesellschaft und die in ihr lebenden Individuen haben offensichtlich ein Interesse daran, dass kontinuierlich und auf Dauer gestellt die Möglichkeit gelingenden Lebens mitten im Misslingenden aufscheint und in einer Welt voller Selbstentfremdung kontrafaktisch der Wunsch nach Subjektivität angeschaut werden kann. Die Überforderung des PfarrerInnenberufes liegt gerade darin, dass er zu einer Institutionalisierung exemplarischer Subjektivität werden soll, die sich auch gegenüber institutionellen Übergriffen wehren und Ansprüche der Institution in sich integrieren kann, ohne dabei sich selbst zu verlieren. In unserer Gesellschaft ist augenscheinlich der PfarrerInnenberuf der einzig mögliche Projektionsort für die Sehnsucht des Individuums nach sich selbst. Ihm wohnt eine Potentialität inne, die von seiner Faktizität noch lange nicht eingeholt ist.

An einem Rollensegment des PfarrerInnenberufes wird dies besonders deutlich, nämlich in seiner ReligionslehrerInnentätigkeit. Schüler verlangen von einem Religionslehrer/einer Religionslehrerin, dass er/sie sich als ein aufgeschlossener Erwachsener darstellt. Keinesfalls erwarten sie jedoch, dass die Lehrkraft als Kirchenfunktionär in der Schule auftritt (Havers 1972). Gerade dann, wenn sie das Interesse der Institution gegenüber dem Individuum meint durchsetzen zu können, wird sie von den SchülerInnen abgelehnt. Positiv hingegen wird sie gewertet, wenn sie als glaubwürdiges Subjekt auftritt. Dies ist dann der Fall, wenn sie einerseits die Sache, für die er/sie steht, auch persönlich ernst nimmt, ohne andererseits die Fähigkeit zu verlieren, Probleme, Bedürfnisse, Interessen und Perspektiven der Jugendlichen als authentische und legitime Anliegen zu erkennen und aufzunehmen. Kirche und Gemeinde werden bei der Wahrnehmung des Religionslehrers/der Religionslehrerin als Bezugsgröße seiner Selbstinterpretation akzeptiert; nicht akzeptiert hingegen wird, wenn er/sie diesen Bezug normativ setzt und sich als Kirchenbeamter/Kir-chenbeamtin versteht. Insbesondere bei Jugendlichen formuliert sich die Sehnsucht nach Individualität, die sich den Institutionen gegenüber in negativer wie positiver Anerkennung, in Akzeptanz und Widerstand, vermitteln kann. Alle neueren jugendsoziologischen Studien zeigen, dass Selbstbehauptung und Identitätssicherung die leitenden Werte der jungen Generation sind (Lämmermann 1986, 112f). Jugendliche empfinden einen fundamentalen Widerspruch zwischen der Erwachsenenwelt und dem eigenen Lebensgefühl. In diesem Widerspruch werden auch die Institutionen der Erwachsenenwelt – die Kirchen eingeschlossen – eingerechnet (Wissmann/ Hauck) und abgelehnt. Jugendlicher Widerspruch artikuliert sich aber nicht als nur abstrakte Negation, sondern als Wunsch nach Aufhebung der Erstarrung, Verkrus-tung und Fremdheit der Institutionen. Nicht Institutionen als solche, sondern unüberschaubare Institutionen verfallen einer Kritik, die zugleich neue Modelle überschaubarer Selbstorganisationen zu entwerfen sucht. In diesem Zusammenhang entsteht dann auch das explizite Bedürfnis nach einem Modell von authentischer Subjektivität, die souverän mit Institutionen umgehen kann, ohne von ihnen verschlungen zu werden. Daraus erwächst z.B. die Faszination jener PfarrerInnen, die eben nicht „ganz Kirche sind", sondern ihre Distanzierungsfähigkeit bewahrt haben. In der Regel aber sind PfarrerInnen nicht „anders" , sie könnten es gleichwohl sein. Um die Sehnsucht nach dem Anders-Sein als Beruf ausüben zu können, müssten sie deshalb selbst erst einmal anders werden, sie müssten Rollenidentität und Amtsgehabe aufgeben und eben nicht „ganz Kirche" sein.

4.4 Laienkompetenz und Gemeindeleitung

Dem Begriff „Laie" haftet etwas pejoratives an, etwas von mangelnder Kompetenz und fehlenden Einsichten. Theologiegeschichtlich geht dies sicher auf die katholische Zwei-Klassen-Theorie einer Unterscheidung von Priestern und Laien zurück. Aber auch in der evangelischen Kirche hat der Begriff seine Anrüchigkeit, obwohl für eine Volkskirche das Volk (laios) Primat haben müsste. „Die Kirchenfrage ist und bleibt ... eine Pfarrerfrage" (Niebergall 1918, 393), stellte demgegenüber F. Niebergall im Epochenjahr 1918 lapidar fest und formulierte damit das Selbstverständnis einer wissenschaftlichen Praktischen Theologie, die sich gerade von der pfarrerzentrierten Pastoraltheologie emanzipieren und dabei die Gemeinde „zum konstituierenden Zentralbegriff der Praktischen Theologie" (Luther 1984, 218) erheben wollte. Zudem hätte man an der Wende vom monarchischen zum demokratischen Denken in der Politik auch eine Rückbesinnung auf die demokratischen Grundprinzipien des Protestantismus erhoffen können, wo – unter dem Stichwort vom allgemeinen Priestertum aller Getauften – die Kirchenfrage mitnichten nur eine Pfarrer-, sondern stets auch eine Laienfrage war. Allerdings ist der Befund bei Niebergall höchst ambivalent, weil er gerade an diese Tradition anschließend zwar die Gemeinde zum Subjekt ihrer eigenen Konstitution erklären will, dann aber aus gemeindepädagogischen Gründen der Persönlichkeit des Pfarrers Prävalenz einräumt. Der Pfarrer als exemplarische Subjektivität verstellt so den Blick auf die Laien als Subjekte; ihm wird unter den „persönlichen Kräften" des Gemeindeaufbaus die größte Bedeutung zugemessen (Niebergall 1918, 393ff), die Laien als Mitarbeiter werden kaum erwähnt (Niebergall 1918, 448f). Damit verspielte Niebergall die Chance, den Laien tatsächlich zur begrifflichen Mitte einer praktisch-theologischen Theorie des Gemeinde-aufbaus zu erheben. Gleichwohl markiert er – retrospektiv wie prospektiv gesehen – eine bedeutsame Zäsur.

Retrospektiv lässt sich die Perspektivverengung innerhalb der praktisch-theologischen Theoriebildung bis auf deren Anfänge zurückverfolgen. In seiner Kirchenkritik hatte der Pietismus noch die Entmündigung der „sogenannten Laien" durch Kleriker gebrandmarkt und die klerikale Selbstbezeichnung der „Geistliche" als eine „hochmütige" Anmaßung zurückgewiesen (Spener 1955, 59). Zugleich wurde die Beteiligung des Laien zu einer der zentralen Fragen für die Wiederbelebung der Gemeinden erklärt. Aber bereits die nachfolgende Rede des „höheren Herrenhuters" Schleiermacher vom „Kleriker" und vom „Gegensatz zwischen Klerus und Laien" (Schleiermacher 1850, 557f), „auf dem die ganze praktische Theologie beruht" (Schleiermacher 1850, 735), signalisiert den die zeitgenössische Theologie beherrschenden Geist. Zwar vermied man es protestantischerseits in der Regel, von einem geistlichen Stand zu sprechen, um der katholischen Zwei-Klassen-Theorie entgegenzuwirken, aber das geistliche Amt als Dienst verschmolz rasch mit dem Geistlichen selbst. Auch im Protestantismus wurde so die Asymmetrie zwischen Laien und Amt zunehmend als konstitutiv und substantiell empfunden, wenngleich diese Differenz nicht als Wesensunterschiede zwischen Laien und Klerikern gefasst, sondern als funktionale Differenzierung (Schleiermacher 1850, 558) von Produktivität und Rezeptivität (Schleiermacher 1850, 570) verstanden wird. So sprach Schleiermacher vom unaufhebbaren Gegensatz zwischen den Leitenden und den Geleiteten in der Gemeinde, unbeschadet der Einsicht, dass das protestantische Prinzip darauf abzielt, „jeden selbständig zu machen im ganzen Gebiet seines Daseins" (Schleiermacher 1850, 569). Demgegenüber lehnte es sein zeitgenössischer Kontrahent, Ph. Marheineke, ab, bezüglich Laien und Pfarrer eine qualitative Differenz zu hypostasieren (Marheineke 1837, 73), gleichwohl bezeichnete er sie – in durchaus vergleichbarer Weise – als eine in der empirischen Kirche „notwendig hervorkommende" (Marheineke 1837, 68). Zwar sprach dann beider Nachfolger, C.I. Nitzsch, von der Gemeinde als dem „aktuosen Subjekt", handelte dann aber letztlich in seiner Praktischen Theologie nur noch vom Pfarrer als dem aktuellen Subjekt. Damit war – bereits zu Beginn der wissenschaftlichen Praktischen Theologie – die Laienfrage auch im Protestantismus weitgehend negativ beantwortet.

Die bei den Begründern der Praktischen Theologie zu diagnostizierende Unterbestimmung der Stellung des Laien im kirchlichen Leben setzte sich im weiteren Gang fort; die wissenschaftliche Praktische Theologie des 19. Jahrhunderts hat die Emanzipation der Laien nie ernsthaft auf ihre Fahnen geschrieben; das Bekenntnis zum Priestertum aller Getauften als protestantisches Grundprinzip wird zwar stets abgelegt, bleibt aber formelhaft unverbindlich. Dieser Widerspruch zwischen prinzipiellem Bejahen und praktischem Ignorieren der Laien hatte sich im frühen Luthertum bereits durch die – von Melanchthon noch skeptisch betrachtete – Unterscheidung von sichtbarer und unsichtbarer Kirche eingeschlichen. Diese ekklesiologisch gewendete, ursprünglich aber ausschließlich soteriologisch gedachte Vorstellung dürfte einen der dogmatischen Vorwände für die praktisch-theologische Engführung darstellen: Diejenigen, die Wort und Sakrament als die Zeichen der sichtbaren Kirche verwalteten, gerieten in grundsätzlicher Differenz zu denjenigen, die sie nur empfingen. Mit seiner Unterscheidung von Produktivität und Rezeptivität hatte Schleiermacher diesen Gegensatz praktisch-theologisch auf den Begriff gebracht. Praktisch greifbar wurde die Unterbestimmung des Laien im 19. Jahrhundert etwa darin, dass man die Beteiligung der Laien im Kindergottesdienst deshalb ablehnte, weil man „die Verführung der Laien zu geistlichem Hochmut als Folge ihrer kirchlichen Betätigung" (Otto 1975, 332) fürchtete. Derartige Befürchtungen von Geistlichen sprechen für sich selbst und dokumentieren einen Tiefstand in der Laienfrage.

Prospektiv kann die Erinnerung an Niebergalls Verständnis der Praktischen Theologie gegenüber der ihm nachfolgenden Entwicklung ein durchaus bewahrenswertes Element der klassischen Pastoraltheologie wieder zur Geltung bringen: Neben strukturellen Gesichtspunkten muss die personale Dimension wieder stärker in der kybernetischen Diskussion berücksichtigt werden. Die vermeintliche Schwäche der klassischen Pastoraltheologie lässt sich durchaus auch als eine Stärke reinterpretieren, denn auf der einen Seite konzentrierte sie zwar alle kirchlichen Handlungsfelder auf den Pfarrer hin und zementierte so theoretisch ein monarchistisches Kirchenverständnis, auf der anderen Seite aber bot sie in ihrer Zentrierung auf die Person des Pfarrers ein Modell, den Gedanken der Subjektivität als Ansatzpunkt für die kirchliche Praxis zu durchdenken. Der Gedanke eines subjektorientierten Gemeindeaufbaus ging in der Kritik an der pastoraltheologischen Tradition und am theologischen Liberalismus weitgehend verloren. Dabei haben in der Folgezeit nicht nur die „dialektischen" Ansätze eine Eskamotierung des Subjektbegriffs als praktisch-theologische Kategorie betrieben, sondern diese 'objektivistische Sicht' von Gemeinde wurde auch durch die primär system-theoretisch-funktionalistische Betrachtung, die sowohl die Praktische Theologie als auch die Kirchenreformdebatte der späteren Jahre tendenziell bestimmte, fortgesetzt (Luther 1984, 285ff) und durch die „latente strukturfunktionalistische Orientierung der kirchlichen Sozialforschung" (Drehsen 1983, 92) verstärkt.

Die Hinwendung der wissenschaftlichen Praktischen Theologie zu Strukturen und Funktionen hat u.a. auch eine Entsubjektivierung und Anonymisierung der kirchlichen Praxis zur Folge. Systemtheoretisch betrachtet funktioniert die Institution unabhängig vom Selbstbestimmungswillen der Subjekte; diese werden vielmehr funktional selbst als (personale) Systeme verstanden und in einen Gesamtzusammenhang eingeordnet, der die Kirche als Produkt funktionaler Differenzierung und Spezialisierung betrachtete. Auch der Laie wurde so zur Funktion erklärt: als Funktion eines Stabilisators für das Gesamtsystem Kirche (Hild 1974), als Klient in die eines Konsumenten von kirchlichen Dienstleistungen u.Ä.m.; nur als Person kam er kaum vor. Selbst seine Motive für Kirchenzugehörigkeit wurden – z.B. im Kontext der Rosenbergschen Theorie von der affektiv-kognitiven Konsistenz (Schmidtchen 1973) – system- und funktionsbezogen interpretiert. Diese neue Perspektive öffnete zwar den Blick auf überpersonale Zusammenhänge, hatte aber gerade auch in Bezug auf die Laienemanzipation ruinöse Folgen.

Im hier zugrunde liegenden technokratischen Kirchenmodell sollte die pastorale Verengung früherer Zeiten überwunden werden; tatsächlich aber wurde diese erneut zementiert: Zunächst verschaffte es Kirchenleitungen und Pfarrern die Möglichkeit, Laien nicht unter personalen sondern unter funktionalen Gesichtspunkten zu klassifizieren und zu betreuen; als kirchlicher Dienstleistungsbetrieb wurde so die alte (pastorale) Betreuungskirche reaktiviert. Sodann erhielt derjenige, der durch seine in der Ausbildung erworbene Kompetenz die geforderten Funktionen optimal erfüllen kann, gegenüber dem Nicht-Fachmann einen funktionalen Vorsprung, der unbewusst prinzipiell gewendet wurde. Expertentum setzt so ein erneuertes elitäres Denken, das gegenüber dem klassischen pastoralen Grundmodell noch zusätzliche Motivationsressourcen aufweist: Während der patriarchalische Parochus – aufgrund sozialen Wandels – obsolet wirkt, wird der theologische Experte vom Laien in der Regel – als der allgemein vorherrschenden sozialen Norm entsprechend – akzeptiert. Die Entmündigung des Laien schlägt um in dessen Selbstentmündigung gegenüber Funktionsträgern, die es besser wissen und können. Der Unterschied von Fachmann/-frau und Laien (vgl. Cornehl) wiederholt sich aber nur formgewandelt zwischen – dem Wort und Sakrament verwaltenden – Amtsinhaber und den bloßen Rezipienten der notae ecclesiae.

Erst die neuere Diskussion um den Gemeindeaufbau trug das ihre dazu bei, demgegenüber die Laienfrage wieder in den Blick zu rücken, ohne allerdings zu einer befriedigenden Antwort zu finden. Denn es werden dabei vergleichbare Tendenzen wie in der klassischen Pastoraltheologie erkennbar, weil auch dort zunächst der Pfarrer zum Motor der Gemeindeerneuerung (Herbst 1987, 314f) erhoben wird (Lämmermann 1988, 34). Die für alle elitären Vorstellungen von Gemeinde charakteristische Forderung nach Reaktivierung der Kirchenzucht wiederholt sich in diesem Kontext und bringt so erneut – wenngleich auch ungewollt – den Fachmann ins Spiel. Der größeren Partizipation von Laien in den „verbindlichen Gemeinden" korrespondiert die Ausgrenzung anderer Laien mit anderen Ansichten und Bedürfnissen; eine Lösung der Laienfrage ist das allerdings nicht. Eine grundsätzliche Tendenzwende, die *alle* Laien berücksichtigt, vollzog sich erst durch das neue Selbstverständnis der Praktischen Theologie als Handlungswissenschaft, weil nun die praktisch-theologische Theorie wieder gezwungen war, nach dem eigentlichen Subjekt kirchlichen und religiösen Handelns zu fragen und von daher Gemeindemodelle zu entwickeln, in denen tatsächlich eine Selbstverwirklichung und Selbstorganisation des „mündigen Laien" möglich wird.

Die Laienfrage fokussiert sich – positiv wie negativ – in der Bedeutung presbyterialer Elemente; an den Laienparlamenten lässt sich deshalb – modell- und zugleich ausschnitthaft – der Grad einer Partizipation vermeintlicher „Laien" am kirchlichen Leben ablesen. So erklärt sich die Einführung der Pfarrgemeinderäte als Konsequenz der Konzilsäußerungen zum Laien nahezu von selbst (Zauner 1972, 15ff). Empirisch gesehen ist die Laienfrage eine Frauenfrage; Frauen bilden die Mehrheit unter den sogenannten „ehrenamtlichen MitarbeiterInnen". In den Kirchen geht zwar nichts ohne die Frauen, aber sie bleiben Laien zweiter Klasse. Hier wird nur augenscheinlich, was weiterhin generell gilt: In der Kirche hat Martha immer schon den besseren Teil gewählt; deshalb machen Frauen die Arbeit, und Männer ernten den Lohn. Mehr noch als Männer beklagten Frauen, dass ihr ehrenamtlicher Einsatz wenig gesehen und noch weniger gewürdigt wird. „Im Gegensatz, in manchen Gesprächen gewann ich sogar den Eindruck, wir müßten der Kirche noch dankbar sein, dass sie uns armen, arbeitslosen Frauen die Möglichkeit gibt, uns wenigstens auf diese Weise mit unseren Fähigkeiten zu verwirklichen." (Mollenkopf 1987, 123) Frauen sind vom Ungleichgewicht zwischen Amtsträger-Innen und Laien noch stärker betroffen als Männer. Ihre Forderung nach größerer Anerkennung ist in sich gebrochen: die erwünschte Wertschätzung soll – wie eine empirische Untersuchung katholischer Frauen zeigt – durch Männer und insbesondere durch den Pfarrer erfolgen; die faktische Abhängigkeit von Frauen wird durch ihre geistige potenziert. An die Stelle von Wertschätzung durch andere müsste aber die „Entwicklung eines eigenständigen Selbstwertgefühls" (Meyer 1988, 415) treten, wenn Emanzipation gelingen soll.

Frauen werden in Kirche und Gesellschaft selbst dort, wo sie aktiv werden sollen, zumeist nur als Objekte betrachtet: für Hilfsleistungen, narzisstische Aufwertungen, spielerisch-lustvolle, im Grunde jedoch sexistische Andeutungen, vor allem aber als Objekte für Betreuung. Dass die Frau in der Kirche zu schweigen habe, war stets das erste Gebot patriarchaler Selbstbehauptung. Im Klientel eines Pfarrers dominieren in jeder Hinsicht die (Haus-)Frauen. Auch wenn manche Kirchenvorstände bereits Vertrauensfrauen haben, so hat in der Gemeindeleitung doch der Mann das Sagen. Der – zwar allgemein belächelte, gleichwohl höchst konfliktträchtige – Extremfall zeigt strukturelle Zusammenhänge: Normalerweise weigern sich Männer, Verantwortung für die Verhütung zu übernehmen – mit der einen Ausnahme des zölibatären Klerikers. Die hier von Männern angemaßte Verantwortungsbereitschaft entlarvt sich aber rasch; statt um partnerschaftliche Mitverantwortung geht es um Entmündigung. Grundsätzlich werden den sogenannten ehrenamtlichen Mitarbeiterinnen nur Freiräume eingeräumt, nicht aber selbstgewählte Felder zugestanden. Nicht zu Unrecht haben feministische Theologinnen deshalb die Asymmetrie zwischen Laiin und Geistlichem als „strukturelle Sünde" und als Ausdruck eines „patriarchalen kirchlichen Sexismus" gekennzeichnet.

Gleichwohl hat die Frauenbewegung eine ihrer Wurzeln im kirchlichen Bereich – und zwar gerade in Zusammenhängen, die man konnotativ mit der „klassischen" Frauenrolle als absoluter Altruistin verbindet, nämlich den Diakonissinnenanstalten. Zum Erbe des Pietismus, aus dem sie hervorgegangen waren, gehörte ja die Eignverantwortung des Glaubens und die Bildung einer eigenständigen religiösen Subjektivität. Diese theologischen Grundprinzipien wollten die frühen Diakonissen in ihre praxis pietatis integrieren. Neben den von männlichen Pfarrern geleiteten Anstalten entstanden Schwesternschaften mit strikt weiblicher Leitung (Haag 1997, 9). Dieser implizite Kampf um Gleichwertigkeit zentrierte sich später auf die Frage des Zugangs von Frauen zum Theologiestudium und dann auf die der Frauenordination. Die ablehnende Haltung in diesen Fragen wurde weniger durch gediegene theologische Argumente geadelt, als mit Macht und Omnipotenzphantasien durchgesetzt, denn theologische Kompetenz – zumindest im Protestantismus hochgehalten – ist nun einmal nicht geschlechtsspezifisch. Das meinen jedenfalls auch die formalen Kirchenchristen, wenn sie zu 66 % keinen Unterschied in der Berufsausübung von Pfarrern und Pfarrerinnen sehen (EKD 1997, 388). Gleichwohl war und ist der Weg zum Beruf der Pfarrerin dorniger als in vergleichbaren akademischen Berufen.

Auf der anderen Seite sind Frauen auch in der Kirche auf dem Vormarsch. Es dürfte wohl – abgesehen von den Lehrerkonferenzen an Grundschulen – kaum ein anderes Entscheidungsgremium geben, in dem der Frauenanteil größer ist als in den evangelischen Gemeindevorständen (39,3 %). Selbst in den Pfarrgemeinderäten stieg ihr Anteil ständig an und dürfte bei einem Drittel landesweit liegen (Schmied 1987, 6). Das ist wenig – in Bezug auf die Gesamtbevölkerung und erst recht in Relation zur Zusammensetzung der Gottesdienstbesucher, zeigt aber, dass Frauen aus der Rolle von Objekten kirchlicher Handlungsvollzüge und Anordnungen herauskommen und das Laienelement stärken wollen. Dabei stoßen sie an Grenzen: Eine besteht darin, dass sich die Asymmetrie zwischen Klerus und Laien im Verhältnis von männlichen zu weiblichen Laien wiederholt; Männer kompensieren auch in der Kirche ihr Defizite gegenüber dem Amtsvorsprung, indem sie ‚nach unten durchtreten'. Frauen ärgern sich deshalb zu Recht, wenn Männer wie „ganz selbstverständlich die offiziellen Begrüßungsreden" halten, obwohl einzig von Frauen das entsprechende Fest vorbereitet wurde; oder wenn „in Sitzungen die Reihenfolge der Wortmeldungen nicht beachtet wurde oder Männer unter sich zu reden begannen" (Mollenkopf 1987, 122), obwohl frau noch sprach. Der patriarchisch gestählte Blick führt zu Wahrnehmungsverzerrungen durch Scheuklappen.

Eine andere Grenze liegt darin, dass Frauen weitaus weniger geschlossen auftreten als ihre männlichen Kollegen. So sind z.B. auch weibliche Pfarrgemeinderäte nicht von Generationskonflikten verschont. Eine Essener Studie zeigt, dass jüngere Frauen weitaus weniger pfarrer- und kerngemeindeorientiert sind und vielmehr etwa eine kirchenüberschreitende Wirkung ihrer Arbeit intendieren; von älteren Rätinnen wird dies jedoch mehrheitlich abgelehnt. Diese unterwerfen sich eher dem traditionellen Rollenbild, während jüngere bewusst davon abweichen (IKSE, 68). Zur Emanzipation des Laien/der Laiin gehört, dass sie/er sich die kirchlichen Handlungsräume nicht von den Hauptberuflichen oder von der Gemeindetradition allein vorgeben lässt, sondern sich neue Kommunikations- und Aktionsmöglichkeiten selbst eröffnet (EKD 1982, 56). Die strukturelle Ungleichgewichtigkeit zwischen Amt-mann und Gemeinde-frau wird eher zementiert statt aufgehoben, wenn aufgeschlossene, „frauenfreundliche", aber nicht weniger dominante Pfarrer meinen, für die Frauen etwas organisieren zu müssen. Emanzipation ist nun mal kein passivischer Begriff; Frauen müssen deshalb selbst initiativ werden. Der Frauenkreis ist zu ergänzen oder abzulösen von selbstorganisierten Traueninitiativen (Bühler-Schleicher 1988, 173ff).

Jüngere Frauen, die die entmündigende Wirklichkeit der Betreuungskirche überwinden wollen und sich Räume suchen, statt sie sich gewähren zu lassen, stoßen dabei nicht nur auf Schwierigkeiten mit der „Männerkirche". Nicht wenige kirchlich engagierte Frauen haben die ihnen klassisch zugeschriebene Rolle so internalisiert, dass sie sie offensiv gegen Angriffe aus den eigenen Reihen verteidigen. Psychoanalytisch müsste man das als Identifikation mit dem (männlichen) Aggressor bezeichnen. Die Sozialisationsgeschichte von Frauen einerseits und die eingespielten kirchlichen Grundstrukturen andererseits fördern den zwischenzeitlich gut eingespielten Mechanismus einer Entsolidarisierung, der mit dafür verantwortlich ist, dass Frauen in der Kirche so wenig zu sagen haben. Die Solidaritätsfähigkeit von Frauen wird nur solange ausgenutzt, wie sie den männlichen Machterhalt nicht stört; deshalb werden sie kanalisiert in familiären, diakonischen oder pädagogischen Gemeindeinitiativen. Damit wird die kirchenpolitische Kraft dieser Solidarisierungsfähigkeit gebannt und – wiederum eine psychohygienische Abwehrleistung – in ihr Gegenteil verkehrt. Unterstützt wird dies durch das depotenzierende, entmündigende Ideal weiblicher Friedfertigkeit und Passivität. Doch die Emanzipation fordert auch in der Kirche die Entwicklung einer Streitkultur: eine zwischen Amt und Laien, eine zwischen Männern und Frauen, aber auch eine zwischen den Frauen selbst.

Zu den augenscheinlichen subjektiv-objektiven Gründen für den mangelnden Einfluss von Kirchenvorstehern und Pfarrgemeinderäten zählt die dominante Pfarrerorientiertheit gerade dieser Laien. Nur wenige empfinden sich als gemeindliches Gegengewicht zum Pfarrer. Kirchenvorsteher, die sich bewusst als Opponenten gegen den Geistlichen haben aufstellen lassen, verlieren rasch ihren kritischen Elan und verzichten – soweit uns diesbezüglich Daten vorlagen – zumeist auf eine zweite Amtsperiode. Presbyter, die nicht vom Pfarrer für die Mitarbeit gewonnen wurden, ziehen sich eher als andere aus der Arbeit zurück. Hauptmotiv für die Mitarbeit im Pfarrgemeinderat ist der Wunsch, „den Pfarrer in seiner Arbeit zu unterstützen" (IKSE, 57). Stenzel stellte fest, dass „in der Regel ... der Pfarrer Initiator zur Kandidatur" (Stenzel 1982, 148) für den Kirchenvorstand war; bei unserer Untersuchung gaben über 70 % an, durch den Pfarrer nominiert worden zu sein. Dadurch ergibt sich nicht nur eine pfarrerzentrierte Selektion möglicher Kandidaten, sondern auch der in der bisherigen Interaktion mit dem Pfarrer erworbene Vertrauensvorschuss für den Seelsorger. So erklärt sich nicht nur die hohe Zufriedenheit mit dem Pfarramtsführer, sondern auch das Absinken der Mitarbeitsmotivation bei Pfarrerwechsel, das in nicht wenigen Fällen zur Aufgabe des Amts bzw. zum Verzicht auf Wiederkandidatur führte.

In den meisten Kirchenvorständen „dominiert ein Harmonie-Ideal" (Stenzel 1982, 195), das von deren Mitgliedern internalisiert wird. Dies führt dazu, dass Presbyter selten Konflikte aushalten, austragen oder gar bewältigen können. Entweder werden deshalb Konflikte unter der Decke gehalten oder unterschwellig ausgetragen. Diskursive Elemente jedenfalls sind in leitenden Gremien ebenso selten wie in der Kirche generell. Die Laienfrage drückt das zeitgenössische Schwanken zwischen gemeindekirchlichen und amtskirchlichen Elementen der Volkskirche exemplarisch aus.

4.5 Gemeindekirche – regulatives Prinzip der Volkskirche

Für unsere historischen Überlegungen waren die Fragen nach der Regelung der Pfarrerwahl und der Selbstrepräsentation der Kirchenmitglieder deshalb von zentraler Bedeutung, weil sich darin der Subjektcharakter von Gemeinde realisieren kann. Die gegenwärtige Kritik an der Vorherrschaft des Pfarrers im Gemeindeprozess ebenso wie am bürokratischen Eigenleben der kirchlichen Institution speist sich – oftmals ohne erkennbaren Bezug auf diese Tradition – aus vergleichbaren Motiven, denn auch sie will die Gemeinde wieder zum Subjekt ihrer selbst werden lassen. Innerhalb der theologischen Diskussion ist diejenige in der Praktischen Theologie auffälliger als in anderen Disziplinen. Dies liegt offensichtlich unter anderem daran, dass die Frage nach dem Wesen und der Struktur von Gemeinde ganz eng mit dem Streit um Pro und Kontra einer Pastoraltheologie und damit um die wissenschaftliche Selbstdefinition der praktisch-theologischen Disziplin als solcher zusammenhängt. Pastoraltheologische Entwürfe haben immer die Dominanz des Pfarrers, die Betonung eines konstitutiven Gegenübers von Amtsträgern und Gemeinde und letztlich damit eine objektive Interpretation des Amtes vertreten, während es von Anbeginn einer wissenschaftlichen Theologie Konzepte gab, die Gemeinde, wenn nicht als bereits hergestelltes, aktuelles, so doch als aktuoses Subjekt zu verstehen und damit die Tradition der Gedanken eines allgemeinen Priestertums aller Getauften praktisch zu wenden.

Als Alternative zur Betreuungspraxis einer immer unverbindlicher werdenden Großkirche entstanden seit dem Beginn der sechziger Jahre Basisgemeinden.

Zunächst waren sie auf den katholischen Bereich (Kleiner 1976, 34-69) beschränkt und hier wiederum auf das kirchliche Leben in Lateinamerika. Binnen kurzer Zeit wurden sie auf diesem Kontinent zu einer breiten religiösen Bewegung, die schon von ihrem quantitativen Umfang her eine ernstzunehmende Alternative zur kirchlichen Institution darstellt. So schätzt man etwa in Brasilien „die Zahl der Basisgemeinden auf ca. 40.000" (Kleiner 1976, 51), und allein für Santiago de Chile werden 600 derartige Gruppierungen angegeben (Kleiner 1976, 51). Auch im europäischen Bereich wächst ihre Zahl beständig an (Weß 1976, 46ff; Siller, in: Frankemölle 1981, 122ff), wobei hier allerdings das lateinamerikanische Vorbild nur selten ursächlich für ihre Entstehung sein dürfte. Die europäischen Gruppen speisen sich nicht nur oftmals aus anderen Traditionen, wie Kommunitäten u.ä.; ihnen unterliegen vielmehr auch andere Interessen. Denn die lateinamerikanischen Basisgemeinden verstehen sich weder als Ausdruck eines speziellen theologischen Programms (Päschke, in: Klostermann/Zerfaß 1974, 672f), noch sind sie explizit als Protestbewegung gegen die Organisation und Praxis der Amtskirche zu begreifen. Ihre Ursachen sind vielmehr sozialpolitischer Art. Im Unterschied zu den lateinamerikanischen verstehen sich die europäischen Basisgemeinden vorrangig als kirchliche Gegen- bzw. Reformbewegungen (Mette 1979, 95), die zwar durch die lateinamerikanischen Entwicklungen einen zusätzlichen Motivationsschub erhielten, im Grunde jedoch tatsächlich eine explizite Rückbesinnung auf die frühesten Traditionen von Gemeindekirche darstellen. Vor allem in der „Radikalität der Jesusbewegung" (Frankemölle 1981, 41; Kleiner 1976, 29) wird eine Tradition zur „Gemeindebildung von unten" (Schneider 1982, 23) verankert gesehen, an die es wieder innovatorisch anzuknüpfen gilt. Insofern verstehen sich die Basisgemeinden als „Ausdruck eines sehr ursprünglichen Kirchenbewußtseins" (Kleiner 1976, 225), das noch nicht durch politischen und geistlichen Machtmissbrauch korrumpiert ist. Unter „Rückbesinnung auf die neutestamentliche Tradition" wird „das Leitbild der herrschaftsfreien Gemeinde" (Greinacher 1979, 173) wieder aufgenommen. Die Urgemeinde, sei sie nun matthäisch, johannäisch oder paulinisch orientiert, kenne im Grunde noch nicht den ausgebildeten Begriff und die exzeptionelle Praxis eines Amtes (Schneider 1982, 22ff; Schweizer 1959, 105ff; Schillebeeckx 1981, 13ff; Blank 1973, 237ff; Käsemann 1960, 109ff; Frankemölle 1978, 103ff; Kertelge 1972, 9); dementsprechend verstehen sich die Basisgruppen als Experimente mit dem Laienapostulat; darin liegt wohl der entscheidende Vergleichspunkt zwischen der lateinamerikanischen und der europäischen Bewegung. Prinzipielle Gleichheit der Mitglieder und der Abbau einer hierarchischen Herrschaft von Amtsträgern (Boff 1980, 43ff) sind neben der Pluralität ihrer Erscheinungsformen und der Offenheit ihrer Struktur die Kriterien einer Gemeindekirche.

In der aktuellen Debatte um gemeindekirchliche Momente werden diese in der Regel nicht als bloße Negation der Volkskirche betrachtet, sondern vielmehr gerade als Chance und Bedingung zur Behebung der volkskirchlichen Krise begriffen (Greinacher, in: Frankemölle 1981, 294). In der Theorie und Praxis der

Basisgemeinden wird deshalb eine Signalfunktion (Klostermann 1974, 42ff) für die Selbstheilung der Volkskirche als gelebte kritische Rückerinnerung (Frankemölle 1981, 36) an die Ursprungssituation der Kirche gesehen, in der die „Mitwirkung, Mitbestimmung und Mitverantwortung der gesamten Gemeinde ... noch stärker in Erscheinung tritt" (Schnackenburg, in: Con 8, 1973, 488) als in der verfassten Kirche der Gegenwart. Vertreter der Basisgemeinden selbst sind geneigt, eher die radikaleren Konsequenzen aus der Wiederbesinnung auf ursprüngliche Gemeindeprinzipien zu ziehen. Ihre Parole lautet, dass die „normale volkskirchliche Struktur auf Gemeindekirche hin umgewandelt" (Weß 1976, 129f) und insofern die Volkskirche aufgehoben werden müsse. Gemäßigter fallen die praktisch-theologischen Reformvorstellungen aus, die darauf abzielen, dass „aus unseren Pfarreien Gemeinden werden" (Greinacher, in: Frankemölle 1981, 314) können. Während dabei an einen generellen Wandel gedacht wird, plädieren andere für ein Nebeneinander von gemeindekirchlichen und volkskirchlichen Strukturen als Pluralisierung des Angebots der Volkskirche selbst (Lehmann 1982, 50). Diesbezüglich wird dann aber zu fragen sein, ob damit tatsächlich eine Transformation der Betreuungs- in eine Beteiligungskirche eingeleitet wird (Schneider 1982, 191f) oder nicht vielmehr das gemeindekirchliche Prinzip darin korrumpiert wird, dass die Betreuung durch Spielfelder höherer Partizipation erweitert wird.

In einer pragmatisch-funktionalen Bestimmung des Amtes, wie sie in der Konsequenz gemeindekirchlicher Vorstellungen liegt, wurde der Verlust des Wahrheits- und Heilsanspruchs der kirchlichen Lehre gemutmaßt und dies – wie gesehen – als eine typisch protestantische Engführung bezeichnet. Wenngleich auch evangelischerseits die Vorstellung von einer funktionalen Delegation der besonderen Ämter gelegentlich als unreformatorisch abgewehrt wird (Frör 1966, 40), so hat diese doch Anhalt an der protestantischen Tradition. Denn wir haben ja gesehen, dass nicht nur die Äußerungen Calvins, sondern auch die des frühen Luthers in diese Richtung weisen. Gerade auch dann, wenn man die „Existenz des besonderen Amtes" nur „inmitten des allgemeinen Priestertums aller Getauften" (Joest 1977, 73; Rogge/Zeddies 1982, 23ff; Huber 1979, 117f; Mezger 1963, 28) sachgerecht bestimmen kann, ist die Interpretation des Amtes als delegierte Funktionsübernahme nicht aus-, sondern eingeschlossen. Die entsprechenden Anwendungen in der Folgegeschichte der protestantischen Tradition, wie wir sie aufgewiesen haben, können nicht einfach als Verfälschungen und Missinterpretationen abgetan werden. In der Tat ist das gemeindekirchliche Prinzip für die reformatorischen Kirchen charakteristisch; aber die Reformation selbst tritt ja nur als Wiedergewinnung neutestamentlicher Prinzipien und Gemeindevorstellungen auf, so dass der Gedanke an die Gemeindekirche insgesamt antichristlich ist.

Mit dem Begriff ‚diakonia' liegt dem Amtsverständnis des Neuen Testaments tatsächlich ein Funktionsbegriff zugrunde (Hahn 1973, 17ff). Als Konsens unter den Exegeten kann Kertelge zusammenfassend feststellen, dass den Kirchenordnungen des NTs der Gedanke einer selbstverantwortlichen Gemeinde vorschwebt, und dass Ämter nur durch funktionale Differenzierung entstanden sind (Kertelge 1972, 17). Jedenfalls „führt ... kein direkter Weg vom Neuen Testament zum Amtspriestertum" (Hahn 1973, 31), das sich im Gegenüber zur Gemeinde als einer eigenständig begründeten Größe weiß. Die Tatsache, dass Wortverkündigung und Sakramentsverwaltung Aufgaben sind, die der Pfarrer nur stellvertretend für alle Gläubigen ausübt, denen an sich diese Kompetenzen ebenfalls zukämen, dokumentiert sich im Wahr- und Beurteilungsrecht, wie es der junge Luther der Gemeinde prinzipiell zuschrieb (Stein, in: WPKG 66, 1977, 170f). Durch diese Einsicht ist aber nicht die Überordnung, sondern die Unterordnung des Amtes unter die letztendliche Autorität aller Getauften gesetzt. „Erst der Protestantismus der Folgezeit hat ein Amt geschaffen und zwar wesentlich unter dem Gesichtspunkt der doctrina" (Dirschauer, in: WPKG 65, 1976, 283). Mit der Selbstinterpretation als Lehrer setzt zwangsläufig die eigene Höherstellung des Pfarrers gegenüber dem Laien ein, der damit zu einem der Belehrung Bedürftigen herabgesetzt ist. Zwar geschah dies durchaus unter dem Stichwort der ‚diakonia', des Dienstes, aber der Dienst am Wort wurde vereinseitigend gegen den Dienst für die Gemeinde ausgespielt. Wenn also die Basisgruppen mit dem Laienapos-tulat experimentieren, dann versuchen sie, diese Entwicklung rückgängig zu machen.

Gegen Basisgemeinden als vermeintlich authentischere Formen des Christseins gibt es aber auch Vorbehalte, die nicht so rasch von der Hand zu weisen sind. Zunächst kann in der Tat gefragt werden, ob die Kirche als Gemeindekirche nicht langfristig der Gefahr erliegen würde, zur Selbstorganisation einer bürgerlichen bzw. kleinbürgerlichen Borniertheit und eines exklusiven, intoleranten Frömmigkeitsbewusstseins zu verkommen, in der das Gemeinschaftsideal der Gleichgesinnung die kritische Reflexion des Glaubens verdrängt. Die vorliegenden Berichte über die Praxis der Basisgruppen zeichnen zwar ein eher pluralistisches Erscheinungsbild und bieten auch verheißungsvolle Transformationsansätze, aber es gibt auch partielle Bestätigungen für die genannten Befürchtungen. Zumindest in europäischen Basisgemeinden kann man einen gewissen Hang zum selbstgefälligen Rückzug auf sich selbst beobachten, der den Allgemeinheits- und Öffentlichkeitsanspruch der christlichen Botschaft gefährdet. Von ihrer eher vereinsmäßigen Organisation her bieten die Basisgemeinden jedenfalls nicht hinreichend Gewähr für die Kontinuität der christlichen Praxis in Kirche und Gesellschaft. Darüber hinaus neigen sie dazu, die volkskirchlichen Erwartungen der Mehrheit schlichtweg zu diskriminieren und ihnen ihre Berechtigung abzuerkennen.

Betrachtet man die vorliegenden Konzepte, so fällt auf, dass die Gemeindekirche wie die Basisgemeinde im Unterschied zur Volkskirche, religionssoziologisch mit den Kategorien M. Webers (Weber 1976, 721ff) und E. Troeltschs (Troeltsch 1922, 794ff) geprüft, eindeutig auf der Seite der Sekten zu stehen kommen (Matthes 1969, 110ff; Robertson 1973, 123ff). In der troeltschschen Typologie (Fechtner 1995, 79ff) nähern sie sich sogar den mystischen Bewegungen, insbesondere deren aggressiven Spielarten an (Troeltsch 1922, 943ff). Auf diesem Hintergrund ist dann weiter zu fragen, wie die als notwendig erachtete Spontanität und Aktivität der Gemeinschaften auf Dauer gestellt werden kann. Nicht nur die Geschichte des Urchristentums selbst, sondern auch die kirchensoziologischen Untersuchungen, insbesondere der Niebuhr-Schule, haben gezeigt, dass derartige Bewegungen ihren Protestcharakter rasch verlieren und sich an die bestehende Kultur zunehmend anpassen; in der Regel geht die Sekte in kirchenähnliche Formen über (Matthes 1969, 110ff; Robertson 1973, 123ff). Damit ist nicht auszuschließen, dass der Anspruch der gemeindekirchlichen Konzeptionen eine Umkehrung erlebt: Gemeindekirche erfährt ihre eigene Zukunft in institutionalisierter Kirchlichkeit, statt selbst zur Zukunft der Volkskirche zu werden.

Die basisgemeindlichen Vorstellungen sind kein realistisches Gegenmodell zur Volkskirche. Für das Festhalten am volkskirchlichen Charakter sprechen neben den genannten Einwänden und Bedenken auch, dass es ja unbestreitbar und empirisch belegbar Erwartungen an Religion und Kirche gibt, die nur im Rahmen der Volkskirche Erfüllung finden können (vgl. Kap. 1.1 und 1.2). Forderungen, wie Identitätsförderung, Krisenbegleitung u.ä. sind ja nicht einfach solche, die aus anderen Zusammenhängen sekundär an die Kirche herangetragen werden; die volkskirchlichen Erwartungen (s.o.) sind Folgen der sozialen Wirkung des Christentums und seiner Institution selbst, zu bestimmen als säkularisierte Hoffnungen, die in der christlichen Botschaft genuin enthalten sind.

Für die Beibehaltung volkskirchlicher Strukturen spricht darüber hinaus, dass das Wirklichkeitsverständnis des Christentums nicht partikulär, sondern universell und allgemein sein will. Schon von daher verbietet sich ein selbstgenügsamer Rückzug in eine Gemeindekirche, die sich primär in Differenz zur Welt interpretiert, auch wenn sie dann auf diese rückwirken will. Im Hintergrund steht jedenfalls die Vorstellung von zwei Wirklichkeiten, einer wahrhaften, geistigen, die in der Gemeinde bereits Tatsache wurde, und einer weltlichen, unwahren und defizitären. Demgegenüber spiegelt die Volkskirche den Anspruch, dass beide Wirklichkeiten zumindest potentiell eine sind. Unmittelbar mit der Frage nach der Wirklichkeit ist die nach der Wahrheit verbunden, denn die Frage nach der einen Wirklichkeit ist zugleich die nach der Einheit der Wahrheit. Betrachtet man sich monopolistisch als im Besitz der Wahrheit stehend und die anderen nur unter der Kategorie des Mangels, dann unterliegt man der Gefahr, den Wahrheitsanspruch, den die christliche Botschaft erhebt, als Herrschaftsanspruch zu interpretieren und ihn solchermaßen zu diskreditieren. Elitäre Vorstellungen sind nur eine andere Erscheinungsform dieses Anspruchs, der als Gefahr in den Strukturen von Gemeindekirche zumindest lauert, wenngleich er nicht notwendig aus ihr folgert.

Eine volkskirchliche Orientierung ist – durch ihre innere, notwendige Bezogenheit auf die gesellschaftliche Umwelt – gezwungen, sich diskursiv mit anderen Wirklichkeitsinterpretationen und Weltanschauungen auseinander zu setzen. Zugleich versucht sie, die in ihnen enthaltenen Momente universeller Wahrheit zu entschlüsseln und mitteilbar zu machen. Nur die offene kommunikative Gemeinde (Bäumler 1984) mit ihrem pluralistischen Selbstverständnis und ihren demokratischen Strukturen kann als gemeindliche Entsprechung zur Volkskirche angesehen werden, denn sie bringt nach innen zum Tragen, was die Institution der Volkskirche nach außen hin vertritt; sie ist insofern die Selbstanwendung des christlichen Freiheitsgedankens und seiner ihm innewohnenden Postulate von Gleichheit, Geschwisterlichkeit und Pluralität auf die Kirche.

Nach diesen Prinzipien einer offenen Gemeinde verändert sich auch das Erscheinungsbild des Pfarrers/der Pfarrerin in Gemeinde und Gesellschaft. Sie werden insgesamt versuchen müssen, die ihnen zugeschriebene Dominanz der Präsentation der Gemeinde und deren Interaktion zu reduzieren und nicht den Erwartungen nachzugeben, die sie zum monopolistischen Identifikationsobjekt machen wollen. Im Such- und Konstitutionsprozess der Gemeinde bleiben sie zwar in theologischen Fragen ExpertInnen. Aber sie werden ihre Kompetenzen nicht mit bevormundenden Herrschaftsansprüchen verbinden, wenn sie tatsächlich das erlangt haben, was man theologische Bildung nennt. Nicht nur die Gemeinde, sondern jedes einzelne Gemeindeglied wird unter diesem Vorbehalt prinzipieller Kompetenz als aktuoses Subjekt anerkannt. In ihrem Handeln und Denken haben PfarrerInnen die eigene Perspektive mit denen der anderen zu vermitteln, denn Bildung meint ja Selbstbegründung und Selbstbestimmung durch die reflexive Vermittlung mit anderen. Zur theologischen Kompetenz gehören deshalb nicht nur theologische Kenntnisse, sondern vor allem die soziale Fähigkeit, sich von eigenen Ansprüchen wie von strukturellen Zwängen distanzieren zu können. Dazu zählt auch, nicht dem im Berufsbild strukturell angelegten Hang zu Omnipotenz- und Omnipräsenzvorstellungen nachzugeben, noch sich den gemeindlichen wie auch den volkskirchlichen Erwartungen affirmativ zu unterwerfen, die letztlich ja auf eine Verstärkung seiner Dominanz im Fremdbild der Volkskirche und in der Praxis der Gemeinde abzielen.

Angesichts der legitimen volkskirchlichen Erwartungshaltung sind basisgemeindliche Überlegungen zum Laienapostulat mehr als problematisch. Es gibt keine wirkliche Alternative zum professionellen Pfarramt; das ergibt sich aus der Einsicht in die Notwendigkeit von Arbeitsteilung und funktionaler Differenzierung, wie sie für alle sozialen Systeme besteht. In diesem soziologischen Sinne ist das Verhältnis von Amt und Gemeinde insofern nicht primär theologisch und schon gar nicht amtstheologisch bestimmt. Zudem ist die Tendenz, den Pfarrberuf als überkirchliche gesellschaftliche Profession zu etablieren unumkehrbar; dies macht geradezu den volkskirchlichen Charakter dieses Berufsbildes aus. Dieses Verständnis entspricht ekklesiologischen Konzepten, wie dem von einer „Kirche für andere" oder dem der „Kirche für die Welt"; sie sind theologische Parolen, die aufzeigen, dass PfarrerIn und Gemeinde gemeinsam letztlich zum Dienst an ihrer Umwelt da sind und sich insofern nicht exklusiv, sondern inklusiv verstehen müssen (Lämmermann 1982, 42ff).

5. Die Grundfunktionen Hilfe und Beratung in Seelsorge und Diakonie

Mit den Grundfunktionen Hilfe und Beratung nähern wir uns noch stärker den Handlungsfeldern, die zwar christlich, aber nicht immer und unabdingbar kirchlich geprägt sind. Entsprechend der Weiterentwicklung kirchlicher Bildungsverantwortung (vgl. 2.) können sie gleichwohl auch aus kirchlicher Perspektive nicht als jenseits des ‚Eigentlichen' stehende Randgebiete aufgefasst werden. Sie gehören vielmehr – wie zu zeigen sein wird – zum Kernbereich eines subjektorientierten, diskursiven Bildungshandelns von ChristInnen in dieser Gesellschaft, wobei sich aus der christlichen Perspektive durchaus auch Kriterien für säkulares wohlfahrtsstaatliches Handeln ergeben, die zur kirchlichen Selbstkritik wie zur Ideologiekritik an staatlicher Sozialpolitik werden können. Die Isolation der Grundfunktionen Hilfe und Beratung von anderen Handlungsfeldern führt zu Verblendungen auf beiden Seiten. Seelsorge und Diakonie sind besonders geeignet, als Betreuungsverhältnisse ausgelegt zu werden und zwar sowohl in einer als Betreuungs- und Dienstleistungskirche fortentwickelten Volkskirche wie auch im Sozialstaat mit seinem Berechtigungssystem sozialer Hilfe (Pompey/Roß 1998, 96ff). Auf Hilfe und Beratung hat man/frau – so der gesellschaftliche Schein – in beiden Systemen einen (Rechts-)Anspruch; insofern könne man/frau sich – so die ideologische Lebenslüge – als Subjekt artikulieren. Doch der ideologische Schein trügt die Täuscher wie die Getäuschten, weil die vermeintlichen Subjekte hier in Wirklichkeit als Objekte ge- und behandelt werden. Das entspricht den traditionellen Rollenverteilungen sowohl in Diakonie wie im Sozialstaat, der Hilfe und Beratung eben nur ‚gewährt' und Hilfsbedürftigkeit als solche zunächst einmal nicht akzeptiert, sondern penibel und bürokratisch überprüft und dabei regulativ stets von einer Nichtberechtigung von Leistungsansprüchen ausgeht.

Aus ihrer bildungstheologischen Fundierung hingegen ergab sich die grundsätzliche Subjektorientierung der Praktischen Theologie und die Forderung, bei allen konzeptionellen Überlegungen hinsichtlich aller Handlungsfelder von den betroffenen Subjekten auszugehen und deren Ansprüche zunächst als gültig, wenn auch diskussionswürdig zu akzeptieren; dieses Postulat gilt in besonderer Weise für Seelsorge und Diakonie. Der prinzipielle Perspektivenwechsel ist – wie H. Luther (Luther 1992, 62ff) zeigt – für die Praktische Theologie von zweifacher Bedeutung: Einerseits wäre die Orientierung am Subjekt nicht nur geeignet, die bisherige theologische Geringschätzung dieser beiden Handlungsfelder aufzugeben, sondern von ihnen her das Prinzip des „Vom-anderen-her-Denkens" zum „Grundprinzip christlicher Praxis" und Theorie schlechthin zu erheben. Andererseits lassen sich von Seelsorge und Diakonie her neue wesentliche Einsichten für einen revidierten Begriff von Subjektivität gewinnen, nämlich die notwendigen Korrekturen an den gängigen Subjektivitäts- und Identitätstheorien, die in der Regel nicht in der Lage sind, konstruktiv mit der Imperfektibilität menschlichen Lebens umzugehen. Die klassischen Identitäts- und Subjektivitätskonzepte verbreiten um sich zumindest den Schein, als würden sie das Hohe Lied des perfekten oder sich perfektionierenden Menschen anstimmen und vermeintliche wie tatsächliche körperliche, geistige oder seelische sogenannte Handikaps als Mangel im Subjektstatus der Betroffenen ansehen. Kulturelle, soziale und politische Folge davon ist die herrschende Vernichtung von Auffälligkeiten, die Hospitalisierung des A-Normalen und die Getthoisierung des Störenden. Gerade der kritische Durchgang durch die Geschichte des Bildungsbegriffs hat das Scheitern der neuhumanistischen Perfektionsvorstellungen gezeigt und uns so zu einem kritischen Bildungs- wie Subjektbegriff geführt.

Für eine Konstitutionstheorie von Subjektivität ist auch das Vergessene und Verdrängte in den Blick zu nehmen: das unpathetische und unästhetische Subjekt, das beschädigte misslungene Leben, die alltagsweltliche Abwesenheit von Selbstbestimmung, das Bedrohtsein der Identität und Intimität von Menschen. Denn das sich wirklich suchende Subjekt kann im Prozess echter (Selbst-)Bildung nicht je nach Belieben die unappetitlich erscheinenden Momente seiner Umwelt ausklammern und sich diese schönreden oder schöndenken. Im Gegenteil gelingt echte Bildung nur durch Irritationen und durch Störungen vermeintlicher Plausibilitäten und Wirklichkeitskonstruktionen. Wenn Bildung – wie gezeigt – kritisch-konstruktive Aneignung und Gestaltung von komplexer Umwelt meint, dann wird diese dem Subjekt auch zu einer Zumutung, der es sich weder entziehen kann noch darf. Es wird vielmehr gezwungen, sich auch dem verdrängten wie dem bisher nicht wahrgenommenen, ignorierten Leid gegenüber wieder aufzuschließen, so dass die Expression des/der Leidenden zur Impression für das Subjekt wird, ohne dass – unter der Hand – die eigenständige Qualität des anderen für den eigenen Subjektivitätszuwachs der hilflosen Helfer umdefiniert wird. Sich vom Anderen sein eigenes Bild zu machen, anstatt sich von diesem anmuten zu lassen, ist eine Immunisierungsstrategie, die nicht nur die Beziehung zwischen Helfenden und Bedürftigen, sondern auch ihren jeweiligen Bildungsprozess scheitern lässt, denn Bildung meint Veränderung von Subjekten durch vermittelnde Begegnung.

Vereinnahmungsstrategien sind auszuschließen, der leidende Andere darf in seinem Personsein und Leiden nicht funktionalisiert werden. Diesen nicht-vereinnahmenden Zugang zum anderen nennt H. Luther einen ästhetischen Umgang mit den Betroffenen (Luther 1992, 184ff). Der ästhetische Blick entdeckt in anderen bisher unerkannte Möglichkeiten der Wirklichkeits- und Selbstwahrnehmung. Allerdings ist bei diesem Ansatz H. Luthers, dem G. Otto und H. Grözinger vorbehaltlos folgen, nicht ganz auszuschließen, dass mit der positiven Wertung des Leides – gegen den eigenen Willen – eine in der Geschichte des Christentums nicht unproblematische Hypostasierung und Mystifizierung des Leides unterstützt wird. Man/frau gewinnt gelegentlich zumindest den Eindruck, als habe der/die Leidende bereits einen höheren Subjektstatus, und die eigentlichen Defizite liegen im Normalen. Denn H. Luther betont stets, dass im scheinbaren und falsch definierten Defizit des Leidens die eigentliche Kompetenz, das

Lernpotential, das den heilen Schein überschreitende und zu integrierende Vermögen der von Leid, Not, Krankheit und Tod Betroffenen (Luther 1992, 58ff) liegt. Im Sinne einer kritischen Praktischen Theologie darf dem Leiden in allen seinen Formen seine Negativität nicht abgesprochen werden. Die konzeptionelle und subjekttheoretische Anerkennung des Leidens darf nicht affirmativ erfolgen, sondern einzig in einer Negation der Negation. Deshalb ist die Einsicht richtig, dass diejenigen, die Sterben, Tod und Krankheit nur abstrakt negativ sehen, sich nicht nur an deren gesellschaftlichem Verdrängungsprozess beteiligen, sondern auch auf ein defizitäres Defizitmodell des Helfens und Beratens hereinfallen. Im Sinne einer kritischen Negation der Negation wäre aber auch der Umkehrschluss einer positiven Umdeutung von Leiden falsch. Die Überwindung eines Defizitmodells des Helfens und Beratens kann nur gelingen, wenn man/frau sich den Negativitäten des Lebens stellt – und zwar in deren Negativität, nämlich als zu überwindendes Misslingen von Leben. Die Unfähigkeit, diese Potenz des negativen zu bergen, stellt die eigentliche Selbstbegrenzung des Defizitmodells dar.

5.1 Das Defizitmodell von Beratung und Hilfe und seine Überwindung

Der Kritik H. Luthers an einem Defizitmodell von Beratung und Hilfe haftet etwas Ambivalentes an, denn Defizitmodelle sind durchaus allgemein ins Gerede gekommen und zugleich in Verruf geraten. Der Protest gegen sie liegt im Zeitgeist der Postmoderne, die bekanntlich überhaupt nichts – also auch nicht körperliche und psychische Defizite – ausschließen kann. In eine postmoderne Sozialkollage lassen sich – bei aller positiven Grundstimmung – widerspruchsfrei auch Tod, Krankheit, Sterben, Debilität und anderes einbauen, wie es an der Multiperspektivität von postmodernen Bauwerken mit nachgemachten griechischen Säulen in nachgemachten Bauhausstrukturen plus Jugendstildekor ganz augenscheinlich wird. Der Ästhetik und Harmoniesucht der Moderne wird der Abschied gegeben; Unversehrtheit ist kein eindeutiges Lebensmotto mehr, das Unvollständige kann als Vollendung uminterpretiert werden. Die Demontage des Körpers gehört so zu den konstitutiven Stilelementen postmoderner Kunsttheorie und Kunst; der Ekel wird salonfähig – und eben dadurch wirkungslos. Die Betonung des Unästhetischen als Ästhetischem, des Krankhaften als Gesundem und des Anormalen als Postnormalem raubt diesem seine kritisch-negierende Kraft. Durch die postmodernen Spielereien mit dem Negativen wird nun aber nicht die gesellschaftliche und individuelle Akzeptanz des scheinbar Defizitären gefördert, sondern dessen Verdrängung, nämlich durch Überrepräsentanz im Beliebigen und durch die Zerstörung von Ursachenzusammenhängen. Das postmoderne Versatzstück, so schockierend es erscheinen mag, erzählt nicht mehr seine eigene Geschichte und verliert seinen kritischen Anmutungscharakter für Subjekte.

In ihrer programmatisch gewollten Selbstwidersprüchlichkeit betreibt die Postmoderne das ambivalente Spiel von Repräsentation und Verdrängung der negativen Aspekte menschlichen Lebens; beides sind die zwei Seiten des einen postmodernen Falschgelds. Die eine besteht in der versatzhaften Zitation des Negativen in nicht mehr genuinen Zusammenhängen, die andere in einer dazu gegenläufigen Überbetonung perfekten, fast schon aseptischen Lebens. Das Leben wird so zur schwarzen Komödie, in der der Tod wie ein Jux erscheint und in der man/frau mit Behinderung Schabernack treibt. Diese postmoderne Form der Verdrängung von Tod, Krankheit, Leid und Not ist effektiver als deren moderne Getthoisierung. Denn psychoanalytisch gesehen hat das Verdrängte den verdammten unvorteilhaften Hang zur störenden Wiederkehr mit ungewollten Wirkungen. Die postmoderne Repräsentanz des Negativen hebt dieses ins Bewusstsein, und was bewusst ist, kann gebannt werden – und zwar durch Neutralisationen und durch Gegenbilder. Die irritierende Kraft des unbewusst Wiederkehrenden erlischt. In den Kontext unzähliger anderer Beliebigkeiten gestellt, vollzieht sich Neutralisierung, die durch den Kontrast der Gegenbilder vom guten, gelingenden und authentischen Leben verstärkt wird.

Damit beteiligt sich die Postmoderne am Geschäft der modernen Konsum- und Industriewelt. Zugleich versucht man/frau in der Psychologie, Menschen nicht von ihren Defiziten, sondern von ihren Kompetenzen her zu definieren: Wichtig ist, was ein Mensch – trotz einer Behinderung, seines Alters usw. – kann, und nicht, was er nicht kann. Dieser „Paradigmenwechsel" ist Ausdruck eines „positive thinking", das zum modischen Zeitgeist gehört. Eodem actu stellt es aber eben eine Immunisierungsstrategie im doppelten Sinne dar: Die Aura von Beschädigtheit, die ihren Objekten anhaftet, strömt auch auf die Wissenschaft und Wissenschaftler aus, die sich damit befassen. Gegen diesen Geruch von Not und Tod denken die Kompetenztheoretiker an, indem sie ihrem Sujet ein besseres Outfit verpassen und sei es zum Preis seiner postmodernen Scheinrehabilitierung. Sie wollen sich einfach nicht der harten Negativität stellen, sondern diese mildern. Damit betreiben sie zugleich aber das Geschäft einer weitergeführten gesellschaftlichen Verdrängung von Defiziterfahrungen: Nichts kann so schlecht sein, dass sich darin nicht etwas Positives fände. Indem man/frau sich schamhaft von den Defiziten der Betroffenen abwendet, unterstreicht er/sie indirekt, aber wirkungsvoll noch einmal deren negativen Aspekt. Unter der Hand verstärken Kompetenztheorien so Defizitdefinitionen.

Das grundlegende Defizit des gesellschaftlich wie kirchlich grassierenden Defizitmodells besteht darin, dass HelferInnen – trotz eines modern gewordenen Betroffenheitspathos – die Hilfesuchenden zum Objekt ihrer Hilfe degradieren und sie darin in ihrem konstitutiven Subjektstatus negieren (Pohl-Patalong 1996, 197ff). Hilfe, an hilflosen passiven Objekten statt an als authentisch anerkannten und eigenständigen Subjekten vollzogen, ist letztendlich eine eigennützige und egoistische, auch wenn sie legitimatorisch den Schein von Altruismus verbreitet. In dieser Art von Hilfe helfen HelferInnen primär sich selbst und der Psychohygiene ihres Wohlbefindens. Schmidtbauer hat das unter dem Stichwort vom „Helfersyndrom" zusammengefasst. Hilfe an Defizitären kann aber auch nach außen gewendet der eigenen religiösen Profilierung dienen. Ein zweites Defizit des Defizitmodells von Beratung und Hilfe hängt mit diesem zusammen; es besteht darin, dass im Defizitmodell „vom Zentrum auf den Rand hin, vom System her auf das, was aus ihm herausfällt" (Luther 1988a, 263) gedacht wird. Darin konvergiert es mit einem kerngemeindlichen Modell von Kirche, das deshalb dieses Hilfe- und Beratungskonzept gerne vertritt.

Wie die vielzitierten sogenannten „Randständigen" oder „Randsiedler" werden Hilfsbedürftige eilends zu „Randgruppen" umdefiniert, um deren Eigenansprüche durch Defizitzuschreibungen zu unterlaufen. Im Defizitmodell von Beratung und Hilfe wird das An- und Abstößige, das Andersartige, A-Normale und Beängstigende aus dem eigenen Selbstbild ausgegrenzt, als unwesentlich, ja als wesensfremd, mithin als krank erklärt. Gesellschaftliches Ziel derartiger Ausgrenzungen ist es, den illusionären und ideologischen Schein einer Normalität unserer Lebenswelt und unserer Gesellschaft zu produzieren und zu suggerieren, als „sei das Leben ohne Defizite die Normalsituation" (Luther 1988a, 261). Zu diesem sozialhygienischen Zweck wird das störend andere personalisiert und delegiert: Krankheit, Tod, Leid, Not und Sterben sind keine „normalen Phänomene" des sozialen Lebens mehr, sie werden vielmehr zu persönlichen Schicksalen, zu Betriebsunfällen eines anfälligen Subjekts und dessen eigentümlicher Biographie umdefiniert und als solche therapiert. Im individuellen Schicksalsschlag bleiben strukturelle Zusammenhänge und allgemeine Bestimmtheiten unkenntlich. Auf Kosten des stigmatisierten und ausgegrenzten Leidtragenden hält sich der Alltag sauber und frei von jenen Momenten des Lebens, die die Lebenslügen der Menschen stören könnten.

Das „Urgestein ausgrenzenden Denkens" ist auch der Boden, in dem die klassischen Vorstellungen von Diakonie und Seelsorge wurzeln. Der konzeptionelle Blick ruht dort stets auf der Normalität und Identität der (Kern-)Gemeinde; er folgt der scheinfriedlichen Trennung von drinnen und draußen. Die vor der Tür Stehenden sind die Sündigen, Kranken, Irrenden und Schwachen. Das Leid und der/die Leidende bleiben aus dem Zentrum der eigenen Selbstkonstitution – sei es als individuell oder als kollektiv frommes Bewusstsein – ausgegrenzt. Scheinbar unangewiesen auf die Objekte seines seelsorgerlichen oder diakonischen Handelns, kann sich der/die helfende Einzelne oder die Gemeinde als autark missverstehen. Die diakonische Hilfe, die der/die vermeintlich Starke dem/der Schwachen gewährt, bekommt den Geruch der Herablassung. Gönnerisch gebend, neigt das autonome Subjekt sich dem anderen zu, ohne dass es sich von diesem wirklich tangieren, beeindrucken ließe. Der Begriff der Liebe, in Seelsorge und Diakonie zum Schibboleth erhoben, schrumpft zu einer bezugnehmenden Beziehungslosigkeit; als solche schert sie ihre Objekte über den gleichen Kamm.

Ein drittes Defizit des Defizitmodells besteht darin, dass es den/die Adressaten „prinzipiell als mit einem Mangel/Defizit behaftet sieht, dem andere, die gleichsam defizitfrei sind, abzuhelfen suchen" (Luther 1992, 234). Der Helfer/die Helferin rückt – praktisch wie ideologisch – in die Position des/der Stärkeren, des/der Makelfreien und des/der Allwissenden und fördert so die lebensgeschichtlichen Selbstbetrügereien. Indem der/die Hilfebedürftige als schwach, makelhaft und unwissend angesehen wird, spaltet man/frau seine/ihre eigenen potentiellen Defizite von sich ab und projiziert sie auf andere. Darin liegt die ideologische Selbststilisierung zum Starken; dieser Asymmetrie im Kopf folgt stehenden Fußes die praktische. Die ausgegrenzte Welt der Hilfebedürftigen wird umstellt mit einem Heer von ExpertInnen, die als professionelle HelferInnen scheinbar die Ursachen, Gesetze, Erscheinungen und Lösungsmöglichkeiten jener Leiden kennen, auf die sie sich helfend spezialisiert haben. Am Beispiel der Trauer- und Sterbebegleitung zeigt H. Luther demgegenüber auf, dass der/die vermeintliche Experte/Expertin selbst defizitär bestimmt ist, weil er/sie über jene Erfahrungen, die die unmittelbar Betroffenen bereits gemacht haben, bestenfalls antizipatorisch, wenn überhaupt, verfügt. Doch oftmals ist Expertenwissen nur eine andere Form der psychohygienischen Abspaltung und Projektion; es soll die Fremdartigkeit und Widerspenstigkeit kontingenter Ereignisse zähmen. Die Regeln, Diagnosen und Maßnahmenkataloge von professionellen Helfern/Helferinnen sind gesellschaftlich erwünschte Pufferleistungen und Immunisierungsstrategien; sie nützen einzig der Allgemeinheit, nicht aber dem/der besonderen Betroffenen.

Die Defizite des Defizitmodells bündeln sich in einem vierten, das in ihnen stets mitläuft, nämlich der Asymmetrie in den Kommunikationsstrukturen, durch die Diakonie und Seelsorge im volkskirchlichen Betreuungsmodell bestimmt sind. Es liegt in der Struktur von „Für-Sorge", dass es – trotz subjektiv edler Motive – Diakonie und Seelsorge nicht gelingt, den Subjektstatus der Betroffenen wirklich ernst zu nehmen. Unter dem Diktat von Defizitvorstellungen werden Seelsorge und Beratung unter einer eher herablassenden statt anerkennenden Einstellung in einem monolinearen Gefälle von Oben nach Unten betrieben. Damit werden aber Diakonie und Seelsorge um ihren eigentlichen, in den entsprechenden Theoriebildungen allerdings zumeist verborgen bleibenden Impetus gebracht. Anstatt sich um die Seele zu sorgen, Menschen zur Subjektwerdung zu verhelfen und ihnen Freiheit zu schaffen, beteiligen sie sich – wie H. Luther es nennt – an der Alltagssorge der Welt, die primär „auf Wiedereingliederung, Realitätsertüchtigung und Anpassung" (Luther 1992, 231) abzielt. Auch Diakonie und Seelsorge suchen jene Menschen, die aus der Normalität vermeintlicher Alltagsroutine und normierter Gesundheit ausgebrochen sind, in die Grenzen des Alltags zurückzuzwingen, die durch ihr Schicksal eben diese Grenzen als willkürlich und schädigend demaskiert haben. Anstatt das Geschäft der Alltagssorge zu betreiben, sollen – so fordert H. Luther zu Recht – Diakonie und Seelsorge den Betroffenen über die Grenze hinweg folgen, ‚Für-Sorge' durch ‚Mit-Sorge' ersetzen und selbst Grenzüberschreitung wagen.

Sowohl Diakonie als auch Seelsorge finden in Situationen statt, „in denen Menschen an Grenzen geraten, individuell oder sozial" (Luther 1988b, 476). Doch anstatt solche Grenzsituationen als Möglichkeiten der Entgrenzung der eigenen bisherigen Scheinplausibilitäten zu begreifen und positiv zu wenden, findet zum

Schutze der Gesellschaft vor Irritationen Ausgrenzung statt. Die Ideologie des Defizitären wird verursacht durch den Zwang von Wirtschaft und Gesellschaft, reibungslos zu funktionieren, sowie durch die andere Selbsttäuschung von Omnipotenz und Gloria einer Gesellschaft, die sich der Selbstverwertung des Kapitals verschrieben hat. Alles was diesem ehernen Gesetz widerspricht, muss ausgegrenzt werden; vor allem dann, wenn es die Grenzen eben dieses Systems brandmarkt. Betriebsunfälle sind – im wörtlichen wie übertragenen Sinne – unerwünscht, weil profit- und produktivitätsschädigend. Die Unruhe an den Grenzen zerstört die Selbstsicherheit selbstreferenter Systeme, mögen sie nun Kirche, Gesellschaft oder Personen heißen. So werden Diakonie und Seelsorge zu Ein- und Begrenzungsstrategien anstatt zu Möglichkeiten von Grenzüberschreitung umfunktioniert. Damit nehmen sie eine vergleichbare gesellschaftliche Funktion wahr wie die Riten, die kasualtheologisch als „Handeln an den Grenzen und Übergängen menschlichen Lebens" (Heimbrock 1986, 10) interpretiert werden können. Beiden eignet die gleiche Ambivalenz, deren negative Seite bereits die klassische Religionskritik und deren positive die neuere Religionssoziologie beschrieben hat, nämlich eine widersprüchliche Stabilisierungsfunktion.

Seelsorgerelevante Situationen sind nicht nur Grenz-, sondern darin zugleich Begegnungssituationen zwischen hilfesuchenden und hilfeanbietenden Menschen. Damit stellt sich die Aufgabe, Mauern einzureißen und zwischenmenschliche Grenzen zu transzendieren. Das eingespielte Rollenspiel zwischen Helfern und Hilfesuchenden fordert eine neue Dramaturgie. Wenn Diakonie und Seelsorge wirklich die Selbstbegrenzung des Betreuungsansatzes aufheben und asymmetrische Beziehungen abbauen wollen, dann müssen sie sich der Dialektik eines wechselseitigen Gebens und Nehmens, d.h. der Logik eines diskursiven Austauschs unterstellen; keinesfalls dürfen sie versuchen, das und den Fremden – wo auch immer – einzubürgern oder zu kolonialisieren. Die Möglichkeiten eines Handelns an den Grenzen kann so affirmativ und konservierend vollzogen werden – wie im Falle des volkskirchlichen Defizitmodells – aber auch kritisch und konstruktiv. Seelsorge und Diakonie werden dann als Aufruf zu Grenzüberschreitungen betrachtet. HelferInnen gehen über Grenzen, indem sie vorurteilsfrei und neugierig sich den vermeintlich Hilfsbedürftigen nähern. Die Funktion Hilfe und Beratung hat dann den umfassend kommunikativen Aspekt einer vorurteils- und herrschaftsfreien Begegnung. Denn der voraussetzungsfreie, akzeptierende Besuch sozusagen „im Land des Anderen" bleibt kein einseitiges Geschäft, sondern wird für die HelferInnen ihrerseits zum Anlass kritischer Selbsttranszendierung und konstruktiver Selbsterneuerung. Bisherige Selbstsicherheiten und Selbstverständlichkeiten werden relativiert, und neue Möglichkeiten der Selbstinterpretation und der Lebensführung eröffnen sich.

Wenn allerdings Diakonie und Seelsorge so tatsächlich zu kommunikativen Handlungsfeldern werden, dann ist in ihnen noch lange nicht ausgemacht, wer von den Kommunikanten dort die zutreffende Interpretation des Leidens und seiner Aufhebung hat. Weder kann der/die HelferIn auf seine/ihre Sicht und Strategie der Hilfe bestehen, noch kann der/die Hilfesuchende davon ausgehen, dass seine/ihre

Bedürfnisse unbefragt akzeptiert werden. Alle Ansprüche müssen zur Disposition stehen und diskursiv neu ermittelt werden. Dabei werden beide Seiten ihre berechtigten Interessen und Ansprüche ins Spiel bringen; sowohl altruistische wie auch egoistische Selbsttäuschungen von HelferInnen wie Hilfsbedürftigen werden ihre Handlungsmotivation verlieren bzw. von den Diskurspartnern in ihrem eigentlichen Sinn verstanden und akzeptiert. Als kommunikativer Austausch gleichberechtigter PartnerInnen geht es in Diakonie und Seelsorge gleichermaßen um Hilfe und Verstehen und zwar so, dass beide aufeinander bezogen sind. Sowohl die Situation selbst mit ihren Bedingungen und Ursachen als auch Form und Ziel der Hilfe bedürfen der klärenden, gemeinsamen Deutung. Seelsorge und Diakonie realisieren sich so in einer konkreten Dialektik von Helfen und Deuten.

Unter der Dialektik von Helfen und ideologiekritischem Deuten können sich diakonisches und seelsorgerisches Handeln z.B. nicht darauf beschränken, die sozialen, physischen und psychischen Probleme von Menschen nur zu mildern. Die genannten diskursiven Grenzüberschreitungen haben vielmehr Konsequenzen sowohl für das Individuum wie für die Gesellschaft. Im Blick auf den einzelnen/die einzelne erwächst die Notwendigkeit eines kommunikativen Austausches über Bedürfnisse u.a. gerade daraus, dass der/die Bedürftige in der Unmittelbarkeit seiner/ihrer Situation strukturelle Zusammenhänge übersieht und das Geschäft der Gesellschaft selbst betreibt, nämlich die Individualisierung und Personalisierung seines/ihres auch sozial verursachten Leidens. Er/sie schreibt einseitig sich und seiner/ihrer Biographie zu, was er/sie selbst nur bedingt zu verantworten hat. Indem Seelsorge und Diakonie Grenzüberschreitung wagen, versetzen sie die Betroffenen in die Lage, strukturelle Zusammenhänge im Prozess kommunikativer Deutung zu erkennen; insofern sind sie Ideologiekritiken von Lebensdeutungen und -lügen. Durch die erste Grenzüberschreitung hingegen gewinnen Diakonie und Seelsorge die Voraussetzung, um den Schleier, den die Gesellschaft im Delegationsprinzip um Not, Krankheit, Tod und Leid spinnt, zu durchlöchern und das Abweichende, Fremdartige und Unschöne wieder als eine genuine Möglichkeit entfalteter Subjektivität sichtbar werden zu lassen.

Für den/die Einzelne/n beinhaltet dies die Chance, von der Defizitdefinition seines/ihres Menschseins abzurücken und seine/ihre Situation nicht als unsinnig zu erleben, sondern seine/ihre Erfahrungen in ein neues Selbstverständnis von sich zu integrieren. Gerade in der bedrängenden Situation der Grenze kann sich Subjektwerdung und damit Selbstbildung anbahnen. Denn Grenzen zu überschreiten und dadurch Fort-zu-schreiten ist ein immanentes Prinzip recht verstandener Bildung – sei es nun die Selbstbildung der Menschen oder die Selbstbildung der Gemeinde im Sinne eines kritischen Gemeindeaufbaus. Grenzüberschreitende Gemeindebildung nach den Prinzipien eines nicht-exklusiven Kirchenverständnisses lässt sich auch von traditionellen Grenzziehungen nicht beeindrucken, die zumeist auf schiedlich-friedliche Herrschaftsabsicherung oder Selbstverblendung beruhen. Eine solche Grenze ist die von gemeindlichem und diakonischem Handeln. Indem die normalen Kirchengemeinden die Aufgaben der Diakonie an

Spezialinstitutionen wie das Diakonische Werk und seine Einrichtungen delegieren, verschließen sie sich vor den Anmutungen von Not, Leid, Tod und Trostlosigkeit und erkaufen sich damit den Anschein gesunder Normalität, in der man/frau sich unangetastet und unbelastet einrichten kann. Defiziterfahrungen kommen dann nur in den Sonntagsreden von der Kanzel als abstrakte Möglichkeiten ins Denk-Spiel, nicht jedoch als konkrete lebenspraktische Herausforderungen.

5.2 Zum kirchlichen Kontext und den gesellschaftlichen Bedingungen von Seelsorge und Diakonie

Bereits vor über dreißig Jahren hat P. Phillipi die Diakonie als „Strukturprinzip der Gemeinde" bestimmt. Zumeist wird dies im Sinne einer Profilierung so verstanden, dass die Diakonie eine integrale Aufgabe der Kirche sei und nicht nur an deren Rand gedrängt werden dürfe; Diakonie sei nicht akzidentiell, sondern substantiell. Solche Imagepolitik ist sicher notwendig; sie bleibt aber äußerlich. Demgegenüber kann man das Programm „Diakonie als Strukturprinzip der Gemeinde" konstitutiv auch so verstehen, dass die Struktur von Diakonie zugleich auch als die Struktur von Gemeinde et via versa zu begreifen ist. Diakonie ist dann strukturell – wie Gemeinde auch – inklusiv als ein „Denken und Handeln vom Andern her", von den Betroffenen her zu verstehen. Diese These über die Gleichstrukturiertheit von Gemeinde und Diakonie im Sinne eines vom-Anderen-her-Denken ist exegetisch und systematisch-theologisch zu verifizieren, ohne dabei der Gefahr aufzusitzen, normativ-deduktiv „theologische Einsichten kurzschlüssig zu volkskirchlichen Normen" (Jörns 1988, 49) umzugießen. Denn solche Begründungsverfahren führen zu einer Realitätsblindheit, die ihrerseits theologische Vorgaben zu Ideologien verkommen lässt.

Wenn man/frau kritisch auf die Theoriediskussion in der Diakonie und ihre Einrichtungen blickt, so findet man/frau – im Unterschied etwa zu Gemeindetheorien – derartigen theologischen Deduktionalismus dort kaum. Zwar gibt es auch dort gelegentlich Positionen, die z.B. unter den normativen Vorgaben des jesuanischen Liebesgebots und unter Hinweis auf das Heilungswunder Jesu in Betesta meinen, unmittelbar und hinreichend theologisch legitimiert zu sein und deshalb dazu neigen, politische Vorgaben wie z.B. das Gesundheitsstrukturgesetz oder Sozialgesetzbuch für ihre Arbeit weitgehend zu ignorieren. Aufs Ganze gesehen jedoch kann sich die Diakonie nicht den harten Fakten der Wirklichkeit entziehen, weil sie – im Unterschied zum Inselbewusstsein vieler Gemeinden – unrettbar der Welt und ihren Bedingungen ausgeliefert bleibt. Normativ-deduktive Wirklichkeitsferne ist deshalb nicht das eigentliche Defizit in den gängigen Begründungsversuchen für diakonisches Handeln, sondern eher die Gefahr eines unzulässigen theologischen Reduktionalismus. Sie droht dort, wo pragmatischer Aktionalismus Grundsatzfragen verstellt oder wo theologische Sätze zu zierenden, legitimatorischen Versatzstücken in Präambeln und Festtagsreden verkommen. Es gibt seit Jahrzehnten wohl kaum eine größere Veröffentlichung zur Diakonie, in der nicht das Lamento vom Fehlen einer zureichenden theologischen Begründung für dieses praktisch-theologische Handlungsfeld zu lesen ist. Zumeist steckt dahinter ebenfalls ein nur legitimatorisches Interesse: Als aus der Substanz theologischen Denkens geboren, hofft man/frau die der Diakonie stets anhaftende spirituelle Minderwertigkeit, die sie mit Marthas teilen, ausgleichen und sich in den Glanz der Maria erheben zu können. Theologische Minderwertigkeitsgefühle scheinen zu den Strukturprinzipien der Diakonie zu gehören.

Theologisch relevante Hinweise auf das Konzept eines „Denkens und Handelns vom Andern her" ergeben sich neutestamentlich z.B. schon aus Belegen wie Lk 10,36, wo Jesus für einen grundsätzlichen Perspektivwechsel in der Wahrnehmung anderer plädiert: Nicht die definitorische Festlegung von Hilfsbedürftigkeit durch HelferInnen, sondern die Artikulation ihrer Bedürftigkeit durch die Hilfsbedürftigen selbst setzt die Maßstäbe von Nächstenschaft. Hilfe ist, so lässt sich der Skopus des Gleichnisses vom Barmherzigen Samariter zusammenfassen, ein Anspruch, der sich von den Betroffenen und ihren Situationen her ergibt. Solche biblischen Verweise haben aber weitgehend nur illustrierenden Charakter und reichen für eine überzeugende systematische Begründung von Hilfe und Beratung letztlich nicht aus. Die Grundstruktur diakonischen (und seelsorgerlichen) Handelns als eines prinzipiellen Denkens vom Anderen her lässt sich tatsächlich genuin theologisch begründen, nämlich aus der Struktur des christologisch-trinitarischen Grundparadigmas für ein christliches Selbstverständnis (Wegenast/ Lämmermann 1994, 24ff). Dies sei kurz angedeutet: Im christologischen Modell wird nämlich zunächst das basale Angewiesensein des Subjekts auf andere Subjekte (individueller und institutioneller Art) exemplarisch so entfaltet, dass das Subjekt in dieser notwendigen Bezogenheit Selbstständigkeit behält. Die christologisch durchdachte Selbstvermittlung Gottes in Christus ist nicht nur ein Akt der Selbstdarstellung, sondern eodem actu auch einer der Selbstnegation: Christus ist nicht nur als gottgleich, sondern auch als das Gegenüber Gottes, mithin als das ihm Fremde, zu verstehen. Diese Doppelbestimmung von Fremdheit und Vertrautheit hat zur Folge, dass die Anerkennung des Anders-Seins von Menschen die eigene Identität nicht gefährdet, sondern – im Sinne des christologischen Modells – überhaupt erst konstituiert. Die Grundaussage der Christologie besagt demgemäß also, dass gerade im Fremden das Eigene, im Differenten das Identische zu sehen ist.

Die Christologie konkretisiert sich als Inkarnation. Aufgrund seiner eigenen Strukturiertheit als Selbstexplikation im Anderen ist der Hang zur Menschwerdung Gott selbst inhärent; dogmatisch ergibt sich dies aus der „Einheit von ‚ökonomischer' und ‚immanenter' Trinität" (Jüngel 1980, 275). Indem Gott in Jesus Christus Mensch wurde, wurde der Mensch Ort für die Selbstexplikation Gottes im Anderen. In Christus bekundet Gott seinen Willen, ein Selbst nur sein zu wollen durch seine Beziehung auf den Menschen. Das entspricht der Struktur von Liebe, denn „liebend gibt sich das Ich an das geliebte Du so hin, dass es nicht ohne dieses Du sein will" (Jüngel 1977, 435). Das hat für das menschliche Subjekt zur Konsequenz, dass es Subjektivität nur sein kann, indem es in Bezogenheit lebt, und zwar als Bezogenheit auf etwas „Fremdes", das als potentiell „Eigenes" erkannt werden kann. Die strukturell vorgegebene Offenheit des Subjektivitätsbegriffs konkretisiert sich anthropologisch als die Neugierde des Menschen. Neugierde drückt einerseits die Erfahrung einer Differenz und andererseits den immanenten Willen aus, diese zu überwinden; sie ist der im Subjekt selbst verankerte Antrieb, in Neues und Fremdes vorzustoßen, um sich darin selbst zu finden. Nicht in der großherzigen, herablassenden Hilfe gegenüber anderen als fremden Objekten, sondern in der suchenden Neugierde ist das Grundprinzip christologisch-trinitarisch begründeter Diakonie zu sehen; sie wird zum Motor von erkennender Auseinandersetzung und symmetrischer Kommunikation.

In diesem Sinne ist das Programm eines „Denkens und Handelns vom Andern her" zugleich ein Programm der Grenzüberschreitung: Der sich öffnende, neugierige Mensch überschreitet seine Grenzen und vernetzt sich mit anderen Subjekten sowie mit Institutionen. Die konstitutive Angewiesenheit des/der Einzelnen auf Institutionen bleibt auch dann erhalten, wenn sich das moderne bzw. postmoderne Selbstbewusstsein als institutions-feindlich erklärt. Der zeitgenössische Protest gegen Institutionen hat seine Berechtigung dann, wenn sich Institutionen als Wesen sui generis und als unabhängig von Menschen, gar als höherwertig deklarieren. Bildungstheologisch gesehen sind Institutionen Phänomene und Objektivationen der Umwelt, die von Menschen geschaffen und diesen dienlich sind. Diese Sicht hat die Forderung zur Folge, dass alle Institutionen nicht selbstreferent sind, sondern ihren Beitrag für die Konstitution des Individuums als Subjektivität zu leisten haben. Dies gilt erst recht für eine christologisch-trinitarisch verfasste Gemeinde sowie ihre diakonischen Einrichtungen und Aktivitäten. T. Rendtorff hat die Kirche deshalb zu Recht als „Institution der Freiheit" bezeichnet, weil sie als unvereinnahmende Institution einen Beitrag zur individuellen wie sozialen Realisierung von Freiheit zu leisten hat.

Wenn Gemeinde und Diakonie gleichermaßen als Grenz- und Selbstüberschreitungen verstanden werden, dann bedeutet das nicht, dass sie keine Grenzen kennen und selbst unbegrenzt wären. Grenzen bleiben, auch wo sie überschritten werden; sie können heilsam und hilfreich sein. Denn erst „die Grenze ermöglicht eigenes Leben", aber eben dadurch, „dass sie immer wieder neu zu überschreiten ist" (Hanusch 1987, 310). Grenzen sind, selbst wenn sie als aufhebbar gedacht werden können, „notwendige Formen sich vollziehender Verhältnisse" (Jüngel 1980, 373). An den Grenzen werden Beziehungen geregelt und in Ordnung gebracht. Dies geschieht aber nicht durch Abgrenzung und Autarkiebestrebungen, sondern durch sozusagen ‚geregelten Grenzverkehr', nämlich durch Überlegungen, welche Begrenzungen sinnvoll und notwendig und welche töricht und langweilig sind. Eine Diakonie, die gerade daraus lebt, dass Gott selbst die Grenze zwischen sich und den Menschen überschritten hat, wird den Mut haben, Grenzen zu überschreiten, um Verhältnisse neu zu regeln. Für das Konzept von Diakonie und Gemeinde hat dies die Preisgabe von Exklusivitäts- und Eliteansprüchen zur Konsequenz. Sich selbst zurücknehmen können ohne Angst vor Identitäts- und Profilverlust entspricht dem Wesen einer trinitarisch begründeten Gemeinde ebenso wie das unbedingte, vorurteilsfreie Zugehen auf andere. Denn sie weiß, dass sie im scheinbar Fremden und noch Unbekannten ein Stück eigener Identität suchen und gewinnen kann. In diesem Sinne kann man dann H. Luther zustimmen, der das Prinzip des „Vom-Anderen-her-Denken" zum „Grundprinzip christlicher Praxis" (Luther 1991, 253) überhaupt erklärt. Durch die Wahrnehmung der Welt vom Anderen her relativiert und wandelt sich so das eigene Welt- und Selbstbild. Die Chancen für eine selbstrelativierende Grenzüberschreitung liegen darin, dass jene zum Anlass werden, „sich ins Gebiet des Fremden und anderen vorzuwagen, um dann das eigene Lebensgebiet mit neuen Augen zu sehen" (Luther 1984, 230). Die in der Diakonie Tätigen sind in diesem Sinne ‚Fremdarbeiter', weil sie den Subjektstatus der Betroffenen konstitutiv ernst nehmen. Aber sie sind keine ‚entfremdet Arbeitenden', weil sie sich selbst als konstitutiv und neugierig auf eben jene beziehen. Letztendlich gilt diese Beziehungsstruktur zwischen den Beteiligten auch für die Beziehung von Diakonie und Gemeinde. Gerade in ihrer Differenz sind sie aufeinander angewiesen. Keine/r kann für monadisch restringiert sich selbst existieren und keine/r kann sein/ihr Profil auf Kosten des/der anderen gewinnen.

Die These von der Gleichstrukturiertheit und konstitutiven Verflochtenheit von Gemeinde und Diakonie ist außerhalb des engeren diakoniewissenschaftlichen Selbstverständnisses nicht unumstritten. Besonders deutlich wird dies in der Frage nach dem diakonischen Aspekt innerhalb der neueren, unter dem programmatischen Stichwort Gemeindeaufbau geführten Diskussion. Dort kann man generell feststellen, dass diejenigen, die den Grabgesang auf die Volkskirche anstimmen, die übergemeindliche Diakonie ideologisch längst verabschiedet haben. Die Tatsache, dass gerade in der kirchlichen Diakonie die höchste Motivationsressource für die generelle Akzeptanz der Volkskirche und für die Beibehaltung der eigenen Mitgliedschaft liegt, wird nicht als Chance, sondern im Gegenteil als Gefahr betrachtet. Sofern überhaupt, so schwebt den VertreterInnen eines missionarischen oder charismatischen Gemeindeaufbaus das Ideal der frühkirchlichen bzw. mittelalterlichen Armenfürsorge und Krankenpflege innerhalb der Ortsgemeinde vor. Die Frage, unter welchen gegenwärtigen sozialen und politischen Bedingungen und Erwartungen diakonisches Handeln im Wohlfahrtsstaat steht und welche Chancen, aber auch Gefahren sich daraus ergeben könnten, wird hier nicht mehr gestellt, weil solche Zusammenhänge überhaupt nicht mehr wahrgenommen werden. Überlegungen zum Gemeindeaufbau nach solchen theologischen Programmen werden zur Ideologie und damit zur unproduktiven Illusion.

Der soziale und politische Kontext, in dem Diakonie betrieben werden muss, wird selbst innerhalb diakoniewissenschaftlicher Argumentationen nicht immer in seiner konstitutiven Bedeutung gesehen und gewürdigt. Symptomatischerweise hat z.B. der Rektor des Diakoniewerkes Halle, R. Turre, in seiner Grundlegung der Diakonie von 1991 bei über 300 Seiten der Frage der sozialen Umwelt von Diakonie ganze vier Seiten gewidmet. Die in Jahren gewachsene Skepsis gegenüber dem Staat schlägt sich hier auch gegenüber den neuen rechtlichen, sozialen und finanziellen Bedingungen nieder. Diese werden in einer sehr einfachen theologischen Entgegensetzung von Gesetz und Evangelium primär als Gefahrenpotentiale interpretiert: „Die Diakonie muß weiter vom Evangelium gespeist werden und kann sich nicht durch das Gesetz allein festlegen lassen", ihr muss „weiter abzuspüren sein, daß ihr Handeln aus der Freiheit des Evangeliums gespeist ist" (Turre 1991, 125). Doch die Diakonie ist – wie Johannes Degen zu Recht betont – keine „kirchliche Insel im Sozialstaat, wo die Uhren anders gehen, so daß man sich nicht an den Sachfragen von Politik, Verwaltung, Fachlichkeit u.Ä. abarbeiten müßte, sondern sich huld- und folgenlos auf ‚das Eigentliche' konzentrieren könnte" (Degen 1991, 32). Wenn aber – wie z.B. in den Rummelsberger Anstalten – von über 3000 hauptamtlichen MitarbeiterInnen nur eine einzige Stelle ausschließlich aus kirchlichen Finanzen bezahlt wird, dann wird man/frau wohl kaum noch von einer genuin kirchlichen Einrichtung sprechen können. Realistisch gesehen muss man/frau sagen, dass die kirchliche Diakonie im Grunde nicht oder nicht primär das Liebeshandeln der Kirche vollzieht, sondern das Versorgungshandeln eines Wohlfahrtsstaates, in das sie durch rechtliche und finanzielle Bezüge eingebunden ist.

Was die Umweltbedingungen der kirchlichen Diakonie betrifft, so ist begründet zu vermuten, dass diese sich in den nächsten Jahrzehnten stärker verändern werden als in der langen Zeit seit der industriellen Revolution, also dem Geburtsdatum der bei uns üblich gewordenen diakonischen Praxis. J. Habermas hat zu Recht darauf hingewiesen, dass der Wohlfahrtsstaat an seine Grenzen gestoßen ist, und diese Entwicklung wird das diakonische Handeln der Kirche zu radikalen Umstrukturierungen und Akzentverschiebungen zwingen. Aufgrund ökonomischer Notwendigkeiten wird das Bruttosozialprodukt in der Zukunft anders eingesetzt werden müssen. Die Leistungen des Staates werden im Fürsorge- und Sozialbereich radikal gekürzt und im investitiven sowie technologischen Bereich eingesetzt. Die staatlichen Zuwendungen für die kirchliche Diakonie werden also drastisch sinken. Hinzu kommt, dass auch das freiwillige Spendenaufkommen geringer werden wird. Hier wirkt ein doppelter Effekt: Zum einen ist uns generell das „Pathos des Helden" abhanden gekommen; darauf hat N. Lumann hingewiesen. Dieser qualitative wie quantitative Trend lässt sich auch empirisch belegen. Eine repräsentative Untersuchung mit dem sog. Gießener Test zeigte 1989, dass die Merkmale sozialer Sensibilität gegenüber den Vergleichserhebungen von 1968 und 1975 deutlich zurückgegangen sind. „Das Selbstbild wird geprägt von egozentrischen Zügen, Konkurrenzehrgeiz und einer Abnahme der Besorgnis um Mitmenschen." Dieser Trend ist besonders bei der Führungselite signifikant, hier wachsen Eigensinn, Konfliktbereitschaft, Dominanzstreben und Konkurrenzehrgeiz. „Insgesamt zeigt das Selbstporträt der Bundesdeutschen einen Rückgang an sozialer Anteilnahme, einen Anstieg von Narzißmus, Selbstwertgefühl, Lockerheit und agressiver Rivalitätsbereitschaft" (J. Krebs 1991, 89). In diesem Klima schwindet nicht nur die Akzeptanz für Sozialleistungen, sondern auch die individuelle Bereitschaft für altruistisches Handeln selbst in der Form einer anonymen Spendenmoral. Der für die Finanzpläne der Diakonie negative Trend verstärkt sich durch ein zweites Moment: Angesichts der nachlassenden Spendenbereitschaft erhöht sich der interne Konkurrenzdruck unter den Spendennehmern. Generell feststellbar ist, dass die Bundesdeutschen ihre Spenden eher für aktuelle Notsituationen verwenden und hier auch neue Spendenrekorde aufstellen, die langfristigen Arbeiten der diakonischen Anstalten hingegen immer weniger bedacht werden.

Auf der anderen Seite steigen die Kosten für die Betreuung von Kranken, Behinderten, Schutzbedürftigen und Diskriminierten rapide. Selbst die gesetzlich fixierten Leistungen nach dem Sozialhilfegesetz decken schon längst nicht mehr die Kosten etwa für die Betreuung eines Schwerstbehinderten. Zunehmend müssen die Träger, also auch die Kirchen, Eigenleistungen investieren und dies zu einem Zeitpunkt, wo auch das kirchliche Budget schrumpft. Bei der Sanierung des kirchlichen Gesamthaushaltes könnte die Diakonie als Strukturprinzip von Gemeinde und damit die diakonische Kirche selbst auf der Strecke bleiben. Noch allerdings greift das Subsidiaritätsprinzip und damit die vorrangige Finanzierung der kirchlichen Diakonie durch öffentliche Allgemeinkassen. So wurden beispielsweise „für 1980 ... die Betriebskosten für alle diakonischen Aktivitäten in der Bundesrepublik mit DM 7,94 Millarden beziffert .... Die Staatsquote liegt bei 38 %; die gesetzlichen Versicherungen decken 34 % ab, die Eigenmittel, überwiegend aus kirchlichen Haushaltsmitteln stammend, machen 11 % aus." (Degen, in: Röckle 1990, 144) Die Rate der innerkirchlichen Finanzierung mutet auf den ersten Blick also eher bescheiden an; im Rahmen des kirchlichen Finanzhaushalts jedoch ist sie einer der größten Posten: So gab 1991 die Kirche etwa ein Achtel ihres gesamten Kirchensteueraufkommens für diakonische Zwecke aus (Diakoniejahrbuch 1993, 209).

Zu den einflussnehmenden nichtkirchlichen Umweltbedingungen der Diakonie gehört auch ein gesellschaftliches Wertesystem, in dem Vorstellungen von Leistungsfähigkeit, Leidensfreiheit, Unauffälligkeit, Perfektionismus u.Ä. einen hohen Stellenwert haben. Der bis zu seinem Sterben noch leidfreie Mensch wird zum Ideal erhoben, und aus dem verfassungsmäßig gegebenen Recht auf Gesundheit ist längst eine allgemeine Pflicht zur Gesundheit geworden. Über die Verdrängung und Hospitalisierung von Tod und Leid wurde viel gesprochen. Übersehen wird dabei, dass die extrem hohe Zustimmung der distanzierten Volkskirchlichkeit zum diakonischen Handeln der Kirchen sich eben aus diesem Motiv speist. Das volkskirchliche Allgemeinbewusstsein will die Diakonie zu einer Institution der Verdrängung von Leid und Schwäche machen. In der diakonie-internen Diskussion gibt es demgegenüber die Tendenz, das Leiden als eine Christus gemäßere Form des Menschseins zu hypostasieren. Abgesehen davon, dass theologisch das Kreuz von Golgatha keineswegs als Glorifizierung menschlichen Leides zu interpretieren ist, sondern als Protest gegen dieses, schlägt man/frau sich selbst motivationell die

Mittel aus der Hand, um die Ursache gesellschaftlichen Leidens zu bekämpfen. Das ist aber sicher eine zentrale Aufgabe der Diakonie, wenn sie nicht rein symptomatisch die Opfer der Zeit und der Umstände behandeln will. Wichtig an der These ist ihr pädagogischer Impetus, nämlich der Gesellschaft auch die andere Seite ihrer selbst, die von Schwäche, Elend, Leid, Inhumanität usw. vor Augen zu halten. Diese pädagogische Aufgabe kann die Diakonie aber nur wahrnehmen, wenn sie zugleich auch das Interesse der Gesellschaft an der Verdrängung des als negativ Empfundenen ernst nimmt.

Die Realitätsferne vieler konzeptioneller Überlegungen zur Diakonie lässt sich an der MitarbeiterInnenfrage besonders augenscheinlich exemplifizieren. Die in der Diskussion um den Gemeindeaufbau generell anzutreffende Tendenz zu Gleichstimmung und Depluralisierung trifft vor allem die MitarbeiterInnen in den kirchlichen Hilfseinrichtungen. Anstatt die „volkskirchliche Gemengelage ... nüchtern zu sehen und die damit verbundenen Chancen wahrzunehmen" (Degen, in: Röckle 1990, 148), werden sie in „frommer Arroganz" (Degen) diskreditiert und stigmatisiert. Den MitarbeiterInnen in der Diakonie wird vorrangig ihr Eigenrecht und ihr Profil als professionelle Fachleute abgesprochen. Die These von der Entmündigung durch Experten taucht bei den VertreterInnen des missionarischen Gemeindeaufbaues wieder auf, und zwar als Vorwurf einer „strukturellen Arroganz" (Möller 1990, 376). So sieht Christian Möller die gegenwärtige Diakonie von einem Ungeist bedroht: „Dann mögen zwar die Kindergärten offen sein; doch sie werden lustlos betrieben, und argwöhnisch wird Dienst nach Vorschrift getan. Dann mag auch Pflegedienst angeboten werden, Besuchsdienste stattfinden. Ist aber der alles pervertierende Ungeist einmal eingezogen, läuft alles nur noch vor sich hin." (Möller 1990, 369) Ursache für diesen Ungeist ist, dass die in der Diakonie Tätigen ihre Arbeit nicht mehr vom Altar her, sondern professionell begründen. In einem Vortrag vor Sozialpädagoginnen und -pädagogen fordert Möller diese deshalb auf, „an den Tisch aller Tische, d.h. an den Altar" (Möller 1990, 371) zurückzukehren: „Am Tisch des Diakons aller Diakone empfangen wir alle dieselbe Diakonie und sind Teilhaber einer Diakonisierung von Gemeinde, die sich in unendlichem Teilen der im Abendmahl empfangenen Liebe unendlich fortsetzt. ... Diakone, Gemeindeschwestern, Sozialarbeiterinnen und Sozialarbeiter, Sozialpädagoginnen und Sozialpädagogen ... haben diesem primären Geschehen von Diakonie je auf ihre Weise und mit ihrem Wissen an ihrem Ort zu dienen" (Möller 1990, 375). Ähnliches meint auch Gerhard Rubach, der in der „eucharistischen Existenz" „ein Grundmerkmal geistlichen Lebens" (Rubach 1990, 81) sieht. Gleichlautend mit Rudolf Weth (Weth 1986, 125) fordert er die MitarbeiterInnen in der Diakonie auf, ihren Dienst geistlich zu leben. Und in der Tat wird vor allem in freikirchlichen Ausbildungsstätten ein entsprechendes Berufsbild vermittelt.

Doch die Realität sieht zumeist ganz anders aus. Für sie steht eher der Sozialarbeiter, der sich in einer ihm vom Träger der Einrichtung abverlangten Fortbildung weigerte, überhaupt über die theologische Begründung seiner Arbeit zu diskutieren und zwar mit dem gängigen Argument „Was interessiert mich denn die Ideologie meines Arbeitgebers" und mit dem Hinweis auf ein Beschäftigungsmonopol der Kirche in weiten Bereichen der Sozialarbeit. Damit gehört er zu jenen 62 % unter den MitarbeiterInnen der kirchlichen Diakonie, die – nach einer Untersuchung aus dem Jahre 1991 (Bayer/Nutzinger 1991) – ein „erwerbswirtschaftliches Deutungsmuster" vertreten. Noch deutlicher wird die Diskrepanz, wenn festzustellen ist, dass nur 22 % aus religiösen Gründen einen diakonischen Arbeitgeber gewählt haben und 92,3 % aller MitarbeiterInnen der Meinung sind, dass sie ihre Arbeit in anderen Einrichtungen genauso gut erledigen könnten. Der theologisch hoch besetzte Begriff von der Dienstgemeinschaft ist für eine Minderheit unter den MitarbeiterInnen ein für sie persönlich wichtiges Leitbild; 60 % glauben, dass dieser Begriff eher eine theologische Wunschvorstellung sei, die keinerlei praktische Bedeutung habe.

Während der Diakonie qua Recht und Finanzen ihr gesamtgesellschaftlicher Rahmen noch relativ augenscheinlich ist, gilt dies nicht für die seelsorgerlichen Handlungsfelder. Sie scheinen per definitionem individualisiert zu sein. Dieses Vorurteil teilen sie mit der Psychologie, vor allem der Tiefenpsychologie und – wie gesehen – mit dem Bildungsgedanken. Ebenso wie im Bildungsdenken selbst muss man/frau bei der bildungsbegrifflichen Konstituierung der Seelsorge diesem Vorurteil begegnen; dabei soll zugleich die Kommensurabilität von Bildungsdenken und vor allem psychoanalytischem Ansatz aufgezeigt werden. Ihre Verwandtschaft beruht vor allem im gemeinsamen ideologiekritischen Blick auf Lebenswelten und Lebensgeschichten. Zwar gab es seit dem Aufkommen der Psychoanalyse bis heute die Behauptung einer kontradiktorischen Unvereinbarkeit zwischen diesem tiefenpsychologischen Ansatz und dem pädagogischen Geschäft, aber systematisch-strukturell gesehen bestehen unzweifelhaft Konvergenzen zwischen dem psychoanalytischen Prozess und dem Bildungsprozess auf der einen und den jeweils intendierten Zielen auf der anderen Seite. Es war möglicherweise der Praktische Theologe O. Pfister, der diesen Zusammenhang erstmalig herstellte (Nase 1993).

Wie im Bildungsverständnis entsprechen sich auch im psychoanalytischen Verfahren Resultat und Prozess insofern, als sie selbstbestimmte Subjektivität nicht nur fördern wollen, sondern auf dem Weg dahin diese – zumindest regulativ – voraussetzen. Auch die Psychoanalyse geht davon aus, dass Therapie immer Selbsttherapie sein muss, auch wenn es dabei der Fremdhilfe bedarf. Das Subjekt bleibt stets HerrIn des Verfahrens. Psychoanalyse und Bildungstheologie sind insofern strukturverwandt. Beide stimmen allerdings auch darin überein, dass diese selbstbestimmte Subjektivität nicht per se gegeben, sondern immer erst im Entstehen ist und dass dazu die Überwindung lebensgeschichtlich gegebener Unmittelbarkeit und Deformationen notwendig ist. Das kann bis zu Akten scheinbarer Entfremdung und selbst zu Widerständen des jeweiligen Subjekts in seiner aktuellen Verfasstheit gehen. Im analytischen Widerstand, den das Individuum zum Zwecke vermeintlicher Selbsterhaltung einbringt, richtet sich dieser letztendlich ja gegen das Subjekt selbst, das in seiner pathologischen Selbstverfehlung gefangen ist und nicht aus ihr befreit werden möchte. Vergleichbar in Analyse und Bildung ist, dass das Individuum sich erst entäußern muss, um zu sich selbst zu kommen und damit zur Subjektivität zu werden; nicht zufällig verwenden beide für ihre Aktionen den Begriff der (Durch-)Arbeit. Beide legen die letztendliche Verantwortung und Kompetenz in die Hände ihrer KlientInnen als potentiell selbstbestimmten Subjektivitäten, die retrospektiv den Prozess auf seine Richtigkeit hin zu überprüfen haben. Unter diesem Gesichtspunkt sind Bildung wie Analyse Akte des Subjekts selbst, die allerdings (mäutisch) unterstützt werden können und (wegen Verdrängung und Widerstand auf der einen und der lebensgeschichtlichen Illusionen über sich selbst auf der anderen Seite) auch müssen. Allerdings gibt es in beiden, in der Psychoanalyse ebenso wie in der Bildungstheorie, die Tradition einer individualistischen Engführung, in der lebensweltliche Momente bestenfalls untergeordnete Bedeutung haben. Die in der Kulturtheorie Freuds angelegte psychoanalytische Gesellschaftstheorie wurde in der Folgezeit (Bernfeld, Reich, Fromm usw.) weiterentwickelt. Dem entspricht die hohe Relevanz der sozio-kulturellen Bedingungen in den neueren Bildungstheorien. Sowohl die Religionspädagogik wie auch die Pastoralpsychologie sind diesem Weg – zumindest teilweise – gefolgt.

Die bleibende und vorrangige Bedeutung der Tiefenpsychologie und insbesondere der Psychoanalyse für eine Praktische Theologie und ihre Seelsorgelehre ist nicht unumstritten. Auf der einen Seite fordert etwa J. Scharfenberg, „daß das grundlegende Paradigma der Psychoanalyse auch für die Pastoralpsychologie beibehalten werden sollte" (Scharfenberg 1985, 33), auf der anderen Seite spielt die Psychoanalyse z.B. im „Psychologischen Grundwissen für Theologen" von W. Rebell (Rebell 1988) bestenfalls eine rudimentäre Rolle. Das gilt noch mehr für Handlungsfelder außerhalb der Funktion Beratung und Hilfe; in der Religionspädagogik dominieren primär strukturell-kognitive bzw. strukturgenetische Modelle mit empirisch-analytischen Forschungsansätzen oder eine konzeptionelle Rezeption der Religionspsychologie von C.G. Jung. Damit ist für die Praktische Theologie eine Entwicklung eingeleitet, die sich in der allgemeinen Psychologie längst durchgesetzt hat. Dort ist es zwischenzeitlich üblich geworden, nur noch vom Elend der Psychoanalyse zu reden, nachdem diese zunächst von behavioristischen und jetzt zuletzt von kognitivistischen Ansätzen abgelöst wurde. Ihr folgt zunehmend eine Religionspsychologie, die wissenschaftliche Reputation und weltanschauliche Neutralität durch den Anschluss an die allgemeinen psychologischen Trends erheischt. So ist es nicht verwunderlich, dass auch hier der Ruf nach einem empirisch-analytischen Ansatz überlaut wird (Henning/Nestler 1998, 117ff u. 159ff). Lediglich jene Religionspsychologien, die sich bewusst als „theologische" verstehen, halten eine gewisse Affinität zur Tiefenpsychologie aufrecht (Fraas 1990).

In der engeren poimenischen Diskussion wurde der psychoanalytische Ansatz weitgehend durch transanalytische, gestalttherapeutische oder gesprächstherapeutische, gelegentlich gar durch verhaltenstherapeutische und neuerdings durch systemische abgelöst (Blattner 1993; Morgenthaler 1999), wobei systemische Ansätze – schon wegen ihrer Konjunktur in anderen Wissenschaftsbereichen bis hin zur Ökonomie – auch in der Seelsorgediskussion zunehmend Raum gewinnen. Das ist insofern konsequent, als es sich bei der systemischen Therapie im Grunde nur um eine Erweiterung der ganzheitlichen Sicht der Gestalttherapie handelt, insofern die Ganzheit der Person überschritten wird zur Ganzheit ihrer Bezugssysteme. Angesichts der Tatsache, dass die Gestalttherapie zur Zeit wohl die unter PfarrerInnen am häufigsten gewählte Zusatzausbildung ist, ist mit einer Konjunktur der systemischen Therapie im Handlungsfeld Seelsorge zu rechnen.

Die Ausgrenzung der Psychoanalyse aus der neueren Seelsorgebewegung hängt darüber hinaus auch mit anderen Perspektivwechseln zusammen, aus denen sich eine vermeintliche Inkompatibilität ergeben soll. Allerdings sind solche Diagnosen nicht wirklich zwingend. Weder ist zutreffend, dass die Psychoanalyse als solche die sozialen Bedingungen prinzipiell ignoriert, unter denen sie konzipiert wurde und sich vollzieht (Karle 1996), noch fordert die berechtigte Hinwendung zur Alltagsseelsorge (Hauschildt 1996) die Preisgabe psychoanalytischer Grundeinsichten. Unter dem kritischen Paradigma wird die Soziogenese pathologischer Persönlichkeitsentwicklungen integraler Bestand jeder Tiefenanalyse und zwar derart, dass – im Unterschied zum systemischen Ansatz – auch strukturelle Zusammenhänge in ihren psychischen Wirkungen dekodiert werden. Die Möglichkeit dazu liegt (s.o.) in den kulturtheoretischen Ansätzen bereits bei Freud selbst, die zumindest von einigen seiner Nachfolger – vor allem und gerade auch im deutschen Sprachraum (Lorenzer, Mitscherlich u.a.) – ausgebaut wurden. Auf der anderen Seite vollzog unter einem sozialphilosophischen Ansatz die Frankfurter Schule die Integration psychoanalytischer Momente in die Gesellschaftstheorie (Leiß 1979; Niemeyer 1983; Ipperciel 1996). Die soziologische Selbstaufklärung der Psychoanalyse ist in Ansätzen bereits – z.B. in den Studien zum autoritären Charakter und zum Antisemitismus (Ipperciel 1996, 106ff u. 144ff) – durch die Kritische Theorie vollzogen worden, und die sozio-kulturellen Bedingtheiten der Psychoanalyse hatte E. Fromm schon 1935 interpretiert. Wenn dem „Desinteresse an der gesellschaftlichen Diskussion" (Pohl-Patalong 1996, 203) in der neueren Poimenik wirklich abgeholfen werden soll, dann durch die Integration psychoanalytischer Momente in eine kritische Praktische Theologie.

Dem Anliegen der Alltagswende in der Poimenik ist ausdrücklich darin zuzustimmen, dass der analytisch-methodische Anspruch an SeelsorgerInnen ‚tiefer zu hängen' sei. Aber auch im ‚small talk' alltagsweltlicher Seelsorgegespräche bedarf es gewisser Kategorien und einer hinreichenden Selbstaufklärung von BeraterInnen, um die nicht-augenscheinlichen Implikationen und Bedingungen der Kommunikationsprozesse zu durchschauen. Am Beispiel des ‚normalen' Bestattungsgesprächs als Handlungsfeld von Alltagsseelsorge soll dies später verdeutlicht werden (5.4). Zudem hilft die psychoanalytische Sicht auch pathologische religiöse Entwicklungen und Erscheinungen zu erkennen. Gerade wenn das

Ziel von Alltagsseelsorge die „Ermöglichung eines eigenen Lebens" und die „Unterstützung von Subjektwerdung" (Pohl-Patalong 1996, 260) ist, müssen pathologische Persönlichkeitsmerkmale demaskiert und bearbeitet werden. Mit Ausnahme der klinischen Psychologie, die hier zwischenzeitlich erhebliches klinisches Material bereit gestellt hat, ist diese Fragestellung in der neueren Religionspsychologie eher unterentwickelt. Falsch wäre es anzunehmen, aus der Einsicht in die bleibende Bedeutung der Psychoanalyse für die Grundfunktion Hilfe und Beratung die Forderung nach einer psychoanalytischen Grundausbildung aller TheologInnen zu folgen. Vor allem unter dem Alltagsparadigma ist die Unterscheidung zwischen seelsorgerlichen und therapeutischen Situationen und Prozessen notwendig. Was von SeelsorgerInnen zu fordern ist wäre keine genuin therapeutische Kompetenz, so wünschenswert sie für Spezialpfarrämter ist, sondern primär eine diagnostische und eine kommunikative, die sich auch auf Tiefenhermeneutik versteht. Einem generellen „Verzicht auf humanwissenschaftliche Spezialausbildung" (Möller 1983, 121) kann ebensowenig zugestimmt werden wie einem totalisierenden, tatsächlich aber die Wirklichkeit therapeutisch reduzierenden Seelsorgeverständnis (Hausschildt 1996, 376).

5.3 Religion in psychologischer Perspektive

Es gibt verschiedene Versuche, die religionspsychologischen Ansätze zu systematisieren (z.B. Bucher/Oser 1988). Der neueste stammt von M. Utsch (Utsch 1998); er unterscheidet insgesamt ganze 12 Theorieansätze. Doch gerade die vermeintlich hohe Differenziertheit verwischt die programmatischen Konturen. Darauf, dass die neuere Religionspsychologie versucht, sich an die wissenschaftliche Psychologie anschlussfähig zu machen, wurde bereits verwiesen. Dies gelingt nur, wenn sie sich weder einer Sondersemantik noch einer Sondersystematik bedient. Deshalb liegt es nahe, zur Systematisierung auch der Religionspsychologie jene zu übernehmen, die in der allgemeinen Psychologie generell üblich ist. Nicht nur für die theologische Auseinandersetzung mit der Religionspsychologie und deren wissenschaftsorganisatorische Verortung wäre einiges zu gewinnen, wenn die Religionspsychologie gerade ihr genuin psychologisches Profil klarer herausstellte, weil ihr sonst allzu leicht der Vorwurf einer Religionsapologetik gemacht wird. Bereits die Anfänge der Religionspsychologie waren ja durch den Streit um eine dogmatische oder empirisch-psychologische Grundlegung belastet. Und auch der klassische Streit um eine funktionale oder substantielle Religionsdefinition würde vielleicht neue Lösungen finden, wenn man/frau nach Definitionen suchte, die mit allgemeinpsychologischen Objektbeschreibungen vergleichbar wären. Daraus folgert nicht, dass eine „theologische Religionspsychologie" etwa im Sinne von H.J. Fraas unmöglich wäre – vermeidbar allerdings wären systematische Inkompatibilitäten. Eine solche liegt z.B. darin, wenn man/frau – wie Fraas in seiner religiösen Entwicklungslehre – konstitutiv auf die analytische Ich-Psychologie zurückgreift, in der normativen Zielsetzung dann aber die Freudsche Religionskritik vor der Tür lässt und auf Jungs Behauptung, dass letztendlich alle psychischen Störungen religiöser Genese seien, legitimatorisch zurückgreift (s.u.). Im Rückblick auf seine langjährige psychotherapeutische Praxis stellte Jung bekanntlich fest, dass er nicht einen einzigen erwachsenen Patienten getroffen habe, dessen Neurosen nicht letztlich aus religiösen Problemen entstanden wären.

In der allgemeinen Psychologie unterscheidet man/frau in der Regel grob zwischen tiefenpsychologischen, kognitiven und behavioristischen Ansätzen (Ulich 1989). Der Vorteil dieser Systematisierung liegt darin, dass sie zum einem die Geschichte der Religionspsychologie und zum anderen die gegenwärtigen Konzeptionen strukturiert. Selbstverständlich ist natürlich, dass es zwischen den drei religionspsychologischen Grundtypen (1.) Überschneidungen und (2.) interne Differenzierungen bis hin zum Selbstmissverständnis einer Unvereinbarkeit gibt. Gleichwohl lassen sich gegenwärtig idealiter diese drei Grundtypen auch in der neueren Religionspsychologie namhaft machen. Als aktueller Vertreter der behavioristischen Tradition, der allerdings Elemente der kognitiv-strukturellen Psychologie aufnimmt, wäre z.B. B. Grom zu nennen. Für Grom ist Religion eine Unterstützung beim Streben nach positiven Selbstwertgefühlen; seine normative Kurzformel der Religionspsychologie lautet demgemäß: „Eine reife Religiosität in einer reifen Persönlichkeit" (Grom 1981, 40). Mit seinem Münchner Motiva-tionspsychologischen Religiositäts-Inventar (MMRI) hat er für dieses motivationspsychologische Paradigma ein Instrument zur empirischen Erforschung religiösen Verhaltens vorgelegt, das feststellen will, „wie Menschen religiös sind, indem es ermittelt, warum sie es sind" (Grom u.a., in: Henning/Nestler 1998, 183).

Eine eher tiefenpsychologisch orientierte Religionspsychologie fragt danach, „inwieweit das Religiöse ... wesentlich an der Ich-Konstitution beteiligt ist" (Fraas 1983, 105), wobei Religion als ein konstitutives Lösungspotential für lebensgeschichtliche Krisen angesehen wird. H-J. Fraas spricht von „einer Heilung der Persönlichkeit durch Religiosität" (Fraas 1990, 151); Ziel ist das neurosefreie, religiöse und damit reife Ich. Demgegenüber reden religionspsychologische Kognitivisten wie A. Bucher, F. Oser oder P. Gmünder nicht von Ich oder von Persönlichkeit, sondern selbstverständlich nur von reifen Urteilen bzw. Urteilsstrukturen. Die kognitiv-strukturgenetische Religionspsychologie will empirisch gesichert eine überkulturelle und überkonfessionelle Universalreligiosität eruieren; dabei werden allerdings von dieser deren normative Setzungen teilweise verschleiert. Denn sie behauptet einerseits, dass jede Stufe der religiösen Entwicklung ihren Wert jeweils in sich habe. Andererseits aber unterstellt sie – wie alle Strukturgenetiker – eine innere Entwicklungslogik. Hinter dieser Entwicklungsdynamik steht steuernd zweierlei: Da ist zum einen die sogenannte „religiöse Mutterstruktur"; diese Mutterstruktur „ist nicht mehr reduzierbar und wird vom Menschen als umfassende Tiefendimension erfahren" (Oser/Gmünder 1984, 66). Zum zweiten existiert – so wird angenommen – ein endogener Drang zu gesteigerter religiöser Autonomie. Das höchstentwickelte religiöse „Subjekt nimmt einen ganz und gar religiösen Standpunkt ein und braucht sich nicht mehr an einen

Heilsplan, eine religiöse Gemeinschaft etc. zurückzubinden, vielmehr erfährt es sich als immer schon und unbedingt angenommen" (Bucher 1986, 209). Mutatis mutandis gehen alle theoretischen und empirischen Ansätze in der neueren Religionspsychologie mehr oder weniger normativ von der Fiktion einer „reifen Religiosität" und eines „reifen Gottesbildes" aus. Das steht in auffälligem Kontrast zur Religionswahrnehmung in der allgemeinen, vor allem jedoch in der klinischen Psychologie, die Religion eher als ein pathologisches Phänomen einschätzt und einen hohen Anteil der Religion bei der Verursachung von Neurosen und Psychosen meint nachweisen zu können.

In der allgemeinen Entwicklungspsychologie wird Religion bestenfalls als eine Quantité négligeable betrachtet; eine konstitutive Bedingung für reife Persönlichkeit jedenfalls wird in ihr nicht gesehen. Die Nicht-Existenz des Religiösen als eines psychologisch relevanten Phänomens scheint außerhalb der engeren Religionspsychologie eine so ausgemachte Sache, dass das Thema in den meisten einschlägigen Lehrbüchern nicht oder nur kaum angesprochen wird. Erst seit 1994 meldet sich innerhalb der Deutschen Gesellschaft für Psychologie ein Arbeitskreis Religionspsychologie (Moosbrugger u.a. 1996) zu Wort, um auf ein immanentes wissenschaftliches Desiderat aufmerksam zu machen. Auch in Bereichen, die dem Religiösen traditionell näher stehen müssten; so z.B. die Emotionsforschung. Dabei hat schon der Klassiker der Religionspsychologie, William James, festgestellt, dass sich religiöse Emotionen nicht spezifisch von allen möglichen anderen Emotionen unterscheiden: „Es gibt keinen Grund für die Annahme, es bestünde eine einfache abstrakte ‚religiöse Emotion' ... für sich selbst" (James 1979, 33).

Im Unterschied zur Religionssoziologie, die längst eine etablierte Teildisziplin der allgemeinen Soziologie ist, ist die Religionspsychologie bestenfalls ein Randthema der allgemeinen Psychologie, etwa dann, wenn man hinsichtlich der psychischen Bewältigung von Belastungssituationen wie Krankheit u.Ä. Religion als eine sogenannte coping-Strategie untersucht. „Unter dem aus der Streß-, Krisen und Life-event-Forschung stammenden Konzept ‚coping' werden die kognitiven, emotionalen und behavioralen Reaktionen und Anstrengungen einer Person im Rahmen der Konfrontation und unmittelbaren Auseinandersetzung mit Alltagskümmernissen, Dauerbelastungen und kritischen Lebensereignissen subsumiert" (Saup 1991, 55). Vor allem die Gerontopsychologie hat dabei nachgewiesen, dass die Religion eine unter Alten dominante „coping-Strategie" ist. So konnte z.B. in einer größeren gerontologischen Längsschnittstudie nachgewiesen werden, dass „bei jedem 3. belastenden Ereignis und bei 45% der Stichproben ... religiöse Verhaltensweisen ... als Reaktionen auf Belastungen" (Mayring/Saup 1990, 194) vorkommen. In der Regel jedoch lässt sich unter PsychologInnen mehr als unter anderen WissenschaftlerInnen eine gewisse Aversion gegen das Thema Religion feststellen. Dafür spricht nicht nur der Augenschein, sondern z.B. auch die empirisch verifizierte Tatsache, dass – zumindest in Amerika – „Psychologen durchschnittlich weniger religiös eingestellt sind als andere Akademiker" (Dunde 1993,

236). Wer als gestandener „wissenschaftlicher" – und das heißt heute zumeist empirisch arbeitender – Psychologe sich mit Religion beschäftigt, gerät unter KollegInnen sofort in den Verdacht, ein „Religionsapologet" zu sein (Moosbrugger, in: Henning/Nestler 1998, 160). Es sind heute eher Religionswissenschaftler und Pastoralpsychologen, die Religion unter psychologischen Aspekten untersuchen.

Der wissenschaftsgeschichtliche Befund, dass die Religionspsychologie ein relativ junges Fach ist, ist insofern erstaunlich, als Religion – in welcher Form und Kultur auch auftretend – ja immer neben ihrer kultischen Seite auch ein seelisches Moment hatte. Bereits in Augustins confessiones findet sich eine weitgehend psychologische Betrachtung der Religion. In dieser Schrift beschreibt Augustinus seine Bekehrung zum Christentum (Augustinus, 387). Konversionen als ein inneres, seelisches bzw. psychisches Geschehen waren auch in den Anfangsjahren der neueren Religionspsychologie das zentrale Forschungsgebiet. Die deutschen Mystiker hatten bereits mit ihrer Theorie der religiösen Versenkung implizit eine psychologische Interpretation der Religion als inneres Erleben vorgenommen. Die mystische Erfahrung zielt auf eine unio mystica, eine Vereinigung des Menschen mit dem Göttlichen. Für die Mystiker sind Religion und Glaube insofern keine Fragen von Dogmatik und Lehre, sondern ein psychologischer Akt mit entsprechenden Psychotechniken. Der Religionspsychologie vorgearbeitet hat dann die philosophische und theologische Romantik. Vor allem Schleiermacher interpretierte Religion primär als Gefühl und damit als einen psychologischen Akt. Gleichwohl blieb dies noch eine innertheologische Strömung; die Religionspsychologie blieb in erster Linie Gegenstand der Glaubenslehre, der Dogmatik – ein Sachverhalt, der sich, vor allem in Deutschland, bis Anfang des 20. Jahrhunderts hinzog. Bei E. Troeltsch beispielsweise fungierte die Religionspsychologie als religionsphilosophische Fundamentaldisziplin (Pfleiderer 1992), und durch G. Wobbermin wurde sie zur theologischen Grundlagenwissenschaft schlechthin erklärt. Über Wobbermin lief dann auch die deutsche Rezeption der außereuropäischen Entwicklung innerhalb der Religionspsychologie.

Denn zu Beginn unseres Jahrhunderts kam aus Nordamerika der erste Anstoß zu einer nun nicht mehr theologisch oder religionsphilosophisch, sondern psychologisch betriebenen wissenschaftlichen Religionspsychologie. Hier ist besonders William James (1842-1910) zu nennen, der sich als einer der ersten Nicht-Theologen aus eigenständiger psychologischer Perspektive mit der Religion beschäftigte. Bekanntlich ist James – neben J. Dewey und C. Peirce – einer der Begründer des sogenannten Pragmatismus. Der Pragmatismus ist eine Erkenntnistheorie, die die praktische Nützlichkeit von Wissen zu einem Wissenschaftskriterium erhebt und die davon ausgeht, dass es „Wahrheit" nicht an-sich gibt, sondern dass Wahrheit auf Konsens beruht. Eine Aussage kann nur dann als wahr gelten, wenn sie von anderen als begründet anerkannt wird und wenn sie eine fruchtbare Grundlage für sinnvolles Handeln abgibt, und nicht dann, wenn sie einen Sachverhalt richtig abbildet. Dahinter steckt die Erkenntnis des Skeptizismus, dass es unmöglich ist,

Dinge an sich und damit objektive Wahrheit zu erkennen. Damit war auch eine substantielle – dogmatische oder religionsphilosophische – Religionsdefinition verabschiedet. Das Problem der Wahrheit von Religion wurde zu einer Frage der sozialen Kommunikation der sozialen Praxis erklärt. Grundlage jeder möglichen Aussage ist die Erfahrung. Dementsprechend kann Religion auch nicht als ein Für-wahr-halten von dogmatischen Aussagen verstanden werden, sondern muss auf eine religiöse Erfahrung zurückgeführt werden. Derartige Erfahrungen können experimentell überprüft werden. Mit James wird insofern die Tradition einer empirisch-experimentellen Religionspsychologie begründet. In „The Varieties of religious experience" (1902) untersucht James die Vielfalt und Bandbreite von religiösen Erfahrungen, Gefühlen und Handlungen von Menschen, die für diese zu subjektiven religiösen Wahrheiten geworden sind.

1907 hat G. Wobbermin das bahnbrechende religionspsychologische Hauptwerk von James ins Deutsche übersetzt und damit entsprechende religionspsychologische Arbeiten angeregt. Gleichzeitig entwickelte sich auch in Deutschland eine Religionspsychologie, mit der insbesondere der Name von W. Wundt verbunden ist. Auch Wundt ist kein Theologe, sondern Philosoph und Psychologe; von seiner Ausbildung her war er ursprünglich Mediziner; Wundt ist also genuin eher naturwissenschaftlich orientiert. Das zeigt sich z.B. darin, dass er das erste Institut für experimentelle Psychologie gründet. Mit experimentellen Methoden wollte Wundt psychologische Grundlagenforschung betreiben, die die seelischen Vorgänge in Individuen erforschen sollte. Daneben hat Wundt aber auch eine „Völkerpsychologie" entwickelt, die das Gemeinschaftsleben von Menschen untersuchen soll, wie es sich in Sprache, Mythen oder Sitten ausdrückt. In dieser Völker- und Massenpsychologie hat Wundt sich insbesondere den Religionen der Naturvölker zugewandt. Wundt verbindet dabei Psychologie und Religionsgeschichte, um den Entwicklungsprozess von Religion zu interpretieren. Nach Wundt entstand das Phänomen Religion aus Vorformen, deren erstes Stadium der Animismus darstellt, also der Glaube an die belebte Natur. Danach folgt der Dämonismus, also die Vorstellung, dass die Welt von Geistern beherrscht würde. Ihm folgt dann der Fetischismus, also der Glaube an die helfende und beschützende Zauberkraft bestimmter Gegenstände, wie Amulette u.Ä. Die Logik in der Entwicklung besteht in der zunehmenden Konkretion und Zentralisation der religiösen Vorstellung auf Personen. Am Ende der Entwicklung steht dann der Glaube an den einen Gott. Diese phylogenetische Entwicklung, also der Prozess, in dem sich in der Geschichte der Menschheit verschiedene Stadien ergeben, entspricht auch dem ontogenetischen Prozess der Persönlichkeitsentwicklung. Auch das einzelne Individuum durchläuft – wie die ganze Menschheit – eine Entwicklung vom Animismus zum Monotheismus. Dementsprechend wären kleine Kinder noch animistisch bestimmt, in einer späteren Phase besteht ihre Religion in einem Geisterglauben, der dann von einem Stadium abgelöst wird, in dem bestimmte Dinge und Gegenstände quasi göttlichen Charakter bekommen. Erst danach ist der Mensch in der Lage, abstrakte Religion auszuüben. Derartige Entwicklungsvorstellungen bestimmten später auch die pädagogischen Psychologien. Wundt leitete – könnte man sagen – die Tradition für eine religionspsychologische Entwicklungstheorie ein.

Damit sind bisher zwei Wurzeln der modernen Religionspsychologie und damit zwei unterschiedliche Forschungsrichtungen angedeutet, nämlich einmal die empirisch-experimentelle Religionspsychologie, die auf James zurückgeht und einzelne seelisch-religiöse Phänomene untersucht, und zum anderen eine Forschungsrichtung, die die Entwicklung des religiösen Bewusstseins untersucht. Nach wenigen frühen Versuchen hat die Theorie der religiösen Entwicklung erst in den letzten Jahren sowohl in Europa wie in Amerika einen neuen Höhepunkt erreicht. Vor allem Oser/Gmünder und dann – von ihnen relativ unabhängig – J.W. Fowler haben die religiöse Entwicklung als einen eigenständigen Prozess untersucht, der in mehreren nicht überspringbaren Stufen kontinuierlich verläuft (Schweitzer 1987, 121ff; Lämmermann 1998a, 49ff). Während Oser/Gmünder u.a. experimentell kognitiv-strukturelle Denkprozesse analysieren, verbindet Fowler diesen empirisch-analytischen Weg des strukturgenetischen Ansatzes mit tiefenpsychologischen Interpretationsmodellen, die vor allem auf E. Erikson zurückgehen.

Wenn man/frau heute von einer genuin psychologischen Religionspsychologie redet, dann meint man/frau zumeist diese spezifische Forschungsrichtung einer religiösen Entwicklungspsychologie, die alle anderen weitgehend überlagert hat. Für Europa fehlt vor allem für den empirisch-experimentellen Bereich eine entsprechende „Forschungstradition und -infrastruktur" (Moosbrugger 1996, V) innerhalb der etablierten Psychologie. Eine ganz andere Art von Religionspsychologie vertritt dann die Tradition der tiefenpsychologischen Schulen, insbesondere bei S. Freud und C.G. Jung. Für die religionspsychologische Diskussion in diesem Jahrhundert ist die psychoanalytische Sicht der Religion besonders einflussreich gewesen. Im Unterschied zu den beiden anderen bisher genannten Richtungen fragt sie nicht nur nach der konstruktiven Bedeutung der Religion, sondern nach deren destruktiven Wirkungen für die psychische Gesundheit. Während Jung primär den Weg einer tiefenpsychologischen Religionsbegründung geht, interpretiert man/frau Freud vorrangig – wenn nicht gar ausschließlich – als Religionskritik. Tatsächlich bedeutet für S. Freud Religion eine generelle seelische Störung; insofern ist seine Religionstheorie nicht nur eine Religionspsychologie, sondern auch eine Religionspsychopathologie. In der Religionspsychopathologie wird generell die Frage abgehandelt, ob religiöse Menschen psychisch auffälliger, z.B. depressiver oder zwanghafter sind als andere. Aber auf dem Boden dieser psychoanalytischen Religionskritik ergibt sich zugleich eine spezifisch analytische Religionsbegründung.

Bekanntlich hat sich S. Freud (1856-1939) innerhalb der Tiefenpsychologie über alle Phasen seiner wissenschaftlichen Entwicklung hinweg mit der Religion befasst. Dabei finden sich verschiedene Theorieansätze zur Erklärung der psychischen Genese und Wirkung von Religion und Glauben. Anlass dazu waren zunächst weniger theoretische als vielmehr praktische Gründe: Seine ärztliche Tätigkeit als Therapeut zwang ihn immer wieder dazu, das Religionsthema aufzugreifen, weil viele der psychischen Probleme seiner PatientInnen religiöse Ursachen hatten. Deshalb taucht das Religionsthema nicht nur in den explizit religionspsychologischen Werken Freuds, sondern in fast allen seinen Hauptschriften auf, etwa in seiner Darstellung der Psychoanalyse oder in seiner Traumdeutung. Gerade die Analogie zwischen Traum und Religion bestimmt nicht nur negativ die psychoanalytische Religionskritik, sondern durchzieht auch positiv die Religionspsychologie selbst. Das hat zuletzt Chr. Morgenthaler (Morgenthaler 1992) ausführlich dargestellt, und E. Drewermann baut darauf – mit welchem Recht auch immer – seine ganze Exegese auf. Generell können die Modelle der Traumdeutung tiefenhermeneutisch auch zur Interpretation der Religionstheorien herangezogen werden – das gilt sowohl für Freud als auch für Jung.

Bereits 1907 veröffentlichte Freud seinen vielzitierten Aufsatz mit dem Titel „Zwangshandlungen und Religionsausübung". In diesem Aufsatz geht er von der Beobachtung aus, dass religiöse Riten und Zeremonien auffällige Parallelen zu den Handlungen von Zwangsneurotikern haben. Zwanghafte Menschen im Allgemeinen und erst recht Zwangsneurotiker wollen Ordnung, sie brauchen die Atmosphäre von Kontrolle und Gesetzen; Spontaneität und Flexibilität sind ihnen verhasst. Allem Neuen, Lebendigen und Ungewohnten begegnen sie mit Skepsis; sie können rechthaberisch und pedantisch sein; alle ihre Handlungen werden von skeptischem Rigorismus und von der Überlegung begleitet, ob es denn nun richtig oder falsch ist; dies und ihr Hang zur Perfektion lähmen ihre Entscheidungsfreudigkeit und lassen sie vor der Ungesichertheit von Neuerungen zurückschrecken. Zwanghafte Menschen sind – instanzentheoretisch gesehen – so etwas wie ein wandelndes Über-Ich; daraus resultiert auch der Hang zu Höherem, nämlich zum Absoluten, zum ewig Gültigen, zum Göttlichen und Religiösen; alle Relativitäten machen ihnen Angst. Moral und Gesetze gelten absolut und nicht relativ. Sie sind hart gegen sich und andere. Diese Härte ist sozusagen ein Schutzpanzer, denn sie haben ein übersteigertes Sicherheitsdenken und geringes Selbstbewusstsein.

Die zwanghafte Persönlichkeit hat ihre Grundstruktur – innerhalb der Freudschen Entwicklungstheorie gesehen – in der sogenannten analen Phase herausgebildet. Einer der Grundkonflikte der analen Phase ist der zwischen Gebenkönnen und Behaltenwollen. Dementsprechend hat der zwanghafte Typ Angst, ein Stück von sich selbst zu verlieren und dass das, was „aus ihm herauskommt", unfertig sein könnte. Analog zum Misstrauen gegen alles, was aus ihm herauskommt, kann der zwanghafte Charakter auch nicht aus sich selbst herausgehen; er vermeidet Exzesse ebenso wie Wut und Zorn. Alles Triebhafte ist ihm/ihr suspekt, sowohl die Sexualität als auch die Aggressivität, aber auch die Spontaneität, Kreativität und Produktivität. An ihre Stelle treten Rechthaberei, das Bestehen auf formalen Gesetzlichkeiten und Dogmatismus. Auch Beziehungen werden standardisiert, formalisiert und ritualisiert. Was hier individuell und im Kleinen passiert, passiert in der Religion nun im Großen. Auch für religiöse Riten gilt nämlich die Forderung nach genauester Einhaltung der vorgeschriebenen Abläufe. Aufgrund der Analyse einer ganzen Fülle privater Rituale kommt Freud zu folgendem Schluss: „Nach diesen Übereinstimmungen und Analogien könnte man sich getrauen, die Zwangsneurose als pathologisches Gegenstück zur Religionsausübung aufzufassen, die Neurose als eine individuelle Religiosität, die Religion als eine universelle Zwangsneurose zu bezeichnen" (Freud 1966, 138f). Die rituelle Zwangshandlung ist eine Abwehr und Schutzmaßnahme, in der sich der Zwangsneurotiker vor möglicher Strafe durch das Über-Ich schützt. In gleicher Weise dienen auch die religiösen Riten dazu, ein als Gott interpretiertes universelles Über-Ich milde zu stimmen.

Nach Freud leidet der Zwangsneurotiker unter der Herrschaft eines ihm unbewussten Schuldbewusstseins. Dieses Schuldbewusstsein hat seine Ursache in früheren Erlebnissen; es wird aber ständig wieder durch Erwartungsängste und Unheilserwartungen aktualisiert, an denen sich die Vorstellung von Strafe anlagert. Diesem Schuldbewusstsein des Zwangsneurotikers „entspricht die Beteuerung der Frommen, sie wüssten, dass sie im Herzen arge Sünder seien; den Wert von Abwehr- und Schutzmaßregeln scheinen die frommen Übungen (Gebete, Anrufungen usw.) zu haben, mit denen sie jede Tätigkeit des Tages und zumal jede außergewöhnliche Unternehmung einleiten" (Freud 1969, 136). Neben dem Schuldbewusstsein ist das zweite konstitutive Element einer Neurose, dass sie einem Verdrängungsprozess zugrunde liegt, der allerdings nur immer sehr unvollkommen gelingt. Deshalb ist diese Verdrängung ständig bedroht und löst Angst aus. Das dritte Charakteristikum der Neurose ist, dass ihre Äußerung, d.h. ihr Symptom immer auch ein Stück der Erfüllung des verdrängten Triebes ermöglicht. Der Zwangsneurotiker übt seine Zwangshandlung zwar aus Angst und Schuldgefühl heraus aus, aber die Ausübung verschafft ihm dann auch ein Lustgefühl. In ähnlicher Weise ist auch die Religionsausübung ein Verdrängungsmechanismus. In ihm wird auf gewisse sozialschädliche Triebregungen verzichtet. Aber auch hier ist der Verzicht nur unvollständig, die Versuchung bleibt bestehen. Dies wiederum löst die Erwartungsangst als Antizipation des möglichen Ereignisses und seiner Folgen aus.

Die Analogie von Zwangsneurose und Religionsausübung hat bei Freud eine religionskritische Komponente. Aber nicht nur. Positiv ausgedrückt geht es sowohl in der Neurose wie auch in der Religion um die Gestaltung eines ursprünglichen Triebes. Die ganze Freudsche Theorie beruht ja darauf, dass Neurosen und andere psychologische Fehlformen sozusagen Übertreibungen von natürlichen und gesunden Verhaltensdispositionen sind. Die Grenze zwischen gesund und krank ist schwankend. Die Zwanghaftigkeit, mit der ein Zwangsneurotiker seine Handlungen ausübt, stellt so nur die Übersteigerung eines vernünftigen Ordnungssinnes dar. Ordnungen sind, wie N. Luhmann aufzeigte, so etwas wie Komplexitätsreduktionen. In diesem Sinne ist dann auch die Religion nicht schlechterdings nur negativ zu betrachten. Denn der fortschreitende Verzicht auf konstitutionelle Triebe, deren Betätigung dem Ich primäre Lust gewähren könnte, scheint eine der Grundlagen der menschlichen Kulturentwicklung zu sein. Ein Stück dieser Triebverdrängung wird von den Religionen geleistet, indem sie den einzelnen seine Trieblust der Gottheit zum Opfer bringen lassen". Die daraus erwachsende positive Aufgabe der Religion besteht nach Freud darin, „die Masse mit der Kultur und den Menschen mit der Natur zu versöhnen" (Scharfenberg 1970, 136). Die Religion hat also ihre Funktion ganz wesentlich bei der Kulturwerdung des Menschen.

Nach Freuds kulturtheoretischem Ansatz wird die menschliche Entwicklung geleitet durch den Kampf des Lustprinzips mit dem Realitätsprinzip, wobei Reifung dadurch entsteht, dass das Realitätsprinzip zunehmend die Dominanz gewinnt. Doch das verdrängte Lustprinzip kehrt – wie alles Verdrängte – wieder, nämlich in den Träumen. Träume sind für Freud Erfüllungen der verdrängten Triebwünsche. Im Traum scheint das ins Unbewusste Verdrängte in fremden Bildern wieder auf. Diese Bilder gilt es zu entschlüsseln. Denn der Traum als solcher stellt noch nicht seinen wahren Inhalt dar. Vielmehr ist in der Traumdeutung das Traumbild zurückzuführen auf den eigentlichen Traumgedanken. Denn selbst im Traum kann es nicht zugelassen werden, dass das Verdrängte sich rein darstellt. Der verdrängte Trieb gestaltet sich vielmehr in eine Geschichte um, die mehr oder weniger stark den Trauminhalt wiedergibt. Freud bestimmt die Religion nun in Analogie zum Traum als Illusion, in der sich sozusagen das Lustprinzip gegen das Realitätsprinzip wieder zu Wort meldet. Im Reich der Religion erscheint dem Menschen die Welt nicht so, wie sie ist, sondern so, wie er sie sich wünscht. Damit bringt Freud Ähnliches zum Ausdruck, wie einst Feuerbach: Die Religion ist eine (Wunsch-)Projektion des Menschen. Wer jedoch – so die religionskritische Wende Freuds – in einer Wunschwelt lebt, der ist lebensunfähig, weil er nicht der Notwendigkeit des Realitätsprinzips folgt. Notwendig ist es deshalb, „die Erwartungen vom Jenseits abzuziehen und alle freigewordenen Kräfte auf das irdische Leben zu konzentrieren" (Scharfenberg 1970, 147). Daraus folgerte Freud, dass die Religion als Illusion keine Zukunft haben darf, wenn Menschen zu sich selbst kommen sollen. Bekanntlich hat dann O. Pfister – in Umkehrung des Freudschen Titels – aus der Ambivalenz dieser Religionskritik eine psychoanalytische Religionsbegründung abgeleitet.

Für Freud ist – wie er in seinem Spätwerk „Der Mann Mose und die monotheistische Religion" zeigt – die Religion zunächst in einem historischen Sinne wahr, insofern in ihr Erfahrungen von Menschen zusammengefasst sind, die ursprünglich Realität besessen haben. Die historische Wahrheit der monotheistischen Religion spiegelt sich in der Moses-Erzählung als dem Versuch, innerhalb einer patriarchalen Gesellschaft den grundlegenden ödipalen Konflikt zu lösen. Wenn allerdings diese Lösungsmöglichkeit in unsere Gegenwart übertragen wird, dann wird sie pathologisch, denn als aus einer anderen Wirklichkeit stammend, hat sie keinen Bezug auf gegenwärtige Realität; Religion stellt entwicklungsgeschichtlich mithin eine Regression dar. Bekanntlich ist für Freud die Ontogenese des Menschen eine Spiegelung der Phylogenese. Der religiöse Mensch fällt in diesem Sinne dann in ein kindliches Stadium zurück, Religion ist insofern infantiles Wunschdenken. Der persönliche Gott ist „psychologisch nichts anderes als ein erhöhter Vater". Doch die Menschen können nicht ewig Kinder bleiben, die Welt ist keine Kinderstube. Wenn die Religion realitätsnäher werden soll, dann darf sie nicht zurückgehen auf die kindlichen Mythen der Vergangenheit. Die eigentliche Konsequenz aus Freuds Religionstheorie ist nicht die Abschaffung der Religion, sondern die Überwindung einer kindlichen Religiosität. O. Pfister hat diesen Ansatz positiv aufgegriffen: Dort wo an die Stelle eines strafenden Gottes, einer Über-Ich-Figur, der liebende, solidarische Gott in Jesus tritt, würden die positiven Kräfte der Religion frei. Damit hat Pfister den Weg zur Frage nach einer identitätsstiftenden reifen Religiosität geöffnet, die in der neueren Religionspsychologie – wie gesagt – unisono affirmativ beantwortet wird. Demgegenüber sollte die religionskritische Skepsis Freuds und die Einsicht, dass Religionsbegründung nur auf Basis von Religionskritik möglich ist, in Erinnerung bleiben.

Während Freud sich selbst „für einen der schlimmsten Feinde der Religion" hielt, betrachtete C.G. Jung die Religion eher mit – biographisch bedingten – ambivalenten Gefühlen und einer gewissen Sympathie. Auch bei ihm durchzieht das Religionsthema implizit sein Gesamtwerk; deshalb sind seine religionspsychologischen Aussagen nur auf dem Hintergrund seiner gesamten „analytischen Psychologie" verständlich. Bereits in seiner Dissertation „Zur Psychologie und Pathologie sogenannter okkulter Phänomene" (1902) verband Jung sein Interesse an der Medizin mit dem am religiösen Spiritismus. In gewisser Weise kann man Jung als einen „säkularisierten" oder „profanen" Seelsorger und seine „analytische Psychologie" als Säkulartheologie bezeichnen. Anders als Freud verwendet Jung den theologisch-philosophischen Begriff der Seele bewusst und programmatisch; die Seele ist ihm eine unbestreitbare Wirklichkeit und der Ort einer wahren, d.h. innerlichen Religiosität, der damit im Gegensatz zu Kirche und Dogmatik steht. Schon während seiner Tätigkeit als Oberarzt am Burghölzli experimentierte er mit der psychoanalytischen Methode der Wortassoziationen. Allerdings kommt er zu anderen Ergebnissen als Freud. Jung geht nicht von drei, sondern nur von zwei Instanzen aus, nämlich dem Bewusstsein und dem Unbewusstsein, die sich polar, ja gegensätzlich gegenüber stehen und zugleich doch eine Einheit bilden, nämlich die Seele oder das „Selbst". Die Seele gilt als „eine bewusst-unbewusste Ganzheit", wobei die Anteile des Bewussten bzw. Unbewussten unbestimmt bleiben. Durch das Unbewusste ist das Bewusstsein geprägt; es ist heteronom. Gleichwohl hat das Bewusstsein auch eigene psychohygienische Aufgaben, nämlich eine sogenannte ektopsychische und endopsychische. Endopsychisch sind Funktionen, die sich innerhalb des Bewusstseins abspielen. Die ektopsychische Hauptaufgabe des Bewusstseins ist die Auseinandersetzung mit der Umwelt und die Anpassung an diese. In neuen Lebenssituationen wird das Bewusstsein gezwungen, gewisse Eigenschaften zu opfern. Der Mensch legt sich gewissermaßen eine Maske zu. Diese Maske nennt Jung – im Unterschied zur Person – persona (von personare, hindurch tönen). Entsprechend der verschiedenen Strategien für eine Auseinandersetzung entwickelt Jung eine Persönlichkeitstypologie, in der sich die vier Dimensionen Denken, Fühlen, Empfinden und Intuition mit den Merkmalen von Introversion und Extroversion verschränken.

Ähnlich wie Freud kennt also auch Jung eine Verdrängungsleistung des Bewusstseins. Während bei Freud allerdings das Verdrängte ganz aus dem Bewusstsein verschwindet und sich nur noch in sogenannten Freudschen Versagern aus dem Unbewusstsein meldet, bleibt für Jung das Verdrängte präsent. Er nennt die Summe aller nicht zugelassenen Eigenschaften und Möglichkeiten bekanntlich den „Schatten". Der Schatten, die abgespaltenen Persönlichkeitsanteile, bleibt aktiv und zwar negativ, solange es uns nicht gelingt, ihn als notwendigen Gegenpol und als Bestandteil des eigenen Selbst anzuerkennen. Eine wichtige Aufgabe der analytischen Psychologie ist es deshalb, Menschen dazu zu bringen, sich ihrem Schatten, ihren negativen Seiten, zu stellen. Die Schatten wohnen in der Welt des Unbewussten. Jung kennt zwei Arten oder Kategorien des Unbewussten, nämlich einmal das persönliche Unbewusste, das sich ganz und gar aus individuellen Elementen zusammensetzt, und sodann das kollektive Unbewusste, das allen Menschen über alle Nationen und Kulturen hinweg gleich ist. Das individuelle, „persönliche Unbewusste ist für Jung lediglich eine dünne, oberflächliche Schicht". „Die tiefste Schicht, die wir ... erreichen können, ist diejenige, auf der der Mensch nicht mehr ein abgegrenztes Einzelwesen ist, sondern wo er ... mit ... der Menschheit verschmilzt", wo „wir im Grunde mit allem und allen identisch sind" (Jung 1975, 50). Dieses kollektive Unbewusste kann nicht bzw. nicht vollständig ins Bewusstsein gehoben werden.

Damit ist für Jung der psychoanalytische Weg Freuds ungangbar. Die Eigenständigkeit des Unbewussten ist konstitutiv. Ohne das Unbewusste könnte das Ich nicht zum Selbst werden. Denn das Ich bezieht sich nur auf Inhalte des Bewusstseins, dass höhere Selbst integriert in das Ich zugleich die Unbewussten Anteile der Person. Erst dadurch entsteht die Einheit und Ganzheit unserer Gesamtpersönlichkeit. Der bleibende Gegensatz von Bewusstsein und Unbewusstsein ist bei Jung also ein produktiver; aus ihm – wie aus den anderen Polaritäten – gewinnen wir unsere psychische Energie. Nach Freud jedoch stört das Unbewusste ständig das Bewusste und führt so zu einer Psychopathologie des Alltagslebens, denn viele Handlungen erfolgen unbewusst und erscheinen fremdgesteuert. Bei Jung hingegen bleibt der Gegensatz erhalten, weil in Jungs Idee von den Polaritäten beide eine eigenständige und notwendige Funktion haben. Und zwar stehen beide nicht nur in einem komplimentären Ergänzungsverhältnis, sondern – genauer gesehen – in einem kompensatorischen Verhältnis zueinander. Das Unbewusste korrigiert nämlich die Einseitigkeiten des Bewusstseins. Und damit ergibt sich ein ganz wesentlicher Unterschied zwischen der Freudschen und der Jungschen Traumtheorie, der auch religionspsychologisch von Bedeutung ist: Während Freud nach den Gründen für unser Träumen fragt, fragt Jung nach dem Sinn und dem Ziel des Traums. Man kann das die finale im Unterschied zur kausalen Traumdeutung Freuds nennen.

Freud unterscheidet zwischen Traumgedanke und Trauminhalt, wobei die Trauminhalte den eigentlichen Traumgedanken verstellen. Bei Jung hingegen fallen Traumgedanke und Trauminhalt zusammen: „Ich zweifele daran, dass ein Traum etwas anderes sei als das, was er zu sein scheint", heißt es bei ihm. Das Problem ist nicht, dass „der Traum etwas verbirgt; wir verstehen nur seine Sprache nicht" (Jung 1975, 90). Träume sind für Jung unbewusste Spiegelsäle der Seele. In den Träumen melden sich wichtige, vom Bewusstsein abgespaltene Teile der Person. Der Traum formuliert zwar etwas, was im bleibenden Gegensatz zum Bewusstsein stehen bleibt, aber erst das Gegensätzliche zusammen ergibt das Ganze. Dabei sind die persönlichen Erfahrungsanteile des Traums völlig uninteressant, weil sie aus dem Bewusstsein und nicht aus dem archetypischen Unbewussten stammen. Dieses Unbewusste liegt aber – wie Jung sagt – „immer ein wenig jenseits meiner Reichweite"; der Traum ist dem „Bewusstsein immer ein wenig voraus" (Jung 1975, 117). Träume beziehen sich – nach Jung – „immer auf ein Problem des Träumers, das dieser vom Bewusstsein aus falsch beurteilt" (Jung 1975, 118). Im Traum korrigiert und kompensiert das Unbewusste diese Fehlurteile des Bewusstseins. Der Traum verwirrt also die Dinge nicht, wie Freud meinte, sondern entwirrt sie. Allerdings muss der Mensch dazu die Botschaft seines Unbewussten verstehen können. Das gelingt aber nur, wenn der Mensch nicht nur persona, Maske, ist. Wenn nun aber die Maskenhaftigkeit Ursache für seelische Krisen und Probleme ist, dann bedeutet in der (Psycho-)Analyse auch für Jung die Traumdeutung ein ganz wichtiges Mittel. Denn in ihr muss sich der Mensch seiner polaren Gegensätzlichkeit stellen und damit die Energie des Entgegengesetzten, des Unbewussten, der Archetypen für seine Individuation fruchtbar machen. In den Träumen holen Menschen also so etwas wie Lebensenergie und Gestaltungsenergie für ihr Selbst ab.

Träume führen in das Reich des kollektiven Unbewussten. Zur Annahme eines kollektiven Unbewusstseins kam Jung, als ihm Übereinstimmungen in den symbolischen Vorstellungen von Schizophrenen und dem ethnologisch-religionswissenschaftlichen Material über archaische Vorstellungen auffielen. Diese Übereinstimmung über Zeit- und Kulturgrenzen hinweg, so mutmaßte er, konnte unmöglich zufällig sein, vielmehr müssen universelle unbewusste Symbolbildungen vorliegen. Der Unterschied zwischen Schizophrenen und „Gesunden" ist im Grunde nur graduell. Bei Schizophrenen kommen die Teilpersönlichkeiten nur deutlicher und krankhafter zum Ausdruck als bei anderen. Aber alle Menschen haben solche Teilpersönlichkeiten; sie sind Ausdrücke des kollektiv Unbewussten in jedem Einzelnen. Jung nennt diese Teilpersönlichkeiten, die sich der Kontrolle durch das Bewusstsein entziehen, auch „Komplexe". Komplexe im Sinne Jungs sind Ausdruck der Autonomie des kollektiven Unbewussten. Ziel des Menschen nach Freud war es, dass das Ich über das Es und über das Über-Ich herrschen sollte. Psychisch gesund ist ein Mensch dann, wenn all sein Handeln aus dem Ich heraus dirigiert wird. Nach Jung ist das unmöglich, weil eben neben dem Ich, dem Bewusstsein, immer auch die Unbewussten kollektiven Kräfte wirken. Das Ich ist für Jung selbst nur einer unter anderen Komplexen, eben der Ich-Komplex: Wer nur von seinem Ich gesteuert wird, der ist – so Jung – einseitig. Diese Einseitigkeit muss kompensiert werden und zwar durch die Integration autonomer Komplexe des Unbewusstseins ins „Selbst"; Jung nennt diesen Prozess „Individuation".

Die Grundmuster dieses kollektiven Unbewusstseins hat Jung dann als Archetypen benannt: „Ein Archetyp ist ein Typos (ein Geprägtes), eine fest umgrenzte Anordnung archaischen Charakters, die sowohl der Form als auch dem Sinn nach mythologische Motive enthält. In reiner Form begegnen wir mythologischen Motiven in Märchen, Mythen, Legenden und in der Folklore" (Jung 1975, 45f). Archetypen sind also ererbte Urbilder der Seele; sie werden nicht bewusst rezipiert, sondern wirken unbewusst, fast deterministisch. Jung stellt sie in einen Zusammenhang mit den Instinkten: „Das kollektive Unbewusste besteht aus der Summe der Instinkte und ihrer Korrelate, der Archetypen. So wie jeder Mensch Instinkt besitzt, so besitzt er auch Urbilder."

Archetypen sind so etwas wie allgemeinmenschliche Vorgaben, die dann individuell und geschichtlich unterschiedlich ausgestaltet werden können. Die Grundstruktur, der eigentliche Symbolgehalt, bleibt aber hinter den verschiedenen Formen erhalten. Ob man nun die Muttergottes verehrt oder die Große Erdmutter, ist im Grunde gleichgültig, weil jeweils die gleichen Schichten der Kollektivseele angesprochen werden. Hinter den unterschiedlichen Vorstellungen von Muttergottheiten steckt der gleiche „angeborene, allgemein menschliche Mutterarchetypus"; durch ihn werden auch die individuellen Erfahrungen mit den Müttern geprägt. Nach Jung lässt sich die anfänglich chaotisch erscheinende Vielheit von Bildern auf gewisse Motive und Formelemente reduzieren. Archetypen melden sich nicht nur in Symbolen, sondern auch in Träumen und Fantasien. Traumbilder sind also mit Hilfe archetypischer Symbole analysierbar. Weil diese Archetypen überindividuell sind, stellen sie ein „psychologisches Nicht-Ich" (Jung 1960, 98) dar. Damit kann die Individualpsyche natürlich in Konflikte geraten mit dieser Kollektivpsyche. Diese Konflikte sind dann Sinnkrisen und zwar – laut Jung – stets „religiöse Sinnkrisen". Denn die mythisch-symbolischen Archetypen sind der Bodensatz für das Religiöse. Wenn also die Inhalte des kollektiven Unbewussten mythologischer Natur sind und damit religiös, kann Jung auch behaupten, „dass die Seele ‚naturaliter religiosa' ist", d.h., dass sie natürlicherweise eine religiöse Funktion besitze" (Utsch 1998, 158 f). Wenn die Inhalte des kollektiven Unbewussten, die Archetypen, letztendlich religiöser Natur sein sollen, dann wird verständlich, weshalb auch jede psychische Störung letztlich religiös mit verursacht ist. Nach Jung ist der Mensch von Natur aus religiös veranlagt, weil er ein Gottesbild als kollektiven Archetypus in sich trägt. Entsprechend dem Grundcharakter des Unbewussten, eben nicht bewusst zu sein und damit nicht benennbar, bezeichnet Jung den religiösen Archetypen als das „Numinose".

Dieses Numinose ist eine Wirklichkeit jenseits des Willens des Einzelmenschen. Das Bewusstsein kann das zwar negieren und in die Persona eines Ungläubigen oder Atheisten schlüpfen, aber die verborgene religiöse Energie aus dem archetypischen Erbe wirkt gleichwohl unbewusst weiter. Wenn sich nun das Bewusstsein, der Ich-Komplex, gegen diese Energie stemmt, entstehen seelische Störungen. Die Verdrängung des Religiösen führt nach Auffassung Jungs zu Neurosen und Persönlichkeitsspaltungen. Ein areligiöser Mensch kann nicht zur Individuation und zum Selbst kommen, er bleibt im Ich und im Bewusstsein gefangen. Denn Gott ist – so könnte man Jung interpretieren – nichts anderes als der Archetyp des Selbst. Dieser Archetyp setzt Energien für den Individuationsprozess, für die Selbst-Werdung des Menschen frei. Allerdings ist nach Auffassung Jungs dieser Prozess für das einzelne Individuum nicht wirklich vollendbar. Ganz Selbst wird also kein einziger konkreter Mensch, sondern der Inbegriff verwirklichten Selbstes ist und bleibt Gott. Wo jedoch die Energien des archetypischen Selbst positiv ins individuelle menschliche Selbst fließen können, dort kommt es zu inneren Erfahrungen und damit zu echter Religiosität. Diese innere Erfahrung hat – nach Jung – mit Glauben nichts zu tun. Es besteht vielmehr ein tiefer Gegensatz zwischen Glaube und religiöser Erfahrung. Denn verbindlicher Glaube beruht auf einer Zustimmung zu einer Kollektivmeinung, eben zum „Glauben der Väter", zum „Glaubensbekenntnis", zu „Glaubenswahrheiten" usw. Erfahrungen hingegen sind weder allgemein noch objektiv, sie sind vielmehr nur der jeweiligen Person zugänglich. Oftmals würde – so Jung – der Glaube als Schutzschild gegen echte religiöse Erfahrungen aufgebaut und zwar deshalb, weil das Numinose nicht nur geheimnisvoll, sondern auch erschreckend ist. Aber die Hereinnahme dieses Schrecklich-Schönen in das Selbst bereichert und führt zur Individuation.

Der Gegensatz, die Polarität, stellt für Jung quasi ein Weltgesetz dar, das auch für die Gottesvorstellung gilt: Gott ist als polare Einheit vorzustellen, wobei eine dieser Polaritäten die von Furcht und Liebe, von Schrecken und Geborgenheit im Numinosen ist. Eine andere religionsgeschichtlich bedeutsame Polarität wäre die von Gut und Böse. Jung kritisiert nun, dass in der Geschichte des Christentums diese Polarität auseinander gerissen wurde: der liebe Gott einerseits und die Verkörperung des Bösen, der Teufel, andererseits. Innertheologisch gesehen wäre das ein Verstoß gegen die Grundsätze des Monotheismus und psychologisch gesehen eine Abspaltung. Demgegenüber wäre es richtig, Gott als immanenten Gegensatz zu denken. Und zwar nicht nur als Einheit des Gegensatzes von Gut und Böse, sondern auch als die von Männlich und Weiblich (animus und anima). Wenn aber das Gottesbild polar-paradox vorzustellen ist, dann muss die klassische Trinitätslehre als ergänzungsbedürftig angesehen werden. An die Stelle der Trinität tritt bei Jung die Quaternität. Überhaupt ist für Jung die Quaternität, also die Vierheit, das Grundsymbol für Ganzheit, das unbewusst in der Seele des Menschen schlummert. Dieses Ursymbol thematisiert sich in Träumen ebenso wie in ethnologischen und religionsphänomenologischen Materialien oder in den Fantasien psychisch Gestörter. Vor allem im gnostischen Denken einerseits und dann in der Alchemie andererseits entdeckt Jung die Grundfigur dieser Ursymbole.

Wie Gott der Archetyp des Selbst ist, so ist die Quaternität der Archetyp für Ganzheit. Nach beiden sehnt sich der Mensch, weil beide Ursymbole in seiner Seele quasi genetisch verankert sind. Wenn das Selbst ganzheitlich ist, dann muss Gott als Quaternität und nicht als Trinität verstanden werden. Für Jung ist der trinitarische Gedanke ein unnatürliches, künstliches Ordungsschema für Ganzheitlichkeit, und zwar wie es erstens jüngeren Datums ist und zweitens auf der Bewusstseinsebene liegt. Entstanden ist sie als ein Verdrängungsprozess; dieser erscheint theologiegeschichtlich als Aussonderung vermeintlich häretischer Ansichten, tiefenpsychologisch-archetypisch gesehen ging es dabei allerdings um ganz anderes, nämlich um die Verdrängung des Bösen (Schatten) und des Weiblichen (anima) im Gottesbild. Ursprünglich und älter hingegen sei die Viererzahl. Tendenziell sei sie wieder insofern hergestellt, als die kirchliche, d.h. die katholische Tradition, Maria als Gottesmutter inthronisiert habe. Aber diese Wiederherstellung der Quaternität ist unvollständig, weil in ihr der Schatten des Guten, nämlich des Bösen, durch das Dogma von der unbefleckten Empfängnis eliminiert sei. Die Rehabilitierung des Teufels als Personifizierung des Schattens im psychologischen Gottesbild ist notwendig, damit die Ganzheit wirklich ganz wird. Für Jung ist dies keine theologische, sondern eine psychologische oder eine psychohygienische Notwendigkeit. Die Verdrängung des Teufels ist psycho-logisch-archetypisch gesehen identisch mit der Verdrängung einer Einsicht. Nämlich der, dass der Mensch nicht nur gut ist. Menschen sind eben auch schlecht – aktuell und potentiell. Damit der Individuationsprozess gelingt, muss auch diese Seite des Selbst erfahrbar sein.

Der Rekurs auf die Religionspsychologie Jungs und Freuds macht darauf aufmerksam, dass seelsorgerliche Hilfe und Beratung zwar Techniken braucht, aber wichtiger als diese hermeneutische Kompetenz ist. Unzweifelhaft sind vor allem die Methoden der nicht-direktiven, klientInnenorientierten Gesprächsführung ebenso bedeutsam und unerlässlich als erste rasch erlernbare Hilfen wie die trans-aktionsanalytischen Kenntnisse wechselnder Ich-Zustände in Kommunikations- und Interaktionsprozessen. Nach wie vor wird die Gestalttherapie eine bleibende Alternative sein, weil auch sie das Prinzip letztendlicher Selbstheilung von Betroffenen vertritt und weil sie dabei deren leiblich-seelische Ganzheit im Blick behält (Lückel 1981, 193ff). Die teilweise polemischen Invektiven der Gestalttherapie dürften zum großen Teil auf Selbstmissverständnissen beruhen; von einer Vernachlässigung körperlicher Zusammenhänge durch die Psychotherapie jedenfalls kann nicht gesprochen werden, hatte doch bereits Freud in seiner frühen Konversionstheorie der Hysterie gerade die „These von der Erregungssumme ins Körperliche" (Mertens 1996, 48) aufgestellt und die psychischleibliche Bedingtheit der Psychogenese in seiner Entwicklungstheorie betont. Die landläufigen Vorwürfe gegen seine Sexualtheorie wären sicher weniger vehement, wenn Freud die Sexualität leibfeindlich als rein phantastisch-geistiges Geschehen interpretiert hätte, und Beobachtungen wie die Leibreizträume in seiner Traumtheorie erweisen die basale Bedeutung der Körpers in der Tiefenpsychologie.

Hinzu kommt, dass gerade sie es war, die den Anstoß zur Ausbildung einer Psychosomatik z.B. durch G. Groddeck gab (Will 1984).

Auch der systemische Ansatz mit seiner gleichursprünglichen Berücksichtigung von System- und Umweltzusammenhängen neben persönlichen Präpositionen bringt sicher ebenfalls einen praktisch-theologischen Gewinn, weil abstrakter Individualismus dadurch aufgehoben wird. Allerdings in nur halbierter Form, weil auch durch sie die tatsächlich zu fordernde „soziologische Aufklärung" (Karle 1996, 213) nicht gelingt, da die systemischen Theorien keine Gesellschaftstheorien sind und damit keine gesellschafts-politischen Elemente beinhalten. Das ist – wie gezeigt – bei einer kritisch verstandenen Tiefenpsychologie anders. Deshalb sei behauptet, dass die Leistung der neueren therapeutischen und poimenischen Ansätze auch durch die klassischen der Psychoanalyse erbringbar sind – und zwar – wie ich meine – wirkungsvoller, vor allem dann, wenn man weiter auf die konstruktive Macht kritischer Reflexion bauen will. Darin nämlich besteht das einer kritischen Theorie kompatible Grundanliegen der Psychoanalyse, der deshalb nicht – wie in der neueren Diskussion üblich geworden – als seelsorgerliches Paradigma – nebst allen anderen psychotherapeutischen Ansätzen – der Abschied zu geben (Schieder 1994, 27) ist.

Was die Seelsorge noch heute von der Psychoanalyse lernen kann, ist die Notwendigkeit zur tiefenhermeneutischen Erschließung von Lebensgeschichten zum einen und die kritische Rekonstruktion latenter hinter manifesten Äußerungen von KlientInnen zum anderen, also die Suche nach Hintersinn jenseits von Selbsttäuschungen. Beides hat zunächst Konsequenzen für die SeelsorgerInnen selbst und ihre Ausbildung. Die geforderte kritische Selbstaufklärung als Voraussetzung bildungsrelevanten, subjektivitätsfordernden Helfens und Beratens ist es, die terra incognita in einem Selbst zu erkunden. Die Anteile einer Persönlichkeit kann man/frau bekanntlich in einem viergeteilten Fenster darstellen: Das erste Viertel symbolisiert Persönlichkeitsanteile, die dem Menschen selbst, aber auch seiner Umgebung bekannt sind. Dann gibt es Anteile in jeder Persönlichkeit, die einem selbst unbekannt bleiben, aber von anderen beobachtet werden. Selbstverständlich gibt es als drittes auch den gegenteiligen Fall, dass einer Person diese Anteile ihrer/seiner eigenen Persönlichkeit einsichtig sind, von denen die anderen keine Ahnung haben. Und letztlich gibt es den problematischsten vierten Fall, nämlich Persönlichkeitsanteile, die weder die Person selbst noch andere sehen. Keines dieser Fenster darf bei HelferInnen und BeraterInnen blind bleiben, wenn einem Gegenüber substantiell Hilfe zukommen soll.

Mutmaßlich ist der hohe Anspruch im Grunde nur durch Lehranalysen realisierbar, aber die Psychoanalyse gibt unabhängig davon doch gewisse Gesichts-punkte, die der Selbstaufklärung dienen könnten. Einer davon ist sicher die tiefenpsychologische Typenlehre, sofern sie tatsächlich hilft, in der Lebensgeschichte erworbene ‚Einfärbungen' zu durchschauen. Die Jungsche ist dabei wegen ihrer Ontologisierungen weniger geeignet als die dynamische und individualgeschichtlich rekonstruierbare Typenlehre der Psychoanalyse. Zu Recht wurde sie deshalb nicht nur in der Seelsorge, sondern auch in der Homiletik und Religionspädagogik rezipiert. Hilfreich sind auch die tiefenpsychologischen Mechanismen, die zum einem im psychischen Apparat von Personen selbst (z.B. Abwehrmechanismen) als auch im interpersonalen kommunikativen Prozess (Übertragungen usw.) wirken. Dies gilt – wie schon J. Scharfenberg betonte (Karle 1996, 109f) – auch in der helfenden tiefen-hermeneutischen Erschließung von Lebensgeschichten und -situationen. Dabei ist das anzuwenden, was P. Ricœur eine Hermeneutik des Verdachts genannt hat. Eine solche Hermeneutik schützt vor feststellendem Gerede über Subjekte; sie lädt diese vielmehr dazu ein, über solche Verdächtigungen nachzudenken und sich über sie diskursiv auseinander zu setzen. Verdächtigungen werden so zu analytischen Zu-Mutungen, von denen sich Betroffene selbstanalytisch an-muten lassen, um daraus Mut zu sich selbst zu finden. Denn bildungstheologisch grundgelegt können Beratung und Hilfe nur als Selbsttätigkeiten der Betroffenen an- und ausgelegt sein; selbst dort, wo dann, wenn „Betroffenen überhaupt die Kraft und Möglichkeit zur Selbsthilfe ... fehlen, es um (Fremd-) Hilfe zur Selbsthilfe gehen müssen" wird (Pompey/Roß 1998, 217).

Im psychoanalytischen Geschäft gibt es – entgegen dem Anschein und einer landläufigen Mähr – kein hierarchisches Gefälle, denn die Analyse lebt und gelingt einzig durch ihre reflektierende Anerkennung durch den Analysierten; insofern ist dieser selbst der Analytiker, und diejenigen, die momenthaft für ihn stellvertretend diese Funktion wahrnehmen, bleiben im klassischen Sinne MäeutikerInnen. Ein Defizitmodell in einer psychoanalytischen Seelsorge wäre nicht nur kontraproduktiv, sondern ein Widerspruch zu sich selbst. Unter diesem hermeneutischen Gesichtspunkt einer offenen diskursiven Interpretation von Äußerungen hinsichtlich ihrer zusätzlichen Bedeutungsgehalte ergibt sich eine Prävalenz der Psychoanalyse vor der analytischen Psychologie insofern, als letztere von einer archetypischen Universalsemantik ausgeht, die die individuelle Lebensgeschichte und individuelle Bedeutungszuschreibungen nicht anerkennen kann, sondern diese unter die Vorherrschaft ontologischer bzw. phylogenetischer Symbolisierungen zwingt. Erstere hingegen erschließt die gerade besonders bedeutsame Privatsemantik von Menschen, die dadurch in Not geraten sind. Ihr auf die Spur zu kommen ist die therapeutische Wende einer Theologie, die von der vorbehaltlosen Annahme von Menschen durch Gott und dementsprechend durch andere Menschen spricht. Menschen und ihre Lebensgeschichte nur zu archäologischen Identifikationsorten von archetypisch fixierten psychodynamischen Grundbefindlichkeiten zu machen wäre verdinglichtes, feststellendes Tun, das die Betreuten und Beratenen zu Objekten degradieren muss.

Die aufgezeigten religionspsychologischen Differenzen zwischen Jung und Freud haben unmittelbare Konsequenzen für die Wahrnehmung der Funktionen Beratung und Hilfe. Dabei zeigt sich konkret, weshalb die Psychoanalyse für eine kritische Praktische Theologie von bleibender Bedeutung ist. Im Sinne Jungs würden Beratung und Hilfe auf eine unkritische Integration der religiös bestimmten Momente des kollektiven Unbewussten in das Selbst von KlientInnen abzielen. Zugleich wäre – wegen der Ontologisierung religiös bestimmter Archetypen – der Weg zur einer reflektierenden Selbstkritik abgeschnitten. Die Psychoanalyse hingegen macht auf potentielle Gefahren aufmerksam, die die Religion eben auch haben kann, wenn sie als infantile Vertröstung oder als Über-Ich-Bindung oder als ritualisierter Verhaltenskodex vermittelt wird. Wo Strafängste durch Religion ausgelöst werden, tritt – nach Freud – beim gesunden Menschen eine notwendige Abwehr ein, nur der Krankhafte wird sich solchen Religionsformen öffnen. Das führt dann zu jenen Neuroseformen, die man in der gegenwärtigen Neuroselehre als ekklesiogene Neurosen bezeichnet. Abstinenz in Sachen Glauben und Religion können selbstkritisch auch Abwehrleistungen gegen krankmachende Elemente einer kirchlichen und christlichen Praxis sein, die sich nicht ihrem eigenen Bildungsauftrag unterwirft, zur Selbstfindung von Menschen beizutragen. Die subjektförderlichen Elemente der christlichen Tradition hingegen können Impulse auch zur psychischen Befreiung des Menschen bieten. Diese liegen – wie gezeigt – im Rechtfertigungsgeschehen begründet, das dem Menschen seinen Subjektstatus vor- und zugleich aufgibt. Zweifelhaft wird Menschen diese Dialektik von Gegebensein und Aufgegebensein seiner Subjektbildung vor allem in Krisen. Daraus erwächst nicht nur die hohe Relevanz der Kasualien (vgl. 3.5), sondern auch der Begründung wie des Zieles der Funktionen Hilfe und Beratung. Dies sei am Beispiel der Trauerbegleitung exemplifiziert.

5.4 Hilfe und Beratung im Trauerfall

Begleitung, Hilfe und Trost gelten als zentrale Erwartungshaltungen der engagierten wie der distanzierten Kirchenglieder; in ihnen stecken die höchsten Ressourcen für Mitgliedschaftsmotive, und hier entspricht die kirchliche Praxis auch am weitestgehenden der volkskirchlichen Erwartungshaltung (EKD 1997, 176ff). Gelegenheiten und Notwendigkeiten zu trösten gibt es tatsächlich viele: in der Klinikseelsorge, bei Hausbesuchen, in der Konflikt-, Ehe- und Familientherapie und andere mehr, aber keine Situation wird konnotativ so eng mit dem Pastor/der Pastorin als den „berufsmäßigen" Tröstern/Trösterinnen verbunden wie das Umfeld von Tod und Trauer. Dementsprechend wird die Trostfunktion – nach langem konzeptionellem Streit – als eine seelsorgerliche Grundaufgabe wiederentdeckt (Schneider-Harpprecht 1989). Zwar wackelt das Monopol vor allem in den Großstädten, aber landläufig ist das Begräbnis eine kirchliche Angelegenheit geblieben und wird es wohl auch noch auf längere Sicht sein. Zusätzlich sind neue kirchliche Spezialaufgaben entstanden, wie z.B. die von NotfallpfarrerInnen als kirchliche Krisenintervention in Akutfällen. Tod, Trauer und damit zunehmend auch Vereinsamung sind keine sozialen Randphänomene, sondern sie bestimmen die Lebenssituationen vieler Menschen; immerhin müssen mit den Folgen der Verwitwung in der BRD ca. 6 Mill. Menschen leben (Howe 1992, 111; Ginsburg 1990, 301). Dabei kommt es zu den viel beschriebenen „normalen", weil regelmäßigen Trauerreaktionen, aber auch pathologischen Entwicklungen: so weist z.B. eine klinische Studie nach, dass nahezu jede dritte Altersdepression unmittelbar auf einen Partnerverlust zurückzuführen ist (Bron 1989, 162ff). Depressionen scheinen sich überhaupt zu einer neuen Form von Volkskrankheit zu entwickeln (Will 1998).

Trauer hat nicht nur psychische, sondern auch psychosomatische Folgen. Was die medizinische Symptomatik betrifft, so nennt die Literatur folgende psychischen, physischen und sozialen Symptome (Lösel/Ott-Engelmann 1984, 339; Lindemann 1985, 44ff), von denen jeweils mindestens zwei regelhaft vorkommen: 1. Das Seelenleben der Trauernden ist bestimmt von „Angst, Zorn, Schuldgefühlen, Niedergeschlagenheit", vom „Gefühl der Nähe des Verstorbenen, Nicht-Wahrhaben-Wollen des Todes, Warten auf den Verstorbenen" und weiteren Wahrnehmungseinschränkungen. 2. Körperlich drückt sich Trauer in „Merkmalen wie Schlaflosigkeit, Erbrechen, Durchfall, Gewichtsverlust, Appetitverlust, Herzbeschwerden" aus. 3. Es kommen Desozialisierungsphänomene hinzu, wie der Abbruch von sozialen Kontakten, Interesselosigkeit an bisherigen Hobbys usw. sowie eine Feindseligkeit (Lindemann 1985, 59ff) gegenüber anderen, die auch der/die BestatterIn zu spüren bekommt. Trauernde weisen ein deutlich erhöhtes Suchtverhalten auf.

Die professionellen SeelsorgerInnen haben insgesamt offensichtlich ihre liebe Not mit den Trauernden, und die Trauernden in Wahrheit mit ihren BerufströsterInnen. Denn es fällt schon auf, wie wenig PfarrerInnen jenen nachgehen, denen sie bei der Bestattung vermeintlich oder tatsächlich Trost zugesprochen haben. Das liegt auch daran, dass der Kasus Bestattung kein therapeutisch-psychohygienischer, sondern primär ein gesellschaftlich-sozialhygienischer ist. Bestatterinnen und Bestatter sollten sich deshalb über ihr Tun nicht täuschen: es dient weniger den Trauernden in ihrer Trauerarbeit als vielmehr dem Schutz der Gesellschaft: Die Beisetzung ist vor allem eine sozial verordnete und kirchlich organisierte „Beschwichtigungsstrategie"; für die individuelle Arbeit einer Bewältigung trägt sie relativ wenig aus. Bleiben als Zeiten und Orte des Trosts – und damit als Chancen von Alltagsseelsorge – noch die Hausbesuche vor der Bestattung. Allerdings scheinen auch sie in ihrer Wirkung für eine wirklich gelingende Trauerarbeit äußerst beschränkt zu sein.

Die/der Trauernde befindet sich – im Phasenmodell Y. Spiegels gesehen – zu diesem Zeitpunkt in der sogenannten „kontrollierten Phase" der Trauerarbeit (Spiegel 1973, 63ff). Bekanntlich unterscheidet Spiegel aufgrund einer systematischen Zusammenfassung von psychologischen, insbesondere von tiefenpsychologischen Trauertheorien 4 Phasen (Spiegel 1973, 57ff), nämlich die des Schocks, die der Kontrolle, die der Regression und die der Adaption, mit der – der Theorie nach – der Prozess des Trauerns seinen Abschluss finden soll. Die Erstbegegnung der SeelsorgerInnen mit den Trauernden vollzieht sich nur sehr selten in der ersten, in der Regel nur sehr kurzzeitigen Phase, nämlich nur dann, wenn sie zur Überbringung der Todesnachricht herangezogen werden. Regelhafter ist sie in der zweiten; dementsprechend verfügt der/die Trauernde nur über ein eingeschränktes, ganz auf den äußeren Ablauf der Bestattung bezogenes Wahrnehmungsvermögen. Diese psychische Prädisposition der Trauernden verhindert die Wirkung jeder tröstenden Zuwendung – so ernst sie auch gemeint sein mag. Deshalb scheint eine eher pragmatische Orientierung der Pfarrerin/des Pfarrers beim Erstbesuch durchaus angemessen zu sein, auch wenn diese von den Profis gelegentlich als eine narzisstische Kränkung empfunden wird, weil sie ihre Kunstfertigkeiten nicht ausspielen dürfen. Die Tätigkeit des Pfarrers/der Pfarrerin beschränkt sich – abgesehen von den eher gebräuchlichen Informationen über das Bestattungszeremoniell – im Grunde auf das, was jeder und jede auch kann, nämlich geduldig zuzuhören oder ab und an Signale einer Ermutigung von sich zu geben. Gerade das macht möglicherweise die bedrückende Unsicherheit der Situation aus: Man oder frau kann in dieser Situation weder wirklich helfen noch sich hinter dem Schutzwall der eigenen Professionalität verstecken. Die BerufströsterInnen fühlen sich zugleich über- wie auch unterfordert.

Die Selbstbeschränkung auf scheinbar banale Äußerlichkeiten erleben viele als schmerzhaft; vor allem dann, wenn man hohe Therapie- oder Verkündigungsansprüche hat. Im Sinne einer Alltagsseelsorge ist der „small-talk" selbst beim Besuch im Trauerhaus in jedem Fall die bessere Alternative gegenüber jener aufgesetzten Attitüde von Scheinbetroffenheit, wie wir sie allzu oft gerade im kirchlichen Milieu antreffen. Zumindest bei kasuellen Erstkontakten ist ein pragmatischer Umgang mit dem Trauernden/der Trauernden, der sich auf eher technisch-organisatorische Fragen beschränkt, die angemessenere Verhaltensweise. Allerdings sollte der Pfarrer/die Pfarrerin nun nicht meinen, dass sich dadurch „ein weiteres individuelles Bemühen um den Trauernden erübrigt" (Spiegel 1973, 143) habe. Die eigentliche Aufgabe einer nachgehenden Begleitung beginnt erst Tage später, wenn die wirkliche Trauerarbeit ansteht. Trauerarbeit ist ein langer, gelegentlich jahrelanger Weg (Wolf 1991, 25 u. 31f; Ginsburg 1990, 40ff), und er bedarf langfristiger Begleitung. Das Dilemma dabei ist, dass wegen sozialer Tabuisierungen in der Regel gerade diese therapeutisch notwendige Anteilnahme ausbleibt: „Die Erfahrung der meisten Trauernden ist, dass dann, wenn sie die Unterstützung der Umwelt am meisten brauchen, niemand da ist" (Wolf 1991, 101). Von Ausnahmen abgesehen, entziehen sich auch viele SeelsorgerInnen dieser Herausforderung (Spiegel 1973, 155f).

Die Gründe für die Unfähigkeit vieler professioneller SeelsorgerInnen zum nachhaltigen und subjektförderlichen Trösten liegen u.a. auf der Kommunikationsebene, auf der Beziehungsebene, auf der Wahrnehmungsebene oder auf der Wissensebene. Letzteres scheint auch weiterhin eine wesentliche Rolle zu spielen, auch wenn heute – wie M. Schibilsky zu Recht beklagt – alle Theologie und Sozialpädagogik Studierenden „die Phasen des Trauerns nach Yorick Spiegel ... wie einen sozialen Automatismus auswendig" (Schibilsky 1989, 91; Pisarski 1983) gelernt haben. Zweifelsfrei bedarf es dieses Berufswissens, aber was einst als seelsorgerlicher Kompetenzgewinn gedacht war, zerrinnt u.a. wegen seiner formalisierten Anwendung. Hinzu kommen weitere „theorieimmanente" Gründe, nämlich z.B. der, dass sich die tatsächliche subjektive Trauer „dieser Regelhaftigkeit entzieht" sowie der, dass das Spiegelsche Phasenmodell selbst nur einen Teil des komplexeren Trauervorgangs beschreibt. Hinzu kommt, dass das Modell Prämissen enthält, die zu überprüfen wären. Diesbezüglich seien drei Bedenken kurz angedeutet: Stufen- und Phasenmodelle wie dieses suggerieren erstens stets einen kontinuierlichen, irreversiblen Übergang von einer niederen auf eine höhere Stufe als Norm für gesunde Trauerarbeit. In Wirklichkeit kommt es jedoch immer wieder zu Rückfällen und Wiederholungen, die durchaus nicht als pathologische Abweichungen von einem normalen Trauerprozess, sondern als individuelle Verarbeitungsstrategien aufgefasst werden können und müssen. Das Phasenmodell von Spiegel übersieht zweitens den Einfluss von Persönlichkeits- und Charakterstrukturen für die individuelle Trauerarbeit: Ein hysterischer Charakter wird anders trauern als ein depressiver, und ein zwanghafter anders als ein schizoider. Wie wichtig die Berücksichtigung von Persönlichkeitsprofilen bei begleitender Trauerarbeit ist, erweist sich, wenn sich im Gespräch zwischen Trauernden und Tröstenden das ganze psychodynamische Drama von Übertragungen und Gegenübertragungen abspielt. Was passiert, so müsste man sich z.B. fragen, wenn ein/e depressiv grundgestimmte/r Tröster/in auf eine/n hysterisch Trauernden/e trifft usw. Problematisch erscheint drittens, dass die mechanistische Anwendung von Phasen- oder Stufenmodellen den authentischen Blick auf den/die Andere/n in seiner/ihrer jeweiligen Besonderheit und Bedürftigkeit (Luther 1992, 62ff) einschränkt, weil er bzw. sie je schon klassifiziert und damit in den Griff genommen ist. Dabei müssen wir davon ausgehen, „dass der Trauerprozess hochgradig individuell in Abhängigkeit von sehr unterschiedlichen Lebensbedingungen verläuft" (Howe 1992, 107) und es deshalb „so gut wie unmöglich ist, dieses komplexe Phänomen zu systematisieren" (Howe 1992, 95). Die Unfähigkeit des Pfarrers/der Pfarrerin zu trösten liegt so vermutlich wohl weniger in mangelhaften Kenntnissen begründet, als vielmehr – so vermute ich – auf der Ebene der Wahrnehmung einschließlich der der Selbstwahrnehmung.

Zu den mutmaßlichen Wahrnehmungsfehlern gehört, dass viele PfarrerInnen nicht die szenische Inszenierung beachten, unter der ein Hausbesuch im Trauerfall steht. Die Charakterisierung des Hausbesuchs anlässlich eines Trauerfalls als szenische Inszenierung besagt, dass in ihm vorgängige Muster wiederkehren, die den möglichen Interaktionsrahmen eines kommunikativen Handelns – und darum handelt es sich im Trost – bestimmen (Goffmann 1969). „Die Einzelsegmente der Szene haben ihre Bedeutung nur im entfalteten System des Sinnzusammenhangs der ganzen Szene" (Wellendorf 1979, 23). Dieser Sinnzusammenhang kann 1. entweder institutionell oder durch Tradition und Gewohnheit vorgegeben oder bzw. und 2. durch individuelle Sinnsetzungen der Beteiligten produziert sein. Zu vermuten steht, dass sich im szenischen Arrangement eines Trauerbesuchs beides mit- bzw. gegenspielt: sowohl kollektive Grundmuster als auch individuelle. Daraus folgt zweierlei, und beide Folgerungen widersprechen sich, was die besondere Unsicherheit dieser Situation für beide Seiten ausmacht: Die erste Inszenierung erfolgt durch den sozial vermittelten Brauch, in dem bereits Handlungsmuster und Rollen kulturell oder institutionell festgelegt sind; hier scheinen

PfarrerInnen auf festem Boden zu stehen; er/sie beherrscht Formalia, Rituale und Agenden, und in den Köpfen der anderen öffnet sich sozusagen das entsprechende Rollenbuch.

Der Tradition als erstem, kollektivem Regisseur tritt aber als konkurrierender zweiter, individualisierter Inszenator die Person des/der Trauernden entgegen bzw. zur Seite (Lindemann 1985, 85ff u. 132ff). Inszenierung meint hier, dass im Trauergespräch bedeutungsvolle Mitteilungen oft nicht direkt, sondern indirekt durch szenisches Arrangieren gemacht werden. Der/die Trauernde spielt dabei eine Rolle, die sowohl für ihn/sie selbst als auch seinen/ihren Partnern/innen unverständlich ist und die „nicht mit der Szene, in der er aktuell und bewusst handelt, identisch ist" (Wellendorf 1979, 41); darüber wird noch zu sprechen sein. In dieser Inszenierung jedenfalls haben die Trauernden – unbewusst und doch wirksam – die Fäden in den Händen, so hilflos sie auch wirken. Viele PfarrerInnen wollen sich dadurch Sicherheit schaffen, dass sie – auf vorbewusste Weise – ausschließlich die erstgenannte Inszenierung als verbindlich erklären. Sie stellen deshalb die Besprechung der Agende in den Vordergrund (Krusche 1978, 162). Aber sie machen sich damit noch unfähiger, die Betroffenen tatsächlich wahrzunehmen – und zwar gerade auf einer Kommunikationsebene, wo sie indirekt sprechen, weil sie eben noch nicht wieder direkt sprechen können. In der Regel dürften die szenisch verschlüsselten Botschaften erst später ansprechbar sein. Nicht zuletzt deshalb ist eine kontinuierlichere Betreuung sinnvoll. Beim Erstkontakt gilt es, die aktuellen Äußerungen der Trauernden so wahrzunehmen, wie sie tatsächlich sind: vorläufig richtig und zugleich vorläufig falsch (Lorenzer 1976, 111). Dazu muss die Fähigkeit zu szenischem Verstehen (Lorenzer 1976, 111) entwickelt werden.

In dem von Trauernden bzw. durch die Tradition inszenierten Interaktionsrahmen kann es erstens zu einer Missinterpretation der eigenen Rolle kommen. Zu den Trost verunmöglichenden Wahrnehmungsfehlern zählt zweitens sicher auch die Fehlinterpretation von direkten sowie szenisch vermittelten Aussagen der Betroffenen, weil die an Texten geschulten FachhermeneutikerInnen die Hermeneutik interaktiv mitgeteilter und oftmals verstellter Botschaften nicht zureichend beherrschen. Solche beinhalten nahezu regelhaft z.B. Selbstbezichtigungen, eine Glorifizierung des toten Partners und anderes mehr. Diese Äußerungen enthalten jeweils versteckte Mitteilungen. Um den eigentlichen Gedanken hinter den Äußerungen zu entschlüsseln, müssen die in ihnen steckenden Abwehrstrategien erkannt werden können. Trauernde fragen z.B. regelmäßig nach dem Sinn des Todes und dem Sinn ihres Lebens. Allzuleicht wird diese Sinnfrage durch den professionellen Sinnvermittler missinterpretiert. Die Frage der Trauernden zielt nun in der Regel nicht – wie man im Anschluss an Berger/Luckmann vermuten könnte – auf jene „symbolische Sinnwelt", die „den Menschen vor dem absoluten Grauen" schützt und „die menschliche Urangst mildert" (Berger/Luckmann 1982, 109). Sie stellt auch nicht eine Form der klassischen Theodizeefrage dar, selbst dann nicht, wenn sie explizit als solche formuliert wird. Ebensowenig äußert sich in ihr ein grundständiges religiöses Bedürfnis nach Halt und Sinnorientierung oder nach Belehrung über Auferstehung und Unsterblichkeit. Zwar werden regelmäßig auch religiöse Fragen von Trauernden angesprochen, aber das sollte man nicht überinterpretieren. Allzu häufig stellen sie eine Reaktion auf eine vermutete Erwartungshaltung beim geistlichen Besucher dar, und dazu wird „Konfirmanden-Wissen" bzw. „-Unwissen" wiederbelebt; dies umso mehr, als die Regression ja eine typische Erscheinung im Trauervorgang ist. Der Besuch des Pfarrers oder der Pfarrerin lässt vergangene Interaktionsmuster wiederholen (s.o.).

Der eigentliche Charakter der Frage nach dem Sinn von Tod und Leben im Trauerprozess wird deutlich, wenn man sich vergegenwärtigt, dass der Tod des Partners/der Partnerin auch eine Krise der bisherigen Lebensgeschichte und ihrer Interpretation bedeutet (Krusche 1978, 172). Die Frage nach dem Sinn hat in der Regel keine metaphysische oder laientheologische Bedeutung, sondern einen psychohygienischen Sinn. Um auf seine Spur zu kommen, gehe ich von einer häufig gemachten Beobachtung aus. Auffällig ist, wie regelmäßig Trauernde bestimmte offensichtlich für sie bedeutsame Ereignisse des gemeinsamen Lebens wiederholen, so dass wohlmeinende Angehörige sich genötigt sehen, den Seelsorger/die Seelsorgerin vor derartigen Wiederholungen zu schützen: „Mutter, das hast du dem Herrn Pfarrer doch alles schon erzählt." Dieses wiederholende Erzählen muss nun im bereits genannten Sinne als eine szenische Inszenierung betrachtet werden. Diesbezüglich hat A. Lorenzer darauf verwiesen, dass derartige Kreiserzählungen szenische Ausdrücke von Verdrängungsleistungen sind oder zumindest sein können: „Die Wiederkehr des Verdrängten zwingt ... dazu, in immer gleicher Weise szenisch zu agieren" (Lorenzer 1976, 87). Der Sinn derartiger szenischer Verschlüsselungen ist niemals augenscheinlich, deshalb bedarf es der bereits genannten Fähigkeit zum szenischen Verstehen. Denn solange die eigentliche Botschaft nicht erkannt ist, kann auch keine Hilfe zur Trauerarbeit geleistet werden. Die Selbstbeschränkung auf ein bloßes ungehemmtes Erzählenlassen und Zuhören (Krusche 1978, 171) ist noch keine Seelsorge und das bloße Erinnern noch kein Durcharbeiten – aber darauf käme es ja – zumindest langfristig gesehen – gerade an.

Retardierende Erzählungen sind also als szenische Arrangements zu betrachten. Das zwanghaft wiederholte Erinnern ist eine Regression, mithin also eine Abwehrleistung des psychischen Apparats. Allgemein ist man nun geneigt, diese als ein die Trauerarbeit verhinderndes oder zumindest doch behinderndes Phänomen zu betrachten. Wir können uns aber auch fragen: Was könnte der positive Sinn derartiger Abwehrmaßnahmen sein? Welche psychohygienische Funktion haben sie? M. Balint hat insbesondere für die Regression darauf verwiesen, dass sie auch die Funktion einer partiellen Selbstheilung hat (Balint 1970, 145ff). Jenseits der individuellen Bedeutungsnuancen haben Regressionen den allgemeinen Sinn einer Rückfrage an die zukünftige Tragfähigkeit jener Ereignisse, die bisher als sinnstiftend für die Interpretation des eigenen Lebens angesehen wurden. Der /die Trauernde reflektiert in ihnen auf den lebensgeschichtlichen Grund seiner/ihrer bisherigen und zukünftigen Selbstinterpretation (Parkes 1978). In ihren Kreiserzählungen versuchen Trauernde, sich die Frage nach dem Sinn des Lebens selbst zu beantworten. Für sie geht es dabei um die biographische Reorganisation ihrer Identität; mithin um ein Problem, das ihnen als solches überhaupt noch nicht bewusst geworden ist, das sich ihnen aber zwangsweise stellt und das von ihnen akut angstvoll antizipiert wird.

Die vermeintlich religiös aufgeladene Frage nach dem Sinn erweist sich bei näherem Zuhören als die nach der lebensgeschichtlichen Identität; dabei beinhaltet sie manchmal scheinbar Banales, meist aber Substantielles. Nicht wenige verbinden die Frage nach dem Sinn des Lebens z.B. mit der nach ihrer ökonomischen Absicherung. Das erscheint denjenigen vielleicht banal, die die soziale Lage von Verwitweten – insbesondere aus kleinen Verhältnissen – nicht kennen (Vaskovics/Buba). Oft deuten sich – besonders bei älteren Frauen – dramatische Veränderungen an, die ein Seelsorger als Angstpotential kennen sollte. Andere Botschaften hinter der Frage nach dem Sinn könnten lauten: Welche Optionen für gelingendes Leben stehen mir noch offen? Was bedeutet das Gewesene als nunmehr definitiv abgeschlossene Vergangenheit für meine Zukunft? Unter welchen verlässlichen Perspektiven kann ich jetzt noch meine eigene Lebensgeschichte neu so verstehen, dass ich meine soziale und personale Identität und Kontinuität bewahren kann? Woher soll mir Hoffnung kommen, wenn mir der Grund meiner bisherigen Glückserwartungen unwiederholbar entzogen ist?

„Die Traurigkeit der Welt wirkt den Tod" (2. Kor 7,10) – das ist nicht nur eine theologische Weisheit, sondern auch eine empirisch-statistisch feststellbare Tatsache. Wo Trauerarbeit nicht gelingt, sondern sich Resignation und Hilflosigkeit breitmachen, dort liegt der eigene Tod nahe: Die Sterblichkeit der Witwer ist in Halbjahresfrist, die der Witwen in Jahresfrist gegenüber den gleichaltrigen Verheirateten signifikant hoch (Geuß 1992, 112ff; Stroebe 1980, 3ff) – eine Tatsache, die übrigens für jüngere noch mehr gilt als für ältere Menschen (Stroebe 1980, 21f). Was die Umgangssprache das „Nachsterben" nennt, hat unter Psychologen den Namen des „Kummer-Effekts" erhalten. Die Frage nach dem Sinn des eigenen, vereinsamten Lebens ist eine zutiefst existentielle Frage, nämlich die nach der eigenen Überlebenschance. Diese Frage stellt sich übrigens – so zeigen Untersuchungen – unabhängig davon, ob der verlorene Partner geliebt oder gehasst wurde. Der Tod eines verhassten Lebenspartners löst dieselben Identitätserschütterungen aus wie der eines geliebten.

Nicht nur die Sterbenden ziehen also ihre Lebensbilanz (Lückel 1981, 49ff), sondern auch die Zurückbleibenden. Denn Trauernde suchen – wie wir sahen – den tragfähigen Grund für ihr Leben zunächst und vor allem in diesem selbst und nicht jenseits davon. Dieses Interesse der Trauernden muss der/die Seelsorgende ernst nehmen; er/sie darf insofern nicht einem Rat von Manfred Seitz folgen und sich die individuelle Lebensgeschichte der Trauernden nur deshalb erzählen lassen, um „die erinnerte Biographie ... mit dem biblischen Zuspruchswort" (Seitz 1990, 139) verbinden zu können. Solche taktischen Ratschläge sind meines Erachtens pastoralpsychologisch ruinös. Sie begründen 1. nicht nur die faktische

Trostlosigkeit eines pseudoseelsorgerlichen Mühens, sondern sie machen sich – bewusst polemisch formuliert – 2. mitschuldig am Nachsterben derer, denen sie eigentlich jenen Gott verkündigen wollten, der nach Paulus Geduld und Trost gibt (Röm 15,5). Ich befürchte, dass gar mancher/manche, der/die die Verkündigungsaufgabe auf sein/ihr Banner geschrieben hat, psychodynamisch gesehen in Wirklichkeit eine Verdrängungsleistung vollbringt. Und ich fürchte sogar, dass die Theologie dazu Vorschub leistet, wenn sie sich nur als Lehre vermittelt und sich nicht der Aufgabe einer Persönlichkeitsbildung von jungen Theologen und Theologinnen stellt. Eine nur abstrakt akzeptierte Vorstellung von einem neuen Leben nach dem Tod, die von ihrem Ansatz her ja eine Hoffnungsbotschaft sein will, gerät allzu leicht in die Fänge eines hidden curriculum und bewirkt faktisch Hoffnungslosigkeit, weil sie die persönliche Trauerarbeit ersetzt. Ein Fehler, der übrigens in vielen Beerdigungspredigten gemacht wird, die allzu rasch zur Verkündigung der Auferstehungshoffnung übergehen. Und 3. müssen derartige Ratschläge zwangsläufig zu Wahrnehmungsfehlern führen, weil nicht die individuelle Trauersituation, sondern das allgemeine biblische Trostwort Priorität hat.

Seelsorge, die ihren Namen ernstlich verdient, muss zu erneuertem Leben anstiften. Denn wo Trauerarbeit wirklich gelingt, dort wird Verwitwung nicht bloß pathologisch als Einschränkung und Verlust interpretiert, sondern – wie die Gerontopsychologie zeigt – auch unter dem „Aspekt einer neu gewonnenen größeren Selbständigkeit, Freiheit und Unabhängigkeit" (Fooken 1990, 69) positiv gewertet. Ursächlich dafür ist, dass psychohygienisch gesehen die Trauerkrise unbewältigte andere Krisen reaktiviert und damit die Möglichkeit für deren erneute Durcharbeitung eröffnet (Stubbe 1985, 280f). Solche wären z.B. verdrängte Konflikte mit dem/der verstorbenen Partner/in, die unaufgearbeitet als Schuldvorwürfe wiederkehren, die aber auch thematisiert und endlich bewältigt werden können. Zu denken wäre auch an andere noch nicht vollständig verarbeitete Trauersituationen, wie der Verlust der eigenen Eltern, die Abkehr der eigenen Kinder u.v.m. Echte Krisenintervention meint hier, derartige Durcharbeitungen anzubahnen und zu begleiten. Krisen und Konflikte müssen dazu aber aus- und angesprochen werden. Solche therapeutische Stimuli fehlen jedoch weitgehend, weil das soziale Umfeld – aus Gründen vermeintlicher Schonung – krampfhaft vermeidet, den Tod und die Toten zu erwähnen (Ginsburg 1990, 36ff). Pfarrerinnen und Pfarrer sind hier sozial sanktionierte TabuverletzerInnen. Deshalb ist es ihnen gegeben und aufgegeben, zur Sache zu kommen, statt zu vertrösten.

Die ideologiekritische Aufgabe in den Grundfunktionen von Beratung und Hilfe liegt u.a. in der Aufklärung von Lebenslügen. Gerade der Trauerfall ist ein besonderer Anlass zum Aufbau solcher Lebenslügen. Viele SeelsorgerInnen können sich jedenfalls diesem Eindruck nicht entziehen. Eine Strategie dabei ist die Glorifizierung des/der Toten durch die Verbliebenen. Viele Alleingebliebene neigen dazu, die Vorzüge des/der Toten und die Harmonie der nun zerstörten Ehe zu betonen. Auf den ersten Blick scheinen sie damit die besondere Härte des Verlustes dieser einzigartigen, geliebten Person zu erklären. Auch hier legt sich zunächst nahe, die Erzählung für bare Münze zu halten. Denkbar ist allerdings auch, dass die Witwe/der Witwer in Wahrheit höchst negative Gefühle gegenüber dem/der Toten hat und hatte. Hinter dieser Vertauschung eines ursprünglich negativen Impulses durch einen positiven könnte – abwehrtheoretisch gesehen – eine sogenannte Reaktionsbildung stehen. Sie kann sich mit dem als „Ungeschehen-machen" genannten Abwehrmechanismus vermischen, wenn die ursprünglichen negativen Gefühle gegen den/die Tote/n psychohygienisch als ursächlich für eben diesen Tod betrachtet, also – wie oben – mit Schuldgefühlen verbunden werden. Wenn dem so ist, dann wäre weder eine Relativierung der Glorifizierung („Kein Mensch ist vollkommen", „Letztlich sind wir doch alle Sünder" u.Ä.m.) noch ihre pseudoseelsorgerlich-stabilisierende Bestätigung hilfreich; hier muss vielmehr – im Sinne der Betroffenen – nachgebohrt werden.

Es wäre nun aber ein falsches mechanistisches Denken von pastoralpsychologisch Halbgebildeten, in Selbstvorwürfen oder Glorifizierungen stets das Gegenteil des Geäußerten zu mutmaßen. Vielmehr bedarf es genauer Beobachtung und gezielter Rückfragen, wenn sich Symptome erkennen lassen, die auf derartige, die Trauerarbeit nicht fördernde, sondern behindernde Abwehrleistungen hinweisen. Äußerungen von Trauernden haben – im Vergleich zu ‚normalen' Gesprächen – mehr Hintersinn, als dies augenscheinlich wird. Tröstliches Wahrnehmen bedeutet dann, sich und die Trauernden auf die Spuren dieses Hintersinns zu setzen. Dazu bedarf es u.a. auch einer Kenntnis der klassischen Abwehrmechanismen. Abwehrmechanismen sind Strategien des Ichs zum Selbsterhalt, sie treten bei einer Bedrohung der Ich-Identität des Menschen durch krisenhafte Erfahrung auf, also auch beim Tod eines Partners. Abwehr ist zunächst ein ganz normaler Vorgang im Haushalt des Ichs. Erst beim Vorliegen von Symptombildungen müssen sie als pathologisch angesehen werden.

Die Tiefenpsychologie (Freud 1969; Elhardt 1971; Moser 1964) unterscheidet bekanntlich u.a. folgende Abwehrmechanismen: 1. Die Verdrängung. Unter einer Verdrängung ist die Verhinderung oder Blockierung des Zugangs einer angstmachenden Vorstellung oder Affektregung ins Vorbewusste oder Unbewusste zu verstehen. Verdrängte Impulse wirken unbewusst aber weiter und führen zur Wiederkehr des Verdrängten. Hinterbliebene neigen dazu, Verzweiflung, Angst, aber auch Wut nicht zuzulassen und können deshalb nicht produktiv trauern. 2. Die Identifikation. Identifikationen liegen vor, wenn Motive, Anschauungen, Meinungen, Befehle oder Verhaltensweisen einer anderen Person unmittelbar übernommen und zu eigenen gemacht werden. Identifikationen sind Internalisierungen ins Über-Ich. Bei Partner- oder Elternverlust wird die Trauerarbeit oft durch derartige Identifikationen geleistet, was – vor allem bei Kindern – zu Charakterfehlentwicklungen führen kann. In der Gestalttherapie Pearls ist allerdings die Identifikation ein zentrales therapeutisches Moment – allerdings im Sinne einer integrativen Selbstidentifikation. 3. Die Introjektion. Eine Introjektion ist eine besondere Form der Identifikation, die allerdings nicht im Über-Ich, sondern im Ich vorgenommen wird. Hier liegt eine völlige Verschmelzung des eigenen und des fremden Ichs vor.

4. Die Identifikation mit dem Aggressor. Dieser Abwehrmechanismus ist eine Sonderform der Identifikation; ihr liegt die Abwehr von Schuldgefühlen zugrunde. Erlebt man in einer hilflosen Situation wie der Trauer das Gegenüber als feindlich, so kann es zu dieser Abwehr kommen. 5. Die Projektion. Bei der Projektion werden eigene Impulse auf andere übertragen und bei diesen wahrgenommen; so empfindet man ein Gegenüber z.B. – entgegen den Tatsachen – als aggressiv, weil man selbst aggressive Impulse verfolgt. 6. Die Reaktionsbildung. Bei diesem Abwehrmechanismus wird der gegenteilige Antrieb mobilisiert, an die Stelle von Freude tritt Trauer oder umgekehrt. 7. Die Verschiebung. Bei der Verschiebung wird das ursprüngliche Objekt einer Triebregung vertauscht. So können Aggressionen, die man gegenüber dem/der Verstorbenen – oder bei Kindern gegenüber dem überlebenden Elternteil – hat, verschoben und damit ausgelebt werden. 8. Die Rationalisierung. Bei der Rationalisierung werden Triebimpulse mit intellektuellen nachvollziehbaren Pseudogründen legitimiert. 9. Die Regression. Die Regression ist ein Rückschritt in der bisherigen, sich progressiv vollziehenden Entwicklung. Eine bereits überwundene Entwicklungsphase wird wieder akut. Eine Person, die z.B. auf Partner- oder Elternverlust mit Fresssucht reagiert, regrediert auf eine regressiv-orale Phase; das Essen wird zum Liebesersatz.

10. Die Verleugnung. In der Verleugnung wird behauptet, dass ein Ereignis – also z.B. der Tod oder die infauste Prognose – überhaupt nicht stattgefunden hat. Die äußere Realität ist zu keiner inneren geworden, sie ist aus der Erlebnisverarbeitung ausgeschaltet. 11. Das Ungeschehenmachen. Bei diesem Abwehrmechanismus werden Handlungen ausgeführt, die den vermeintlich angerichteten Schaden wieder beheben sollen. Die Stilisierung eines Toten oder die besondere Sorge um seine Grabpflege können sich in diesem Abwehrmechanismus begründen. 12. Die Isolierung. In der Isolierung wird ein Affekt aus dem sonstigen seelischen Gesamtgeschehen ausgeschlossen. Dieser Mechanismus wirkt in der zweiten Phase des Trauerprozesses (s.o.). 13. Die Wendung gegen die eigene Person. Hier werden Triebimpulse, die man gegenüber einem Objekt, also z.B. den Eltern hatte, auf das eigene Selbst zurückgebogen. 14. Die Konversion. Die Konversion ist eine Form der Somatisierung; hier werden nicht akzeptierte Affektregungen körperlich umgesetzt. Hysterische Reaktionen auf Trauernachrichten stellen z.B. eine Form der Konversion dar. 15. Die Sublimierung. Hier werden Impulse, die dem Ich nicht gemäß sind, auf ichgemäße Objekte abgelenkt und in sozial hochstehende Formen umgedeutet. Der Trauernde fängt z.B. an zu malen, zu dichten, Tagebuch zu schreiben u.Ä.

Die Funktion von HelferInnen und BeraterInnen in Trauerfällen als TabuverletzerInnen und geschwisterliche KritikerInnen an Lebenslügen erscheint auf den ersten Blick pietätlos und unsolidarisch gegenüber den Betroffenen. Doch es gibt keine therapeutisch wirksamen und bildungsmächtigen Alternativen dazu. Die Gesprächspsychotherapie hat gezeigt, wie wichtig Echtheit und wie kontraproduktiv Fassadenhaftigkeit sind. R. Tausch und A. Tausch haben – im Anschluss an Rogers – die zentralen Dimensionen einer Begegnung von Mensch zu Mensch benannt, die eine positive Entwicklung des Selbstkonzepts und die Selbstachtung der Gesprächspartner fördern bzw. hemmen können und die insofern für Tröstungen höchst relevant sind. Diese Ebenen sind: a) die Dimension „Achtung, Wärme, Rücksichtnahme versus Mißachtung, Kälte, Härte" – sie bezieht sich auf die Anerkennung des Gegenübers als Person; b) die Dimension „vollständig einfühlendes Verstehen versus nichteinfühlendes Verstehen" – in ihr geht es darum, sich in die innere Welt des Gegenübers, sein Fühlen, sein Werten, seine Hoffnungen und Perspektiven einzufühlen und seine innere Erlebniswelt zu erfassen; c) die Dimension „Echtheit, Übereinstimmung, Aufrichtigkeit versus Fassadenhaftigkeit, Nichtübereinstimmung, Unechtheit" – diese Dimension hat es mit der Selbstdarstellung der SeelsorgerInnen zu tun. „Echtheit ergibt zusammen mit Achtung und Verstehen das Klima, in dem Personen als wirkliche Personen miteinander leben können, ohne Fassade, ohne Maske, ohne Panzer ... Echtheit bedeutet in erster Linie: Äußerungen, Verhalten, Maßnahmen, Gestik und Mimik einer Person stimmen mit ihrem inneren Erleben, ihrem Fühlen und Denken überein" (Tausch/Tausch 1977, 215). Damit entspricht die Dimension der Echtheit weitgehend dem, was E. Fromm (Fromm 1979, 110f) unter dem Modus des Seins im Gegensatz zum Modus des Habens verstanden hat.

Geht man – pastoralpsychologisch halbgebildet – einseitig von der letzten Dimension aus, so scheint es durchaus Sinn zu machen, nachdrücklich anstelle der professionalisierten, formalisierten und aufgesetzten Schein-Empathie tatsächliche – oder wie man heute so gerne sagt, „echte" – Betroffenheit zu fordern. Man/frau könnte dann auf besondere Fähigkeiten und Kenntnisse leicht verzichten, weil man sich bloß als Person einbringen müsste. Denn diese – so ist zu mutmaßen – wäre für ein neues Selbstkonzept der Trauernden und damit für deren Trauerarbeit hilfreich. Die Unfähigkeit von PfarrerInnen zu trösten läge dann gerade in ihrem professionalisierten Herangehen – sei es nun als VerkündigerInnen oder als virtuose PsychomanagerInnen. Gegenüber solchen Echtheitsideologien und -fetischismen sei Skepsis angemeldet, weil dieser Vorschlag äußerst ambivalent ist. Wie man weiß, kann fehlende persönliche Distanz im Wechselspiel von projizierten Übertragungen und Gegenübertragungen zur Kommunikationsunfähigkeit und zur Hilflosigkeit des Helfers/der Helferin führen. Wenn der/die PfarrerIn ihre/seine eigenen Gefühle ausagiert, dann steht er/sie in der Gefahr, in der Trauer der anderen nur seine/ihre eigene und nicht eine fremde zu sehen, und er vermag deshalb „der Trauer der Angehörigen nicht den notwendigen Raum" (Schibilsky 1989, 162) einzuräumen. Das Trauergespräch wird so zum Selbstgespräch der sorglos Seelsorgenden.

In ihrem Hang zu sorgloser Vertröstung reden auch TheologInnen gerne alltagsüblichen Unsinn, indem sie die psychohygienisch produzierten Phantasien der Trauernden über ein Weiterleben der Toten positiv verstärken. Der Unsinn ist ein doppelter: Psychologisch ist das Unsinn, weil sie „dem Wunsch ... nach Fortsetzung der Beziehung zu dem Verstorbenen im Dogma der Unsterblichkeit Rückhalt" (Lindemann 1985, 55) geben. Dadurch wird aber die – im Trauervorgang zwanghafte – Fixierung auf den verstorbenen Partner eher verstärkt als aufgehoben. Theologisch ist es Unsinn, weil es eben dieses vorgebliche Dogma von der Unsterblichkeit der Seele überhaupt nicht gibt und biblisch gesehen ja auch nicht geben kann. Die leichtfertige, vertröstende Rede von der Unsterblichkeit scheint theologisch unsinnig und eher eine Affirmation an die allgemein gesellschaftliche (Josuttis 1982, 121ff) wie an die konkret individuelle Verdrängung des Todes zu sein. Die theologische Wahrheit von der Radikalität des Todes (Jüngel 1971, 57ff) hingegen stimmt mit dem psychologisch notwendigen Entwicklungsschritt überein: Die Einsicht in das Totsein und -bleiben der Toten befreit zur Lebensbejahung.

6. Literaturverzeichnis

Adam, G./Lachmann, R. (Hg.) (1984): Religionspädagogisches Kompendium, Göttingen
Adam, G./Lachmann, R. (Hg.) (1987): Gemeindepädagogisches Kompendium, Göttingen
Adorno, Th.W. (1962): Theorie der Halbbildung, in: Adorno, Th.W./Horkheimer, M.: Soziologica II, Frankfurt am Main, S. 163 ff
Adorno, Th.W. (1966): Negative Dialektik, Frankfurt am Main
Adorno, Th.W. (1973): Studien zum autoritären Charakter, Frankfurt am Main
Affemann, R. (1965): Tiefenpsychologie als Hilfe in Verkündigung und Seelsorge, Stuttgart
Albertz, J. (Hg.) (1981): Aufklärung und Postmoderne – 200 Jahre nach der französischen Revolution das Ende aller Aufklärung? Berlin
Albrecht, H. (1982): Arbeiter und Symbol. Soziale Homiletik im Zeitalter des Fernsehens, München
Albrecht, H. (1985): Predigen: Anregungen zur geistlichen Praxis, Stuttgart
Aldebert, H. (1990): Christenlehre in der DDR, Hamburg
Alehrs, B. (1977): Die Unterscheidung von Theologie und Religion, Gütersloh
Ammermann, M. (1997): Subjekt, Logik, Empirie. Grundlegung und Möglichkeiten empirischer Theologie als Erforschung subjektiver Theorien, Frankfurt am Main
Angermeyer, H. (1965): Didaktik und Methodik der Evangelischen Unterweisung, München
Apel, K.-O. (1971): Hermeneutik und Ideologiekritik, Frankfurt am Main
Apel, K.-O. (1975): Szientistik, Hermeneutik, Ideologiekritik, in: ders. u.a.: Hermeneutik und Ideologiekritik, Frankfurt am Main, S. 7 ff
Arens, E. (Hg.) (1994): Gottesrede – Glaubenspraxis: Perspektiven theologischer Handlungstheorie, Darmstadt
Arens, H. u.a. (1966): Kreativität und Predigtarbeit: Vielseitiger denken, einfallsreicher predigen, 4. Aufl., München
Arens, H. (1972): Die Predigt als Lernprozeß, München
Arens, H. u.a. (1977): Positiv predigen: Homiletische Hilfen und Beispiele, München
Austin, J.L. (1967): How to do things with words, Cambridge
Bach, U. (1986): Die im Traum entsagen, mehr als ein Mensch zu sein: auf dem Weg zu einer diakonischen Kirche, Neukirchen
Bach, U. (1988): „Heilende Gemeinde"? Versuch einen Trend zu korrigieren, Neukirchen
Bahr, H.-E. (1968): Verkündigung als Information: Zur öffentlichen Kommunikation in der demokratischen Gesellschaft, Hamburg
Baldermann, I. u.a. (1979): Bibel und Elementarisierung, Frankfurt am Main
Baldermann, I. (1980): Die Bibel - Buch des Lernens, Göttingen
Baldermann, I. (1990): Christenlehre oder Religionsunterricht – eine gefährliche falsche Alternative, in: RKZ-Reformierte Kirchenzeitung 131, S. 311 ff
Baldermann, I./Kittel, G. (1975): Die Sache des Religionsunterrichts, Göttingen
Balint, M. (1970): Therapeutische Aspekte der Regression, Stuttgart
Ballauf, Th./Schaller, K. (1970): Pädagogik. Eine Geschichte der Bildung und Erziehung, Bd. 2: Vom 16. bis zum 19. Jahrhundert, München
Balog, A./Gabriel, M. (Hg.) (1998): Soziologische Handlungstheorie: Einheit oder Vielfalt (Österreichische Zeitschrift für Soziologie, Sonderband 4), Opladen
Baltz-Otto, U. (1989): Poesie wie Brot: Religion und Literatur: gegenseitige Herausforderung, München
Bartel, K. (Hg.) (1996): Schwule, Lesben, Kirche: Homosexualität und kirchliches Handeln; Texte aus Kirche und Wissenschaft, Frankfurt am Main
Barth, K. (1966): Homiletik: Wesen und Vorbereitung der Predigt, Zürich

Bartholomäus, W. (1994): Formungen und Verformungen der sexuellen Entwicklung durch religiöse Erziehung, in: Klosinski, G. (1994)
Barz, H. (1992): Jugend und Religion, Opladen
Bastian, H.-D. (1969): Theologie der Frage, München
Bastian, H.-D. (1972): Kommunikation: wie christlicher Glaube funktioniert, Stuttgart u.a.
Bastian, H.-D. u.a. (1978): Taufe, Trauung und Begräbnis. Didaktischer Leitfaden zum kirchlichen Handeln, München
Baumann, Z. (1997): Flaneur, Spieler und Tourist. Essays zu postmodernen Lebensformen, Hamburg
Baumgartner, I. (Hg.) (1990): Handbuch der Pastoraltheologie, Regensburg
Baumgartner, I. (1992): Heilende Seelsorge in Lebenskrisen, Düsseldorf
Bäumler, Chr. u.a. (1976): Methoden der empirischen Sozialforschung in der praktischen Theologie. Eine Einführung, München
Bäumler, Chr. (1978): Gemeinde als kritisches Prinzip einer offenen Volkskirche, in: Rechtfertigung, Realismus, Universalismus in biblischer Sicht, Darmstadt
Bäumler, Chr. (1979): Erwägungen zur Zielbestimmung der Gemeindearbeit, in: Greinacher, N.: Gemeindepraxis, München
Bäumler, Chr. (1984): Kommunikative Gemeindepraxis. Eine Untersuchung ihrer Bedingungen und Möglichkeiten, München
Bäumler, Chr. (1993): Menschlich leben in der verstädterten Gesellschaft, Gütersloh
Bäumler, Chr. (1994): Kirche – Clique – Religion, München
Bäumler, Chr./Luther, H. (1982): Konfirmandenunterricht und Konfirmation. Texte zu einer Praxistheorie im zwanzigsten Jahrhundert, München
Bäumler, Chr./Mette, N. (Hg.) (1987): Gemeindepraxis in Grundbegriffen: Ökumenische Orientierungen und Perspektiven, München/Düsseldorf
Bechert, J. u.a. (Hg.) (1973): Papiere zur Linguistik, Tübingen
Beck, U./Beck-Gernsheim, E. (1990): Das ganz normale Chaos der Liebe, Frankfurt am Main
Beck, U./Beck-Gernsheim, E. (1994): Riskante Freiheiten. Individualisierung in modernen Gesellschaften, Frankfurt am Main
Beese, F. (1975): Was ist Psychotherapie? Göttingen
Benjamin, W. (1991): Gesammelte Schriften, 7 Bde., Frankfurt am Main
Benner, D. (1978): Hauptströmungen der Erziehungswissenschaft. Eine Systematik traditioneller und moderner Theorien, 2. Aufl., München
Berelson, B.R. (1971): Content analysis in communication research, New York
Berger, P.L./Luckman, Th. (1982): Die gesellschaftliche Konstruktion der Wirklichkeit. Eine Theorie der Wissenssoziologie, Frankfurt am Main
Bering, K. u.a. (1990): Wie postmodern ist die Postmoderne? Essen
Beuscher, B./Zilleßen D. (1998): Religion und Profanität: Entwurf einer profanen Religionspädagogik, Weinheim
Beuscher, B. u.a. (1996.): Prozesse postmoderner Wahrnehmung. Kunst – Religion – Pädagogik, Wien
Beutel, A./Drehsen V./Müller, H.M. (1986): Homiletisches Lesebuch. Texte zur heutigen Predigtlehre, Tübingen
Beyer, A./Nutzinger, H.G. (1991): Erwerbsarbeit und Dienstgemeinschaft. Arbeitsbeziehungen in kirchlichen Einrichtungen; eine empirische Untersuchung, Bochum
Beyreuther, E. (1983): Geschichte der Diakonie und inneren Mission in der Neuzeit, 3. Aufl., Berlin
Biehl, P. (1989): Symbole geben zu lernen. Einführung in die Symboldidaktik anhand der Symbole Hand, Haus und Weg, Neukirchen
Biehl, P./Baudler, G. (1980): Erfahrung - Symbol - Glaube. Grundfragen des Religionsunterrichts, Frankfurt am Main

Biemer, G. (Hg.) (1970): Die Fremdsprache der Predigt: Kommunikationsbarrieren der religiösen Mitteilung, Düsseldorf
Bieritz, K.-H. (Hg.) (1990): Handbuch der Predigt, Berlin
Bieritz, K.-H. (1995): Zeichen setzen. Beiträge zu Gottesdienst und Predigt, Stuttgart u.a.
Birnbaum, W. (1963): Theologische Wandlungen von Schleiermacher bis Karl Barth, Tübingen
Bizer, Chr. (1972): Homiletik und Didaktik, in: WPKG 61, S. 80 ff
Blank, J. (1973): Kirche – Gemeinde oder/und Institution. Exegetische Reflexionen zu einem aktuellen Thema, in: Diakonia 4
Blattner, J. (Hg.) (1993): Handbuch der Psychologie für die Seelsorge, Düsseldorf
Bloth, P.C. (1968): Religion in den Schulen Preußens. Der Gegenstand des evangelischen Religionsunterrichts von der Reaktionszeit bis zum Nationalsozialismus, Heidelberg
Bloth, P.C. (1994): Praktische Theologie, in: Strecker, G. (Hg.): Grundkurs Theologie, Bd. 8, Stuttgart u.a.
Bloth, P.C./Daiber, K.-F. u.a. (Hg.) (1981): Handbuch der praktischen Theologie, Bd. 2 Praxisfeld: Der einzelne, die Gruppe, Gütersloh
Bloth, P.C./Daiber, K.-F. u.a. (Hg.) (1983): Handbuch der praktischen Theologie, Bd. 3 Praxisfeld: Gemeinden, Gütersloh
Bloth, P.C./Daiber, K.-F. u.a. (Hg.) (1987): Handbuch der praktischen Theologie, Bd. 4 Praxisfeld: Gesellschaft und Öffentlichkeit, Gütersloh
Blühm, R. (1993): Kirchliche Handlungsfelder: Gemeindepädagogik, Pastoralpsychologie, Liturgik, Kirchenmusik, Kirchenbau und kirchliche Kunst der Gegenwart, Stuttgart
Bochinger, E./Paul, E. (1979): Einführung in die Religionspädagogik, München
Bockwoldt, G. (1977): Religionspädagogik. Eine Problemgeschichte, Stuttgart u.a.
Boff, L. (1980): Die Neuentdeckung der Kirche. Basisgemeinden in Lateinamerika, Mainz
Bohne, G. (1953): Grundlagen der Erziehung, Bd. 2, Hamburg
Bohne, G. (1964): Das Wort Gottes und der Unterricht, 3. Aufl., Berlin
Bohren, R. (1968): Unsere Kasualpraxis – eine missionarische Gelegenheit? 4. Aufl., München
Bohren, R. (1986): Predigtlehre, 5. Aufl., München
Bohren, R./Jörns, K.P. (Hg.) (1989): Die Predigtanalyse als Weg zur Predigt, Tübingen
Bolle, R. (1988): Religionspädagogik und Ethik in Preußen. Eine problemgeschichtliche Analyse der Religionspädagogik in Volksschule und Lehrerbildung in Preußen von der Preußischen Reform bis zu den Stiehlschen Regulativen, Münster
Boos-Nünning, U. (1972): Dimension der Religiosität, München
Bormann, G./Bormann-Heischkeil, S. (1971): Theorie und Praxis kirchlicher Organisation. Ein Beitrag zum Problem der Rückständigkeit sozialer Gruppen, Opladen
Born, W./Otto, G. (1978): Didaktische Trends, München u.a.
Borowski, G./Hielscher, H./Schwab, M. (1976): Einführung in die allgemeine Didaktik, 3. Aufl., Heidelberg
Braunbeck, H.G. (1992): Autorschaft und Subjektgenese, Wien
Breitenbach, G. (1994): Gemeindeleitung. Eine praktisch-theologische Kybernetik, Suttgart
Bron, B. (1989): Trauer und Depression im Alter, in: Zeitschrift für Gerontologie, Bd. 22, S. 162ff
Browning, D.S. (1983): Practical theology, San Francisco
Bucher, A. (1986): Entstehung religiöser Identität. In: Christliches ABC, Heft 4, S. 161 ff
Bucher, A./Oser, F. (1988): Hauptströmungen in der Religionspsychologie, in: Frey, D.: Angewandte Psychologie, München, S. 466 ff
Bucher, A./Reich, H. (Hg.) (1989): Entwicklung von Religiosität. Grundlagen - Theorieprobleme - Praktische Anwendung, Freiburg

Bühler-Schleicher, M.L. (1988): „Frauen denken immer, andere haben es besser als ich..." Selbstorganisierte Frauengruppen in Gemeinden. in: Handbuch feministischer Theologie, Münster, S. 173 ff
Bukowski, P. (1990): Predigt wahrnehmen: homiletische Perspektiven, Neukirchen-Vluyn
Bukowski, P. (1996): Die Bibel ins Gespräch bringen. Erwägungen zu einer Grundfrage der Seelsorge, 3. Aufl., Neukirchen
Buß, H. (1998): Distanzierte Kirchlichkeit. Religion zwischen individueller Plausibilität und nicht gekündigter Mitgliedschaft, in: Pastoraltheologie 87, S. 330 ff
Calvin, J. (1963): Unterricht in der christlichen Religion, bearbeitet und übersetzt von E.F.K. Müller, Erlangen
Campenhausen, A. v. (1968/69): Staat, Schule und Kirche. in: ZEvKR 14 (1968/69), S. 26 ff
Campenhausen, A. v. (1973): Staatskirchenrecht. Ein Leitfaden durch die Rechtsbeziehungen zwischen Staat und den Religionsgemeinschaften, München
Campenhausen, H.F. v. (1963): Kirchliches Amt und geistliche Vollmacht in den ersten drei Jahrhunderten, 2. Aufl., Tübingen
Clauß, G./Ebner, H. (1970): Grundlagen der Statistik für Psychologen, Pädagogen und Soziologen, Frankfurt am Main / Zürich
Cornehl, P. (1970): Gottesdienst und Öffentlichkeit. Zur Theorie und Didaktik neuer Kommunikation, Hamburg
Dahm, K.-W. (1971): Beruf: Pfarrer. Empirische Aspekte zur Funktion von Kirche und Religion in unserer Gesellschaft, München
Dahm, K.-W. u.a. (1972): Religion - System und Sozialisation, Darmstadt
Dahm, K.-W./Drehsen, V./Kehrer, G. (1975): Das Jenseits der Gesellschaft. Religion im Prozeß sozialwissenschaftlicher Kritik, München
Daiber, K.-F. (1973): Volkskirche im Wandel. Organisationsplanung der Volkskirche als Aufgabe der Praktischen Theologie, Stuttgart
Daiber, K.-F. (1977): Grundriß der praktischen Theologie als Handlungswissenschaft, München
Daiber, K.-F. u.a. (1978): Gemeinden erleben ihre Gottesdienste: Erfahrungsberichte, Gütersloh
Daiber, K.-F. u.a. (1980): Predigen und Hören. Bd. 1 Predigten. Analysen und Grundauswertung, München
Daiber, K.-F. u.a. (1983): Predigen und Hören. Bd. 2 Kommunikation zwischen Predigern und Hörern, München
Daiber, K.-F. (1991): Predigt als religiöse Rede. Homiletische Überlegungen im Anschluß an eine empirische Untersuchung, München
Daiber, K.-F. (1997): Religion in Kirche und Gesellschaft. Theologische und soziologische Studien zur Präsenz von Religion in der gegenwärtigen Kultur, Stuttgart
Dannowski, H.W. (1985): Kompendium der Predigtlehre, Gütersloh
Dannowski, H.W. u.a. (1993.): Götter auf der Durchreise. Knotenpunkte des religiösen Verkehrs, Hamburg
Degen, J. (1985): Diakonie im Widerspruch zur Politik der Barmherzigkeit im Sozialstaat, München
Degen, J. (1991): Vom „Pathos des Helfens". Zur Säkularisierung des Helfens in entwickelten Sozialstaaten, in: Schibilsky, M. (1991), S. 27 ff
Degen, J. (1994): Diakonie als soziale Dienstleistung, Gütersloh
Deelhes, K.H. (1994): Soziale Kommunikation. Psychologische Grundlagen für das Miteinander in der modernen Gesellschaft, Opladen
Denecke, A. (1979): Persönlich predigen: Anleitungen und Modelle für die Praxis, Gütersloh
Deutscher Caritasverband (Hg.) (1987): Diakonische Praxis und Praktische Theologie: Zur gesellschaftlichen Wirksamkeit der Diakonie (DCV Materialien 10), Freiburg
Diehl, J./Kohr, H. (1977): Durchführungsanleitungen für statistische Tests, Weinheim / Basel
Dietrich, M. (1994): Handbuch Psychologie und Seelsorge, 3. Aufl., Wuppertal

Dietrich, M. (1999): Praxisbuch Seelsorge mit Kindern, Neuhausen-Stuttgart
Dilthey, W. (2000): Gesammelte Schriften, Bd. 1, Göttingen
Dirschauer, K. (1976): Das geistliche Amt und die Beziehung Christi zur Gemeinde, in: WPKG 65
Döbert, R./Habermas, J./Nunner-Winkler, G. (1977): Entwicklung des Ichs, Köln
Doerne, M. (1936): Neubau der Konfirmation. Grundzüge einer Erneuerung kirchlichen Katecheomenats, Gütersloh
Dörger, H.J./Lott, J./Otto, G. (1977): Einführung in die Religionspädagogik, Stuttgart
Drehsen, V. (1983): Kontinuität und Wandel der Religion; in: Daiber, K.-F./Luckmann, Th.(Hg.), Religion in den Gegenwartsströmungen der deutschen Soziologie, München
Drehsen, V. (1988): Neuzeitliche Konstitutionsbedingungen der Praktischen Theologie: Aspekte der theologischen Wende zur soziokulturellen Lebenswelt christlicher Religion, Gütersloh
Drehsen, V. (1994): Wie religionsfähig ist die Volkskirche? Sozialisationstheoretische Erkundungen neuzeitlicher Christentumspraxis, Gütersloh
Dross, R. (1981): Kompendium Didaktik: Evangelische Religion, München
Dülmen, R. von (1974): Das Täuferreich in Münster 1534 – 1535
Dunde, S.R. (1993): Wörterbuch der Religionspsychologie, Gütersloh
Durkheim, E. (1964): Die Grundformen des religiösen Lebens, in: Fürstenberg, F.: Religionssoziologie, Neuwied, S. 35 ff
Durkheim, E. (1969): Zur Definition religiöser Phänomene, in: Matthes, J.: Religion und Gesellschaft, Reinbek bei Hamburg, S. 120 ff
Düsterfeld, P. (1978): Predigt und Kompetenz: hermeneutische und sprachtheoretische Überlegungen zur Fundierung einer homiletischen Methode, Düsseldorf
Eagleton, T. (1997): Die Illusionen der Postmoderne, Stuttgart
Ebertz, M.N. (1996): Religion ja – Kirche nein? Eine religionssoziologische Situationsanalyse der neunziger Jahre, Hamminkeln
Ebertz, M.N. (1997): Kirche im Gegenwind. Zum Umbruch der religiösen Landschaft, Freiburg
Eco, U. (1994): Zwischen Autor und Text. Interpretation und Überinterpretation, München
Egli, A. (1995): Erzählen in der Predigt: Untersuchungen zu Form und Leistungsfähigkeit erzählender Sprache in der Predigt, Zürich
Ehlers, D. (1975): Entkonfessionalisierung des Religionsunterrichts. Eine Untersuchung über die inhaltliche Gestaltanforderung der Verfassung, Neuwied
Eicke, D. (1982): Tiefenpsychologie, 4 Bde. (Kindlers „Psychologie des zwanzigsten Jahrhunderts"), Weinheim
Eifler, G. u.a. (1990): Postmoderne: Aufbruch einer neuen Epoche? Wien
Elhardt, S. (1971): Tiefenpsychologie. Eine Einführung, Stuttgart
Emersleben, L. (1999): Kirche und Praktische Theologie, Berlin
Engel, J.F. (1989): Zeitgemäße christliche Kommunikation, 2. Aufl., Bad Liebenzell
Engemann, W. (1993): Semiotische Homiletik: Prämissen – Analysen – Konsequenzen, Tübingen u.a.
Englert, R. (1985): Glaubensgeschichte und Bildungsprozeß. Versuch einer religionspädagogischen Kairologie, München
Erikson, E.H. (1971): Identität und Lebenszyklus. Drei Aufsätze, 4. Aufl., Frankfurt am Main
Erikson, E.H. (1977): Lebensgeschichte und historischer Augenblick, Frankfurt am Main
Erikson, E.H. (1988): Der vollständige Lebenszyklus, Frankfurt am Main
Eurich, C. (1998): Mythos Multimedia. Über die Macht der neuen Technik, München
Evangelische Kirche in Deutschland (Hg.) (1974): Wie stabil ist die Kirche? Bestand und Erneuerung. Ergebnisse einer Meinungsbefragung (Empirische Untersuchungen in der Evangelischen Kirche in Deutschland), Berlin

Evangelische Kirche in Deutschland (Hg.) (1994): Was wird aus der Kirche? Ergebnisse der zweiten EKD-Umfrage über Kirchenmitgliedschaft, hg. J. Hanselmann u.a., Gütersloh
Evangelische Kirche in Deutschland (1997): Fremde Heimat Kirche: Die dritte EKD-Erhebung über Kirchenmitgliedschaft, Gütersloh
Fagerberg, H. (1952): Bekenntnis, Kirche und Amt in der deutschen konfessionellen Theologie des 19. Jahrhunderts, Uppsala
Fahlbusch, E. (1979): Kirchenkunde der Gegenwart, Stuttgart
Failing, W.-E./Heimbrock, H.-G. (1998): Gelebte Religion wahrnehmen. Lebenswelt – Alltagskultur – Religionspraxis, Stuttgart
Fechtner, K. (1995): Volkskirche im neuzeitlichen Christentum. Die Bedeutung Ernst Troeltschs für eine künftige praktisch-theologische Theorie der Kirche, Gütersloh
Fechtner, K. (1996): Religion wahrnehmen: Festschrift für K.-F. Daiber zum 65. Geburtstag, Marburg
Feiereis, H. u.a. (1980): Basiswissen Psychotherapie. Kleines Repertorium der wichtigsten Grundbegriffe tiefenpsychologisch orientierter Psychotherapie, Göttingen
Feifel, E. u.a. (Hg.) (1978): Handbuch der Religionspädagogik, Bd. 2, Köln
Feige, A. (1982): Erfahrungen mit Kirche. Daten und Analysen einer empirischen Untersuchung über Beziehungen und Einstellungen junger Erwachsener zur Kirche, Hannover
Ferchhoff, W./Neubauer,G. (1997): Patchwork-Jugend. Eine Einführung in postmoderne Sichtweisen, Opladen
Ferguson, M. (1984): Die sanfte Verschwörung. Persönliche und gesellschaftliche Transformation im Zeitalter des Wassermanns, München
Fetz, R./Bucher, A. (1987): Stufen religiöser Entwicklung, In: JRP 3 (1987), S. 217 ff
Fischer, A. u.a. (1985): Jugend und Erwachsene '85 (hg. v. Jugendwerk der Deutschen Shell), Bd. 4, Hamburg
Fischer, W. (1977): Pfarrer auf Probe. Identität und Legitimität von Vikaren, Stuttgart
Foitzik, K. (1986): Gemeinde leben. Zusammenarbeit pädagogischer und theologischer Mitarbeiter, Gütersloh
Fooken, I. (1990): Partnerverlust im Alter, in: Mayring P./Saup W. (1990)
Fowler, J.W. (1981): Stages of Faith. The Psychology of Human Development and the Quest for Meaning, San Francisco
Fraas, H.-J. (1973): Religiöse Erziehung und Sozialisation im Kindesalter, Göttingen
Fraas, H.-J. (1983): Glaube und Identität. Grundlegung einer Didaktik religiöser Lernprozesse, Göttingen
Fraas, H.-J. (1990): Die Religiosität des Menschen. Ein Grundriß der Religionspsychologie, Göttingen
Fraas, H.J./Heimbrock, H.-G. (Hg.) (1986): Religiöse Erziehung und Glaubensentwicklung: zur Auseinandersetzung mit der kognitiven Psychologie; Erträge der 3. Internationalen Arbeitstagung „Religionspädagogik und Religionspsychologie", Göttingen.
Frankemölle, H. (1978): Zur „Theologie des Volkes" im Neuen Testament, in: Exeler A./Mette N. (Hg.): Theologie des Volkes, Mainz
Frankemölle, H. (Hg.) (1981): Kirche von unten. Alternative Gemeinden, München
Freud, A. (1968): Das Ich und die Abwehrmechanismen, München
Freud, S. (1966): Gesammelte Werke, Bd. 7, Frankfurt am Main
Freud, S. (1969): Vorlesungen zur Einführung in die Psychoanalyse, Frankfurt am Main
Freud, S. (1970): Der Mann Moses und die monotheistische Religion, Frankfurt am Main
Freud, S. (1971): Drei Abhandlungen zur Sexualtheorie und verwandte Schriften, Frankfurt am Main
Fritz, J. (1977): Methoden des sozialen Lernens, München
Fromm, E. (1979): Haben und Sein. Die seelischen Grundlagen einer neuen Gesellschaft, Stuttgart

Frör, K. (1966): Partnerschaft von Amt und Gemeinde, in: Maurer, W.: Hirtenamt und mündige Gemeinde, Freiburg
Frör, K. (1975): Grundriß der Religionspädagogik. Im Umfeld der modernen Erziehungswissenschaft, Konstanz
Fürstenberg, F. (1964): Religionssoziologie, Neuwied
Fürstenberg, F./Mörth, J. (1969): Religionssoziologie, in: König, R. (Hg.): Handbuch der empirischen Sozialforschung, Bd. 14: Bildung, Religion, Medizin, Stuttgart
Füssel, K./Sölle, D./Steffenski, F. (1993): Die sowohl-als-auch-Falle. Eine theologische Kritik des Postmodernismus, Luzern
Gabriel, K. (1996): Christentum im Umbruch zur „Post"-Moderne, in: Kochanek, H. (1996)
Gebhard, D. (2000): Menschenfreundliche Diakonie. Exemplarische Auseinandersetzungen um ein theologisches Menschenverständnis und um Leitbilder, Neukirchen
Geest, H. v.d. (1978): Du hast mich angesprochen: die Wirkung von Gottesdienst und Predigt, Zürich
Geest, H. v.d. (1991): Das Wort geschieht: Wege zur seelsorgerlichen Predigt, Zürich
Gehring, H.-U. (1997): Schriftprinzip und Rezeptionsästhetik: Rezeption als Thema homiletischer Theorie, Wuppertal
Gemeinsame römisch-katholische / evangelisch-lutherische Kommission (1981): Das geistliche Amt in der Kirche, Paderborn
Gerner, E. (1981): Lehrer sein heute. Erwartungen, Stereotype, Prestige. Ergebnisse empirischer Forschung im deutschsprachigen Raum, Darmstadt
Gestrich, R. (1987): Am Krankenbett. Seelsorge in der Klinik, Stuttgart
Geuß, H. (1992): Morbidität und Mortalität bei Verwitwung, in: Howe, J. (1992), S. 112 ff
Gilligan, C. (1984): Die andere Stimme - Lebenskonflikte und Moral der Frau, München / Zürich
Ginsburg, G.D. (1990): Trauer, Schuld und Zorn. Ein Selbsthilfebuch für Witwen, Zürich
Glatzel, N. (1976): Gemeindebildung und Gemeindestruktur, München u.a.
Goffman, E. (1969): Wir spielen alle Theater, München
Gössling, H.J. (1998): Diskurs und Kompromiß: Pädagogisch-systematische Grundfragen im Anschluß an die Diskurstheorie des Rechts von Habermas, in: Vierteljahresschrift für Wissenschaftliche Pädagogik 74, S. 167 ff
Gottschalk, J.B.F. (Hg.) (1973): Kirche und Homosexualität, München
Gräb, W. (1988): Predigt als Mitteilung des Glaubens: Studien zu einer prinzipiellen Homiletik in praktischer Absicht, Gütersloh
Gräb, W. (1998): Lebensgeschichte – Lebensentwürfe – Sinndeutungen, Gütersloh
Gräb, W. (1999): Religion als Thema der Theologie, Gütersloh
Gräb, W./Korsch, D. (1985): Selbsttätiger Glaube. Die Einheit der Praktischen Theologie in der Rechtfertigungslehre, Neukirchen
Graf, F.W. (1978): Die Politisierung des religiösen Bewußtseins. Die bürgerlichen Religionsparteien im deutschen Vormärz: Das Beispiel des Deutschkatholizismus, Stuttgart
Greeven, H. (1952): Propheten, Lehrer, Vorsteher bei Paulus. Zur Frage der Ämter im Urchristentum, in: ZNW 44 (1952)
Greiffenhagen, M. (Hg.) (1984): Das evangelische Pfarrhaus. Eine Kultur- u. Sozialgeschichte, Stuttgart
Greinacher, N./Mette, N./Möhler, W. (Hg.) (1979): Gemeindepraxis: Analysen und Aufgaben (Gesellschaft und Theologie: Abt. Praxis der Kirche, Nr. 30), München
Grethlein, Chr. (1989): Abriß der Liturgik. Ein Studienbuch zur Gottesdienstgestaltung, Gütersloh
Grethlein, Chr. (1994): Gemeindepädagogik, Berlin
Grethlein, Chr. (1998): Religionspädagogik, Berlin

Grethlein, Chr. (Hg.) (1999): Geschichte der Praktischen Theologie, dargestellt anhand ihrer Klassiker, Leipzig
Grom, B. (1981): Religionspädagogische Psychologie. Kleinkind, Schüler, Jugendlicher, Düsseldorf
Große, H. (1977): Ungleichheit in der Pastorenkirche, in: WPKG 66, Göttingen
Grözinger, A. (1987): Praktische Theologie und Ästhetik: Ein Beitrag zur Grundlegung der Praktischen Theologie, München
Grözinger, A. (1991a): Die Sprache des Menschen: ein Handbuch; Grundwissen für Theologinnen und Theologen, München
Grözinger, A. (1991b): Praktische Theologie und Ästhetik: ein Beitrag zur Grundlegung der praktischen Theologie, 2. Aufl., München
Grözinger, A. (1994): Differenz-Erfahrung. Seelsorge in der multikulturellen Gesellschaft, Waltrop
Grözinger, A. (1995): Praktische Theologie als Kunst der Wahrnehmung, Gütersloh
Grözinger, A. (1998): Die Kirche – ist sie noch zu retten? Anstiftungen für das Christentum in postmoderner Gesellschaft, Gütersloh
Grözinger, E. (1992): Dichtung in der Predigtvorbereitung: zur homiletischen Rezeption literarischer Texte – dargestellt am Beispiel der „Predigtstudien" (1968-1984) unter besonderer Berücksichtigung von Bertolt Brecht, Max Frisch und Kurt Marti, Frankfurt am Main
Gutmann, H.-M. (1999): Ich bin's nicht: Die Praktische Theologie vor der Frage nach dem Subjekt des Glaubens, Neukirchen-Vluyn
Haag, G.H. (1997): Worauf es ankommt. Wollte Jesus eine Zwei-Stände-Kirche? Freiburg
Haas, M. (1975): Der Weg der Täufer in die Absonderung, in: H.-J. Goertz (Hg.): Umstrittenes Täufertum 1525 – 1935. Neue Forschungen, Göttingen
Habermas, J. (1967): Zur Logik der Sozialwissenschaft (PhR, Beiheft 5), Frankfurt am Main
Habermas, J. (1969): Erkenntnis und Interesse, Frankfurt am Main
Habermas, J. (1971): Technik und Wissenschaft als Ideologie, Frankfurt am Main
Habermas, J. (1973a): Hermeneutik und Kritik, in: ders.: Kultur und Kritik: Verstreute Aufsätze, Frankfurt am Main, S. 237 ff
Habermas, J. (1973b): Legitimationsprobleme im Spätkapitalismus, Frankfurt am Main
Habermas, J. (1975): Strukturwandel der Öffentlichkeit, Neuwied
Habermas, J. (1976).: Moralentwicklung und Ich-Identität, in: ders.: Zur Rekonstruktion des historischen Materialismus, Frankfurt am Main
Habermas, J. (1981): Theorie des kommunikativen Handelns, 2 Bde., Frankfurt am Main
Habermas,J. (1988): Der philosophische Diskurs der Moderne, Frankfurt
Hach, J. (1980): Gesellschaft und Religion in der Bundesrepublik Deutschland, Heidelberg
Hahn, F. (1973): Neutestamentliche Grundlagen für die Lehre vom kirchlichen Amt, in: Hahn, F.: Dienst und Amt. Überlebensfragen in den Kirchen, Regensburg
Hajduk, R. (1995): Die seelsorgliche Dimension der Predigt, St. Ottilien
Halbfas, H. (1976): Religion, Stuttgart
Hammelsbeck, O. (1961): Erziehung - Bildung - Geborgenheit (TEH 90), München
Hanusch, R./Lämmermann, G. (Hg.) (1987): Jugend in der Kirche zur Sprache bringen. Anstöße zur Theorie und Praxis kirchlicher Jugendarbeit, München
Härle, W./Herms, E. (1979): Rechtfertigung. Das Wirklichkeitsverständnis des christlichen Glaubens, Göttingen
Harsch, H. (1973): Theorie und Praxis des beratenden Gesprächs, München
Harz, F./Schreiner, M. (Hg.) (1994): Glauben im Lebenszyklus, München
Hasselmann, N. (1977): Predigthilfen und Predigtvorbereitung: Exemplarische Methodenprofile deutschsprachiger evangelischer Predigtvorbereitungshilfen seit 1934 und ein Modell ihrer

hermeneutischen und kommunikativen Grundfaktoren samt den sich daraus ergebenden methodischen Kategorien, Gütersloh
Hausschildt, E. (1993): Was ist ein Ritual? in: WzM 45, S. 24 ff
Hausschildt, E. (1996): Alltagsseelsorge. Eine sozio-linguistische Analyse des pastoralen Geburtstagsbesuches, Göttingen
Hausschildt, E. (1998): Milieus in der Kirche. Erste Ansätze zu einer neuen Perspektive und ein Plädoyer für vertiefte Studien, in: Pastoraltheologie 87, Heft 9
Hausschildt, E. (2000): Seelsorglehre, in: TRE Bd. 31, S. 54 ff
Havers, N. (1972): Der Religionsunterricht: Analyse eines unbeliebten Fachs. Eine empirische Untersuchung, München
Hegel, G.W.F. (1961): Philosophie der Geschichte, Stuttgart
Heimbrock, H.-G. (1983): Erfahrungen in religiösen Lernprozessen, Göttingen
Heimbrock, H.-G. (1984): Lern-Wege religiöser Erziehung, Göttingen
Heimbrock, H.-G. (1986): Pädagogische Diakonie. Beiträge zu einem vergessenen Grenzfall, Neukirchen
Heimbrock, H.-G. (1993): Gottesdienst. Spielraum des Lebens. Sozial- und kulturwissenschaftliche Analysen zum Ritual in praktisch-theologischem Interesse, Kampen
Heine, S. (1997): Gott im Bildersturm: Die Praktische Theologie zwischen Religionskritik und religiöser Vorstellungswelt, in: Verkündigung und Forschung 42, S. 63 ff
Heintze, G. (1963): Allgemeines Priestertum und besonderes Amt, in: EvTh 23
Hennen, M. (1990): Zur Betriebsfähigkeit postmoderner Sozialentwürfe, in: Eifler, G. (1990)
Henning, Chr./Nestle, E. (Hg.) (1998): Religion und Religiosität zwischen Theologie und Psychologie. Bad Boller Beiträge zur Religionspsychologie, Frankfurt am Main
Herbst, M. (1987): Missionarischer Gemeindeaufbau in der Volkskirche, Stuttgart
Hermelink, J. (1992): Die homiletische Situation: zur jüngeren Geschichte eines Predigtproblems, Göttingen
Herms, E. (1982): Die Lage der Theologiestudenten und die Aufgabe der Theologie, in: Pastoraltheologie 71
Herms, E. (1982): Theorie für die Praxis – Beiträge zur Theologie, München
Herms, E./Härle, W. (1980): Rechtfertigung. Das Wirklichkeitsverständnis des christlichen Glaubens, Göttingen
Hetzer, H. u.a. (1990): Angewandte Entwicklungspsychologie des Kindes und Jugendalter, Wiesbaden
Heue, R. u.a. (1980): Predigen lernen, Gladbeck
Hey, D. u.a. (1988): Angewandte Psychologie. Ein Lehrbuch, München
Heydorn, H.J. (1980): Ungleichheit für alle. Zur Neufassung des Bildungsbegriffs. Bildungstheoretische Schriften, Bd. 3, Frankfurt am Main
Heyer, F. (Hg.) (1977): Konfessionskunde, Berlin
Heyl, A. v. (1994): Praktische Theologie und Kritische Theorie: Impulse für eine praktisch-theologische Theoriebildung (Praktische Theologie heute Bd. 15), Stuttgart u.a.
Hild, H. (Hg.) (1974): Wie stabil ist die Kirche? Bestand und Erneuerung, Gütersloh
Hoffmann, M. (1995): Ethik predigen. Probleme – Modelle – Beispiele, Waltrop
Holm, N.G. (1990): Einführung in die Religionspsychologie, München
Holzer, A./Steinbacher, K. (Hg.) (1975): Sprache und Gesellschaft, 2. Aufl., Hamburg
Horkheimer, M. (1969): Traditionelle und kritische Theorie, in: ders.: Kritische Theorie, Bd. 2, Frankfurt am Main, S. 137 ff
Howe, J. (1992): Psychologische Aspekte von Trauer, in: ders. u.a. (Hg.): Lehrbuch der psychologischen und sozialen Alternswissenschaft, Bd. 4, Heidelberg
Huber, E./Tödt, H.E. (1977): Menschenrechte. Perspektiven einer menschlichen Welt, Stuttgart

Huber, S. (1996): Dimensionen der Religiosität. Skalen, Messmodelle und Ergebnisse einer empirisch orientierten Religionspsychologie, in: Freiburger Beiträge zur Psychologie Band 18, Freiburg (Schweiz)
Huber, W. (1979): Kirche, Stuttgart
Huber, W. (1998): Kirche in der Zeitwende. Gesellschaftlicher Wandel und Erneuerung der Kirche, Gütersloh
Hübner, E. (1985): Theologie und Empirie der Kirche, Neukirchen
Hurrelmann, K. (1975): Erziehungssystem und Gesellschaft, Reinbek
Ihmig, H. (1990): Diakonische Ausbildung und diakonische Theologie, in: Pastoraltheologie 79, S. 380 ff
Ipperziel, D. (1996): Freud als Aufklärer. Zur Rezeption der Freudschen Psychoanalyse in der Frankfurter Schule, Frankfurt am Main
James, W. (1979): Die Vielfalt religiöser Erfahrung. Eine Studie über die menschliche Natur; übersetzt und herausgegeben vom E. Herms, Olten
Jauß, H.R. (1994): Wege des Verstehens, München
Jenks, Ch. (1990), Was ist Postmoderne, Wien u.a.
Jetter, W. (1964): Wem predigen wir?: notwendige Fragen an Prediger und Hörer, Stuttgart
Jetter, W. (1978): Symbol und Ritual, Göttingen
Joest, W. (1977): Die ekklesiologischen Grundaussagen der evangelisch-lutherischen Bekenntnisse und ihre Relevanz für die Kirche in der heutigen Gesellschaft, in: Lohffs W./Mohaupt, L. (1977)
Jörns, K.-P. (1988): Der Lebensbezug des Gottesdienstes: Studien zu seinem kirchlichen und kulturellen Kontext, München
Jörns, K.-P. (1997): Die neuen Gesichter Gottes. Die Umfrage „Was die Menschen wirklich glauben" im Überblick, Neukirchen
Jörns, K.-P. (1998): Was die Menschen wirklich glauben. Die soziale Gestalt des Glaubens – Analysen einer Umfrage, Gütersloh
Jörns, K.-P. (1999): Die neuen Gesichter Gottes. Was die Menschen heute wirklich glauben, 2. verbesserte Aufl., München
Jost, R. (Hg.) (1996): Feministische Impulse für den Gottesdienst, Stuttgart
Josuttis, M. (1972): Verkündigung als kommunikatives und kreatorisches Geschehen, in: EvTh, Heft 1, S. 3 ff
Josuttis, M. (1974): Praxis des Evangeliums zwischen Politik und Religion, München
Josuttis, M. (1980): Praxis des Evangeliums zwischen Politik und Religion: Grundprobleme der Praktischen Theologie, 2. Aufl., München
Josuttis, M. (1982): Der Pfarrer ist anders, München
Josuttis, M. (1985): Rhetorik und Theologie in der Predigtarbeit: homiletische Studien, München
Josuttis, M. (1991): Der Weg in das Leben. Eine Einführung in den Gottesdienst auf verhaltenswissenschaftlicher Grundlage, München
Josuttis, M (1994): Gottesliebe und Lebenslust. Beziehungsstörungen zwischen Religion und Sexualität, Gütersloh
Jugendwerk der Deutschen Shell (Hg.) (1981): Jugend '81: Lebensentwürfe, Alltagskulturen, Zukunftsbilder, Bd. 1, Hamburg
Jugendwerk der Deutschen Shell (Hg.) (1984): Jugend vom Umtausch ausgeschlossen: Eine Generation stellt sich vor, Hamburg
Jugendwerk der Deutschen Shell (Hg.) (1997): Jugend '97: Zukunftsperspektiven, Gesellschaftliches Engagement, Politische Orientierungen (12. Shell Jugendstudie), Opladen
Jung, C.G. (1960): Über die Psychologie des Unbewußten, 7. Aufl., Zürich
Jung, C.G. (1963): Psychologie und Religion, in: Gesammelte Werke, Bd. 11, Zürich, S. 11 ff

Jung, C.G. (1975): Über Grundlagen der analytischen Psychologie. Die Tavistok? Lectures, 1935, Frankfurt am Main
Jung, C.G. (1985): Bewußtes und Unbewußtes. Beiträge zur Psychologie, Frankfurt am Main
Jüngel,E. (1971): Tod, Stuttgart
Jüngel, E. (1977): Gott als Geheimnis der Welt. Zur Begründung der Theologie des Gekreuzigten im Streit zwischen Theismus und Atheismus, Tübingen
Jüngel, E. (1978): Zur Freiheit eines Christenmenschen. Eine Erinnerung an Luthers Schrift, München
Jüngel, E. (1980): Freiheit der Theologie, in: ders.: Entsprechungen: Gott – Wahrheit – Mensch. Theologische Erörterungen, München
Käsemann, E. (1960): Amt und Gemeinde im Neuen Testament, in: ders.: Exegetische Versuche und Besinnungen I, Göttingen
Kalb, F. (1985): Grundriß der Liturgik. Eine Einführung in die Geschichte, Grundsätze und Ordnungen des lutherischen Gottesdienstes, 3. Aufl., München
Kant, I. (1956): Kritik der reinen Vernunft, Darmstadt
Karle, I. (1996): Seelsorge in der Moderne. Eine Kritik der psychoanalytisch orientierten Seelsorgelehre, Neukirchen
Kaufmann, H.-B. (1972): Didaktik und Homiletik. Gesichtspunkte für ein notwendiges Gespräch, in: EvTh 32, Heft 1, S. 61 ff
Keck, R.W./Köhnlein, W./Sandfuchs, U. (Hg.) (1990): Fachdidaktik zwischen allgemeiner Didaktik und Fachwissenschaft, Bad Heilbrunn/Obb.
Kemper. P. (Hg.) (1991): Postmoderne oder Der Kampf um die Zukunft, Frankfurt a.M.
Kentler, H. (Hg.) (1983): Die Menschlichkeit der Sexualität. Berichte – Analysen – Kommentare ausgelöst durch die Frage: wie homosexuell dürfen Pfarrer sein? München
Kertelge, K. (1972): Gemeinde und Amt im Neuen Testament, München
Kiss, G. (1990): Grundzüge und Entwicklung der Luhmannschen Systemtheorie, Stuttgart
Kittel, H. (1947): Vom Religionsunterricht zur evangelischen Unterweisung, Hannover
Kittel, H.(1970): Evangelische Religionspädagogik, Berlin Kittel (Hg.), Die Sache des RU. Zwischen Curriculum und Biblizismus
Kittel, G. (1975): Elementarisierung als Aufgabe der biblischen Didaktik, in: Baldermann J./Kittel, G. (Hg.): Die Sache des Religionsunterrichts, Göttingen
Klafki, W. (1975): Studien zur Bildungstheorie und Didaktik, Weinheim
Klaus, B. (1979): Kommunikation in der Kirche, Gütersloh
Kleiner, R.J. (1976): Basisgemeinden in der Kirche. Was sie arbeiten – wie sie wirken, Köln
Klessmann, M. (1980): Identität und Glaube, München
Klessmann, M. (Hg.) (1994): Zwischenbilanz: Pastoralpsychologische Herausforderungen. Zum Dialog zwischen Theologie und Humanwissenschaften, Bielefeld
Klessmann, M. (Hg.) (1996): Hausbuch der Krankenhausseelsorge, Göttingen
Klessmann, M. (Hg.) (1997): „Leiblichkeit ist das Ende der Werke Gottes". Körper – Leib – Praktische Theologie, Göttingen
Klinkhammer, G.M. (Hg.) (1997): Kritik an Religionen: Religionswissenschaft und der kritische Umgang mit den Religionen, Marburg
Klosinski, G. (Hg.) (1994): Religion als Chance oder Risiko. Entwicklungsfördernde und entwicklungshemmende Aspekte religiöser Erziehung, Bern u.a.
Klostermann, F. (1974): Gemeinde – Kirche der Zukunft, Freiburg
Klostermann. F./Zerfaß, R. (Hg.) (1974): Praktische Theologie heute, München
Kochan, D. C. (Hg.)(1970): Allgemeine Didaktik, Fachdidaktik, Fachwissenschaft, Darmstadt
Kochanek, H. (Hg.) (1996): Religion und Glaube in der Postmoderne, Nettetal
Konrad, W. (1998): Hermeneutik im Spannungsfeld von Exegese und Homiletik: Predigt als Rede- und Leseakt, Frankfurt am Main u.a.

Koslowski, P. (1987): Die postmoderne Kultur. Gesellschaftlich-kulturelle Konsequenzen der technischen Entwicklung, München
Koslowski, P. (1990): Supermoderne oder Postmoderne? Dekonstruktion und Mystik in den zwei Postmodernen, in: Eifler, G. u.a. (Hg.): Postmoderne: Aufbruch einer neuen Epoche? Wien
Krause, G. (Hg.) (1972): Praktische Theologie. Texte zum Werden und Selbstverständnis der praktischen Disziplin der evangelischen Theologie (Wege der Forschung Bd. CCLXIV), Darmstadt
Kretz, H. (1991): Solidarität mit behinderten Menschen. Sozialethische Aspekte aus medizinischer Sicht, in: Schibilsky, M. (1991), S. 79 ff
Kretz, J. (1994): Grundkonzepte der Psychotherapie. Eine Einführung, 4. Aufl., Weinheim
Kriegstein, M. v. (1977): Gesprächspsychotherapie in der Seelsorge, Stuttgart
Kriegstein, M. v. (1979): Predigt als Gespräch: Pastoralpsychologische und didaktische Reflexion von Predigten und Gesprächsgottesdiensten, Stuttgart u.a.
Kroeger, M. (1977): Themenzentrierte Seelsorge, Stuttgart
Krusche, P. (1975): Der Pfarrer in der Schlüsselrolle, in: Matthes, J. (Hg.): Erneuerung der Kirche. Stabilität als Chance? Gelnhausen
Krusche, P. (1978): Das Begräbnis, in: Bastian, H.-D. u.a.: Taufe, Trauung und Begräbnis. Didaktischer Leitfaden zum kirchlichen Handeln, München, S. 138 ff
Kruse, M. (1971): Speners Kritik am landesherrlichen Kirchenregiment und ihre Vorgeschichte, Witten
Kugler, G./Lindner, H. (1977): Trauung und Taufe. Zeichen der Hoffnung, Begründung und Modelle, München
Kuhn, Th.S. (1967): Die Struktur wissenschaftlicher Revolution, Frankfurt am Main
Lachmann, R. (1984): „Die Sache selbst" im Gespräch zwischen Religionspädagogik und Pädagogik, in: EvErz 36, S. 116 ff
Lämmermann, G. (1980): Interpretationen und Hypothesen zur Kirchlichkeit von Arbeitern, in: ThPr XVI, S. 208 ff
Lämmermann, G. (1981): Praktische Theologie als kritische oder empirisch-funktionale Handlungstheorie? Zur theologiegeschichtlichen Ortung und Weiterführung einer aktuellen Kontroverse, ThExh 211, München
Lämmermann, G. (1982a): Offene Kirche. Anspruch – Wirklichkeit – Folgen, in: Lämmermann, G.: Kirche – Arbeit – Arbeiterjugend. Plädoyer für eine offene Arbeit mit jungen Arbeitern, Stuttgart
Lämmermann, G. (1982b): Ethische Implikationen und sozialethische Themen in der kirchlichen Erwachsenenbildung, in: ZEE 26, S. 366 ff
Lämmermann, G. (1985a): Religion in der Schule als Beruf. Der Religionslehrer zwischen institutioneller Erziehung und Persönlichkeitsbildung, München
Lämmermann, G. (1985b): Tendenzen und Probleme der Allgemeinen Didaktik als Anfragen an eine theologische Fachdidaktik in: EvErz 37, S. 8 ff
Lämmermann, G. (1986): "Jung sein heißt, auf der Suche sein ..." Beobachtungen zu empirischen Untersuchungen über die Beziehung der Jugend zu Religion und Kirche, in: Hanusch, R./Lämmermann,G. (1987): Jugend in der Kirche zur Sprache bringen. Anstöße zur Theorie und Praxis kirchlicher Jugendarbeit, München, S. 111 ff
Lämmermann, G. (1988): Zur Elementarisierung des Elementarisierungsproblems. Vorbereitende Bemerkungen zu einer kritischen Religionsdidaktik, in: EvErz 40, S. 551 ff
Lämmermann, G. (1990): Stufen religionsdidaktischer Elementarisierung. Vorschläge zu einem Elementarisierungsprozeß als Unterrichtsvorbereitung, in: JRP 6, 1990, S. 79 ff
Lämmermann, G. (1991a): Zur ideologiekritischen Aufgabe religiöser Bildung, in: ThPr 26, S. 21 ff

Lämmermann, G. (1991b): Der Pfarrer – elementarer Repräsentant von Subjektivität? Zum Widerspruch von Individuum und Institution, in: ZEE 35, S. 21 ff
Lämmermann, G. (1996): Mentor Kirche. Der christliche Bildungsauftrag richtet sich an alle, in: EvKom 1, S. 40 ff.
Lämmermann, G (1998a): Grundriß der Religionsdidaktik, 2. überarbeitet u. ergänzte Aufl., Stuttgart u.a.
Lämmermann, G. (1998b): Religionspädagogik und Praktische Theologie, in: Ritter W./ Rothgangel M. (Hg.): Religionspädagogik und Theologie: Enzyklopädische Aspekte; Festschrift zum 65. Geburtstag für Prof. Dr. Wilhelm Sturm, Stuttgart, S. 81 ff
Lämmermann, G. (1999a): Zeitgenössisch predigen. Homiletische Analysen und Predigtbeispiele, Stuttgart
Lämmermann, G. u.a. (Hg.) (1999b): Bibeldidaktik in der Postmoderne, Stuttgart
Lange, E. (1980): Sprachschule für die Freiheit. Bildung als Problem und Funktion der Kirche, München
Lange, E. (1982): Predigen als Beruf: Aufsätze zu Homiletik, Liturgie und Pfarramt, München
Lederer, G. (1983): Jugend und Autorität. Über den Einstellungswandel zum Autoritarismus in der Bundesrepublik Deutschland und der USA, Opladen
Lehmann, K. (1982): Gemeinde, in: Christlicher Glaube in der modernen Gesellschaft, Bd. 29
Leiß, T. (1979): Der Beitrag der Theorie der Psychoanalyse für die kritische Theorie der Gesellschaft, München
Lemke, H. (1978): Theologie und Praxis annehmender Seelsorge, Stuttgart
Lemke, H. (1995): Personenzentrierte Beratung in der Seelsorge, Stuttgart
Lenzen, D. (1973): Didaktik und Kommunikation, Frankfurt am Main
Lerle, E. (1972): Die Einleitung der Predigt. Eine homiletische Untersuchung, Stuttgart
Lerle, E. (1989): Kontaktstark verkündigen: Grundzüge bibeltreuer Predigt, Neuhausen-Stuttgart
Levinas, E. (1987): Die Spur des Anderen. Untersuchungen zur Phänomenologie und Sprachphilosophie, 2. Aufl., Freiburg
Lindemann, E. (1985): Jenseits von Trauer. Beiträge zur Krisenbewältigung und Krankheitsvorbeugung, Göttingen
Lindner, H. (1994a): Kirche am Ort. Eine Gemeindetheorie, Stuttgart
Lindner, H. (1994b): Diakonie und verfaßte Kirche, in: Pastoraltheologie 83, S. 312 ff
Lösel,E./ Ott-Engelmann, M. (1984): Zur Typik und Spezifität im Trauerverhalten; in: Howe, J. u.a. (Hg.): Tod-Sterben-Trauer, Frankfurt am Main
Lohff,W. (Hg.) (1977): Volkskirche – Kirche der Zukunft? Leitlinien der Augsburger Konfession für das Kirchenverständnis heute, Hamburg
Lorenz, H. (1994): Diakonische Gemeinde? in: Pastoraltheologie 83, S. 333 ff
Lorenzer, A. (1976): Die Wahrheit der psychoanalytischen Erkenntnis, Frankfurt am Main
Lorenzer, A. (1981): Das Konzil der Buchhalter: die Zerstörung der Sinnlichkeit. Eine Religionskritik, Frankfurt am Main
Lorey, E.M. (1970): Mechanismen religiöser Informationen: Kirche im Prozeß der Massenkommunikation, München u.a.
Lück, W. (1977): Pastorenkirche? Mitgliedschaft und Mitarbeit in der Kirche aus Sicht der Öffentlichkeitsarbeit, in: WPKG 66
Lück, W. (1980): Volkskirche. Kirchenverständnis als Norm kirchlichen Handelns, Stuttgart
Lückel, K. (1981): Begegnung mit Sterbenden. Gestaltseelsorge in der Begleitung sterbender Menschen, München
Luckmann, T. (1963): Das Problem der Religion in der modernen Gesellschaft, Freiburg i.Br.
Ludwig, R. (1982): Erinnern und Hoffen. Die eschatologische Grundspannung als Paradigma im Verhältnis von Psychoanalyse und Seelsorge, Bethel
Luhmann, N. (1977): Funktion der Religion, Frankfurt am Main

Luhmann, N. (1997): Die Gesellschaft der Gesellschaft, Frankfurt am Main
Luhmann, N. (2000): Die Religion der Gesellschaft, Frankfurt am Main
Lukatis, I. (1983): Empirische Forschung zum Thema Religion in Westdeutschland, Österreich und der deutschsprachigen Schweiz, in: Daiber, K.-F./Luckmann, Th. (Hg.): Religion in den Gegenwartsströmungen der deutschen Soziologie, München
Lukatis, I. u. W. (1987): Jugend und Religion in der BRD, in: Nembach, U. (Hg.): Jugend und Religion in Europa, Frankfurt am Main
Luther, H. (1971): Kommunikationszerstörung. Zum praktisch-theologischen Aspekt eines politisch-ästhetischen Problems, in: ThPr 6, S. 297 ff
Luther, H. (1973): Kommunikation + Gewalt: erste Überlegungen zu einer Theorie der Politästhetik, Gießen
Luther, H. (1982): Stufenmodell der Predigtvorbereitung, in: Predigt – vor der Arbeitswelt sprachlos? ThPr 17, Heft ½, S. 60 ff
Luther, H. (1983): Predigt als inszenierter Text – Überlegungen zur Kunst der Predigt, in: ThPr 18, Heft 3/4, S. 89 ff
Luther, H. (1984): Religion, Subjekt, Erziehung: Grundbegriffe der Erwachsenenbildung am Beispiel der praktischen Theologie F. Niebergalls, München
Luther, H. (1987): Konkurrenz Jugendreligionen, in: Hanusch, R./Lämmermann, G. (Hg.) (1987): Jugend in der Kirche zur Sprache bringen, S. 132 ff
Luther, H. (1988a): Wahrnehmen und Ausgrenzen oder die doppelte Verdrängung. Zur Tradition des seelsorgerlich-diakonischen Blicks, in: ThPr 23
Luther, H. (1988b): Diakonische Seelsorge, in: WzM 40
Luther, H. (1991): Frech achtet die Liebe das Kleine: biblische Texte in Szene setzen; spätmoderne Predigten, Stuttgart
Luther, H. (1992): Religion und Alltag: Bausteine zu einer praktischen Theologie des Subjekts, Stuttgart
Luther, H. (1998): Die Lüge der Tröster. Das Beunruhigende des Glaubens als Herausforderung für die Seelsorge, in: PrTh 33, S. 163 ff
Luther, M. (1926): Daß eine christliche Versammlung oder Gemeine Recht und Macht habe, alle Lehre zu beurteilen und Lehrer zu berufen, ein- und abzusetzen: Grund und Ursache aus der Schrift, in: Luther, M.: Ausgewählte Werke, Bd. 3, Hamburg
Luther, M. (1928): Von der Freiheit eines Christenmenschen, in: Luther, M: Ausgewählte Werke, Bd. 2, Hamburg
Lutz, B. (1989): Umkehr als Prozeß ständigen Neu-Werdens: Praktisch-theologische Überlegungen zu Möglichkeiten und Grenzen christlich motivierter Erneuerung, Würzburg
Marcuse, H. (1967): Der eindimensionale Mensch. Studien zur Ideologie der fortschreitenden Industriegesellschaften, Neuwied
Marcuse, H. (1969): Idee zu einer kritischen Theorie der Gesellschaft, Frankfurt am Main
Marheineke, Ph.K. (1837): Entwurf einer praktischen Theologie, Berlin
Marhold, W. (1974): Der Pfarrer in der Sicht der Kirchenmitglieder, in: Spiegel, Y./Teichler, U.: Theologie und gesellschaftliche Praxis, München
Marhold, W. u.a. (1977): Religion als Beruf. Identität der Theologen, 2 Bde., Stuttgart u.a.
Martin, G.M. (1984): Predigt als offenes Kunstwerk? Zum Dialog zwischen Homiletik und Rezeptionsästhetik, in: EvTh 44, S. 46 ff
Martin, G.M. (1995): Sachbuch Bibliodrama. Praxis und Theorie, Stuttgart
Marx, K./Engels, F. (1969): Die heilige Familie, Berlin
Matthes, J. (1969): Kirche und Gesellschaft. Einführung in die Religionssoziologie II, Hamburg
Matthes, J. (1975): Erneuerung der Kirche, Stabilität als Chance? Konsequenzen aus einer Umfrage, Gelnhausen
Matthes, J. (1985): Wie praktisch ist die Praktische Theologie?, in: ThPr 20, S. 149 ff

Matthes, J. (Hg.) (1990): Kirchenmitgliedschaft im Wandel: Untersuchungen zur Realität der Volkskirche. Beiträge zur zweiten EKD-Umfrage „Was wird aus der Kirche?", Gütersloh
Mayntz, R./Holm, K./Hübner, P. (1969): Einführung in die Methoden der empirischen Soziologie, 4. Aufl., Opladen
Mayring, Ph. (1983): Qualitative Inhaltsanalyse. Grundlagen und Techniken, Weinheim
Mayring, Ph. (1990): Einführung in die qualitative Sozialforschung, München
Mayring, Ph./Saup, W. (Hg.) (1990): Entwicklungsprozesse im Alter, Stuttgart
McKnight, J. (1979): Professionelle Dienstleistung und entmündigende Hilfe, in: Illich, J.: Entmündigung durch Experten. Zur Kritik der Dienstleistungsberufe, Reinbek
Memmert, W. (1996): Predigen mit Pfiff, Landau
Merkel, F. (1992): Sagen – hören – loben: Studien zu Gottesdienst und Predigt, Göttingen
Mertens, W. (1996): Psychoanalyse, 5. Aufl., Stuttgart
Mette, N. (1978): Theorie der Praxis. Wissenschaftsgeschichtliche und methodologische Untersuchungen zur Theorie-Praxis-Problematik innerhalb der praktischen Theologie, Düsseldorf
Mette, N. (1979): Gemeinde – wozu? Zielvorstellungen im Widerstreit, in: Greinacher, N. u.a.
Mette, N. (1982): Kirchlich distanzierte Christlichkeit. Eine Herausforderung an die praktische Kirchentheorie, München
Mette, N./Steinkamp, H. (1983): Sozialwissenschaften und Praktische Theologie (Leitfaden der Theologie 11), Düsseldorf
Meyer, E. (1988): Frauen an der kirchlichen Basis, in: Kassel, M.: Feministische Theologie, Stuttgart
Meyer-Blanck, M. (1994): Leben, Leib und Liturgie: Die Praktische Theologie Wilhelm Stählins (Arbeiten zur Praktischen Theologie Bd. 6), Berlin/New York
Meyer-Blanck, M. (1995): Vom Symbol zum Zeichen. Symboldidaktik und Semiotik, Hannover
Meyer-Blanck, M. (1999): Die Predigt in Raum und Ritual, in: PrTh 3, S 163 ff
Meyer-Blanck, M./Weyel, B. (1999): Arbeitsbuch praktische Theologie. Ein Begleitbuch zu Studium und Examen, Gütersloh
Meyer zu Uptrup, K. (1986): Gestalthomiletik: wie wir heute predigen können, 2 Bde., Stuttgart
Mezger, M. (1963): Die Amtshandlungen der Kirche als Verkündigung, Ordnung und Seelsorge, Bd. I, 2. Aufl.
Mildenberger, F. (1984): Kleine Predigtlehre, Stuttgart
Miskotte, K. H. (1998): Das Wagnis der Predigt, Stuttgart
Molcho, S. (1983): Körpersprache, München
Mollenkopf, H. (1987): Frauen im "Ehren"-Amt, in: ThPr 2
Möller, Chr. (1970): Von der Predigt zum Text: Hermeneutische Vorgaben der Predigt zur Auslegung von biblischen Texten. Erarbeitet und dargestellt an der Analyse von Predigten Karl Barths, Friedrich Gogartens und Rudolf Bultmanns, München
Möller, Chr. (1983): Seelsorglich predigen. Die parakletische Dimension von Predigt, Seelsorge und Gemeinde, Göttingen
Möller, Chr. (1990): Diakonie und Gemeindeaufbau, in: Pastoraltheologie 79, S. 360 ff
Möller, Chr. (Hg.) (1996): Geschichte der Seelsorge in Einzelportraits, 3 Bde., Göttingen
Moltmann, J. (1968a): Perspektiven der Theologie. Gesammelte Aufsätze, München
Moltmann, J. (1968b): Die Revolution der Freiheit, in: Moltmann, J.: Perspektiven der Theologie, München
Moltmann, J. (1975): Kirche in der Kraft des Geistes. Ein Beitrag zur messianischen Ekklesiologie, München
Moltmann, J. (1977): Neue Lebensstile. Schritte zur Gemeinde, München
Moosbrugger, H./Zwingmann, C./Frank, D. (Hg.) (1996): Religiosität, Persönlichkeit und Verhalten. Beiträge zur Religionspsychologie, Münster / New York
Morgenthaler, Chr. (1977): Sozialisation und Religion, Gütersloh

Morgenthaler, Chr. (1992): Der religiöse Traum. Erfahrung und Deutung, Stuttgart
Morgenthaler, Chr. (1999): Systemische Seelsorge. Impulse der Familien- und Systemtherapie für die kirchliche Praxis, Stuttgart
Moser, U. (1964): Zur Abwehrlehre, in: Jahrbuch der Psychoanalyse, 3. Bd., Bern
Müller, H.M. (1986): Artikel Homiletik, in: TRE, Bd. 15, S. 526 ff
Müller, H. M./Rössler, D. (Hg.) (1983): Reformation und Praktische Theologie. Festschrift für Werner Jetter zum 70. Geburtstag, Göttingen
Müller, K. (1994): Homiletik: ein Handbuch für kritische Zeiten, Regensburg
Müller, Th. (1993): Evangelischer Gottesdienst: Liturgische Vielfalt im religiösen und gesellschaftlichen Umfeld, Stuttgart u.a.
Müller-Funk, W. (1990): Die Enttäuschungen der Vernunft. Von der Romantik zur Postmoderne, Wien
Naef, R. (1971): Was tun eigentlich die Pfarrer? Eine Untersuchung der Tätigkeit der Pfarrer in der ev.-ref. Landeskirche des Kantons Zürich, Zürich
Nase, E. (1993): Oskar Pfisters analytische Seelsorge. Theorie und Praxis des ersten Pastoralpsychologen, Berlin
Natrup, S. (1998): Pfarramt und Ehrenamt: Der Pfarrer/die Pfarrerin und sein/ihre Mitarbeiter/Mitarbeiterinnen, PrTh 3, S. 206 ff
Naurath, E. (1998): Nonverbale Kommunikation in der Klinikseelsorge, in: Lernort Gemeinde 16, S. 46 ff
Naurath, E. (2000): Seelsorge als Leibsorge. Perspektiven einer leiborientierten Krankenhausseelsorge, Stuttgart
Nembach, U. (Hg.) (1987): Jugend und Religion in Europa, Frankfurt am Main
Nembach, U. (1996): Predigen heute: ein Handbuch, Stuttgart
Nicol, M. (1990): Gespräch als Seelsorge. Theologische Fragmente zu einer Kultur des Gespräches, Göttingen
Niebergall, F. (1911): Person und Persönlichkeit, Leipzig
Niebergall, F. (1918): Praktische Theologie. Lehre von der kirchlichen Gemeindeerziehung auf religionswissenschaftlicher Grundlage, Bd.1, Tübingen
Niebergall, F. (1919): Praktische Theologie: Lehre von der kirchlichen Gemeindeerziehung auf religionswissenschaftlicher Grundlage, Bd. 2, Tübingen
Niebergall, F. (1917/1920/1921): Wie predigen wir dem modernen Menschen, 3 Bde.,Tübingen
Niemeyer, Chr. (1983): Kritische Psychologie und Psychoanalyse. Therapie, Theorie, Politik, Frankfurt am Main
Nipkow, K.E. (1975/1982): Grundfragen der Religionspädagogik, Bd. 1: Gesellschaftliche Herausforderungen und theoretische Ausgangspunkte, Gütersloh 1975; Bd. 2: Das pädagogische Handeln der Kirche, Gütersloh 1975; Bd. 3: Gemeinsam leben und glauben lernen, Gütersloh 1982
Nipkow, K.E. u.a. (1979): Bibel und Elementarisierung, Münster
Nipkow, K.E. (1986): Elementarisierung als Kern der Unterrichtsvorbereitung, in: Katechetische Blätter 1986, S. 600 ff
Nipkow, K.E. (1987): Erwachsenwerden ohne Gott? Gotteserfahrung im Lebenslauf, München
Nipkow, K.E. (1990): Bildung als Lebensbegleitung und Erneuerung, Gütersloh
Nipkow, K. E/ Rössler, D./ Schweitzer, F. (1991): Praktische Theologie und Kultur der Gegenwart - Ein internationaler Dialog, Gütersloh
Nitzsch, C.I. (1847): Praktische Theologie, 1.Band, Bonn
Nüchtern, M. (1991): Kirche bei Gelegenheit. Kasualien – Akademiearbeit – Erwachsenenbildung, Stuttgart
Oerter, R./Montada, L. (1982): Entwicklungspsychologie, München

Ohlemacher, J./Schmidt, H. (1988): Grundlagen der evangelischen Religionspädagogik, Göttingen
Oser, F. (1988): Wieviel Religion braucht der Mensch? Studien zur Entwicklung religiöser Autonomie, Gütersloh
Oser, F./Althof, W./Garz, D. (Hg.) (1986): Moralische Zugänge zum Menschen - Zugänge zum moralischen Menschen, München
Oser, F./Gmünder, P. (1984): Der Mensch - Stufen seiner religiösen Entwicklung (Reihe: Religion und Entwicklung, Bd. 1), Zürich u.a.
Otto, G. (1970): Praktisch-theologisches Handbuch, Hamburg
Otto, G. (1976): Predigt als Rede: Über die Wechselwirkung von Homiletik und Rhetorik, Stuttgart u.a.
Otto, G. (1982a): Wie entsteht eine Predigt? Ein Kapitel praktischer Rhetorik, München
Otto, G. (1982b): Predigt als Sprache, oder: Gegen (theologische) Begriffssprache in der Predigt, in: Predigt – vor der Arbeitswelt sprachlos? in: ThPr 17, Heft ½, S. 117 ff
Otto, G. (1986): Grundlegung der Praktischen Theologie (Praktische Theologie Bd. 1), München
Otto, G. (1987): Predigt als rhetorische Aufgabe: homiletische Perspektiven, Neukirchen-Vluyn
Otto, G. (1988): Handlungsfelder der Praktischen Theologie (Praktische Theologie Bd. 2), München
Pannenberg, W. (1958): Christlicher Glaube und menschliche Freiheit, in: KuD 5, Göttingen
Pannenberg, W. (1975a): Glaube und Wirklichkeit. Kleine Beiträge zum christlichen Denken, München
Pannenberg, W. (1975b): Die Bestimmung des Menschen. Menschsein, Erwählung und Geschichte, Göttingen
Pannenberg, W. (1983): Anthropologie in theologischer Perspektive, Göttingen
Parkes, C.M. (1978): Vereinsamung. Die Lebenskrise bei Partnerverlust, Hamburg
Päschke, B. (1974): Zu Theologie und Praxis der Befreiung in Lateinamerika, in: Klostermann, F./Zerfaß, R. (Hg.): Praktische Theologie heute, München u.a.
Peiter, H. (1977): Theologische Ideologiekritik: Die praktischen Konsequenzen der Rechtfertigungslehre bei Schleiermacher (Studien zur Theologie und Geistesgeschichte des neunzehnten Jahrhunderts, Bd. 24), Göttingen
Pfäfflin, U. (1992): Frau und Mann. Ein symbolkritischer Vergleich anthropologischer Konzepte in Seelsorge und Beratung, Gütersloh
Pfeifer, S. (Hg.) (1991): Seelsorge und Psychotherapie. Chancen und Grenzen der Integration, Moers
Pfleiderer, G. (1992): Theologie als Wirklichkeitswissenschaft, Tübingen
Philippi, P. (1963): Christozentrische Diakonie. Ein theologischer Entwurf
Piaget, J. (1972): Theorien und Methoden der modernen Erziehung, Wien u.a.
Piaget, J. (1981): Jean Piaget über Jean Piaget. Sein Werk aus seiner Sicht, München
Piper, H.-Ch. (1976): Predigtanalysen: Kommunikation und Kommunikationsstörungen in der Predigt, Göttingen
Pisarski, W. (1983): Anders trauern – anders leben, München
Pohl-Patalong, U. (1996): Seelsorge zwischen Individuum und Gesellschaft. Elemente zu einer Neukonzeption der Seelsorgetheorie, Stuttgart
Pohl-Patalong, U. (Hg.) (1999): Seelsorge im Plural? Perspektiven für ein neues Jahrhundert, Hamburg
Pompey, A./Roß, P.-S. (1998): Kirche für andere. Handbuch für eine diakonische Praxis, Mainz
Portele, G. (1978): Sozialisation und Moral. Neuere Ansätze zur moralischen Entwicklung und Erziehung, Weinheim
Preul, R. (1973): Kategoriale Bildung im Religionsunterricht, Heidelberg

Preul, R. (1980): Religion - Bildung - Sozialisation. Studien zur Grundlegung einer religionspädagogischen Bildungstheorie, Gütersloh
Preul, R. u.a. (1989): Bildung - Glaube - Aufklärung. Zur Wiedergewinnung des Bildungsbegriffs in Pädagogik und Theologie, Gütersloh
Preul, R. (1989): Luther und die Praktische Theologie: Beiträge zum kirchlichen Handeln in der Gegenwart (Marburger Theologische Studien 25), Marburg
Preul, R. (1997): Kirchentheorie: Wesen, Gestalt und Funktionen der evangelischen Kirche, Berlin
Preul, R. (1999): Kirchliche Publizistik und Kirchentheorie. Kirche als Kommunikationsgemeinschaft in der Mediengesellschaft, in: PrTh 34, Heft 1
Proske, W. (1992): Handbuch für konfessionslose Lehrer, Eltern und Schüler - das Beispiel Bayern, Aschaffenburg
Rammenzweig, G.W. (1975): Kirche zwischen Bürokratie und Demokratie. Kommunikations-und Entscheidungsprozesse, Stuttgart
Rammstedt, O. (1966): Sekte und soziale Bewegung. Soziologische Analyse der Täufer in Münster (1534/35), Köln
Rapp Wagner, R. (1997): Postmodernes Denken und Pädagogik. Eine kritische Analyse aus philosophisch-anthropologischer Perspektive, Bern
Ratzinger, J. (1968): Zur Frage nach dem Sinn des priesterlichen Dienstes, in: Geist und Leben 41, Würzburg
Rau, E. (1979): Predigt und Erzählung. Zu einem Handbuch über protestantische Erzählliteratur, in: WPKG 68, S. 21 ff
Rau, G. (1970): Pastoraltheologie. Untersuchungen zu Geschichte und Struktur einer Gattung praktischer Theologie, München
Rauchfleisch, U. (Hg.) (1993): Homosexuelle Männer in Kirche und Gesellschaft, Düsseldorf
Rebell, P. (1988): Psychologisches Grundwissen für Theologen, München
Rendtorff, T. (1960): Das Pfarramt – Gesellschaftliche Situation und kirchliche Interpretation, in: Wurzbacher, G. : Der Pfarrer in der modernen Gesellschaft, Hamburg
Rendtorff, T. (1970): Christentum zwischen Revolution und Restauration. Politische Wirkungen neuzeitlicher Theologie, München
Rendtorff, T. (1980/1981): Ethik. Grundelemente, Methodologie und Konkretionen einer ethischen Theologie, 2 Bde., Stuttgart
Rendtorff, R./Stegemann, E. (Hg.) (1980): Auschwitz: Krise der christlichen Theologie, München
Riedel-Pfäfflin, U./Strecker, J. (1998): Flügel trotz allem. Feministische Seelsorge und Beratung. Konzepte – Methoden – Biographien, Gütersloh
Riemann, F. (1974): Die Persönlichkeit des Predigers in tiefenpsychologischer Sicht, in: Riess, R. (Hg.), Perspektiven der Pastoralpsychologie, Göttingen, S. 152 ff
Riemann, F. (1975): Grundformen der Angst. Eine tiefenpsychologische Studie, München
Ritter, W.H. (1982): Religion in nachchristlicher Zeit, Frankfurt am Main
Ritter, W.H. (1989): Glaube und Erfahrung im religionspädagogischen Kontext, Göttingen
Ritter, W./Rothgangel, M. (Hg.) (1998): Religionspädagogik und Theologie. Enzyklopädische Aspekte, Stuttgart
Robertson, R. (1973): Einführung in die Religionssoziologie, München
Röckle, G. (Hg.) (1990): Diakonische Kirche. Sendung, Dienst, Leitung. Versuche einer theologischen Orientierung, Neukirchen
Rogers, C.R. (1973): Die klient-bezogene Therapie, München
Rogge, J./Zeddies, H. (1982): Amt – Ämter – Dienste – Ordination. Ergebnisse eines theologischen Gesprächs, Berlin

Röhlin, K.-H. (1988): Sinnorientierte Seelsorge. Die Existenzanalyse und Logotherapie V.E. Frankels im Vergleich mit den neueren evangelischen Seelsorgekonzeptionen und als Impuls für die kirchliche Seelsorge, 2. Aufl., München
Rössler, D. (1967): Prolegomena zur praktischen Theologie. Das Vermächtnis Christian Palmers, in: ZthK 64, S. 357 ff
Rössler, D. (1976): Die Vernunft der Religion, München
Rössler D. (1982): Kirche-Christentum-Gesellschaft, in: Wintzer F. (Hg.): Praktische Theologie, Neukirchen
Rössler, D. (1986): Grundriß der Praktischen Theologie, Berlin / New York
Rolff, H.-G. (1969): Sozialisation und Auslese durch die Schule, 2.Aufl., Heidelberg
Roth, H./Oevermann, U. (1970): Sozialisation und Sprachbarrieren, o.O.
Ruhbach, G. (1990): Den Dienst geistlich leben. Zwischen Liebe und Leistung, in: Röckle, G. (1990), S. 77 ff
Ruhloff, J. (1990): Widerstreitende statt harmonische Bildung – Grundzüge eines „postmodernen" pädagogischen Konzepts, in: Bering, K. u.a. (Hg.): Wie postmodern ist die Postmoderne?, Essen
Sandberger. J.V. (1972): Pädagogische Theologie. Friedrich Niebergalls praktische Theologie als Erziehungslehre, Göttingen
Saup, W. (1991): Konstruktives Altern. Ein Beitrag zum Altern von Frauen aus entwicklungspsychologischer Sicht, Göttingen
Scharfenberg, J. (1970): Siegmund Freund und seine Religionskritik als Herausforderung für den christlichen Glauben, Göttingen
Scharfenberg, J. (1980): Ein kompetenter Dilettant? in: EvKom 13
Scharfenberg, J. (1983): Rechtfertigung und Identität, in: Müller, H.M./Rössler, D. (Hg.): Reformation und Praktische Theologie (FS für W. Jetter), Göttingen, S. 233 ff
Scharfenberg, J. (1985): Einführung in die Pastoralpsychologie, Göttingen
Scharfenberg, J. (1987): Seelsorge als Gespräch. Zur Theorie und Praxis der seelsorgerischen Gesprächsführung, Göttingen
Schäufele, W. (1966): Das missionarische Bewußtsein und Wirken der Täufer, dargestellt nach oberdeutschen Quellen, Neukirchen-Vluyn
Schibilsky, M. (1983): Alltagswelt und Sonntagskirche. Sozialethisch orientierte Gemeindearbeit im Industriegebiet, München
Schibilsky, M. (1989): Trauerfähige. Beratung für helfende Berufe, Düsseldorf
Schibilsky. M. (1991): Kursbuch Diakonie, Neukirchen
Schibilsky, M. (1998): Rituale in der Volkskirche. Zur pastoralen Kernkompetenz, in: PrTh 33, Heft 2
Schieder, R. (1994): Seelsorge in der Postmoderne, in: WzM 46, S. 26 ff
Schilberg, A. (1992): Rechtsschutz und Arbeitsrecht in der evangelischen Kirche, Frankfurt am Main
Schillebeeckx, E. (1981): Das Kirchliche Amt, Düsseldorf
Schilling, H. (1975): Kritische Thesen zur Gemeindekirche, in: Diakonia 6, Wien
Schleiermacher, F. (1850): Die Praktische Theologie nach den Grundsätzen der evangelischen Kirche im Zusammenhange dargestellt, Berlin
Schleiermacher, F. (1957): Pädagogische Schriften. Die Vorlesung aus dem Jahre 1826 (hg. v. E. Weniger), Düsseldorf
Schleiermacher, F. (1958): Über die Religion. Reden an die Gebildeten unter ihren Verächtern (1799), Hamburg
Schmidt, H. (1982/1984): Religionsdidaktik. Ziele, Inhalte und Methoden religiöser Erziehung in Schule und Unterricht, 2 Bde., Stuttgart

Schmidt-Lauber, H.-Chr. (1990): Die Zukunft des Gottesdienstes. Von der Notwendigkeit lebendiger Liturgie, Stuttgart
Schmidt-Rost, R. (1988): Seelsorge zwischen Amt und Beruf. Studien zur Entwicklung einer modernen evangelischen Seelsorgelehre seit dem 19. Jahrhundert, Göttingen
Schmidtchen, G. (1973): Gottesdienst in einer realen Welt. Religionssoziologische Untersuchungen im Bereich der VELKD, Stuttgart
Schmied, G. (1974): Pfarrgemeinderäte und Kommunikation. Zur Soziologie einer neuen Institution, München u.a.
Schmied,G. (1987): Pfarrgemeinderäte im Zeitvergleich, Mainz
Schmieder, T./Schuhmacher, K. (Hg.) (1984): Jugend auf dem Kirchentag, Stuttgart
Schmitz, E. (Hg.) (1992): Religionspsychologie. Eine Bestandsaufnahme des gegenwärtigen Forschungsstandes, Göttingen u.a.
Schnackenburg, R. (1973): Die Mitwirkung der Gemeinde durch Konsens im Neuen Testament, in: Con (D) 8
Schneider, G. (1982): Grundbedürfnisse und Gemeindebildung. Soziale Aspekte für eine menschliche Gemeinde, München
Schneider, N. (1998): Die Tagesschau als eine Art von Abendläuten. Fernsehrituale, in: PrTh 33
Schneider-Harpprecht, Ch. (1989): Trost in der Seelsorge, Stuttgart
Schori, K. (1986): Grundprobleme einer theologischen Fachdidaktik, EvErz 38, S. 434 ff
Schori, K (1998): Religiöses Lernen und kindliches Erleben, Stuttgart
Schottroff, L. u.a. (Hg.) (1999): Kompendium feministischer Bibelauslegung, 2. Aufl., Gütersloh
Schramm, W. (Hg.) (1968): Grundfragen der Kommunikationsforschung, 2. Aufl., München
Schröer, H. (1977): Humanwissenschaften und Religionspädagogik, in: EvErz 29, S. 150 ff
Schröer, H. (Hg.) (1982): Vom Amt des Laien in Kirche und Theologie, Berlin
Schröer, H. (1984): Umberto Ecco als Predigthelfer? Fragen an Gerhard Marcel-Martin, in: EvTh 44, S. 58 ff
Schröer, H. (1998): Kompendium der Praktischen Theologie, Stuttgart
Schüepp, G. (Hg.) (1982): Handbuch zur Predigt, Zürich u.a.
Schulz, H.-M. (1981): Die territoriale Gemeinde als Basisgemeinde, in: Frankemölle, H. (Hg.): Kirche von unten. Alternative Gemeinde, München
Schulze, G. (1992): Die Erlebnisgesellschaft und Kultursoziologie der Gegenwart, Frankfurt am Main
Schütz, W. (1968): Vom Text zur Predigt: Analyse und Modelle, Witten
Schütz, W. (1972): Geschichte der christlichen Predigt, Berlin
Schütz, W. (1981): Probleme der Predigt, Göttingen
Schwab, U. (1995): Familienreligiosität. Religiöse Traditionen im Prozeß der Generationen, Stuttgart
Schwarz, F. (1985): Theologie des Gemeindeaufbaus, 2. Aufl., Neukirchen
Schwarzkopf, W. (2000): Logotherapie im seelsorgerischen Kontext, Hamburg
Schweizer, E. (1959): Gemeinde und Gemeindeordnungen im Neuen Testament, Zürich
Schweitzer, F. (1987): Lebensgeschichte und Religion. Religiöse Entwicklung und Erziehung im Kindes- und Jugendalter, München
Schweitzer, F. (1988): Lebensgeschichte und religiöse Entwicklung als Horizont der Unterrichtsplanung, in: EvErz 40, S. 532 ff
Schweitzer, F. (1996): Die Suche nach eigenem Glauben: Einführung in die Religionspädagogik des Jugendalters, 2. durchges. Aufl. 1998, Gütersloh
Schweitzer, F./van der Ven, J. A. (Hg.) (1999): Practical Theology – International Perspectives (Erfahrung und Theologie: Schriften zur Praktischen Theologie Bd. 34), Frankfurt am Main u.a.
Sehling, E. (Hg.) (1961): Die evangelischen Kirchenordnungen des XVI. Jahrhunderts, Bd. XI, Aalen

Seitz, M. u.a. (1985): Erneuerung der Gemeinde. Gemeindeaufbau und Spiritualität, Göttingen
Seitz, M. (1990): Biologisches Altern und Wachsen im Glauben, in: Diakonie 3
Siebel, W. (1971): Freiheit und Herrschaftsstrukturen in der Kirche. Eine soziologische Studie, Berlin
Sölle, D. (Hg.) (1975): Religionsgespräche: zur gesellschaftlichen Rolle der Religion, Darmstadt u.a.
Sölle, D. (1981): Das Recht ein anderer zu werden. Theologische Texte, Stuttgart
Sölle, D. u.a. (1993):Die sowohl-als-auch-Falle. Eine theologische Kritik des Postmodernismus, Luzern
Sonnemann, U. (1981): Negative Anthropologie. Vorstudien zur Sabotage des Schicksals, Frankfurt am Main
Spener, Ph.J. (1955): Pia Desideria oder herzliches Verlangen nach gottgefälliger Besserung der wahren Evangelischen Kirchen; hg. von K. Aland, 2. Aufl., Berlin
Spiegel, Y. (1970): Der Pfarrer im Amt. Gemeinde-Kirche-Öffentlichkeit, München
Spiegel, Y. u.a. (1972): Erinnern – Wiederholen – Durcharbeiten, Stuttgart
Spiegel, Y. (1973): Der Prozeß des Trauerns, München
Spiegel, Y. (Hg.) (1974): Kirche und Klassenbindung: Studien zur Situation der Kirchen in der Bundesrepublik Deutschland, Frankfurt am Main
Städtler-Mach, B. (1998): Seelsorge mit Kindern. Erfahrungen im Krankenhaus, Göttingen
Stählin, T. (1972): Kommunikationsfördernde und -hindernde Elemente in der Predigt, in: WPKG 61, S. 297 ff
Starnetzke, D. (1996): Diakonie als soziales System. Eine theologische Grundlegung diakonischer Praxis in Auseinandersetzung mit Niklas Luhmann, Stuttgart
Steck, W. (1970): Plan für einen Predigtentwurf, in: ThPr 5, S. 246 ff
Steck, W. (1974a): Der Pfarrer zwischen Beruf und Wissenschaft: Plädoyer für die Erneuerung der Pastoraltheologie, München
Steck, W. (1974b): Das homiletische Verfahren: Zur modernen Predigttheorie, Göttingen
Steck, W. (1976): Die Angst vor dem Text: Skizze einer homiletischen Erfahrung in: WPKG, S. 506 ff
Steck, W. (1985): Die Zukunft des Pfarrberufs, München
Steck, W. (1988): Kasualien, in: TRE, Bd. 37, S. 673 ff
Steck, W. (2000): Praktische Theologie: Horizonte der Religion – Konturen des neuzeitlichen Christentums – Strukturen der religiösen Lebenswelt (Praktische Theologie I), Stuttgart u.a.
Stein, A. (1977): Rechtstheologische Anmerkungen zu einer Reform des Rechts der kirchlichen Amtshandlungen, in: WPKG 66
Steinkamp, H. (1994): Solidarität und Parteilichkeit. Für eine Praxis in Kirche und Gemeinde, Mainz
Stenzel, P. (1982): Kirchenvorsteher in der Volkskirche. Untersuchungen zum christlichen Bewusstsein und zum kirchlichen Engagement, Frankfurt am Main
Stierlin, H. (1994): Ich und die anderen. Psychotherapie in einer sich wandelnden Gesellschaft, Stuttgart
Stollberg, D. (Hg.) (1970): Praxis Ecclesiae: Praktische Theologie als Hermeneutik, Katechetik und Homiletik im Dienste der Kirche (Studien zur Praktischen Theologie Nr. 9), München
Stollberg, D. (1971): Seelsorge durch die Gruppe. Praktische Einführung in die gruppendynamisch-therapeutische Arbeitsweise, Göttingen
Stollberg, D. (1979): Von der Glaubwürdigkeit des Predigers, oder: Das Proprium christlicher Predigt und die Glaubwürdigkeit des Zeugen, in: WPKG 68, S. 9 ff
Stollberg, D. (1993): Liturgische Praxis. Kleines evangelisches Zeremoniale, Göttingen
Stollberg, P. (1969): Therapeutische Seelsorge, München
Stollberg, P. (1970): Seelsorge praktisch, Göttingen

Stoodt, D. (1975): Religionsunterricht als Interaktion, Düsseldorf
Stolt, P. (Hg.) (1996): Kulte, Kulturen, Gottesdienste. Öffentliche Inszenierung des Lebens, Göttingen
Storck, H. (1953): Das allgemeine Priestertum bei Luther (ThExh 37)
Straub, J./Werbik, H. (Hg.) (1999): Handlungstheorie: Begriff und Erklärung des Handelns im interdisziplinären Diskurs, Frankfurt am Main u.a.
Stroebe, W. u.a. (1980): Der Kummer-Effekt: Psychologische Aspekte der Sterblichkeit von Verwitweten, in: Psych. Beiträge, Bd. 22, S. 3 ff
Strunk, R. (Hg.) (1989): Schritte zum Vertrauen. Praktische Konsequenzen für den Gemeindeaufbau, Stuttgart
Stubbe, H. (1985): Formen der Trauer. Eine kulturanthropologische Untersuchung, Berlin
Tacke, H. (1993): Glaubenshilfe als Lebenshilfe. Probleme und Chancen heutiger Seelsorge, Neukirchen, 3. Aufl.
Tausch, R. (1970): Gesprächspsychotherapie, 4. Aufl., Göttingen
Tausch, R. u. A. (1977): Erziehungspsychologie. Begegnung von Person zu Person, 8. gänzlich neugest. Aufl., Göttingen
Tausch, R. u. A. (1979): Gesprächspsychotherapie, 7. Aufl., Stuttgart
Tempel, I. (1966): Bischofsamt und Kirchenleitung in den lutherischen, reformierten und unierten Landeskirchen, München
Theißen, G. (1990): Die Legitimationskrise des Helfens und der barmherzige Samariter. Ein Versuch, die Bibel diakonisch zu lesen, in: Röckle, G. (1990), S. 46 ff
Theißen, G. (1994): Zeichensprache des Glaubens. Chance der Predigt heute, Gütersloh
Thierfelder, C. (1998): Gottes-Repräsentanz. Kritische Interpretation des religionspsychologischen Ansatzes von Ana-Maria Rizzuto, Stuttgart
Thilo, H.-J. (1971): Beratende Seelsorge. Tiefenpsychologische Methodik dargestellt am Kasualgespräch, o.O.
Thilo, H.-J. (1985): Die therapeutische Funktion des Gottesdienstes, Kassel
Thurneysen, E. (1971): Das Wort Gottes und die Kirche: Aufsätze und Vorträge, München
Trillhaas, W. (1954): Evangelische Predigtlehre, Berlin
Trillhaas, W. (1974): Einführung in die Predigtlehre, Darmstadt
Troeltsch, E. (1922): Die Soziallehren der christlichen Kirchen und Gruppen, 2. Aufl., Tübingen
Troidl, R. (1988): Die klientenzentrierte Gesprächspsychotherapie in der Seelsorge, Frankfurt am Main
Turre, R. (1991): Diakonie. Grundlegung und Gestaltung der Diakonie, Neukirchen
Ueding, G./Steinbrink, B. (1986): Grundriß der Rhetorik: Geschichte, Technik, Methode, 2. Aufl., Stuttgart
Ulich, D. (1989): Einführung in die Psychologie, Stuttgart u.a.
Utsch, M. (1998): Religionspsychologie. Voraussetzungen, Grundlagen, Forschungsüberblick, Stuttgart
Vaskovics, L.A. (1970): Familie und religiöse Sozialisation, Wien
Veit, M. (1984): Alltagserfahrungen von Jugendlichen, theologisch interpretiert. in: JRP 1, Neukirchen, S. 3 ff
Ven, J. van der (1990): Entwurf einer empirischen Theologie, Kampen
Ven, J. van der (1993): Paradigmenentwicklung in der Praktischen Theologie, Kampen
Vierzig, S. (1975): Ideologiekritik und Religionsunterricht, Zürich
Volp, R. (1994): Liturgie. Die Kunst, Gott zu feiern, 2 Bde., Gütersloh
Wagner, F. (1985): Geld oder Gott? Zur Geldbestimmtheit der kulturellen und religiösen Lebenswelt, Stuttgart
Wagner, F. (1986): Was ist Religion? Studien zu ihrem Begriff und Thema in Geschichte und Gegenwart, Gütersloh

Wagner, H. (1983): Ein Versuch der Integration der Diakonie in die praktische Theologie, in: Pastoraltheologie 72, S. 186 ff
Wagner-Rau, U. (1992): Zwischen Vaterwelt und Feminismus. Eine Studie zur Pastoralidentität von Frauen, Gütersloh
Warning, R. (Hg.) (1988): Rezeptionsästhetik: Theorie und Praxis, 3. Aufl., München
Watzlawick, P. u.a. (1969): Menschliche Kommunikation: Formen, Störungen, Paradoxien, Bern u.a.
Weber, M. (1976): Wirtschaft und Gesellschaft. Grundriß der verstehenden Soziologie, 5. Aufl., hg. von J. Winkelmann, Tübingen
Wegenast, K. (1980): Der Religionsunterricht in der Sekundarstufe I. Grundsätze – Planungsformen – Beispiele, Gütersloh
Wegenast, K. (1983): Religionsdidaktik Grundschule, Stuttgart
Wegenast, K./Lämmermann, G. (1994): Gemeindepädagogik. Kirchliche Bildungsarbeit als Herausforderung, Stuttgart
Welker, M. (1987): Kirche ohne Kurs? Aus Anlaß der EKD-Studie „Christsein gestalten", Neukirchen
Welker, M. (1995): Kirche im Plural, München
Wellendorf, F. (1979): Schulische Sozialisation und Identität, Weinheim
Wellmer, A. (1985): Zur Dialektik von Moderne und Postmoderne. Vernunftkritik nach Adorno, Frankfurt am Main a.M.
Welsch, W. (1981): Postmoderne – Pluralität als ethischer und politischer Wert, in: J. Albertz (Hg.): Aufklärung und Postmoderne – 200 Jahre nach der französischen Revolution das Ende aller Aufklärung? Berlin
Welsch, W. (1997): Unsere postmoderne Moderne, 5. Aufl., Berlin
Wendel, F. (1968): Calvin, Ursprung und Entwicklung seiner Theologie, Neukirchen-Vluyn
Wendland, H.-D. (1974): Die Parochie als lokale Repräsentanz der Volkskirche, in: ThPr 9
Wenz, A. (1995): Körpersprache im Gottesdienst. Theorie und Praxis der Kinesik für Theologie und Kirche, Leipzig
Wenz, G. (1988): Einführung in die evangelische Sakramentenlehre, Darmstadt
Weß, P. (1976): Gemeindekirche – Zukunft der Volkskirche. Der Lernweg einer Pfarrgemeinde, Wien
Weth, R. (1986): Diskussion zur „Theologie des Gemeindeaufbaus", Neukirchen
Wiedemann, H.-G. (1972): Zur rhetorischen Gestaltung der Predigt, in: EvTh, Heft 1, S. 38 ff
Wiedemann, H.-G. (1975): Die Praxis der Predigtvorbereitung (Predigtstudien-Beiheft 3), Stuttgart
Wilhelm, Th. (1969): Theorie der Schule, 2. überarb. Aufl., Stuttgart
Will, H. (1998): Depression. Psychodynamik und Therapie, Stuttgart
Will, K. (1983): Sinngebung und Lebenshilfe. Zur theologischen Theorie der Amtshandlungen, Frankfurt am Main
Will, K. (1984): Die Geburt der Psychosomatik. Georg Groddeck, Der Mensch und Wissenschaftler, München
Wink, W. (1976): Bibelauslegung als Interaktion, Stuttgart
Winkler, E. (1953): Die Gemeinde und ihr Amt. Historische, empirische, hermeneutische Aspekte
Winkler, E. (1983): Impulse Lukas' für die heutige Gemeindepraxis, Calw
Winkler, E. (1998): Gemeinde zwischen Volkskirche und Diaspora. Eine Einführung in die praktisch-theologische Kybernetik, Neukirchen
Winkler, K. (1997): Praktische Theologie – Elementar. Ein Lehr- und Arbeitsbuch, Neukirchen
Winkler, K. (1997): Seelsorge, Berlin
Winter, U. (1977): Gemeindeleitung in der Volkskirche. Der Kirchenvorstand – eine Chance zur Mitverantwortung der Laien? Ergebnisse einer kirchensoziologischen Erhebung, Gelnhausen

Wintzer, F. (1969): Die Homiletik seit Schleiermacher bis in die Anfänge der „dialektischen Theologie" in Grundzügen, Göttingen
Wintzer, F. (Hg.) (1985): Praktische Theologie, Neukirchen-Vluyn
Wintzer, F. (Hg.) (1989): Predigt: Texte zum Verständnis und zur Praxis der Predigt in der Neuzeit, München
Wischhöfer, E. (1984): Erfahrungen eines Presbyters, in: ThPr 1
Wolf, D. (1991): Einen geliebten Menschen verlieren. Vom schmerzhaften Umgang mit der Trauer, Mannheim
Wolf, E. (1961): Ordnung der Kirche. Lehr- und Handbuch des Kirchenrechts auf ökumenischer Basis, Frankfurt am Main
Wolf, G. (1916): Quellenkunde der deutschen Reformationsgeschichte, Bd. II: Kirchliche Reformationsgeschichte, Gotha
Yoder, J.H. (1968): Täufertum und Reformation im Gespräch. Dogmengeschichtliche Untersuchungen der frühen Gespräche zwischen schweizerischen Täufern und Reformatoren, Zürich
Zauner, W. (Hg.) (1972): Der Pfarrgemeinderat. Struktur, Spiritualität, Funktion, Organisation, Wien u.a.
Zerfaß, R./Kamphaus, F. (1980): Die Kompetenz des Predigers im Spannungsfeld zwischen Rolle und Person, Münster
Zilleßen D. (Hg.) (1991): Praktisch-theologische Hermeneutik. Ansätze – Anregungen – Aufgaben, Reinbach-Merzbach
Zöchbauer, F. (Hg.) (1969) Verkündigung im Zeitalter der Massenmedien, München
Zschäbitz, G. (1958): Zur mitteldeutschen Wiedertäuferbewegung nach dem großen Bauernkrieg, Berlin (Ost)

Sachregister

Abwehr 41, 73, 152, 192, 235, 245, 253, 254
Abwehrleistung 203, 250
Adoleszenz 161, 162
Akademie 14
Allgemeinbildung 88, 93, 122, 128
Allgemeines Priestertum 177-179
Alltagsbewusstsein 49, 124
Alltagsseelsorge 227, 246, 247
Alltagstheorie 49
Altersdepression 246
Amtstheologie 16, 178, 188, 189
Amtsträger 15, 16, 18, 149, 155, 179, 181, 182, 189
Analog 98, 143, 145, 182, 234
Anthropologie 33, 77, 103, 104, 115
Antipädagogik 80, 81
Anwendungswissenschaft 29-31, 117, 120
Arbeiterschaft 25, 43, 193
Arbeitsloser 21
Archetypen 239, 240, 245
Ästhetik 34, 71, 212
Aufklärung 21, 68, 69, 71, 75, 105, 128, 154, 168, 252
Austritt 44, 61, 165, 193

Basisgemeinde 167, 168, 207
Bedingungsanalyse 44, 125
Beerdigung 155
Befragung 45, 46, 74, 169
Behinderung 213
Beobachtung 45, 131, 177, 234, 250, 253
Beratung 12, 16, 17, 27, 70, 73, 78, 133, 141, 210, 212, 214-216, 219, 226, 228, 242, 244, 252
Beruf 60, 88, 155, 188-191, 196, 202
Beteiligungskirche 19, 206
Betreuungskirche 19, 154, 168, 171, 200, 203
Beziehungsebene 131, 139-141, 165, 195, 247
Bibel 88, 89, 110, 116, 120, 123, 131
Bibeldidaktik 120
Bildung 27, 28, 34, 38, 68, 74-127, 146, 160, 202, 209, 211, 226
Bildungskritik 77, 98, 100
Bildungsoptimismus 104
Bildungsprozess 80, 85, 89, 91-93, 97, 100, 109, 110, 211, 225
Bildungstheologie 77, 90, 225
Bildungstheorie 33, 80, 83, 86, 87, 91, 93, 94, 96-98, 101, 104, 111, 226
Bildungsverantwortung 74, 75, 77, 103, 109, 112, 126, 210
Bischofsamt 182
Böse 66, 84, 241

Christentumsgeschichte 49, 172
Christliche Erziehung 100
Christologie 65, 219
Christologisch 173, 176, 219, 220
Communiqué 137, 142, 156
Confessio Augustana 18
Coping 230

Deduktiv-spekulativ 33
Defizitmodell 73, 112, 213-218, 244
Diakon 11, 14, 15, 60, 202
Diakonie 17, 18, 22, 27, 71, 113, 157, 163, 169, 206, 210, 218-228
Diakonisches Werk 12, 15
Dialektische Theologie 34, 54, 81
Didaktik 28, 99, 105, 106, 112, 115, 116, 119, 120, 122, 125
Digital 128, 145
Diskurs 36, 56, 110, 130, 137, 140, 141, 143, 147, 185, 217

Ehe 24, 56, 64, 147, 245, 252
Einheit 27, 30, 31, 36, 38, 176, 180, 181,

208, 237, 238, 241
Ekel 212
Elaborierter Sprachstil 135
Elektra-Komplex 53
Elementarisierung 7, 8, 122, 123, 125, 132, 136, 146
Emanzipation 184, 199, 201, 203
Emanzipatorisch 52, 80, 143
Empirische Forschung 37, 49
Empirische Wissenschaft 20
Entfremdung 22, 32, 55, 57, 83, 86, 191, 196, 225
Entmythologisierung 67, 107
Entwicklung 31, 53, 63, 68, 77, 80, 81, 85, 89, 96, 101, 107, 163, 171-173, 180, 182, 186, 199, 203, 207, 222, 226, 228, 231-233, 236, 253, 255
Erlösung 83, 127, 128
Erneuerung 78, 86, 89, 98, 101, 109
Erwachsenenbildung 115
Erweckung 97, 98
Erzählen 250, 251
Erzählung 23, 69, 236, 253
Erzieher 98, 100
Erziehung 33, 61, 75, 78-80, 83-85, 92, 93, 95-97, 100, 103, 107-109, 112, 115, 133, 134
Erziehungsprozess 79, 80, 93
Ethik 18, 70, 71, 118
Ethikunterricht 117, 118
Evangelium 18, 20, 54, 99, 108, 120, 179, 180, 222
Exemplarisch 8, 17, 22-24, 44, 59, 69, 94, 99, 107, 116, 124, 143, 146, 172, 194, 196, 204, 219
Experte 200, 215
Expressiv 144, 145

Falsifikationsprinzip 42
Familiengottesdienst 154
Familiensoziologie 100
Familientherapie 245

Feiern 158, 164
Fetisch 50, 56, 68
Firmung 157, 160, 163
Fragmentarisch 9, 70, 85
Frauen 21, 47, 66, 173, 184, 201-203, 251
Frauenordination 173, 202
Freiheit 32, 57, 70, 71, 74, 76, 87, 88, 93-96, 99, 101, 102, 108, 109, 127, 128, 148, 172-180, 185, 215, 220, 222, 252
Freikirchen 60, 188
Frömmigkeit 67, 90, 105

Gefängnisseelsorge 60
Gemeinde 11, 13, 15, 16, 18-20, 23, 24, 29, 31, 32, 34, 60, 75, 114, 137, 141, 153, 165, 167, 171, 179-185, 188, 190, 197-201, 203-209, 214, 217, 220, 221, 223, 224
Gemeindeaufbau 27, 114, 129, 141, 165, 167, 200, 221, 224
Gemeindekirche 23, 167, 168, 172, 175, 178, 180-182, 186, 188, 204-209
Gemeindepädagogik 114, 129
Gemeindepraxis 28
Generationskonflikt 203
Gerontopsychologie 230, 252
Gesamttheologie 29-31, 36
Geschichtslosigkeit 111
Geschichtstheologie 55
Gesellschaft 17, 18, 24, 26, 36, 45, 54, 56-58, 67-69, 74, 83, 90, 93, 95, 98, 100, 105, 106, 108, 111, 118, 119, 122-124, 126, 127, 155, 156, 158, 160, 163, 171, 174, 178, 189, 191, 193-196, 201, 207, 209, 210, 214, 216, 217, 224, 230, 236, 246
Gespräch 12, 21, 90, 98, 113, 116, 133, 148, 149, 154, 184, 188, 248
Gesprächskreise 113
Gesprächspsychotherapie 28, 254
Gewissen 30, 61, 135, 177, 178
Glauben 48, 55, 62, 65, 68, 77, 87, 88, 99, 100, 103, 106, 157, 172, 175-178, 225, 233, 241, 245

Glaubwürdigkeit 25, 62, 150, 156
Gleichheit 88, 93, 140, 184, 185, 205, 209
Gott 25, 34, 47, 48, 55, 59, 62, 65, 66, 76, 84-90, 92, 98, 102-104, 112, 113, 131, 133, 145, 159, 174, 175, 177, 181, 194, 219, 220, 232, 235, 237, 240, 242, 244, 252
Gottesdienstbesuch 42, 43, 155
Gottesebenbildlichkeit 92, 103, 104, 131, 174
Grenze 202, 215, 217, 220, 235

Handlungskompetenz 36
Handlungsrelevanz 36, 193, 194
Handlungstheorie 35, 36, 167
Handlungswissenschaft 35-37, 39, 49, 73, 201
Hausbesuch 245, 246, 248
Hausbesuche 113
Helfersyndrom 213
Hermeneutik 29, 40, 72, 121, 244, 249
Hilfe 11, 14, 16, 19, 21, 22, 27, 70, 73, 78, 117, 123, 137, 141, 152, 192, 210, 212-214, 216, 219, 220, 226, 228, 240, 242-244, 250, 252
Homiletik 27, 82, 130, 131, 134-136, 141-143, 145, 244
Humanismus 87, 91
Humanwissenschaft 33
Hypothese 42, 46, 48

Identität 37, 65, 71, 76, 102, 161, 189, 192, 195, 196, 211, 214, 219, 221, 251, 253
Ideologie 7, 32, 50, 55, 56, 68, 72, 97, 104-108, 110, 167, 210, 216, 221, 225
Ideologiekritik 23, 32, 36, 40, 50, 54, 57, 69, 73, 103-108, 112, 126, 128, 168, 210, 217, 225
Imago Dei 85
Individualitätsprinzip 33
Informationstechnologie 128
Inhaltsanalyse 45, 138
Integrationsfunktion 192

Interaktion 56, 81, 129, 130, 140, 142, 143, 145, 195, 204, 209

Jesus 59, 66, 84, 219, 237
Jugendarbeit 11, 23, 24, 60, 115

Kanzel 13, 154, 218
Kastrationskomplex 53
Kasualgottesdienst 155
Kasualien 63, 64, 155-166, 170, 191, 195, 245
Katechetik 27, 81
Kind 12, 13, 53, 83, 84, 93, 104, 135, 160
Kindergartenarbeit 19, 80
Kirchenaustritt 12, 22, 61
Kirchenkritik 65, 184, 186, 198
Kirchenordnung 181, 183, 186
Kirchenregiment 19, 184, 186
Kirchentag 63
Kirchenverfassung 172, 181, 183, 186
Kirchenvorstand 11, 13, 15, 16, 24, 60, 187, 204
Kirchlichkeit 17, 23, 42, 43, 59, 64, 75, 119, 154, 156, 158, 168, 189, 193, 208
Kognitive Dissonanz 139, 146
Kommunikation 27, 28, 56, 91, 110, 114, 127-156, 165, 178, 195, 220, 232
Kommunikationsgesellschaft 127, 128
Kommunikationsstörung 129, 133
Kommunikationstheorien 129
Kommunikationswissenschaft 129, 131
Kommunikator 137, 138
Kompetenzmodell 112
Konditionierung 152
Konfirmandenunterricht 115, 164
Konfirmation 59, 155, 157-159, 161, 163, 164, 191
Körper 130
Körpersprache 131
Korrelation 46, 121
Korrelationskoeffizienten 46
Krankenhaus 11, 12, 14, 18

283

Krankheit 212-214, 217, 230
Krisenbegleitung 195, 208
Kritik 24, 26, 32, 40, 50-55, 62, 67, 68, 72, 76, 91, 98, 100, 104, 123, 163, 168, 175, 183, 184, 197, 199, 204, 212
Kritische Theorie 26, 32, 35, 37, 41, 49, 52, 227
Kultur 44, 54, 57, 78-81, 91, 93, 94, 99, 100, 107, 111, 128, 130, 172, 192, 208, 231, 236
Kulturindustrie 58
Kulturprotestantismus 99
Kybernetik 27

Laien 15, 30, 88, 114, 167, 168, 173, 178, 181, 182, 184, 186-188, 202, 203, 207
Lebensgeschichte 32, 76, 77, 101, 102, 122, 243, 250, 251
Lebenskrisen 156, 170
Lehrautorität 174, 179, 185
Lehren 74, 78, 104, 118, 141, 181
Leistung 29, 30, 68, 109, 121, 159, 243
Leitung 27, 29, 113, 146, 166, 167, 180, 201
Lernen 74, 78, 80-82, 107, 109, 143, 243
Lernforschung 143
Lernprogramme 82
Liebe 56, 67, 70, 87, 175, 177, 178, 195, 214, 219, 224, 241, 252
Liturgik 27, 82
Lokalgemeinde 18, 180

Manipulation 55, 57, 80, 92
Männer 47, 201, 202
Maske 32, 57, 237, 239, 255
Massenmedien 128, 138, 151
Mennoniten 184
Methodik 44
Militärseelsorge 15, 60
MitarbeiterInnen 11, 15-19, 60, 113, 114, 139, 189, 202, 222, 224, 225
Mitteilung 132, 140, 141, 145, 151

Moderne 58, 61, 69-72, 81, 105, 119, 156, 213, 220
Moral 75, 135, 147, 234
Mündigkeit 88, 91, 92, 127, 159
Mystik 67, 85, 87, 88, 111

Naturwissenschaft 51
Negation 36, 52-54, 81, 103, 106, 108, 162, 171, 197, 205, 212
Neuhumanismus 90, 91, 110
New-Age 67, 68, 105
Nicht-Identität 37
Nichttheologe 16
Nonverbal 130

Objektivität 41, 79, 80
Öffentlichkeit 59, 188, 192, 196
Okkultismus 67, 105
Ontogenese 53, 236
Operationalisierung 42, 44
Organisation 27, 146, 161, 166, 167, 192, 205, 207

Pädagogik 27, 29, 33, 75-85, 88, 90, 93-95, 114-117, 119, 120, 129, 133
Passageritus 156, 158, 161, 194
Pastorale Kompetenz 22
Pastoraltheologie 15, 16, 30-32, 37, 114, 143, 178, 197, 199, 200, 204
Personalisierung 108, 194, 217
Persönlichkeit 33, 34, 73, 86, 93, 98, 100, 141, 144, 150, 195, 198, 229, 230, 234, 243
Persönlichkeitsstruktur 144
Pfarrerwahl 180, 182, 204
Phänomenologie 39-41, 44, 48, 49, 93, 156, 158, 191, 241
Pietismus 84, 154, 160, 184, 186, 198, 202
Pluralismus 67, 69, 76, 138, 154, 174, 185, 206-208, 224
Poimenik 27, 227
Politik 13, 29, 45, 55, 62, 198, 222
Positivistisch 41

Postmoderne 39, 57, 61, 66-73, 76, 81, 104-106, 127, 212, 220
Pragmatik 132, 133, 145
Praktisch-theologischen Bildung 22
Praxisbezug 31, 36, 50
Praxistheorie 35, 114
Predigt 14, 28, 82, 113, 129, 130, 134, 136, 139, 141-146, 151, 154, 155
Presbyter 24, 183, 203
Presbyterium 15
Problemlösungsverfahren 35
Projektion 106, 113, 215, 236, 254
Prolegomena 33
Propaganda 129
Psychoanalyse 53, 73, 144, 152, 161, 203, 213, 225-228, 234, 243, 244
Psychologie 33, 48, 53, 67, 76, 78, 80, 81, 100, 108, 117, 121, 122, 124, 126, 128, 133, 138, 139, 142, 145, 149, 152, 158, 161-163, 165, 190, 196, 213, 226, 228-233, 235, 237, 238, 240-242, 246, 251, 252, 255, 256
Publizistik 128

Qualitativ 39, 48, 169
Quantitativ 38, 169

Rechtfertigung 34, 74, 87, 112, 159, 176, 177, 184
Rechtfertigungsbotschaft 111
Rechtfertigungslehre 65, 87, 97, 102-104, 109, 112, 157, 163, 177, 194
Redundanz 132, 144
Reformation 33, 87, 88, 101, 160, 173, 174, 180, 186, 206
Regression 53, 144, 152, 191, 236, 246, 250, 254
Reich-Gottes 54, 89
Reifung 80, 81, 236
Reliabilität 41
Religionsbegriff 42, 44
Religionsdidaktik 104, 105, 115-117, 119-126, 134, 141
Religionsfreiheit 117
Religionsgeschichte 33, 232
Religionskritik 100, 151, 193, 216, 228, 235-237
Religionskunde 118
Religionspädagogik 27, 48, 73, 98-100, 105, 115, 116, 119-126, 141, 143, 226, 228, 244
Religionspsychologie 33, 72, 228, 229, 232-234, 237, 238, 242, 244
Religionspsychopathologie 233
Religionssoziologie 39, 42, 44, 55, 58-60, 65, 118, 119, 122, 156, 158, 161, 216, 230
Religionsunterricht 11, 26, 28, 64, 74, 82, 113-119, 121, 126, 128, 134, 137, 146, 151
Religiosität 43, 44, 58-60, 64, 66, 73, 90, 106, 151, 170, 229, 235, 237, 241
Restringierte Sprache 136
Resymbolisierung 105, 106
Rezeption 128, 130, 132, 144, 226, 231
Rezipient 138
Rhetorik 130
Rituale 128, 153, 155, 235, 249
Ritus 129, 130, 136, 151, 152, 156, 165, 195, 196

Salbungsgottesdienst 154
Schatten 238, 242
Scheidung 21
Schichten 42, 43, 60, 75, 133, 134, 160, 240
Schichtung 134
Schule 11, 26, 30, 37, 107, 110, 116, 134, 140, 178, 196, 208, 227
Schüler 11, 12, 75, 104, 105, 120-122, 124, 125, 133
Schulwesen 26, 87, 118
Seelsorge 18, 27, 71, 85, 113, 133, 142, 169, 210, 215-219, 225, 227, 243, 244, 250, 251
Seelsorgebewegung 28, 227

Segnung 160, 164
Sekte 207, 208
Sekten 60, 64, 193, 207
Selbstbewusstsein, 57, 76
Selbstbildung 76, 83, 91, 93, 94, 98, 99, 102, 114, 167, 217
Selbstentfaltung 98
Selbstentfremdung 55, 196
Selbsthilfegruppe 18
Selbstkonstitution 34, 70, 75, 76, 92, 214
Selbstkonzept 71, 161, 163, 255
Selbstvergewisserung 40, 51, 72
Selbstwertgefühl 162, 163, 222
Semantik 132
Semiotik 132
Sexualität 147, 234, 242
Signifikanz 45, 48
Sinn 20, 23, 26, 27, 35, 40, 49, 56, 75, 79, 87, 91, 121, 130, 133, 140, 167, 171, 175, 218, 238, 239, 249, 250, 255
Sozialarbeit 21, 224, 225
Sozialethik 18, 39
Sozialforschung 38, 39, 41, 42, 44, 45, 48
Sozialisation 80, 100, 109, 125, 134, 170
Sozialität 81, 95
Sozialstaat 210, 222
Soziologie 22, 39, 54, 58, 64, 75, 79, 100, 118, 128, 133, 138, 149, 156, 158, 170, 192, 197, 227, 230, 243
Spiritualität 67, 105
Sprache 92, 106, 107, 123, 127-137, 232, 239
Sprachkompetenz 131
Staatskirche 172
Statistik 45-48, 61, 63, 64, 106, 161, 170, 190, 251
Stichprobe 45, 62
Strafängste 245
Strukturprinzip 218, 223
Subjektivität 8, 19, 32, 41, 55, 57, 70, 71, 74, 76, 79-81, 90-99, 102-104, 106, 109, 112, 130, 140, 163, 176, 177, 194-199, 202, 210, 211, 217, 220, 225, 226
Subjektorientierung 122, 167, 210
Subjektwerdung 76, 77, 102, 103, 107, 109, 113, 127, 215, 217
Suchtkranker 21
Synoden 183, 185-188
Syntax 132
Systemisch 243
Systemtheoretisch 32, 200

Tanz 154
Taufe 59, 102, 155, 157-159, 163, 184, 191, 194
Teampfarramt 17
Technik 29, 56, 66, 68, 128
Telefonseelsorge 12, 60
Theoriebildung 20-23, 30, 33, 35-37, 40, 49, 69, 96, 198
Tod 14, 53, 58, 70, 212-214, 217, 218, 223, 245, 251-256
Totalerwartung 150, 188, 189
Traditionsabbruch 170
Trauer 133, 215, 245-247, 253, 255
Traum 234, 236, 238
Trauung 155, 157, 158, 191
Trinität 66, 131, 241
Trostfunktion 148, 245

Unbildung 109, 127
Unsterblichkeit 86, 250, 255
Unterricht 26, 28, 82, 98, 107, 112, 116, 117, 120, 121, 124, 126, 132, 134, 136, 141, 150
Unverfügbarkeit 58, 76, 85, 89, 104
Urmisstrauen 53

Validität 42
Verbal 130
Verdrängung 58, 145, 212, 223, 226, 235, 241, 242, 253, 256
Verfassung 19, 117, 186, 223
Verkündigung 23, 28, 34, 99, 128, 168,

169, 173, 181, 252
Vernunft 51, 52, 68, 69, 85, 89, 96, 97, 106
Volkskirche 16, 23, 38, 63, 74, 118, 149, 150, 155, 164, 167-172, 183, 188-192, 195, 197, 204-210, 215, 216, 218, 221, 223, 224, 245
Vorurteil 38, 46, 75, 152, 225

Wahlrecht 180, 181, 183
Wahrhaftigkeit 25, 142, 146-151
Wahrheitsfrage 26, 52, 141, 142, 146, 147, 165
Wertorientierung 65
Wertvorstellungen 135
Widerspruchsfreiheit 41, 48
Widerstand 184, 197, 225, 226
Wohlfahrtsstaat 210
Wort-Gottes-Theologie 28, 81, 99

Martin Nicol

Grundwissen
Praktische Theologie

Ein Arbeitsbuch
2000. 264 Seiten. Kart./Fadenheftung
DM 35,80
ISBN 3-17-015276-9

Praktische Theologie bezieht sich auf aktuelle Phänomene in Kirche und Gesellschaft. Das macht es den Studierenden besonders schwer, sich gesichertes Wissen für Prüfungen anzueignen. Dieses Arbeitsbuch leitet an zu eigener Urteilsbildung im Spannungsfeld von aktuellen Phänomenen und wissenschaftlichem Diskurs:

Es fördert den Umgang mit Texten, die für den praktisch-theologischen Diskurs wichtig geworden sind („Klassiker") oder werden könnten. Bei den Empfehlungen zur Lektüre wird zwischen Pflicht und Kür unterschieden. Durch Leitfragen zur Lektüre wird der Umgang mit wissenschaftlichen Texten eingeübt. Thematische Querschnitte (Fokus-Kapitel) und Querverweise zielen auf Verknüpfungen zwischen bereits gesichertem und neu erworbenem Wissen, zwischen den Teilbereichen des Faches sowie zwischen der Praktischen Theologie und anderen theologischen Disziplinen. Ein PT-Wörterbuch jeweils am Ende von Abschnitten dient der Einübung in die Fachsprache und der Sicherung des erworbenen Wissens.

Der Autor:

Professor Dr. Martin Nicol lehrt Praktische Theologie an der Universität Erlangen-Nürnberg.

Fordern Sie unser Gesamtverzeichnis an, in dem Sie weitere interessante Titel entdecken werden!

W. Kohlhammer GmbH · 70549 Stuttgart